Springer-Lehrbuch

Friedrich L. Sell · Silvio Kermer

Aufgaben und Lösungen in der Volkswirtschaftslehre

Arbeitsbuch zu Engelkamp/Sell

Mit 109 Abbildungen

 Springer

Professor Dr. Friedrich L. Sell
Silvio Kermer

Universität der Bundeswehr München
Fakultät für Wirtschafts- und Organisationswissenschaften
Institut für Volkswirtschaftslehre
Werner-Heisenberg-Weg 39
85577 Neubiberg

friedrich.sell@unibw.de
silvio.kermer@unibw.de

ISSN 0937-7433

ISBN 978-3-540-70866-7 Springer Berlin Heidelberg New York

Bibliografische Information der Deutschen Nationalbibliothek
Die Deutsche Nationalbibliothek verzeichnet diese Publikation in der Deutschen Nationalbibliografie; detaillierte bibliografische Daten sind im Internet über http://dnb.d-nb.de abrufbar.

Springer ist ein Unternehmen von Springer Science+Business Media

springer.de

© Springer-Verlag Berlin Heidelberg 2007

Herstellung: LE-TEX Jelonek, Schmidt & Vöckler GbR, Leipzig
Umschlaggestaltung: WMX Design GmbH, Heidelberg

SPIN 12019113   42/3100YL - 5 4 3 2 1 0   Gedruckt auf säurefreiem Papier

Vorwort

Der Aufbau dieser „Aufgaben und Lösungen in der Volkswirtschaftslehre" folgt im Prinzip der und lehnt sich an die Gliederung und Linienführung in der „Einführung in die Volkswirtschaftslehre" (3. Auflage; von Paul Engelkamp und Friedrich L. Sell) an. Demzufolge gibt es auch hier die Gebiete „Grundlagen", „Mikroökonomie", „Makroökonomie", „Theorie der Wirtschaftspolitik" und „Finanzwissenschaft". Alle Aufgaben und Lösungen sind in einem einheitlichen Vierklang – Aufgabenstellung, Lösungsskizze, Diskussion der Ergebnisse, Literaturempfehlungen – abgefasst. Die Anforderungen und das Themenspektrum der Aufgaben entsprechen überwiegend dem Lehrbuch von Engelkamp und Sell, an einigen Stellen, insbesondere in der „Theorie der Wirtschaftspolitik" und in der „Finanzwissenschaft" gehen sie darüber hinaus.

Klausuren zu schreiben ist für die StudentInnen der Wirtschaftswissenschaften – ob die akademischen Abschlüsse nun „Diplom", „Bachelor" oder „Master" heißen – in der Gegenwart und in der voraussehbaren Zukunft ein „Muss". Aus jahrelanger Erfahrung wissen wir, dass die meisten StudentInnen – und zwar deutlich über eine Vielzahl von „Tipps", von „formalen Hinweisen" u.ä.m. hinaus – zur Klausurvorbereitung besonders die schlichte Vorstellung von „Musterlösungen" früherer Aufgabenstellungen durch den/die Dozenten schätzen. Je präziser (wenn auch knapp gehalten) der Text, je deutlicher die Erklärungen (möglichst jeden Einzelschritt berücksichtigend) der grafischen und der formalen Analyse, desto beliebter waren solche „Musterlösungen" in der Vergangenheit, jedenfalls will es uns so scheinen. Allerdings wollen wir mit unserem Text etwas mehr als „Musterlösungen" bieten. Gerade mit dem Aspekt „Diskussion der Ergebnisse" soll die Reflexion der Lösungen vertieft und es sollen Bezüge zu anderen Problemfeldern hergestellt werden. Mit dem Lehrbuch von Engelkamp/Sell, das seit über 8 Jahren an Universitäten, Fachhochschulen und Wirtschaftsakademien in der Lehre eingesetzt wird, hatten wir thematisch und auch formal eine klare Orientierung.

Dabei wollten wir ganz bewusst der Versuchung widerstehen, die einzelnen Abschnitte zu Teilgebieten der Volkswirtschaftslehre ähnlich einem wissenschaftlichen Paper zu schreiben oder den Versuch zu machen, gewissermaßen an den Mathematik-Schulunterricht erinnernde, wissenschaftlich „aufgebrezelte" Textaufgaben zu formulieren. Im Grunde genommen weiß jeder Hochschullehrer und wissenschaftliche Mitarbeiter nach einigen Jahren Erfahrung in Lehre und Prüfungen ganz genau, was das Fach und was zugleich die Studenten von ihnen erwarten. In diesem Geiste sind wir an dieses Buchprojekt heran gegangen und wir werden es uns gefallen lassen müssen, an diesem Anspruch später auch gemessen zu werden.

Zu danken haben wir Christian Oberpriller und Martin Reidelhuber, die den Text kritisch gelesen haben und manche gute Anregung gaben. Christine Barth hat mit großer Sorgfalt die Zeichnungen angefertigt. Herrn Dr. Werner Müller und Frau Ruth Milewski vom Springer Verlag danken wir für die völlig unkomplizierte und harmonische Zusammenarbeit sowie für ihren kompetenten Rat.

München im Januar 2007   Friedrich L. Sell
                                                                Silvio Kermer

Inhaltsverzeichnis

I   Grundlagen

I.1   Gegenstand und Methoden der Volkswirtschaftslehre

Aufgabe 1:   Alternative Methoden der ökonomischen Analyse

In der ökonomischen Analyse findet man sowohl Partial- wie Totalbetrachtungen. Diese können jeweils mikro- oder makroökonomisch ausgerichtet sein. Welche Methode im Einzelnen zum Zuge kommt, ist in erster Linie eine Frage der Zweckmäßigkeit und des beabsichtigten Aufwandes. In der Partialanalyse kommt die unter Volkswirten besonders beliebte „ceteris paribus" Bedingung zur Anwendung. Dabei sind zwei Dinge ausschlaggebend: Wo muss ich diese Bedingung anwenden? Wo darf ich sie möglicherweise gar nicht an- und verwenden?

a)   Welche Methoden der ökonomischen Analyse werden unterschieden? Nennen Sie jeweils ein mikro- und ein makroökonomisches Beispiel!

b)   Vergleichen Sie den methodischen Ansatz von Partial- und Totalmarktkonzept im Hinblick auf die Erfassung von Anpassungsvorgängen auf Märkten!

c)   Warum ist die „Ceteris-Paribus-Annahme" im Fall der aggregierten Marktnachfragekurve am Beschaffungsmarkt besonders problematisch?

Lösungsskizze

Zu Aufgabe a)

Es kann zwischen der Partial- und Totalanalyse unterschieden werden. Die folgende Tabelle gibt jeweils ein einfaches Beispiel aus der Mikro- und der Makroökonomik.

	Partialanalyse	Totalanalyse
Mikroökonomik	Angebot und Nachfrage des Gutes X_1 als Funktion des Preises P_1	Das totale Gleichgewichtsmodell von Walras (Betrachtung der Märkte für die Güter $X_1 \dots X_n$)
Makroökonomik	Erklärung des gesamtwirtschaftlichen Konsums als Funktion des verfügbaren Einkommens	Die gesamtwirtschaftlichen Angebots/Nachfrageanalyse (AS-AD-Analyse)
Wichtig	Konstanz von übrigen Einflussfaktoren bzw. Ceteris-Paribus-Bedingung	Alle relevanten Einflussfaktoren gehen in die Analyse direkt ein und werden berücksichtigt bzw. müssen berücksichtigt werden

Zu Aufgabe b)

Die Partialmarktanalyse behandelt die Situation auf den übrigen Märkten als Datum, das heißt, sie unterstellt für diese entweder eine unveränderte Marktlage oder nimmt dort stattfindende prozessuale Veränderungen als vernachlässigbar klein an. Kommt es nun auf den durch die Modellstellung ausgeklammerten Märkten zu signifikanten Anpassungsvorgängen, so schlagen sich diese für den betrachteten Markt in exogenen Datenänderungen nieder. So verändern zum Beispiel Variationen der Preise auf anderen Märkten i. d. R. die Lage der Marktfunktionen und können daher komparativ statisch in ihren Auswirkungen auf den betreffenden Markt analysiert werden. Es ist jedoch damit zu rechnen, dass auch in umgekehrter Richtung, das heißt vom untersuchten Markt auf die übrigen Märkte Effekte ausgehen. Diese lassen sich im Partialmodell nicht erfassen und insofern bleibt gleichzeitig der Rückkopplungsprozess ausgeklammert, in dem das Verhalten der Marktteilnehmer über die anderen Märkte auf den betrachteten Markt selbst zurückwirkt. In einer Partialmarktanalyse kann daher zwar die Stabilität eines Gleichgewichts für gegebene Marktfunktionen untersucht werden, die Stabilität der zugrunde gelegten Marktfunktionen selbst bleibt jedoch offen. Diese Aussage bedarf allerdings im Hinblick auf heterogene Märkte gewisser Einschränkungen. So werden z. B. im heterogenen Duopol (vgl. die Aufgaben zum unvollkommenen Wettbewerb) mit gegebenen Preis-Absatz-Funktionen der Duopolisten auch Interdependenzen zwischen den Konkurrenten berücksichtigt. Folgt man von Stackelbergs Interpretation, wonach sich heterogene Märkte aus homogenen Elementarmärkten zusammensetzen, so werden hier somit auch Wechselwirkungen zwischen diesen Elementarmärkten partialanalytisch erfasst. Änderungen der Situation auf einem anderen – heterogenen – Markt schlagen sich auch beim heterogenen Markt in dessen Datenkranz nieder.

In Totalanalysen werden hingegen nach Möglichkeit alle in der zu erklärenden Struktur vorhandenen Interdependenzen auch ausformuliert. In der obigen Tabelle ist als Beispiel für eine makroökonomische Totalanalyse die gesamtwirtschaftlichen Angebots/Nachfrageanalyse (AS-AD-Analyse) erwähnt. In der gesamtwirtschaftlichen Nachfrage (englisch = *„aggregate demand"* = AD) beispielsweise ist nicht nur der Geldmarkt, sondern auch der Güter- und (implizit) der Wertpapiermarkt sowie die Beziehungen zwischen diesen Märkten abgebildet.

Zu Aufgabe c)

Weil sich die Bewegungen entlang der Marktnachfragekurve über die produktionstechnischen Zusammenhänge auf das Produktangebot und über die Verhaltensweisen der Einkommensbezieher auf die Produktnachfrage auswirken werden. Resultieren daraus Produktpreisänderungen, sind Verschiebungen der Faktornachfragekurven und dadurch ausgelöste erneute Anpassungsprozesse die Folge.

Diskussion der Ergebnisse

Auf Anhieb wird selten verstanden, dass eine Partialanalyse auch makroökonomisch und eine Totalanalyse auch mikroökonomisch sein kann. Wichtig ist, dass ökonomische Analysen den eigenen Ansatz explizit ausweisen.

Im Oligopol erreicht die Partialanalyse ihre „natürlichen Grenzen"; sobald das Modell versucht, alle relevanten Anbieter, deren Aktionen und Reaktionen in einem weiteren Oligopol zu erfassen, erscheint eine Totalanalyse – modern: eine allgemeine Gleichgewichtsanalyse – zielführend.

Die Ceteris-Paribus-Annahme bleibt schlüssig, solange die angesprochenen Effekte auf den Beschaffungsmärkten für die aktuelle Fragestellung ausgeblendet bleiben dürfen. Das ist natürlich nicht mehr der Fall, wenn Faktorpreise und Kosten mit ins Spiel kommen.

Literaturempfehlung

• Engelkamp und Sell (2005): S. 1–11.

Aufgabe 2:   Ökonomische Erklärungs- und Prognoseversuche

Bei ökonomischen Erklärungsversuchen ist das so genannte „Explanandum" gegeben, gesucht werden das „Gesetz" beziehungsweise die „Hypothese" sowie die „Randbedingungen", die gemeinsam das betreffende ökonomische Phänomen hervorrufen. Bei der Prognose dagegen haben wir das Gesetz sowie bestimmte Aussagen über die zukünftigen Randbedingungen gegeben, aus denen dann eine bestimmte Folgerung für die Zukunft abgeleitet werden kann. Wenn wir die Anfangs- beziehungsweise Randbedingungen mit „A", die nomologischen Hypothesen mit „H" und das Explanandum mit „E" bezeichnen, dann lässt sich jede ökonomische Erklärung strukturieren.

a) Was versteht man unter dem „Explanans", dem „Explanandum" und unter einer „nomologischen Hypothese"?

b) Es sei festgestellt worden, dass die privaten Konsumausgaben der Haushalte im Land M im Zeitraum T_1 gestiegen sind. Dafür werde folgende Erklärung gegeben:

H_1: Immer dann, wenn sich das verfügbare Einkommen der privaten Haushalte durch Senkungen der Einkommenssteuer erhöht, werden diese ihre Nachfrage nach Konsumgütern erhöhen und zwar nach Maßgabe des Produktes aus „marginaler Konsumneigung" und gestiegenem verfügbaren Einkommen. Dies gilt, sofern sich die marginale Konsumneigung der Haushalte nicht ändert und auch der „autonome" Konsum unverändert bleibt.

A_1: Im Land M kann die Konsumnachfrage der privaten Haushalte als Summe eines einkommensunabhängigen, autonomen Konsums und eines einkommensabhängigen Konsums dargestellt werden. Relevant für den einkommensabhängigen ist dabei das verfügbare Einkommen der Haushalte.

A_2: Die Gestalt und die Parameter dieser makroökonomischen Konsumfunktion haben sich im Zeitraum T_1 nicht geändert.

A_3: Die im Land M erhobene Einkommenssteuer sei am Beginn des Zeitraums T_1 gesenkt worden.

Warum ist die o. a. Feststellung eine logische Deduktion der Art: A_1, ... A_n; H_1, ... H_m/E, wobei „/" „impliziert logisch" bedeutet?

c) Verkehrsexperten prognostizieren im Jahr 2004, dass sich nach der Einführung einer Maut-Gebühr für LKWs auf deutschen Autobahnen im Jahr 2005 das Verkehrsaufkommen der LKWs auf deutschen Bundes- und Landesstraßen deutlich erhöhen wird. Dieses Prognose wird wie folgt begründet:

H_1: Fuhrunternehmer kalkulieren sowohl vor wie nach der Einführung einer Maut den Zeiteinsatz und die effektiven Kilometerkosten ihrer Fahrten. Wenn es für viele von ihnen bisher lohnend war, wegen der Zeitersparnis bei Nutzung der Autobahn die Mehrkosten einer etwas längeren Strecke und eines höheren Benzinverbrauchs in Kauf zu nehmen, so wird die Verteuerung der Autobahnkilometer durch eine Maut nun etliche von ihnen dazu bewegen, auf andere Straßen auszuweichen. Dies gilt, sofern sich alle anderen Bestimmungsgründe für die effektiven Kilometerkosten auf unterschiedlichen Straßen nicht ändern und die absoluten Nutzen einer Zeitersparnis (mehr Dispositionsspielräume) beim Transport konstant bleiben.

A_1: In Deutschland wird der überwiegende Teil der Frachtgüter von Fuhrunternehmen nicht auf der Schiene oder auf Wasserwegen, sondern auf Straßen bewegt. Die Einführung einer Maut verändert die relative Profitabilität der Straße gegenüber der Schiene und den Wasserwegen nur unwesentlich.

A_2: Die bisherigen vereinbarten Lieferzeiten seien konstant geblieben und gestatten es den Fuhrunternehmern prinzipiell, die etwas längere Fahrzeit auf Bundes- und Landesstraßen in Kauf zu nehmen.

A_3: Die in Deutschland geplante Maut für LKWs auf Autobahnen ist zum 1. Januar 2005 erfolgreich eingeführt worden.

Warum ist die o. a. *bedingte* Prognose eine logische Deduktion der Art: A_1, ... A_n; H_1, ... H_m/E, wobei „/" „impliziert logisch" bedeutet?

Lösungsskizze

Zu Aufgabe a)

Die Begriffe „Explanans" und „Explanandum" stammen aus dem Lateinischen und gehen auf das Verb „explanare", zu Deutsch: verdeutlichen, erklären, zurück. Dabei ist das „Explanans" das „Erklärende" eines ökonomischen oder allgemein wissenschaftlichen Zusammenhangs, das „Explanandum" ist dagegen das zu erklärende. Eine „nomologische Hypothese" enthält die drei altgriechischen Begriffe „Hypothesis" (wörtlich: Annahme, Unterstellung zur Erklärung bestimmter Tatsachen), „nomos" (wörtlich: Größe, Zahl) sowie „logos" (wörtlich: sinnvolle, logische Aussage). Eine nomologische Hypothese ist demnach eine allgemein gehaltene logische Erklärungsaussage ohne konkreten Raum- und Zeitbezug.

Zu Aufgabe b)

Aus H_1, A_1, A_2 und A_3 folgt logisch – wie unmittelbar einsichtig – die Aussage, dass die Konsumausgaben der privaten Haushalte im Land M im Zeitraum T_1 gestiegen sind. Es handelt sich deshalb um eine logische Deduktion, weil die Aussage mit Hilfe eines „ökonomischen Gesetzes" (genauer: mit der makroökonomisch stabilen „Konsumfunktion") in Verbindung mit konkreten Rand- und Anfangsbedingungen gewonnen wurde.

Zu Aufgabe c)

Aus H_1, A_1, A_2 und A_3 folgt logisch die bedingte Prognose, dass das zukünftige LKW-Verkehrsaufkommen auf deutschen Bundes- und Landesstraßen zunehmen wird. Es handelt sich deshalb um eine logische abgeleitete bedingte Prognose, weil die prognostizierte Verhaltensänderung mit Hilfe einer nomologischen Hypothese (wovon hängt die Wahl des Verkehrsnetzes durch die Fuhrunternehmer ab) und konkreten Rand- und Anfangsbedingungen aus dem Transport- und Verkehrssektor gewonnen wurde. Die Prognose bleibt deshalb bedingt, weil sie nur unter den getroffenen Annahmen bzw. Voraussetzungen gelten kann.

Diskussion der Ergebnisse

Mit Hilfe des „Explanans" lässt sich eine bestimmte Ursache-Wirkungsbeziehung zwischen ökonomischen Variablen aufzeigen. Ob die vermutete Ursache aber jetzt und hier auch tatsächlich gegeben ist, kann damit nicht beantwortet werden. Dazu braucht es die Informationen über die konkreten Anfangs- und Randbedingungen.

Bedingte Prognosen sind nicht darauf angewiesen, die Konstanz bestimmter ökonomischer Verhaltensparameter anzunehmen. Sie unterstellen vielmehr im Sinne der Schule „rationaler Erwartungen" lediglich, dass sich die Akteure auch unter veränderten Rahmenbedingungen den Nutzen bzw. den Gewinn maximierend verhalten werden.

Das Nichteintreten von bedingten Prognosen ist keine hinreichende Voraussetzung dafür, eine Hypothese zu falsifizieren, also diese als mit dem empirischen Befund für unvereinbar zu erklären. Es kann nämlich sein, das die bei der Abgabe der Prognose getroffenen Aussagen bzw. Annahmen über die zukünftigen Randbedingungen fehlerbehaftet waren.

Literaturempfehlung

• Engelkamp und Sell (2005): S. 5–8.

Aufgabe 3:   Ökonomische Modellbildung

Modelle sind unverzichtbare Bausteine der modernen Volkswirtschaftslehre. Sie bedienen sich i. d. R. stark vereinfachender Annahmen, fokussieren lediglich die wesentlichen Einflussgrößen und stellen die Zusammenhänge häufig formal in Gleichungsform dar. Die Art der Gleichung kann dabei ganz unterschiedlich sein. So genannte „partielle Ableitungen" isolieren den Einfluss einzelner „unabhängigere Variablen" auf die interessierende Größe, die „abhängige Variable". Als konstant angenommene Einflussfaktoren fallen unter die so genannte „ceteris paribus Klausel".

a)   Was ist ein Modell und welchen Zweck erfüllt die Modellbildung?

b)   Nennen Sie die wichtigsten Eigenschaften ökonomischer Modelle!

c)   Welche Gleichungstypen sind wesentliche Bestandteile (mathematischer) Modelle? Geben Sie jeweils ein Beispiel!

d)   Wie ist ganz allgemein die partielle Ableitung einer Verhaltensfunktion nach einer erklärenden Variablen ökonomisch zu interpretieren?

e)   Falls die Funktion mit numerischen Koeffizienten vorliegt: Was sagt die numerische Größe einer partiellen Ableitung aus?

Lösungsskizze

Zu Aufgabe a)

Ein Modell ist ein vereinfachtes Abbild der Wirtschaftswirklichkeit, also der Realität. Modell und Realität unterscheiden sich durch die Abstraktion. Die Art der Abstraktion ergibt sich aus dem Zweck der Erklärung. Abstraktion bedeutet allgemein die Vernachlässigung von Sachverhalten, die für den Zweck der Erklärung als nicht wesentlich angenommen werden können. Je größer die Abstraktion, desto vereinfachter ist das Abbild und umso geringer ist der Erklärungswert.

Zu Aufgabe b)

Zu den wichtigsten Eigenschaften ökonomischer Modelle zählen, dass der Ersatz von empirischen Zusammenhängen durch Annahmen vorgenommen wird, dass eine Beschränkung auf wesentliche Einflussfaktoren stattfindet und dass eine radikale Vereinfachung der in der Wirklichkeit beobachteten Zusammenhänge erfolgen muss. Um diese Vereinfachung zu erreichen, nimmt man beispielsweise in Kauf, die bewusste Zerschneidung von in der Realität vorhandenen Interdependenzen zuzulassen.

Zu Aufgabe c)

Man unterscheidet:

- Identitäten oder Definitionsgleichungen, zum Beispiel $Y = C + I$ (vgl. das Kapitel „Makroökonomie")

- Verhaltensgleichungen i. e. S., zum Beispiel $C = C(Y)$, das heißt, der Konsum ist eine Funktion des Einkommens (vgl. das Kapitel „Makroökonomie")

- Verhaltensgleichungen i. w. S., die noch unterteilt werden können in

  - institutionelle Gleichungen, zum Beispiel $T = t \cdot Y$ (vgl. das Kapitel „Finanzwissenschaft")

  - technologische Gleichungen, zum Beispiel $Y = A^{\alpha} K^{1-\alpha}$ (vgl. das Kapitel „Makroökonomie")

  - Marktverhaltensgleichungen, zum Beispiel $x_i = f(p_i, p_j, y)$ (vgl. das Kapitel „Mikroökonomie")

- Gleichgewichtsbedingungen, zum Beispiel Angebot = Nachfrage (vgl. das Kapitel „Mikroökonomie")

Zu Aufgabe d)

Die partielle Differentiation stellt jene mathematische Operation dar, welche den Einfluss einer einzelnen unabhängigen Variablen auf die abhängige Variable isoliert. Man bringt damit die Größe des Einflusses einer unabhängigen Variablen auf die abhängige Variable zum Ausdruck, wobei alle übrigen unabhängigen Variablen konstant gehalten werden. Mathematisch wird die partielle Differentiation oder Ableitung durch den Ausdruck $\partial y(x)/\partial x$ dargestellt.

Zum Beispiel: Die gesamtwirtschaftlichen Investitionen (I) werden erklärt durch die Beziehung: $I = I(i, Y, G, AE)$ oder $I = I$(Marktzins, Volkseinkommen, Gewinne, Absatzerwartungen). Die partiellen Ableitungen lauten und haben die folgenden Vorzeichen:

$$\frac{\partial I}{\partial i} < 0 \; ; \; \frac{\partial I}{\partial Y} > 0 \; ; \; \frac{\partial I}{\partial G} > 0 \; ; \; \frac{\partial I}{\partial AE} > 0$$

Zu Aufgabe e)

Die numerische Größe einer partiellen Ableitung sagt aus, wie stark die zu erklärende abhängige Variable auf eine isolierte Veränderung einer unabhängigen Variablen reagiert. Im obigen Fall der Investitionsfunktion würde eine positive partielle Ableitung nach den Gewinnen in der Größenordnung von kleiner 1 besagen, dass die Investitionen auf Gewinnsteigerungen zwar positiv, aber unterproportional reagieren.

Diskussion der Ergebnisse

Gerade die Vereinfachung bzw. die Wahl entsprechend die Komplexität reduzierender Annahmen wird häufig als realitätsfremd kritisiert. Dabei wird aber übersehen, dass eine Modellbildung immer so stattfindet, dass durch allmähliches Fallenlassen der besonders restriktiven Annahmen Modelle weiterentwickelt und ausgewertet werden.

Hochabstrakte Modellvorstellungen wie die der „vollkommenen Konkurrenz" müssen gar nicht in der Realität anzutreffen sein. Ihre Merkmale dienen den Ökonomen aber als Referenzlösung. Eigenschaften realer Marktformen können besser beurteilt werden, wenn sie in Relation zu dieser Referenzlösung betrachtet werden.

Sehr häufig werden Identitäten und Gleichgewichtsbedingungen verwechselt: während sich die erstgenannten i.d.R. auf ex-post Beziehungen oder „immer gültige" Definitionen beziehen, verlangen Gleichgewichte die Übereinstimmung der Pläne der beteiligten Akteure.

Partielle Ableitungen sind ökonomisch bedeutsam, ihr Zweck wird aber häufig nicht verstanden: Das Festhalten aller übrigen unabhängigen Variablen bedeutet nicht deren Vernachlässigung.

Literaturempfehlung

- Engelkamp und Sell (2005): S. 8–9.

I.2   Grundtatbestände

Aufgabe 1:   Anreize für Tausch

Die Existenz von Tauschwirtschaften erscheint uns selbstverständlich, sie ist es aber nicht. Damit Tauschprozesse in Gang kommen, bedarf es zuvor der Existenz von (vorzugsweise reziproken) Tauschwünschen.

a)   „Tausch beruht notwendig darauf, dass die Leute von bestimmten Gütern mehr haben als sie brauchen können". Nehmen Sie zu diesem Satz Stellung!

b)   Ist absoluter Überfluss eine notwendige Voraussetzung für das Zustandekommen von Tauschhandlungen?

Lösungsskizze

Zu Aufgabe a)

Zu Tauschhandlungen kann es immer kommen, wenn die subjektiven Wertschätzungen, die zwei Wirtschaftssubjekte verschiedenen Gütern beimessen – ausgedrückt durch die marginalen Substitutionsraten – voneinander divergieren. Ist beispielsweise Haushalt A bereit, für eine weitere Einheit des gutes X auf 1,5

Einheiten von Y zu verzichten, und ist Haushalt B bereit, für mindestens 1,3 Einheiten Y auf eine Einheit von X zu verzichten, so lohnt es bei allen Tauschverhältnissen, die zwischen 1,3 (Y pro X) und 1,5 (Y pro X) liegen, sowohl für A als auch für B die Güter X und Y zu tauschen. Als Ergebnis und im Zuge des Tauschs wird sich ein einheitliches Tauschverhältnis einstellen.

Zu Aufgabe b)

Diese Tatsache schließt keineswegs aus, dass jeder Haushalt gerne bei beiden Gütern über eine größere Menge verfügen möchte. Ein absoluter Überfluss, wie er in dem zu kommentierenden Satz implizit unterstellt wird, ist somit in keiner Weise eine notwendige Voraussetzung für das Zustandekommen von Tauschhandlungen.

Diskussion der Ergebnisse

Gerne wird übersehen, dass sich – trotz der anfänglich unterschiedlichen Tauschanreize – durch den Tausch ein einheitliches Tausch-, also Preisverhältnis einstellt. Tauschprozesse haben demnach die Wirkung, Tauschverhältnisse zu homogenisieren.

Tauschwünsche gibt es auch dann, wenn ein Haushalt absolut gesehen einen Mangel an Gütern besitzt. Umgekehrt ist Überfluss kein notwendiger Auslöser von Tauschwünschen.

Literaturempfehlung

*   Engelkamp und Sell (2005): S. 11–18.

Aufgabe 2:   Das ökonomische Prinzip

In der Alltagssprache begehen wir häufig den Fehler, gegen die beiden Varianten des ökonomischen Prinzips zu verstoßen: So sprechen wir davon, einen größtmöglichen Vorteil bzw. einen maximalen Output bei minimalem Einsatz erreichen zu wollen.

a) Erläutern Sie knapp das „ökonomische Prinzip" und seine beiden Varianten!

b) Welcher gedankliche Fehler wird bei der umgangssprachlichen „Überforderung" des ökonomischen Prinzips begangen?

Lösungsskizze

Zu Aufgabe a)

Das ökonomische Prinzip beschäftigt sich allgemein mit dem effizienten Einsatz knapper Mittel zur Bedürfnisbefriedigung. Dabei gilt es zwei Varianten zu unterscheiden. Das Minimum-Prinzip besagt, dass die ökonomische Effizienz bei einem vorgegebenen Ergebnis die Minimierung des Mitteleinsatzes verlangt. Das Maximum-Prinzip dagegen empfiehlt, mit einem gegebenen Mitteleinsatz ein höchst-möglichstes Ergebnis zu erzielen

Zu Aufgabe b)

Die umgangssprachliche Überforderung des ökonomischen Prinzips verstößt gegen die Logik einer (mikro- oder makroökonomischen) Produktionsfunktion. Bei dieser steht auf der linken Seite der Gleichung der (abhängige) physische Ertrag, auf der rechten Seite der (funktional spezifizierte) Einsatz von (unabhängigen) Produktionsfaktoren. Betrachtet man die Umkehrfunktion, dann wird der Faktor-verbrauch (Abhängige) zur Funktion des Ausstoßes (Unabhängige). Es kann aber nur auf einer der beiden Seiten der Gleichung unabhängige – minimier- bzw. ma-ximierbare – Variablen geben.

Diskussion der Ergebnisse

Häufig wird, neben der „umgangssprachlichen Überforderung", übersehen, dass das ökonomische Prinzip nicht eine, sondern zwei „Lesarten" bzw. Varianten hat.

Die Effizienzanforderung des ökonomischen Prinzips zieht sich durch die gesamte mikroökonomische Allokationstheorie. So ist etwa eine Bewegung auf der Trans-formationskurve nur denkbar bei Beachtung des ökonomischen Prinzips.

Literaturempfehlung

• Engelkamp und Sell (2005): S. 11–18.

Aufgabe 3: Grundbegriffe des Wirtschaftens

Das Wirtschaften von Haushalten und Unternehmen wird in den Wirtschaftswis-senschaften mit Hilfe einer eigenen Begrifflichkeit knapp beschrieben. Dazu gehö-ren die Termini (freie, wirtschaftliche) „Güter", „Bedürfnisse", „Wirtschaften", „Verfügbarkeit" und „Knappheit". Beantworten Sie hierzu die folgenden Fragen in der gebotenen Kürze:

a) Grenzen Sie die Begriffe wirtschaftliche und freie Güter sowie Konsum- und Produktionsgüter voneinander ab und nennen Sie je ein Beispiel!

b) Welche Bedürfnisse befinden sich auf welcher Ebene der Maslow-Pyramide?

c) Definieren Sie die vier folgenden Begriffe: Bedürfnis, Güter, Knappheit, Wirt-schaften!

d) Nennen Sie zwei Möglichkeiten, um die Knappheit zu reduzieren!

e) Welcher Zusammenhang besteht zwischen dem Preis eines Gutes und seiner Verfügbarkeit?

Lösungsskizze

Zu Aufgabe a)

Wirtschaftliche Güter sind knapp in Relation zu den empfundenen Bedürfnissen, so genannte „freie Güter" sind dagegen in ausreichender Menge vorhanden. Das heißt, freie Güter sind insoweit in „ausreichender Menge" vorhanden als keine Knappheit vorliegt, daher besitzen diese Güter keinen positiven Preis. Wirtschaftliche Güter sind dagegen im Verhältnis zu den Bedürfnissen knapp, daher besitzen sie einen positiven Preis. Regel: Je knapper ein Gut ist (je geringer die Verfügbarkeit ist), umso höher wird sein Preis sein.

Konsumgüter dienen der Befriedigung von (Konsumenten-)Bedürfnissen, Produktionsgüter finden Eingang in den Produktionsprozess. Wie das Beispiel der Landwirtschaft (etwa beim Korn) zeigt, entscheidet die Verwendung und nicht eine „Typologie" darüber, ob Güter zu Konsumgütern oder zu Investitionsgütern werden. Bekanntlich kann das Korn sowohl zu Nahrungsmitteln verarbeitet werden als auch als Saatgut verwendet werden.

Zu Aufgabe b)

Wie Abbildung I.1 zeigt, befinden sich fundamentale physiologische und Sicherheitsbedürfnisse auf den beiden untersten Stufen der Maslow-Pyramide; über den sozialen Bedürfnissen, welche die Mitte der Pyramide besetzen, liegen noch die Ich-Bedürfnisse und – an oberster Stelle – das Bedürfnis nach Selbstverwirklichung.

Abbildung I.1

Zu Aufgabe c)

Unter einem Bedürfnis versteht man das Gefühl einer Mangelsituation, verbunden mit dem Wunsch, diese zu beseitigen. Güter sind Mittel zur Befriedigung der Bedürfnisse, sie sind tendenziell knapp. Unter Knappheit wird allgemein die Diskrepanz zwischen der Summe der Bedürfnisse und der zur ihrer Befriedigung bereitstehenden Mittel (Güter) verstanden. Wirtschaften bedeutet: Der Einsatz knapper Mittel zur Bedürfnisbefriedigung. Das Wirtschaften dient im Allgemeinen der Beseitigung der Knappheit oder anders gesagt: Die Notwendigkeit des Wirtschaftens ergibt sich aufgrund der Knappheit der Mittel im Verhältnis der prinzipiell unendlichen Bedürfnisse.

Zu Aufgabe d)

Prinzipiell stehen als Alternativen zur Verfügung: Eine (freiwillige) Verringerung der Bedürfnisse oder eine Ausdehnung der Produktionsmöglichkeiten (höheres Güterangebot). Da die erste Alternative, insbesondere bei Beachtung des Prinzips der Konsumentensouveränität unrealistisch ist, verbleibt im Allgemeinen nur die zweite. Eine Ausdehnung der Produktionsmöglichkeiten kann durch erhöhten Ressourceneinsatz und/oder durch eine Verbesserung des technischen Wissens erfolgen.

Zu Aufgabe e)

Es gilt zunächst die Beobachtung: Je knapper ein Gut ist (je geringer seine Verfügbarkeit ist), umso höher wird sein Preis sein. Das entspricht der Signalfunktion, die F. A. v. Hayek den Preisen zusprach: Diese sagen uns, was wir tun sollen! Ein hoher Preis signalisiert, dass der entsprechende Markt für Unternehmer attraktiv, eine Ausweitung des Angebots demzufolge lukrativ ist und zugleich die bisherige Knappheit reduziert, was c. p. eine Absenkung des Preises nach sich zieht.

Diskussion der Ergebnisse

Knappheit wird häufig nur als absolute Größe betrachtet, ökonomisch kommt es aber immer auf die Relation des Güterangebots zu den Bedürfnissen an.

Einzusehen, dass es bei den ökonomischen Eigenschaften von Gütern – etwa bei der Unterscheidung zwischen Konsum- und Investitionsgütern – nicht auf „Typologien" sondern auf die Verwendung der Güter ankommt, fällt Studenten gelegentlich schwer.

Literaturempfehlung

- Engelkamp und Sell (2005): S. 11–18.

I.3 Gleichgewichtstendenzen und Stabilität des Marktsystems

Aufgabe 1: Das Gesetz von Angebot und Nachfrage

Zwischen den Märkten für Konsumgüter bestehen mehrfache Interdependenzen. Zum einen besteht ein direkter Wettbewerbszusammenhang. Die Intensität dieses Zusammenhangs hängt u.a. davon ab, ob die betrachteten Güter Substitute oder Komplemente sind. Zum zweiten sind die Märkte mittelbar dadurch voneinander abhängig, dass ein Ausgleichsmechanismus zwischen den verschiedenen Branchen im Hinblick auf die Rendite des eingesetzten Kapitals besteht.

a) Stehen alle Konsumgüter prinzipiell untereinander in Konkurrenz?

b) Funktioniert der Ausgleichsmechanismus zwischen den Branchen nur durch Markteintritte neuer Unternehmen oder auch durch Marktaustritte alter Unternehmen?

c) Hat die Globalisierung und wenn ja, wie den Wettbewerbs- und den Ausgleichsmechanismus verstärkt?

Lösungsskizze

Zu Aufgabe a)

Ja, sofern sie mehr oder weniger enge Substitute sind. Von den amerikanischen Ökonomen J. Robinson und E. A. G. Robinson wurde in diesem Zusammenhang der Begriff der „Substitutionskette" geprägt: Demnach bilden Konsumgüter eine Kette von Substituten, die durch Lücken zerschnitten sind. Diese Schnittstellen stellen so genannte „Substitutionslücken" dar. Beispiele: Feinseifen/Kernseife/Öl/ Mandelkleie. Ob die aufgeführten Güter noch Substitute sind, kann sicher nicht für alle Zeiten und alle Regionen der Weltwirtschaft entschieden werden. Die konkrete Entscheidung enthält im Einzelfall möglicherweise sogar ein Werturteil.

Zu Aufgabe b)

Der Ausgleichsmechanismus funktioniert sowohl durch die Markteintritte neuer Unternehmen in Branchen, die eine überdurchschnittliche Rendite des eingesetzten Kapitals aufweisen als auch durch Marktaustritte von Unternehmen aus Branchen mit einer unterdurchschnittlichen Rendite des einsetzten Kapitals. Durch den ersten Mechanismus wird tendenziell das Angebot ausgeweitet, der Preis auf dem Markt und damit auch die Rendite gesenkt. Durch den zweiten Mechanismus wird tendenziell das Angebot reduziert, der Preis auf dem Markt angehoben und damit auch die Rendite erhöht. Dadurch wird von zwei Seiten eine Angleichung der Renditen unterschiedlicher Branchen erreicht.

Zu Aufgabe c)

Die Globalisierung hat sowohl den Wettbewerbs- als auch den Ausgleichsmechanismus deutlich verstärkt. Denn einerseits wird durch die Globalisierung die Kette der Substitute wesentlich enger geknüpft. Neue Produkte und Qualitäten, die von zusätzlichen Anbietern auf Märkte gebracht werden, sorgen dafür. Dadurch wird der Wettbewerbsmechanismus intensiviert. Zum anderen stehen die Unternehmen durch die Globalisierung unter einem verstärkten Druck, im Weltmaßstab vergleichbare Kapitalrenditen zu erwirtschaften. Das gestiegene Anspruchsniveau der Kapitaleigner sorgt dafür, dass der Ausgleichsmechanismus zwischen unterschiedlichen Branchen erheblich an Dynamik gewinnt.

Diskussion der Ergebnisse

Unternehmer sind Akteure, die noch nicht aufgespürte Gewinngelegenheiten suchen. Sie sind also prinzipiell weder auf den Besitz von Ressourcen bzw. Produktionsfaktoren angewiesen noch auf bestimmte Produkte bzw. Märkte festegelegt. Der Ausgleichsmechanismus sorgt auch dafür, dass Unternehmer die Branche auf der Suche nach besseren Gewinngelegenheiten wechseln.

Der Begriff der Substitutionslücke ist kein statischer Begriff. Der Prozess von Produktinnovationen kann zum einen im Falle gänzlich neuartiger Waren bisher nicht vorhandene und/oder latente Substitutionslücken produzieren. Zum anderen schaffen Produktinnovationen eine größere Produktvielfalt (im Englischen: *varieties*), innerhalb derer bisher vorhandene Substitutionslücken verkleinert oder geschlossen werden.

Die Globalisierung hat die Grenzen des jeweils relevanten Marktes für Güter und Dienstleistungen deutlich erweitert bzw. nach außen verschoben. Zuvor konnten nationale zu europäischen, zuletzt europäische zu weltweiten Märkten erweitert werden. Darüber hinaus ist das natürlich nicht mehr möglich, sodass das wettbewerbspolitische Instrument „Markterweiterung" nicht mehr zur Verfügung steht, das zuvor möglichen Konzentrationsprozessen durch Unternehmenszukäufe und Fusionen entgegenwirken konnte.

Literaturempfehlung

• Engelkamp und Sell (2005): S. 23–27.

Aufgabe 2:   Klassischer und Keynesscher Kapitalmarkt

Für das gesamtwirtschaftliche Gleichgewicht in der Modellwelt der Klassiker ist das Saysche Theorem zentral. Ohne dieses könnte zwar immer noch der klassische Arbeitsmarkt geräumt werden, es wäre aber fraglich, wie lange das möglich ist. (Nur) mit Hilfe der gleichermaßen vom Realzins abhängigen gesamtwirtschaftlichen Ersparnis und Investitionsnachfrage und der Annahme eines stets funktionierenden Preis- also Zinsmechanismus, können nämlich „Sickerverluste" für die

gesamtwirtschaftliche Nachfrage vermieden werden. Dabei wird von einem positiven (negativen) Zusammenhang zwischen Ersparnis (Investitionsnachfrage) und
Zins ausgegangen

a)   Welche Annahme muss bezüglich der Präferenzen des Haushaltes getroffen
     werden, damit sich eine Sparfunktion $S = S(i)$ mit positiver erster Ableitung –
     so wie sie auch am gesamtwirtschaftlichen Kapitalmarkt in der Klassik unter-
     stellt wird – ergibt?

b)   Bedeutet die Einkommensabhängigkeit der Keynesschen Sparfunktion, dass
     ein gegenüber dem Substitutionseffekt dominierender Einkommenseffekt un-
     terstellt wird?

c)   Welche „säkulare", also langfristige Entwicklung der gesamtwirtschaftlichen
     Sparquote wird von Keynes erwartet?

Lösungsskizze

Zu Aufgabe a)

Es ist die Annahme, dass der so genannte Substitutionseffekt einer Zinsänderung
den Einkommenseffekt dominiert. Die Ersparnis ist das Ergebnis einer Wahl zwischen Gegenwartsgütern („Konsum heute") und Zukunftsgütern („Konsum mor-
gen"). Ein Zinsanstieg am Kapitalmarkt hat zweierlei Wirkungen: Erstens werden
Gegenwartsgüter relativ teurer im Vergleich zu Zukunftsgütern (Substitutionseffekt), zweitens steigt das Zins- und damit das Gesamteinkommen des Haushaltes
(Einkommenseffekt). Aufgrund der ersten Wirkung – ein höherer Zins vergrößert
das in der Zukunft erreichbare Konsumgüterbündel (Kaufkraftgewinn = entspricht
dem Effekt einer Preissenkung), während er das in der Gegenwart erreichbare
Konsumgüterbündel (Kaufkraftverlust = entspricht dem Effekt einer Preiserhöhung) schmälert – erhöht der Haushalt seine Ersparnis, aufgrund der zweiten vermindert er sie, weil mehr Einkommen mehr „Konsum heute" und damit eine geringere Ersparnis bedeutet. Überwiegt also der Substitutionseffekt, dann besteht ein
positiver Zusammenhang zwischen Zins und Ersparnis.

Zu Aufgabe b)

Nein. Einkommens- und Substitutionseffekte können nur dann auftreten, wenn
Änderungen von Preisen (Güter-, Faktorpreise) im Spiel sind. Bei einer Zinsabhängigkeit der Ersparnisse führt ein dominierender Einkommenseffekt dazu, dass
eine Sparfunktion $S = S(i)$ mit einer negativen ersten Ableitung verbunden ist.
Eine Einkommensabhängigkeit der Ersparnis muss anders begründet werden, etwa
über das „fundamental-psychologische Gesetz" der Keynesschen Konsumfunktion,
aus der sich als Komplement die Sparfunktion ergibt.

Zu Aufgabe c)

Keynes erwartete, dass mit wachsendem Einkommen der Anteil der Konsumausgaben am Einkommen zurückgeht, demzufolge der Anteil der Ersparnis am Einkommen zunimmt. Daraus hat u. a. Alvin Hansen den Schluss gezogen, dass eine wirtschaftliche Stagnation eintreten muss, sofern nicht die rückläufige Konsumquote durch eine entsprechend dynamische Entwicklung der Investitionsnachfrage ausgeglichen wird.

Diskussion der Ergebnisse

Substitutions- und Einkommenseffekte treten nicht nur dann auf, wenn sich relative Faktor- oder Güterpreise ändern. Auch eine Variation des einzigen intertemporalen Preises, den wir in der Makroökonomik betrachten – der Zins – löst solche Substitutions- und Einkommenseffekte aus.

Bei der Stagnationsthese von Alvin Hansen muss zwischen der marginalen Konsumneigung – diese bleibt nach Keynes auch langfristig unverändert – und der durchschnittlichen Konsumneigung oder Konsumquote unterschieden werden. Nur von letzterer kann ein „säkularer Rückgang" erwartet werden.

Der Zinsmechanismus versagt am Keynesschen Kapitalmarkt nicht deshalb, weil etwa durch die Politik die Zinsen künstlich festgehalten werden („Festzinsmodell"), sondern deshalb, weil eine höhere Ersparnis nicht dazu in der Lage ist, den gesamtwirtschaftlichen Zinssatz zu senken, zu dem die Investoren auch bereit wären, sich stärker am Kapitalmarkt sich zu refinanzieren.

Literaturempfehlung

- Engelkamp und Sell (2005): S. 27–31.

II   Mikroökonomie

II.1   Haushaltstheorie

Aufgabe 1:   Die Konsummöglichkeiten des Haushalts

Die so genannte Budgetgerade oder auch Budgetlinie stellt dem Einkommen des Haushalts, das als gegeben angenommen wird, die maximal möglichen Ausgaben gegenüber, die zum Erwerb zweier Güter (bei bekannten und konstanten Preisen) getätigt werden können.

a)   Weshalb bezeichnet man die Budgetlinie auch als Konsummöglichkeitenkurve?

b)   Zu welcher bereits bekannten Kurve besteht eine Analogie?

c)   Wodurch unterscheiden sich beide?

Lösungsskizze

Zu Aufgabe a)

Weil sie dem Haushalt bei gegebener Ausgabensumme und gegebenen Güterpreisen zeigt, welche Güterkombinationen er maximal konsumieren kann. Würde der Haushalt sparen, dann würde er die maximalen Konsummöglichkeiten seines gegebenen Einkommens nicht ausschöpfen. Da Verschuldung bzw. Kreditaufnahme ausgeschlossen bleibt, können die Konsummöglichkeiten wiederum das eigene Einkommen auch nicht übersteigen.

Zu Aufgabe b)

Es besteht eine Analogie zur Transformations- bzw. Produktionsmöglichkeitenkurve.

Zu Aufgabe c)

Die Budgetlinie (oder Konsummöglichkeitenkurve) bezeichnet die äußerstenfalls unter den gegebenen Bedingungen erhältlichen Konsumgüterkombinationen eines Haushalts. Die Produktionsmöglichkeitenkurve bezeichnet die bei gegebener Faktorausstattung, gegebener Produktionstechnik und Vollbeschäftigung der Faktoren gesamtwirtschaftlich produzierbaren Gütermengenkombinationen.

Diskussion der Ergebnisse

Die Konsummöglichkeitenkurve wird üblicherweise linear, die Produktionsmöglichkeitenkurve dagegen konkav gezeichnet. Eine Verwechslung dieser Verläufe bzw. der entsprechenden Kurven ist unzulässig. Zwar kann die Produktionsmöglichkeitenkurve nicht nur konkav (vom Ursprung weg gekrümmt), sondern auch linear oder konvex (zum Ursprung hin gekrümmt) verlaufen. Eine konvexe oder konkave Konsummöglichkeitenkurve kann aber als ausgeschlossen gelten. Die Linearität der Konsummöglichkeitenkurve ist in der Konstanz der gegebenen Preise begründet. Würde man diese aufheben, würde man zugleich gegen die gesetzten Annahmen verstoßen.

Eine konvexe Konsummöglichkeitenkurve in einem x_2-x_1-Diagramm (vgl. Kurve II in Abbildung II.1) würde bedeuten, dass der repräsentative Haushalt mit zunehmendem Konsum von Gut 2 – jedenfalls innerhalb eines bedeutenden Intervalls – höhere Preise für dieses Gut zu entrichten hätte. Das kann ausgeschlossen werden, solange wir den entsprechenden Haushalt als „klein" einstufen, seine Nachfrage (-steigerung) also nie groß genug ist, um den Preis eines Gutes beeinflussen zu können. Eine konkave Krümmung (Kurve III) der Konsummöglichkeitenkurve würde dagegen Preisabschläge gegenüber dem linearen Verlauf für Gut 2 implizieren, die mit wachsender Nachfrage nach diesem Gut erodieren. Ein solches Szenario könnte der Einführungsphase für ein neues Produkt entsprechen, dessen Preis sich in dem Maße seinen Grenzkosten annähert, wie es von der Nachfrage positiv aufgenommen wird. Auch dieser Sonderfall ist ausgeschlossen, da es sich um eingeführte, am Markt bereits erprobte Produkte handelt.

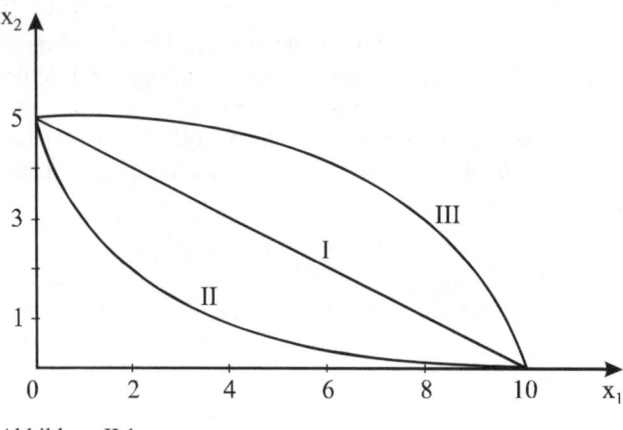

Abbildung II.1

Literaturempfehlung

• Engelkamp und Sell (2005): S. 38 f.

Aufgabe 2:   Eigenschaften von Nutzenfunktionen

Wenn das Nutzenniveau eines Haushalts von seiner Ausstattung mit zwei verschiedenen Gütern abhängt, die als mehr oder weniger enge Substitute gelten können, dann ist für die Darstellung einer solchen Nutzenfunktion der dreidimensionale Raum erforderlich.

a) Welchen Verlauf hat das Nutzengebirge, wenn für beide Güter Nichtsättigung unterstellt wird?

b) Wie verlaufen demzufolge die Kammlinien des Nutzengebirges – bei Vermehrung des einen Gutes unter Konstanthaltung des jeweils anderen?

c) Warum sind unter einfachsten Annahmen Projektionen von Schnittlinien des Nutzengebirges in die Ebene – auch „Höhenlinien" genannt – konvexe Kurven?

Lösungsskizze

Zu Aufgabe a)

Das Nutzengebirge im dreidimensionalen Raum hat folgende Gestalt:

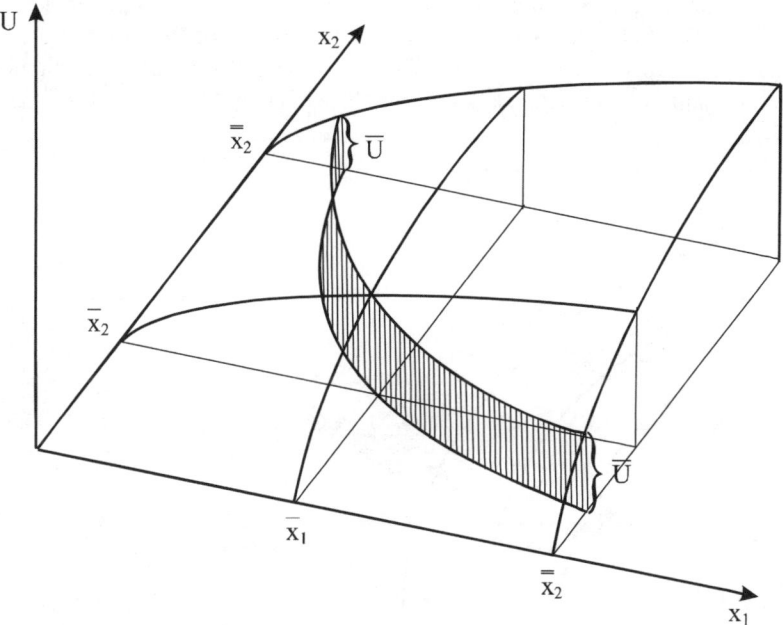

Abbildung II.2

Es weist von beiden Achsen in der Ebene aus betrachtet überall eine positive, wenn auch abnehmende Steigung auf. Wenn Sättigung bei mindestens einem der beiden Güter eine Rolle spielen würde, dann müsste die entsprechende Kammlinie irgendwann waagrecht verlaufen. Ökonomisch würde das bedeuten, dass eine größere Menge dieses Gutes nicht mehr stets einer kleineren vorgezogen werden würde.

Zu Aufgabe b)

Die Kammlinien weisen einen positiven Anstieg auf, allerdings mit „abnehmenden Zuwächsen". Das hat ökonomisch zwei Erklärungen: Zum einen wird die Annahme der Nichtsättigung eingehalten, zum anderen spiegelt sich darin das Gesetz vom „abnehmenden Grenznutzen". Der Nutzengewinn ist bei Hinzufügung einer weiteren Einheit des einen Gutes (bei gegebener Ausstattung mit dem jeweils anderen Gut) umso geringer, je größer der bereits beim Haushalt vorhandene Vorrat von diesem Gut ist bzw. je mehr von diesem Gut bereits konsumiert wurde.

Zu Aufgabe c)

Die Konvexität der Indifferenzkurven ist eine Folge der angenommenen Substitutionalität der beiden Güter, die allerdings unvollkommen ist. Unvollkommen ist sie dann, wenn der Tauschwille auch davon abhängig ist, wie viel ich von dem Gut, das ich gegen ein anderes eintauschen will, noch besitze: Dabei gilt, dass mir die Aufgabe des einen Gutes umso schwerer fällt, je weniger ich davon noch besitze. Im Falle vollständiger Substitutionalität würden solche Bestandsgrößen keine Rolle spielen. Die Indifferenzkurven müssten dann linear verlaufen. Liegen dagegen so genannte „substitutionsfeindliche" Güter vor, dann ist ein zum Ursprung hin konkaver Verlauf der Indifferenzkurven typisch, wie er in Abbildung II.3 dargestellt ist.

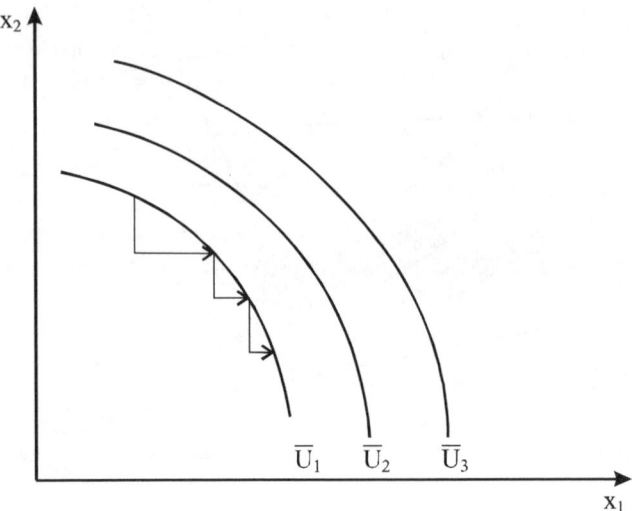

Abbildung II.3

Diskussion der Ergebnisse

Es sind durchaus auch konkave Verläufe von Indifferenzkurven denkbar: Für passionierte Teetrinker ist Kaffee ein äußerst schlechtes Substitut für Tee. Wenn wir annehmen, dass in Abbildung II.3 der Kaffee Gut 2 ist, während der Tee Gut 1 darstellt, dann sind konkave Indifferenzkurven wie folgt zu interpretieren: Da dem Teetrinker am Kaffee so gut wie nichts liegt, ist er auch bereit, bei fortschreitendem Tausch (also Abgabe von Kaffee gegen Tee) dafür zunehmend weniger Tee einzutauschen.

Die Konvexität der Indifferenzkurven – also auch die abnehmende Steigung derselben – kann unter anderem mit der Annahme eines strikt abnehmenden Grenznutzens begründet werden. Die Umkehrung gilt allerdings nicht. Die abnehmende Steigung der Indifferenzkurve – auch als abnehmende Grenzrate der Substitution bezeichnet – gilt auch dann, wenn kein strikt abnehmender Grenznutzen unterstellt wird.

Literaturempfehlung

* Engelkamp und Sell (2005): S. 38 f.

Aufgabe 3:   Bestimmungsgründe des Haushaltsoptimums

In der idealtypischen Entscheidungssituation eines repräsentativen Haushalts hat dieser über die Verwendung seines Einkommens – Spartätigkeit wird aus Vereinfachungsgründen ausgeblendet – für den Erwerb zweier Güter zu befinden. Als Instrumente der Volkswirtschaftslehre braucht es zur Lösung dieses Problems im Wesentlichen drei Elemente: eine Nutzenfunktion und daraus ableitbare Indifferenzkurven des Haushalts, eine Budgetgerade, welche die „harte" Einkommensrestriktion darstellt und schließlich die Zusammenführung dieser beiden Konzepte im so genannten „Haushaltsoptimum".

a)   Definieren Sie knapp die Begriffe der Bilanzgerade und der Indifferenzkurve! Gehen Sie dabei auch deren Steigung ein!

b)   Ein Haushalt verfügt über ein Einkommen in Höhe von y, mit dem er zwei Güter x_1 und x_2 erwerben kann. Stellen Sie grafisch das Haushaltsoptimum dar! Erläutern Sie, warum Konsumbündel, die ober- oder unterhalb der Bilanzgerade liegen, keine Optima darstellen!

c)   Erläutern Sie verbal die Bestimmungsgründe eines Haushaltsoptimums!

Lösungsskizze

Zu Aufgabe a)

Die Budget- bzw. Bilanzgerade ist der geometrische Ort aller Güterkombinationen, also Konsummöglichkeiten, die der Haushalt bei gegebenen Preisen und gegebenem Einkommen maximal erwerben kann (Vollverausgabung des Einkommens); die Steigung der Bilanzgerade entspricht dem (negativen) Preisverhältnis der beiden Konsumgüter.

Eine Indifferenzkurve ist der geometrische Ort aller Güterkombinationen, die den gleichen Nutzen stiften; mit den Indifferenzkurven lässt sich die Präferenzstruktur eines Haushaltes darstellen. Die Steigung der Indifferenzkurve entspricht der so genannten „Grenzrate der Substitution". Diese misst die erforderliche Kompensation mit dem zweiten Gut, wenn der Haushalt auf eine infinitesimal kleine Einheit des ersten Gutes verzichtet.

Zu Aufgabe b)

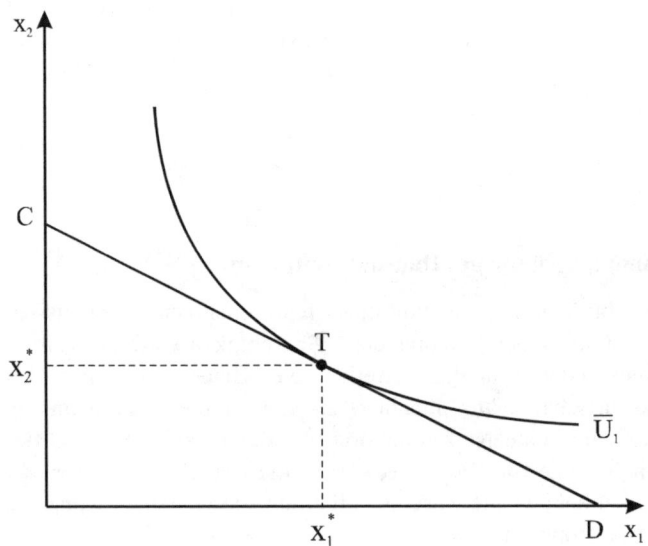

Abbildung II.4

Konsumbündel oberhalb (unterhalb) der Budgetgeraden können deshalb keine Optima darstellen, da sie mit dem gegebenen Einkommen nicht realisierbar sind (die Konsummöglichkeiten nicht ausschöpfen).

Zu Aufgabe c)

Das Haushaltsoptimum liegt immer auf der Budgetgeraden. Es repräsentiert den maximal erreichbaren Nutzen des Haushalts bei gegebenen Preisen und gegebenem Einkommen; man kann zeigen, dass im Haushaltsoptimum das Einkommen so verausgabt wird, dass der mit den jeweiligen Preisen gewogene Grenznutzen der beiden Güter übereinstimmen.

Diskussion der Ergebnisse

Zeichnet man in Abbildung II.4 eine Schar von Indifferenzkurven ein, dann sieht man sofort, dass solche Lösungen, bei denen eine Indifferenzkurve die Budgetgerade zweimal schneidet (im Vergleich zu der einmaligen Tangentiallösung) suboptimal sind: Es würde ein niedrigeres Einkommen ausreichen, um die entsprechende Tangentiallösung zu bekommen.

Indifferenzkurven können sich nicht schneiden, da es ansonsten zu logischen Widersprüchen (u. a. Verletzung des Transitivitätsaxioms) käme.

Literaturempfehlung

• Engelkamp und Sell (2005): S. 43–44.

Aufgabe 4:   Entwicklung der Nachfragekurve

Für die Abschätzung möglicher Güterabsätze reicht die Konstruktion des Haushaltsoptimums nicht aus; vielmehr gilt es den Einfluss von Preisvariationen des einen Gutes bei Konstanthaltung des Preises aller weiteren Güter zu ermitteln. Ziel ist es dabei, die so genannte „Nachfragekurve" zu identifizieren. Diese Nachfragekurve ist dann der geometrische Ort aller Kombinationen von Preis und entsprechender nachgefragter Menge eines Gutes.

Ein Haushalt verfügt über ein Einkommen in Höhe von y, mit dem er zwei Güter x_1 und x_2 erwerben kann. Der Preis des Gutes x_1 hat sich erhöht, während der Preis des anderen Gutes konstant geblieben ist.

a)   Leiten Sie grafisch die Nachfragekurve des Gutes x_1 her! Erläutern Sie kurz Ihr Vorgehen!

b)   Wie wird sich die Nachfrage nach x_1 entwickeln?

Lösungsskizze

Zu Aufgabe a)

Ausgehend vom Haushaltsoptimum in T_1 (vgl. Abbildung I.1) wird eine Preisänderung bei Gut 1 eingeführt. Bei einer Preiserhöhung um 100 Prozent, verkürzt sich der Achsenabschnitt der Budgetgeraden auf der Abszisse um die Hälfte. Es kann erwartet werden, dass die Nachfrage nach dem Gut, dessen Preis steigt, abnimmt. Die Nachfrageveränderung beim anderen Gut ist *a priori* ungewiss. In der Grafik dreht sich die Budgetgerade im Vollverausgabungspunkt des zweiten Gutes, dessen Preis konstant geblieben ist. Die Steigung ändert sich, sie wird deutlich steiler. Da das Einkommen des Haushalts nicht gestiegen ist, wird nach der Preiserhöhung nur noch das Erreichen eines niedrigeren Nutzenniveaus möglich sein. Wenn der Ausgangspunkt die Budgetgerade CD_1, die Indifferenzkurve U_1 und das Optimum in T_1 ist, lassen wir gedanklich den Preis von p_{11} auf p_{12} steigen; es kommt zu einer Drehung der Budgetgeraden in C auf CD_2. Ein neues Optimum ergibt sich in T_2 bei geringerem Nutzenniveau U_2. Die optimalen Verbrauchsmengen für Gut 1 vor und nach der Preiserhöhung werden im unteren Teil der Grafik mit den entsprechenden Preisen kombiniert. Werden die so ermittelten beiden Punkte miteinander verbunden, so entsteht die Nachfragekurve für Gut 1!

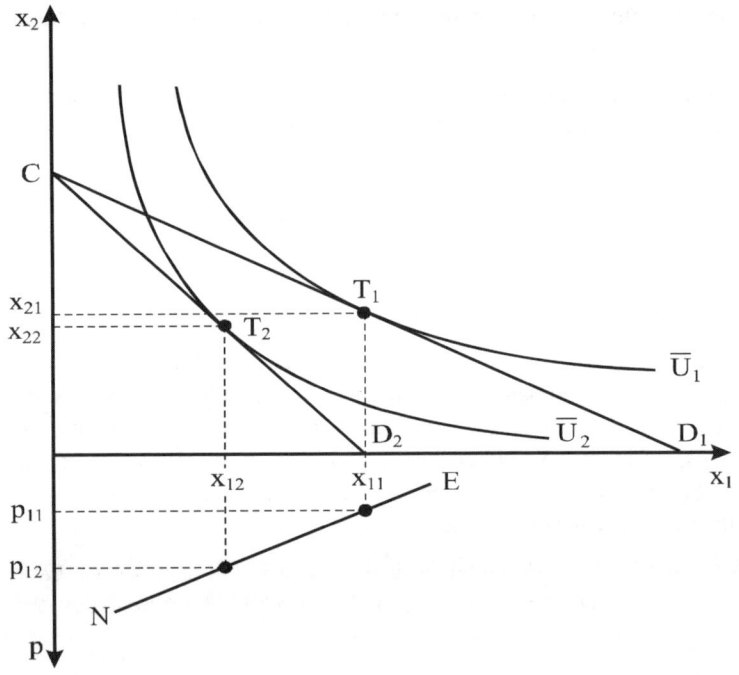

Abbildung II.5

Zu Aufgabe b)

Die Nachfrage nach Gut 1, x_1, wird c.p. (ceteris paribus) sinken.

Diskussion der Ergebnisse

Bei Preisveränderungen treten sowohl Einkommens- als auch Substitutionseffekte auf: Wird Gut 1 teurer, so kann der neue Optimalpunkt auch links oberhalb des alten liegen. In diesem Fall dominieren die positiven Substitutionseffekte zu Gunsten von Gut 2, das relativ billiger geworden ist gegenüber den negativen Einkommenseffekten, von denen die Nachfrage beider Güter betroffen ist!

Egal, ob Substitutions- oder Einkommenseffekte überwiegen, wird die Nachfrage nach Gut 1 bzw. nach dem Gut, dessen Preis gestiegen ist, immer fallend verlaufen!

Literaturempfehlung

• Engelkamp und Sell (2005): S. 44–47.

Aufgabe 5:   Diskussion von Politikwirkungen

Bisher ausgeblendet wurden alle möglichen „Stiftparameter" für die Lage einer beliebigen Nachfragekurve. Änderungen des Einkommens, der Präferenzen u.ä.m.

führen zu Parallelverschiebungen der Nachfragekurve nach unten oder nach oben. Auch relevante Politikentscheidungen beeinflussen die Lage der Nachfragekurve.

a) Die Bundesregierung plant eine die Senkung der Einkommensteuer. Wie wirkt sich diese Steueränderung auf die Nachfrage nach einem Gut aus? Begründen Sie knapp!

b) Weshalb ist bei einer geplanten Erhöhung der Mehrwertsteuer die Frage nicht ohne weiteres zu beantworten?

Lösungsskizze

Zu Aufgabe a)

Eine Senkung der Einkommensteuer löst c.p. eine steigende Nachfrage nach dem betreffenden Gut aus, da das verfügbare Einkommen des Haushalts steigt. Die Nachfragekurve verschiebt sich nach rechts.

Zu Aufgabe b)

Bei einer Mehrwertsteuererhöhung könnte man im ersten Augenblick argumentieren, dass mit einer sinkenden Nachfrage zu rechnen ist, weil der Preis des betreffenden Gutes steigt. Im Gegensatz zu oben, kann hier aber keine Verschiebung der Nachfragekurve ausgemacht werden. Wie stark die Preiserhöhung ausfällt, kann nur im Zusammenspiel von Gesamtnachfrage und Gesamtangebot auf dem relevanten Markt festgestellt werden.

Diskussion der Ergebnisse

Immer wieder verwechselt werden Kurvenverschiebungen mit Bewegungen entlang einer Kurve: Durch Marktprozesse oder Politikmaßnahmen ausgelöste Preisveränderungen sind für den einzelnen Haushalt ein Datum; diese führen zu Bewegungen auf der Nachfragekurve. Ändern sich dagegen Größen, die für die partielle Nachfrage nach einem Gut als exogen betrachtet wurden, so kommt es zu Verschiebungen bzw. Verlagerungen der Nachfragekurve.

Man beachte, dass in der Aufgabe auch bei der Mehrwertsteuer vom „Plan" der Bundesregierung die Rede ist und nicht von einer Ankündigung; bei einer Ankündigung ist es denkbar, dass sich die aktuelle Nachfragefunktion wegen der dann denkbaren vorgezogenen Güterkäufe nach außen verschiebt.

Literaturempfehlung

• Engelkamp und Sell (2005): S. 46–47.

Aufgabe 6:   Weiterführende Aufgabe

a) Was bedeutet die Aussage, dass die Nachfrage nach den Gütern x_i homogen vom Grade Null ist?

b) Wie lautet die modifizierte, auf das „Universalgut" Geld bezogene Formulierung des 2. Gossen'schen Gesetzes und weshalb ist die Modifikation notwendig?

Lösungsskizze

Zu Aufgabe a)

Homogenität vom Grade Null bedeutet, dass eine Erhöhung der Preise und des Einkommens um das λ-fache – zum Beispiel Verdoppelung, Verdreifachung – nicht zu einer Änderung der Nachfrage führt. Nehmen wir an, die Nachfrage nach dem Gut i habe folgendes Aussehen:

$$x_i = f\left(p_i, p_j, y\right).$$

Das heißt, die Nachfrage nach diesem Gut hängt vom Preis dieses Gutes, vom Preis eines mehr oder weniger vollständigen Substitutes sowie vom Haushaltseinkommen ab. Wenn nun alle diese Bestimmungsgründe sich verdoppeln oder verdreifachen, sprich um den Faktor λ erhöhen, dann gilt:

$$f\left(\lambda p_i, \lambda p_j, \lambda y\right) = ?$$

Für den Fall einer Homogenität vom Grade Null (und auch nur dann) muss gelten:

$$f\left(\lambda p_i, \lambda p_j, \lambda y\right) = \lambda^0 f\left(p_i, p_j, y\right) = x_i.$$

Wäre die Nachfragefunktion dagegen homogen vom Grade 1, dann würde gelten:

$$f\left(\lambda p_i, \lambda p_j, \lambda y\right) = \lambda^1 f\left(p_i, p_j, y\right) = \lambda x_i.$$

Das Ergebnis einer Homogenität der Nachfragefunktion vom Grade Null kann man auch analytisch gewinnen: Das Haushaltsoptimum wird als Maximierung des Nutzens unter der Nebenbedingung der Budgetgeraden berechnet. Dafür eignet sich die so genannte „Lagrange-Funktion":

$$L = \max_{x_1, x_2, \lambda} U\left(x_1, x_2\right) - \Lambda\left(\lambda y - \lambda p_1 x_1 - \lambda p_2 x_2\right).$$

Die Budgetgerade, die in der Nebenbedingung der Lagrange-Funktion „steckt", ist:

$$x_2 = \frac{\lambda y}{\lambda p_2} - \frac{\lambda p_1}{\lambda p_2} x_1.$$

Im Lagrangeansatz ergibt sich nach Differentiation (nach x_1, x_2, λ) und Nullsetzen der Ableitungen als Optimalbedingung:

$$\frac{U'_{x_1}}{U'_{x_2}} = \frac{\lambda p_1}{\lambda p_2}.$$

Im Haushaltsoptimum verhalten sich die Grenznutzen der Güter (U'_{x_i}) wie ihre Preise (p_i). Natürlich kürzt sich λ in der Optimalbedingung heraus, sodass das Haushaltsoptimum durch die Multiplikation von p_1, p_2 und y mit λ unbeeinflusst bleibt. Der Haushalt handelt *ohne Geldillusion*. Die Nachfragefunktion ist also homogen vom Grade Null.

Zu Aufgabe b)

Wie wir oben gesehen haben, gilt im Haushaltsoptimum:

$$\frac{U'_{x_1}}{U'_{x_2}} = \frac{p_1}{p_2}.$$

Stellt man diese Beziehung etwas um so ergibt sich:

$$\frac{U'_{x_1}}{p_1} = \frac{U'_{x_2}}{p_2}.$$

In dieser Formulierung enthält die Gleichung das „Gesetz vom Ausgleich der ge-wogenen Grenznutzen", das auch als 2. Gossen'sches Gesetz bezeichnet wird. Weil die Güter in der Regel unterschiedliche Preise haben, können ihre Grenznut-zen (U'_{x_i}) nur dadurch vergleichbar gemacht werden, dass man sie durch Division mit den Güterpreisen auf eine Geldeinheit bezieht.

Literaturempfehlung

* Fehl und Oberender (2004): S. 194–205; 317–322.

II.2   Unternehmenstheorie

Aufgabe 1:   Eigenschaften von Produktionsfunktionen

Analog zu den Eigenschaften von Nutzenfunktionen und deren Bedeutung für das Haushaltsoptimum sind die Eigenschaften von Produktionsfunktionen elementar für das Zustandekommen eines Betriebsoptimums.

a)   In der Isoquantendarstellung wird – ohne, dass es häufig erwähnt wird – un-endliche Teilbarkeit der Faktoren und Güter unterstellt. Welche Wirkung hat der Verzicht auf diese Annahmen?

b)   Inwiefern stimmt die Aussage, dass bei homogenen Produktionsfunktionen proportionale und die so genannte „isokline" Faktorvariation zusammenfallen?

c)   Inwiefern sind die Leontief-Funktionen und die Cobb-Douglas-Funktionen Spezialfälle der CES-Funktionen?

d) Unter welchen produktionstheoretischen Bedingungen führt langfristig die Preiserhöhung eines Faktors bei konstanter Produktnachfrage ceteris paribus zu keiner Änderung und zu einem völligen Rückgang der nachgefragten Menge dieses Faktors?

Lösungsskizze

Zu Aufgabe a)

Beschränkte Teilbarkeit der Faktoren bedeutet, dass nur, wie wir annehmen wollen, ganzzahlige Faktorkombinationen zum Einsatz kommen können. Es sind also nur ausgewählte Punkte im Ordinatenkreuz, die einen bestimmten Ertrag ergeben.

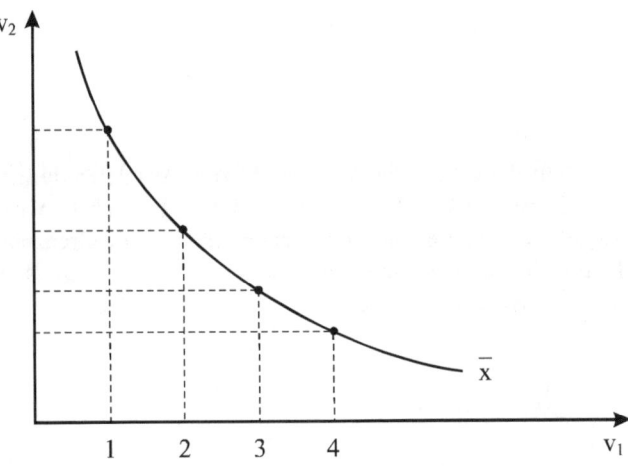

Abbildung II.6

Gedanklich kann man diese Punkte miteinander verbinden, muss aber für den so erhaltenen Linienzug eine andere als die uns bekannte Isoquantendefinition geben. Die Isoquante ist dann nicht mehr der geometrische Ort aller Faktorkombinationen, die einen bestimmten Ertrag ergeben, sondern die Verbindungslinie möglicher Faktorkombinationen, die den gleichen Ertrag ergeben, wobei die Bereiche zwischen zwei Punkten undefiniert sind.

Bei unvollständiger Teilbarkeit der Faktoren erhalten wir ein Isoquantenfeld, welches nur noch eine beschränkte Anzahl von Isoquanten umfasst. Das Ertragsgebirge steigt in diesem Fall nicht stetig, sondern in stufenförmigen Sprüngen an. In der v_1-v_2-Ebene hätten wir dann eine beschränkte Zahl von genau gekennzeichneten Isoquanten.

Zu Aufgabe b)

Bei proportionaler Faktorvariation werden die Einsatzmengen aller Faktoren im gleichen Verhältnis geändert. Das Einsatzverhältnis der Faktoren untereinander ist

also konstant. Wir bewegen uns in einem Isoquantenfeld auf einem Ursprungsstrahl. „Homogene Produktionsfunktionen" sind dadurch gekennzeichnet, dass die
Steigung der Isoquanten entlang einem Ursprungsstrahl konstant bleibt. Da bei der
so genannten „isoklinen Faktorvariation" Punkte gleicher Isoquantensteigung zu
verbinden sind, stimmen demnach bei allen homogenen Produktionsfunktionen
proportionale und isokline Faktorvariation überein.

Zu Aufgabe c)

Die so genannte CES-Produktionsfunktion hat ihren Namen von ihrer Eigenschaft:
„*constant elasticity of substitution*"; im Deutschen: „konstante Substitutionselastizität oder konstante Elastizität der Substitution zwischen zwei Faktoren. Formal
wird sie geschrieben als:

$$X = \left(\alpha K^{-\rho} + (1 - \alpha) A^{-\rho} \right)^{-1/\rho},$$

mit A = Produktionsfaktor Arbeit, K = Produktionsfaktor Kapital, α = Distribu-
tionsparameter und ρ = Substitutionsparameter. Die Substitutionselastizität (σ)
beantwortet die Frage, in welchem Maße sich das Einsatzverhältnis von Kapital zu
Arbeit (K/A) bei Veränderung der Grenzrate der Substitution entlang einer Isoquante ändert. Die Grenzrate der Substitution ergibt sich als

$$-\frac{dK}{dA} = \frac{GPA}{GPK}.$$

Daraus lässt sich allgemein für σ schreiben:

$$\sigma = -\frac{d(K/A)}{(K/A)} : \frac{d(GPA/GPK)}{(GPA/GPK)} = -\frac{d(K/A)}{d(GPA/GPK)} \cdot \frac{(GPA/GPK)}{(K/A)}.$$

Im Falle einer CES-Funktion nimmt σ einen konstanten Wert an. Grafisch können
Isoquanten einer CES-Funktion beispielsweise die in Abbildung II.7 abgebildeten
Gestalten annehmen.

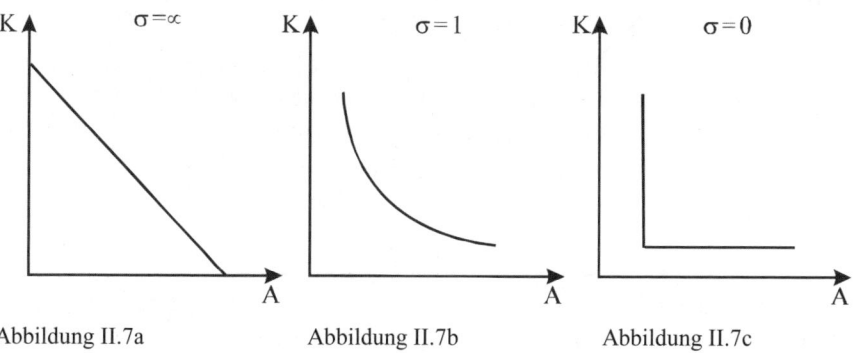

Abbildung II.7a   Abbildung II.7b   Abbildung II.7c

In Abbildung II.7a ist eine Produktionsfunktion mit einer Substitutionselastizität von unendlich dargestellt: Die Produktionsfaktoren können entlang der Isoquante beliebig gegeneinander substituiert werden.

Ist nun die Substitutionselastizität gerade gleich eins ($\sigma = 1$), dann „konvergiert" die CES-Funktion gegen (das heißt, geht über in) die so genannte „Cobb-Douglas-Produktionsfunktion." In Abbildung II.7b ist der Verlauf einer repräsentativen Isoquante für diesen Typus der Produktionsfunktion gezeichnet.

Ökonomisch bedeutet diese Produktionsfunktion bzw. deren genannte Eigenschaft, dass eine etwa einprozentige Variation in der Grenzrate der Substitution (in Abbildung II.8 vergrößert dargestellt als Übergang von Punkt C nach Punkt D) auch zu einer einprozentigen Veränderung im Faktoreinsatzverhältnis von Kapital zu Arbeit führt.

Wenn dagegen keinerlei Substitutionsmöglichkeiten bestehen, dann ist die Substitutionselastizität gleich Null ($\sigma = 0$). In diesem Falle spricht man von einer so genannten „Leontief-Produktionsfunktion." Die Isoquante hat dann einen rechtwinkligen Verlauf, da zwischen den Faktoren ein festes Faktoreinsatzverhältnis besteht (vgl. Abbildung II.7c).

Langfristig führt die Preiserhöhung eines Faktors bei konstanter Produktnachfrage ceteris paribus zu keiner Änderung in der nachgefragten Menge dieses Faktors bei Limitationalität der Produktionsfaktoren (Leontief-Fall). Dagegen führt sie zu einem völligen Rückgang der nachgefragten Menge dieses Faktors bei vollständiger Substituierbarkeit der Produktionsfaktoren (CES-Fall).

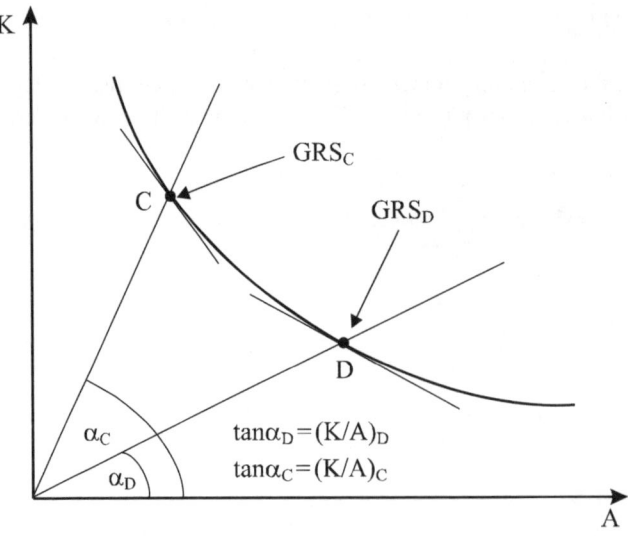

Abbildung II.8

Diskussion der Ergebnisse

Da die Grenzrate der Substitution im Betriebsoptimum dem umgekehrten Faktorpreisverhältnis entspricht, zeigt die Substitutionselastizität an, wie sensibel das Einsatzverhältnis der Produktionsfaktoren Kapital und Arbeit auf Veränderungen der Faktorpreise reagiert. Wird einer der Faktorpreise in seiner Beweglichkeit eingeschränkt (etwa durch eine Politik der Mindestlöhne), so ändert dies nichts an der Substitutionselastizität der Produktionsfunktion selbst. Allerdings kann ein Sinken des Lohn-Zinsverhältnisses (wenn der Lohnsatz bereits die Höhe des Mindestlohnes erreicht hat) dann nur noch durch eine Anhebung des Realzinssatzes bewerkstelligt werden.

Begrenzte Teilbarkeit der Produktionsfaktoren hat „natürlich" Konsequenzen für die Substituierbarkeit der Produktionsfaktoren. Wenn die Isoquante die Gestalt von Abbildung II.6 hat, dann können nur solche Faktoreinsatzverhältnisse, die den beschriebenen Punkten entsprechen, frei gewählt werden. Betriebsoptima sind dann prinzipiell nur dann sicher erreichbar, wenn eine sehr hohe Variationsbreite im Faktorpreisverhältnis besteht.

Literaturempfehlung

- Engelkamp und Sell (2005): S. 48–51.

Aufgabe 2:   Kostenfunktionen

Für das individuelle Angebotsverhalten der Unternehmung ausschlaggebend ist bekanntlich die Grenzkostenfunktion. Deren Gestalt leitet sich wiederum aus dem Verlauf der Gesamtkostenfunktion her und diese ist selbst abhängig vom Verlauf der partiellen Ertragsfunktionen.

a)   Diskutieren Sie die Angebotsfunktion einer Unternehmung bei s-förmigem Verlauf der partiellen Ertragsfunktion!

b)   Wie wirkt sich eine Preissteigerung des fixen Faktors auf das Angebotsverhalten der Unternehmung aus?

c)   Welche Probleme sind mit langfristigen Unternehmensentscheidungen verbunden?

Lösungsskizze

Zu Aufgabe a)

Aus einem s-förmigen Verlauf der partiellen Ertragsfunktion resultiert die in Abbildung II.9 dargestellte Struktur der Grenz- und Durchschnittskosten.

Ist der Produktpreis aus der Sicht der Unternehmung ein Datum, so ist aufgrund der notwendigen und hinreichenden Gewinnmaximierungsbedingungen der positiv ansteigende Ast der Grenzkostenkurve als Angebotskurve in Betracht zu ziehen.

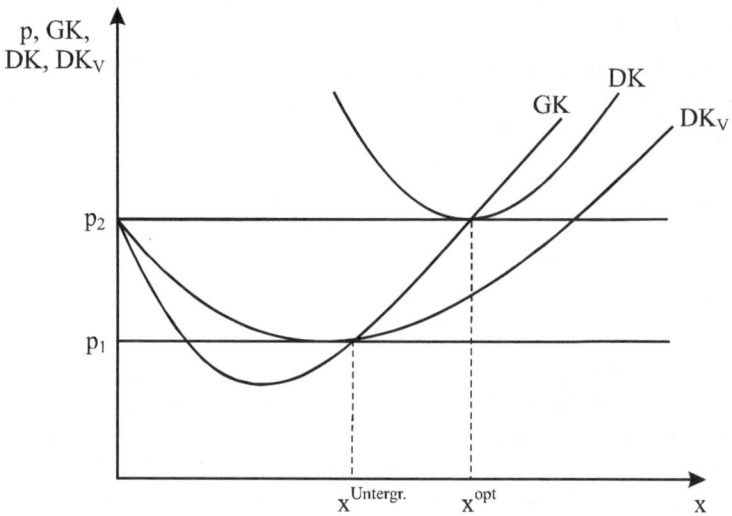

Abbildung II.9

Bei einem Marktpreis von p_1 können nur noch die variablen Kosten erwirtschaftet werden. Der unter diesen Bedingungen anfallende Verlust entspricht genau der Höhe der Fixkosten. Diese Situation markiert somit die unterste Preisgrenze, bis zu der ein Unternehmen am Markt tätig bleiben wird, sofern längerfristig wieder mit einem Anstieg der Preise auf ein mindestens kostendeckendes Niveau gerechnet wird. Der zugehörige Produktionspunkt wird deshalb als Betriebsminimum bezeichnet. Das Betriebsoptimum bezeichnet dagegen den Produktionspunkt im Minimum der totalen Durchschnittskosten (gewinnloser Zustand). Unterschreitet der Preis das Betriebsminimum, so lägen bei einer Markttätigkeit die Erlöse unter den variablen Kosten, die Verluste würden die Fixkosten übersteigen.

Zu Aufgabe b)

Eine Preissteigerung des fixen Faktors lässt die Grenzkosten- und die variable Durchschnittskostenkurve unberührt, lediglich die Kurve der totalen Durchschnittskosten erfährt einen Anstieg. Hierdurch verlagert sich das Betriebsoptimum entlang der Grenzkostenkurve nach oben, sodass nun eine kostendeckende Produktion einen höheren Produktpreis verlangt (vgl. Abbildung II.10.

Unabhängig von der generell gewinnschmälernden Wirkung der Kostensteigerung ist ein Einfluss auf das Angebotsverhalten nur für jenen Preisbereich in Erwägung zu ziehen, der unterhalb des neuen Betriebsoptimums liegt. Die Unternehmung wird nur dann im Markt verbleiben, wenn sie auf längere Sicht mindestens mit einer Deckung ihrer Kosten rechnen kann. Da der hierfür erforderliche Preis von p_1 auf p_2 gestiegen ist, wird die Kostensteigerung dann zu einer Verhaltensänderung der Unternehmung im Sinne einer Aufgabe der Produktion führen, wenn sich die zukünftige Preiserwartung im Intervall $p_1 < p \leq p_2$ bewegt.

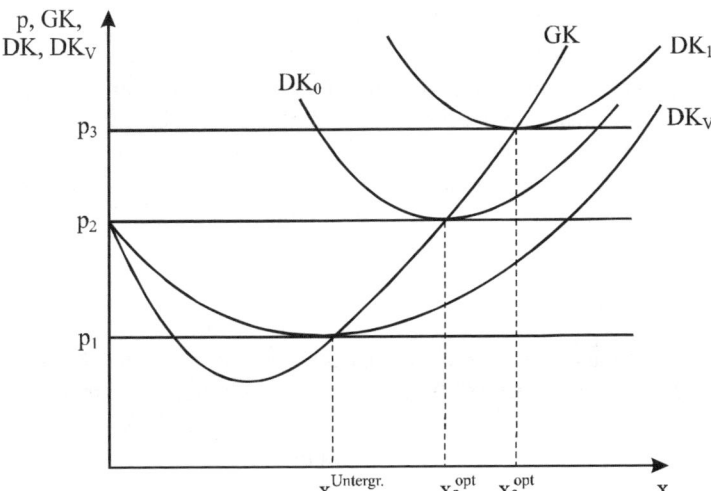

Abbildung II.10

Zu Aufgabe c)

1. Alle Faktoren sind als variabel anzusehen.

2. Langfristig ist die Kapazität der Unternehmung frei wählbar.

3. Die langfristige Umsatzfunktion unterscheidet sich von der kurzfristigen nur dann, wenn sich der Produktpreis während des Planungszeitraums ändert.

4. Bei der Gestalt der langfristigen Kostenfunktion sind im homogenen Fall drei Verlaufsformen zu unterscheiden: (i) unterlinear – homogen, (ii) linear – homogen und (iii) überlinear – homogen.

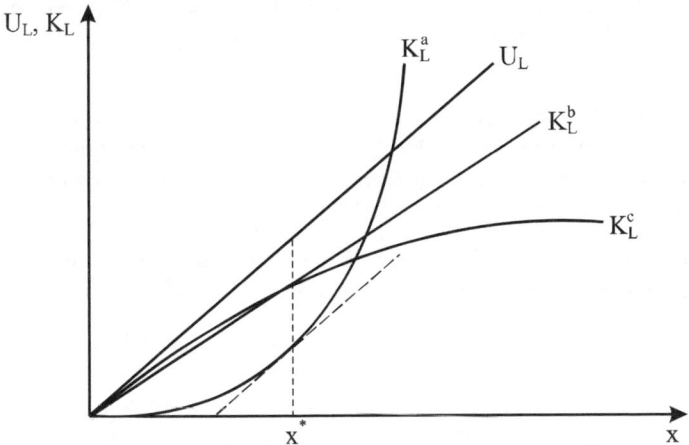

Abbildung II.11

Alle genannten Fälle bzw. Verläufe enthält Abbildung II.11. Die Regel „Grenzumsatz gleich Grenzkosten" lässt sich offenbar unproblematisch nur im Fall einer unterlinear homogenen Kostenfunktion (i) anwenden. Im Falle der linear-homogenen (ii) und der überlinear-homogenen (iii) Kostenfunktionen liegt der Grenzumsatz jeweils über den Grenzkosten. Das würde eine stetige Angebotsausweitung anzeigen, was aber schon deshalb keine stabile Lösung sein kann, da sonst keine Preiskonstanz im atomistischen Markt zustande kommt. Eine eindeutige Lösung des Kostenproblems ist nur im Fall (i) möglich!

Diskussion der Ergebnisse

Auch das Betriebsoptimum kann nicht als Dauerzustand, sondern lediglich als langfristige Referenzgröße aufgefasst werden – im langfristigen Wettbewerbsgleichgewicht wird bekanntlich ein gewinnloser Zustand unterstellt – wenn man davon ausgeht, dass Gewinne (Selbstfinanzierung) unverzichtbar sind für Rationalisierungs- und Erweiterungsinvestitionen.

Mikroökonomisch sind von höheren Energiekosten im Sinne gestiegener Fixkosten keine stagflationären Effekte zu erwarten. Gelingt den Unternehmen nämlich eine Überwälzung durch einen höheren Produktpreis, wird sich bei „normal" verlaufender Grenzkostenfunktion auch der Schnittpunkt dieser Kurve mit der neuen Preisgeraden nach rechts (und oben) verschieben. Damit ist aber einen höhere Ausbringungsmenge verbunden!

Literaturempfehlung

*   Engelkamp und Sell (2005): S. 51–63.

Aufgabe 3:   Faktornachfrage der Unternehmung

Eine produzierende Unternehmung verhält sich typischerweise als Anbieter auf dem Güter-, dagegen als Nachfrager auf den Märkten für Produktionsfaktoren. Auch für die Faktornachfrage gilt das Prinzip der Gewinnmaximierung.

a) Warum ist die Grenzertragswertkurve unter der Bedingung der Gewinnmaximierung die individuelle kurzfristige Nachfragekurve eines Unternehmens für den variablen Faktor bei vollständiger Konkurrenz auf dem Absatz- und Beschaffungsmarkt?

b) Warum wird die Nachfrage nach einem Faktor auf Preisänderungen weniger stark reagieren, wenn sein Anteil an den Gesamtkosten relativ gering ist?

c) Wie verlaufen – bei „klassischem" s-förmigem Verlauf der partiellen Ertragsfunktion – die Grenz- und die Durchschnittswertproduktkurve? Gibt es unter den angenommenen Ertragsbedingungen eine kritische Höhe für den Preis des variablen Faktors, ab der die Unternehmung ihre Produktion einstellen wird?

d) Bei welchem Verlauf der für ein Unternehmen am Absatzmarkt geltenden Nachfragekurve wird bei einer Preissteigerung des variablen Faktors (i) keine Änderung der kurzfristigen Faktornachfrage eintreten bzw. (ii) die Reaktion der Faktornachfrage am größten sein? Die Lösung ist anhand einer Figur zu erläutern; von anomalen Verläufen sei abgesehen.

e) Warum ist die Ceteris-Paribus-Annahme im Fall der aggregierten Marktnachfragekurve am Beschaffungsmarkt besonders problematisch?

Lösungsskizze

Zu Aufgabe a)

Der Unternehmer fragt jeweils die Menge des variablen Faktors nach, bei der der Faktorpreis gleich dem Grenzertragswert ist. Folglich ist die Grenzertragswertkurve der geometrische Ort aller Faktorpreis-Mengen-Kombinationen, die der Unternehmer bei alternativen Faktorpreisen ceteris paribus zu realisieren wünscht. Die Nachfragekurve gilt nur kurzfristig, weil ein Faktor fix gehalten wird.

Zu Aufgabe b)

Ist der Anteil eines Faktors an den Gesamtkosten relativ gering, werden sich Preisvariationen des Faktors kaum im Angebotspreis des produzierten Gutes niederschlagen; kommt es aber zu keiner oder nur zu geringen Änderungen des Angebotspreises, wird sich die Ausbringung und damit der Faktoreinsatz überhaupt nicht oder nur geringfügig ändern. Im Übrigen wird der Anreiz zur Substitution bei Änderungen der Faktorpreisrelationen umso geringer sein, je unbedeutender die Beiträge der einzelnen Faktoren zu den Gesamtkosten sind.

Zu Aufgabe c)

Gemäß den notwendigen und hinreichenden Maximierungsbedingungen folgt die Faktornachfrage dem fallenden Ast der Grenzwertproduktkurve. Die Unternehmung wird ihre Produktion und damit die Nachfrage nach dem variablen Faktor sicher dann einstellen, wenn die für diesen Produktionsfaktor zu tätigenden Ausgaben die Einnahmen überschreiten. Aus einer s-förmigen Einnahmekurve resultieren parabelförmige Verläufe – diese Verläufe ergeben sich aus dem Produkt von konstantem Güterpreis und einem erst ansteigenden, dann fallendem Verlauf von Grenz- bzw. Durchschnittsprodukt – der Grenzwertprodukt- (GWP) und der Durchschnittswertproduktkurve (DWP): Bei einer Preishöhe von q_1^1 für den variablen Faktor v_1 decken die Einnahmen gerade die variablen Ausgaben, der Unternehmung entsteht ein Verlust in Höhe der fixen Faktorkosten (vgl. Abbildung II.12). Denn: Im Schnittpunkt von Grenzwert- und Durchschnittswertproduktkurve werden gerade die variablen Kosten gedeckt. Die Unternehmung befände sich im Betriebsminimum. Ein Anstieg von q_1 über q_1^1 hinaus, würde die Unternehmung sicher veranlassen, über kurz oder lang die Nachfrage nach dem variablen Faktor

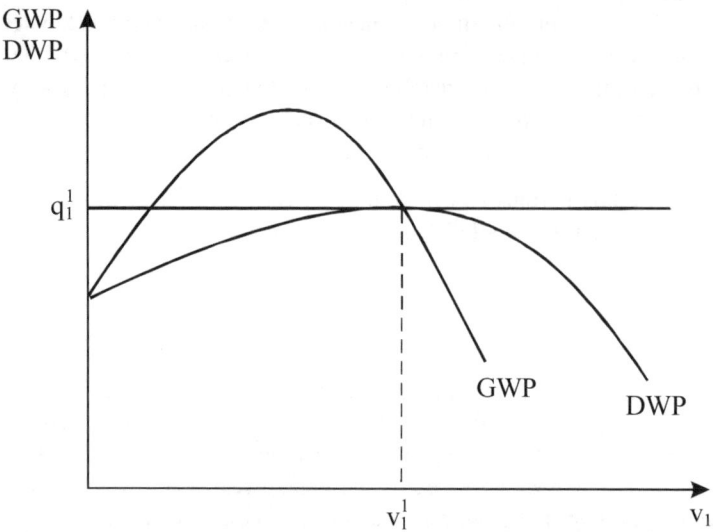

Abbildung II.12

aufzugeben, da eine Einstellung der Produktion auch bei Aufrechterhaltung der Betriebsbereitschaft geringere Kosten verursachen würde.

Zu Aufgabe d)

Wenn die Absatzmarktnachfrage (i) völlig unelastisch ist (D_0); die Ausbringungsmenge ändert sich nicht; (ii) völlig elastisch ist (D_1); die Ausbringungsmenge geht am stärksten von allen denkbaren Fällen zurück (vgl. Abbildung II.13).

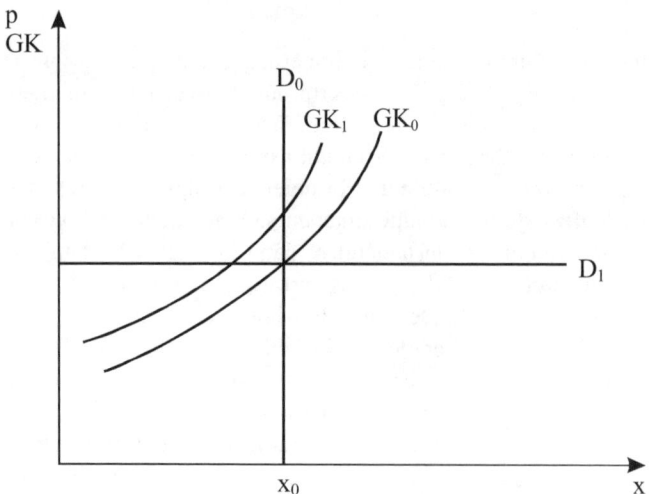

Abbildung II.13

Durch einen höheren Faktorpreis verlagert sich die (Grenz)Kostenfunktion nach oben, für jede Ausbringungseinheit entstehen höhere Kosten. Bei unelastischem Verlauf der Güternachfrage kommt es nicht zu einer Änderung der Ausbringungsmenge. Somit bleibt auch die Faktornachfrage konstant.

Bei vollkommen elastischer Güternachfrage würde sich dagegen die Ausbringungsmenge stark verändern und es käme folgerichtig zu einer Senkung der Faktornachfrage.

Zu Aufgabe e)

Weil sich die Bewegungen entlang der Marktnachfragekurve über die produktionstechnischen Zusammenhänge auf das Produktangebot und über die Verhaltensweisen der Einkommensbezieher auf die Produktnachfrage auswirken werden. Resultieren daraus Produktpreisänderungen, sind Verschiebungen der Faktornachfragekurven und dadurch ausgelöste erneute Anpassungsprozesse die Folge.

Diskussion der Ergebnisse

Handelt es sich bei dem in Frage stehenden variablen Produktionsfaktor etwa um den Faktor Arbeit, ist im Zuge von Lohnverhandlungen nicht alleine der Blick auf eine veränderte Faktorpreislinie relevant: Kommt es nämlich zu positiven Veränderungen der physischen Grenzproduktivität der Arbeit, dann ist auch die Grenzwertproduktkurve (GWP) davon betroffen. Diese verschiebt sich nach oben, was einen Schnittpunkt mit der (alten) Faktorpreislinie nach sich zieht, der weiter rechts, also bei einem höheren Arbeitseinsatz zu liegen kommt.

Entscheidend ist im Hinblick auf die Elastizität der Absatzmarktnachfrage, dass es im unelastischen Fall zu einer Überwälzung der gestiegenen Grenzkosten auf die Nachfrageseite kommt. Der höhere Produktpreis verschiebt die Grenzwertproduktkurve (GWP) des variablen Faktorpreises so weit nach oben, dass sich im Schnittpunkt mit der neuen (höheren) Faktorpreislinie der frühere Faktoreinsatz, sprich: die alte Beschäftigungshöhe einstellt.

Die Wettbewerbsintensität bestimmt vornehmlich die Elastizität der Absatzmarktnachfrage: Je größer die vertikale und horizontale Konkurrenz, desto elastischer ist der Verlauf. Wohlverstandene Wettbewerbspolitik ist also zugleich auch im besten Sinne Vorsorge gegenüber inflatorischen Tendenzen.

Literaturempfehlung

- Fehl und Oberender (2004): S. 111–131.

II.3   Preistheorie

Aufgabe 1:   Marktformen, Güterarten und ökonomische Wertkategorien

Die Preisbildung auf Märkten hängt u. a. von der Beschaffenheit derselben, von der Zahl und Mächtigkeit der Marktteilnehmer (auf Nachfrage- und Angebotsseite) ab. Gehandelt wird auf Märkten für ganz verschiedene Güter. Die sich herausbildenden Marktpreise sind nicht die einzigen Anhaltspunkte für den „Wert" dieser Güter.

a) Nennen Sie die Bedingungen für einen vollkommenen Markt! Welches Ergebnis liefert das Modell des vollkommenen Marktes? Erläutern Sie knapp die drei Funktionen des Preises auf dem vollkommenen Markt!

b) Nach der Systematik von Heinrich von Stackelberg kommt man zu insgesamt neun Marktformen; Probleme bereitet dabei u. a. die Abgrenzung: Wie lässt sich zum Beispiel in der Praxis das Oligopol/Oligopson von der Konkurrenz abgrenzen?

c) Welche anderen Möglichkeiten der Klassifizierung von Märkten sind denkbar?

d) Welche Güterarten unterscheidet die Preistheorie?

e) Welche Wertbegriffe unterscheidet die Preistheorie?

Lösungsskizze

Zu Aufgabe a)

Die Bedingungen lauten: (1) vollständige Markttransparenz, (2) Homogenität der Güter, (3) Fehlen von zeitlichen Präferenzen, (4) Fehlen von räumlichen Präferenzen und (5) Fehlen von persönlichen Präferenzen

Als Ergebnis stellt sich ein eindeutiger Gleichgewichtspreis ein. Im Wesentlichen sind es drei Funktionen, die der Preis auf dem vollkommenen Markt erfüllt:

*   Knappheitsmessungsfunktion: Je größer die Knappheit eines Gutes, desto höher ist c. p. sein Preis;

*   Ausgleichs- oder Planabstimmungsfunktion: Abstimmung der Wirtschaftspläne der Anbieter und Nachfrager über den Preismechanismus;

*   Lenkungs-/Allokationsfunktion: Der Preismechanismus lenkt die Produktionsfaktoren in die Produktion derjenigen Güter, die besonders knapp sind (hoher Preis), ermöglicht so die Lockerung von Flaschenhälsen und verhindert somit eine Fehlallokation der Ressourcen.

Diese Funktionen können aber nur erfüllt werden, wenn freie Preisbildung (das heißt freier Wettbewerb) möglich ist.

Zu Aufgabe b)

Die Abgrenzung zwischen den erwähnten Marktformen gelingt prinzipiell nur so gut, wie die Güter voneinander unterschieden werden können. Die Anzahl der Marktteilnehmer ist nur ein Kriterium, denn: Ein Anbieter unter vielen kann dominierenden Einfluss haben. Deshalb stellte Walter Eucken auch bei der Kennzeichnung der Marktformen in erster Linie auf die Marktmacht ab.

Zu Aufgabe c)

Denkbar wäre etwa die folgende Klassifikation:

Märkte

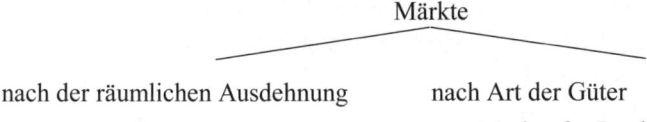

nach der räumlichen Ausdehnung

- Lokale Märkte
  (Bäcker)
- Nationale Märkte
  (deutscher Arbeitsmarkt)
- Weltmarkt
  (Kaffee)

nach Art der Güter

- Märkte für Produktionsmittel
  (Arbeits-, Rohstoff-, Grundstücks-
  und Kapitalgütermarkt)
- Märkte für Finanzierungsmittel
  (Geld-, Kapitalmarkt)
- Märkte für Endprodukte
  (Ge- und Verbrauchsgüter)

Zu Aufgabe d)

Seltenheitsgüter (Beispiel: Bild von Rembrandt): Die Preise sind hier nicht durch Produktionskosten bestimmt. Da das Angebot fix ist, entscheidet nur die Nachfrage über den Preis!

Nicht beliebig vermehrbare Güter: Hier ist eine steigende Produktion nur bei steigenden Durchschnittskosten möglich!

Beliebig vermehrbare Güter: Steigende Produktionsmengen können (auch) zu konstanten Durchschnittskosten erzeugt werden.

Zu Aufgabe e)

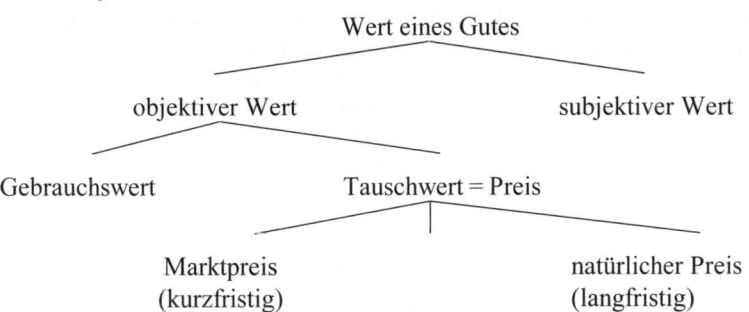

Wert eines Gutes

objektiver Wert   subjektiver Wert

Gebrauchswert   Tauschwert = Preis

Marktpreis   natürlicher Preis
(kurzfristig)   (langfristig)

Die obige Klassifikation folgt den Vorstellungen der Klassik. Insbesondere Karl Marx hat die Unterscheidung zwischen Tausch- und Gebrauchswert von Gütern herausgearbeitet. Die englischen Klassiker, allen voran Adam Smith, haben den Begriff des natürlichen Preises geprägt. Hier handelt es sich um den langfristigen Preis eines vermehrbaren Gutes. Dieser wird nach unten stets durch seine Produktionskosten bestimmt.

Diskussion der Ergebnisse

Immer wieder falsch verstanden wird die Allokations- und Lenkungsfunktion der Preise und des Preismechanismus. Die Preise, so der österreichische Nobelpreisträger Friedrich August v. Hayek, sagen eben den Wirtschaftssubjekten, was sie tun sollen: Als Knappheitssignale wiesen sie auf Angebotsengpässe hin, die durch Produktionsausweitung, Investitionen und anschließende Kapazitätserweiterung, Markteintritt u. ä. mehr gelockert werden können.

Das Kriterium „Anzahl der Marktteilnehmer" und „Marktmacht" stehen dann miteinander in Harmonie, wenn angenommen werden kann, dass jeder einzelne der vielen Marktteilnehmer klein ist und demzufolge über keine Marktmacht verfügt.

Seltenheitsgüter sind kein Beleg gegen das obige Kriterium von Hayeks: Wenn eine Angebotsausweitung nicht möglich ist, liegt die Aktivität eindeutig auf der Nachfrageseite. Es gilt anderen Bietern zuvorzukommen.

Der Begriff des „natürlichen Preises" beinhaltet durchaus kein Werturteil, wenn er mit den langfristigen Kosten bzw. mit dem Preis im langfristigen gewinnlosen Wettbewerbsgleichgewicht identifiziert wird. Das gilt auch für den „natürlichen Zins" eines Knut Wicksell, den wir im Kapitel zur Makroökonomie kennen lernen werden.

Literaturempfehlung

* Engelkamp und Sell (2005): S. 72–75.

Aufgabe 2:   Existenz und Veränderungen des Marktgleichgewichts

Gemeinhin wird die Existenz eines Schnittpunktes zwischen jeweils „normal" verlaufenden Angebots- und Nachfragefunktionen im Marktdiagramm unterstellt. Dies ist aber in bestimmten Fällen gar nicht oder aber gleich mehrfach gegeben. Schwierigkeiten bereitet häufig auch der Ursache-Wirkungszusammenhang zwischen dem Preis, dem Angebot und der Nachfrage.

a)   Welche Problemfälle sind im Zusammenhang mit der Existenz eines Marktgleichgewichts bei vollständiger Konkurrenz zu unterscheiden?

b)   Was ist mit den Aussagen gemeint: Die Nachfrage ist gesunken, weil der Preis gestiegen ist (1), der Preis ist gestiegen, weil die Nachfrage gestiegen ist (2). Stellen Sie beide Fälle graphisch dar!

c) Besteht ein Widerspruch zwischen den Aussagen „Angebot und Nachfrage sind Funktionen des Preises" und „der Preis ist eine Funktion von Angebot und Nachfrage"?

d) Steigt die nachgefragte Menge der Güter ceteris paribus mit steigendem Einkommen beliebig an?

Lösungsskizze

Zu Aufgabe a)

(1) Es gibt keinen Schnittpunkt; beide Funktionen sind vollkommen preiselastisch (vgl. Abbildung II.14a) oder beide Funktionen sind vollkommen preisunelastisch (vgl. Abbildung II.14b).

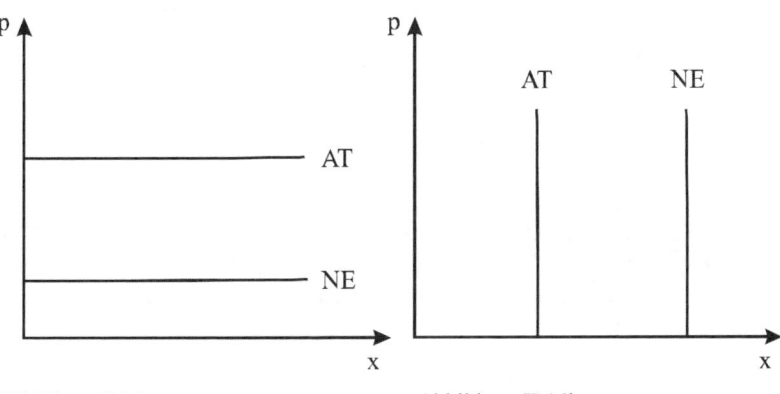

Abbildung II.14a   Abbildung II.14b

(2) Der Schnittpunkt liegt nicht im ersten Quadranten, weil beispielsweise in der Vorphase eines neuen Produktes, für das noch kein Markt existiert (vgl. Abbildung II.15a), oder für Luft (vgl. Abbildung II.15b).

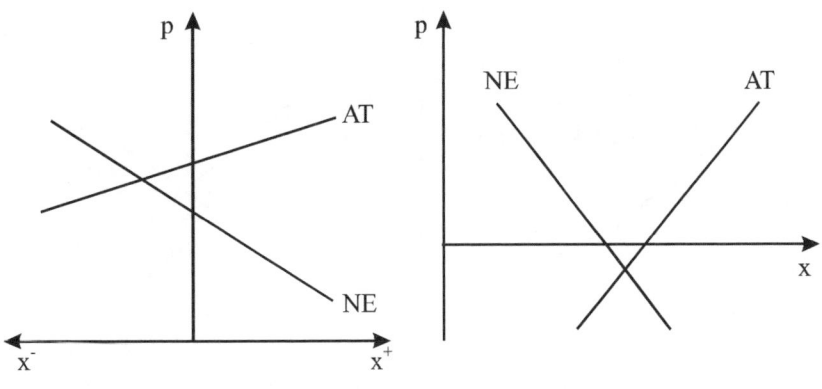

Abbildung II.15a   Abbildung II.15b

(3) Es treten mehrere Schnittpunkte auf, wie in Abbildung II.16. Der abgebildete atypische Verlauf der Angebotskurve ist beispielsweise in der Landwirtschaft anzutreffen.

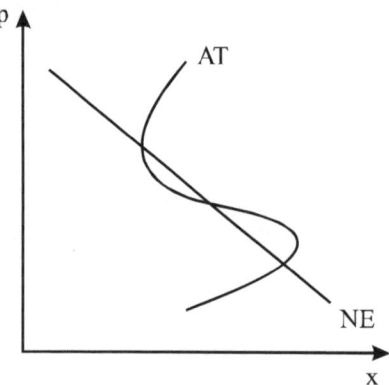

Abbildung II.16

Zu Aufgabe b)

(1) Mit der Aussage „die Nachfrage ist gesunken, weil der Preis gestiegen ist", ist die Wirkung einer Preiserhöhung (aufgrund einer Linksverschiebung der Angebotskurve) auf die nachgefragte Menge bei Konstanz der Nachfragekurve gemeint (vgl. Abbildung II.17a).

(2) Dagegen bezieht sich die zweite Aussage „der Preis ist gestiegen, weil die Nachfrage gestiegen ist" auf die Wirkung einer Rechtsverschiebung der Nachfragekurve auf den Preis (vgl. Abbildung II.17b).

Im ersten Fall haben wir es also mit einer Bewegung entlang der Nachfragekurve, im zweiten Fall mit einer Verschiebung der Nachfragekurve zu tun.

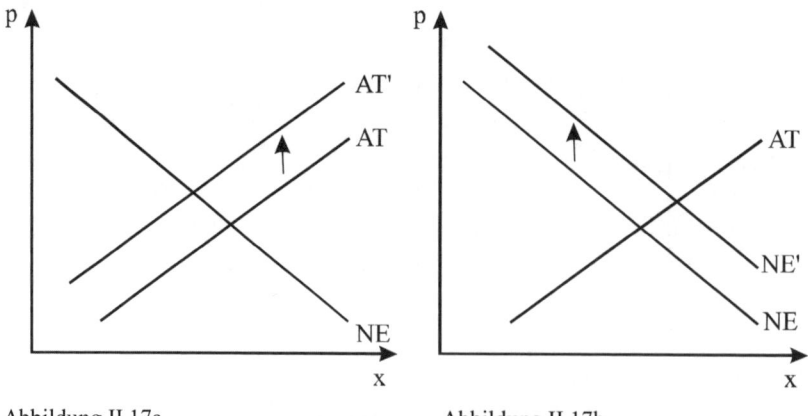

Abbildung II.17a   Abbildung II.17b

Zu Aufgabe c)

Der scheinbare Widerspruch dieser Aussagen resultiert daraus, dass mit dem Ausdruck „Angebot und Nachfrage" unterschiedliche Sachverhalte angesprochen sind. Im ersten Fall ist damit das individuelle Angebot und die individuelle Nachfrage gemeint, bei der zweiten Aussage dagegen ist auf das Gesamtangebot und die Gesamtnachfrage am Markt abgestellt. Beide Aussagen sind somit zutreffend und miteinander kompatibel.

Zu Aufgabe d)

Nein: es kann sein, dass einige Güter bei steigendem Einkommen in unveränderter Menge nachgefragt werden (Sättigungsgut) oder dass die Menge zurückgeht (inferiores Gut).

Diskussion der Ergebnisse

Die beiden Fälle, in denen Angebot und Nachfrage jeweils von gleicher Gestalt sind, müssen streng unterschieden werden: Im ersten Fall verlaufen beide vollkommen elastisch, im zweiten Fall dagegen vollkommen unelastisch. Das Angebot (die Nachfrage) kann immer dann vollkommen elastisch verlaufen, wenn unausgelastete Kapazitäten vorliegen (enge Substitute vorliegen und damit starke Substitutionskonkurrenz vorliegt). Für einen unelastischen Verlauf des Angebots (der Nachfrage) sprechen umgekehrt eine Produktion an der Kapazitätsgrenze (ein Mangel an Substitutionskonkurrenz).

Eine (zumindest abschnittsweise) anomal verlaufende Angebotsfunktion impliziert nicht notwendigerweise ein instabiles Marktgleichgewicht. Allerdings sind multiple Gleichgewichte möglich, bei denen im Einzelfall die Stabilitätseigenschaften zu untersuchen sind.

Streng zu unterscheiden sind Bewegungen auf der Nachfrage- oder auf der Angebotskurve von Verschiebungen der Nachfrage- oder der Angebotskurve. Eine Preiserhöhung oder -senkung kann selbst niemals Auslöser für eine Kurvenverschiebung sein. Wohl aber sind Preisänderungen das Resultat von Verschiebungen der Nachfrage- oder der Angebotsfunktion.

Bei „inferioren" Gütern ist zwischen der hier gemeinten „Einkommensinferiorität" einerseits und der „Preisinferiorität" andererseits zu unterscheiden. Letztere ist der Schlüssel für die Erklärung des Giffen-Paradoxons: Trotz steigenden Preises erhöhen Haushalte den Konsum von Grundnahrungsmittel (und schränken den Konsum von Genusslebensmitteln ein).

Literaturempfehlung

* Engelkamp und Sell (2005): S. 75–83.

Aufgabe 3:   Stabilität des Marktgleichgewichts

In der Wirtschaftswirklichkeit sind Marktungleichgewichte nur schwer direkt beobachtbar. Gut festzustellen sind dagegen Preis- und Mengenvariationen, die damit signalisieren, wie sich die Marktteilnehmer an Datenänderungen und/oder bestehende Ungleichgewichte anpassen. Nicht das Vorkommen von Ungleichgewichten, sondern die Fähigkeit, neue Gleichgewichte wieder zu erreichen, ist für die Marktstabilität ausschlaggebend.

a)   Wann liegt Stabilität eines Marktgleichgewichts vor?

b)   Was besagt die so genannte „Marshall-Stabilität" eines Marktgleichgewichts? (Mengenreaktion der Anbieter)

c)   Was besagt die so genannte „Walras-Stabilität" eines Marktgleichgewichts? (Preisreaktionen von Anbietern und Nachfragern)

Lösungsskizze

Zu Aufgabe a)

Stabilität liegt dann vor, wenn sich entweder aus einem Ungleichgewicht heraus oder nach einer Störung des Gleichgewichts wieder ein Gleichgewicht einstellt. Zur Feststellung der Stabilität müssen Verhaltensannahmen darüber getroffen werden, wie sich die Wirtschaftssubjekte in Ungleichgewichtssituationen verhalten. Nur so können wir feststellen, ob der Anpassungsprozess zu einem (neuen) Gleichgewicht zurückführt.

Zu Aufgabe b)

Die so genannte Marshallstabilität besagt, dass ein bei einer bestimmten Menge bestehender Überschuss des von den Nachfragern gebotenen über den von den Anbietern geforderten Preises zu einer Erhöhung der Angebotsmenge führt (vgl. Abbildung II.18a):

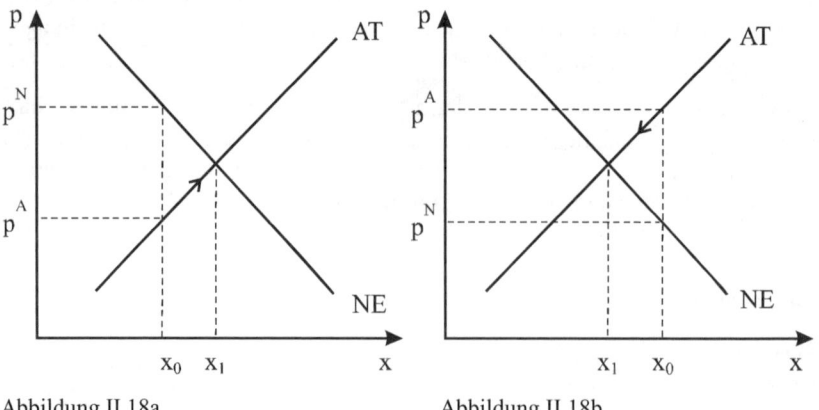

Abbildung II.18a   Abbildung II.18b

$$p^D(x) = p^N(x) - p^A(x) > 0$$

und ein Überschuss des geforderten über den gebotenen Preis zu einer Reduzierung der Angebotsmenge führt (vgl. Abbildung II.18b):

$$p^D(x) = p^N(x) - p^A(x) < 0.$$

Allgemein gilt, dass eine Ausdehnung (Einschränkung) der Angebotsmenge verringert die Differenz zwischen gebotenem (geforderten) und gefordertem (gebotenem) Preis:

$$\frac{dp^D(x)}{dx} = p^{N'}(x) - p^{A'}(x) < 0.$$

Zu Aufgabe c)

Die so genannte Walras-Stabilität besagt, dass die Käufer ihre Preisgebote erhöhen, wenn die Überschussnachfrage, D(p), größer als Null ist (vgl. Abbildung II.19a):

$$D(p) = x^N(p) - x^A(p) > 0$$

und, dass die Verkäufer ihre Preise senken, wenn ein Angebotsüberschuss vorliegt (vgl. Abbildung II.19b):

$$D(p) = x^N(p) - x^A(p) < 0.$$

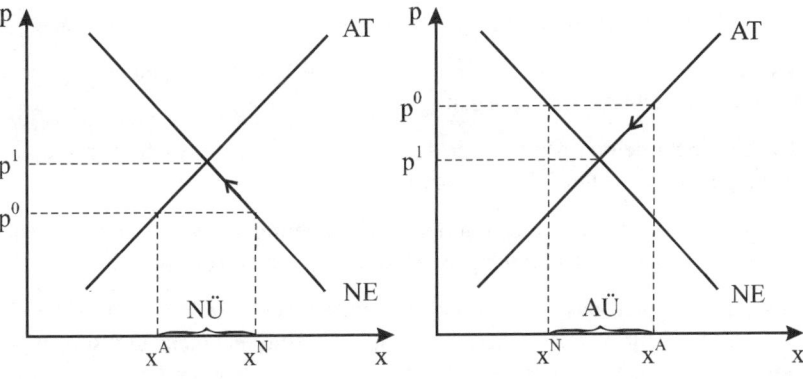

Abbildung II.19a   Abbildung II.19b

Allgemein gilt, dass Preiserhöhungen (Preissenkungen) ein(e) bestehende(s) Überschussnachfrage (Überschussangebot) abbauen:

$$\frac{dD(p)}{dp} = x'(p) - y'(p) < 0.$$

Diskussion der Ergebnisse

Im Gegensatz zur Walras-Stabilität ist das Konzept der Marshall-Stabilität doppelt asymmetrisch: Nur die Anbieter reagieren auf Ungleichgewichte mit Anpassungen ihrer Angebotsmengen entlang der eigenen Angebotskurve, während die Nachfrager ihre Preisvorstellungen stets an der eigenen Nachfragekurve ausrichten.

Das Kriterium der Walras-Stabilität ist insofern auch (zumindest einfach) asymmetrisch als bei einer Überschussnachfrage (einem Überschussangebot) nur die Nachfrageseite (Angebotsseite) mit einer Anpassung der eigenen Preisvorstellungen reagiert.

Literaturempfehlung

* Engelkamp und Sell (2005): S. 75–83.

Aufgabe 4:   Zum Konzept von Konsumenten- und Produzentenrente

Die Konsumentenrente misst bekanntlich, um wie viel einzelne Personen insgesamt im Vergleich zu ihrer Zahlungsbereitschaft besser gestellt werden, weil sie auf dem betreffenden Markt Güter kaufen können. Die Produzentenrente dagegen bildet den Vorteil ab, den einzelne Anbieter mit niedrigen Kosten insgesamt dadurch erzielen, dass sie ihr Gut zum herrschenden Marktpreis verkaufen können. Von besonderem Interesse ist die Frage, wie sich Konsumenten- und Produzentenrente in Folge von staatlichen Eingriffen verändern.

a)   Stellen Sie die Konsumentenrente grafisch dar und erläutern Sie das Ergebnis!

b)   Wie wirken Preisveränderungen auf Konsumenten- bzw. Produzentenrente?

c)   Wie lässt sich die Konsumentenrente in „Teilflächen" bei einer endlichen Anzahl von Verbrauchern zerlegen?

d)   Was geschieht ceteris paribus mit der Konsumentenrente, wenn sich die Gesamtangebots- bzw. Grenzkostenkurve nach unten verschiebt?

e)   Was geschieht ceteris paribus mit der Produzentenrente, wenn sich die Grenzkostenkurve bzw. die Gesamtangebotskurve nach unten verschiebt?

f)   Es wird behauptet, dass die Produzentenrente eines einzelnen Unternehmens auch als die Differenz zwischen dem Erlös des Unternehmens und seinen gesamten variablen Kosten dargestellt werden kann. Stimmt das?

g)   Es wird behauptet, dass die Produzentenrente den Unternehmensgewinn immer dann übersteigt, wenn positive Fixkosten vorliegen. Stimmt das?

Lösungsskizze

Zu Aufgabe a)

Die Konsumentenrente ist die Summe der Mehrausgaben, welche die Nachfrager eines Gutes über dessen für alle einheitlichen Preis hinaus zu tätigen bereit wären, um in seinen Besitz zu gelangen. Sie ist somit das Potenzial des bei vollständiger Preisdifferenzierung für ein Gut zusätzlich erzielbaren Erlöses. Geometrisch stellt sie die Summe der senkrechten Abstände zwischen der Nachfragekurve und der Preisgeraden dar, die durch eine Parallele zur Abszisse in Höhe des jeweiligen Marktpreises gebildet wird (vgl. Abbildung II.20).

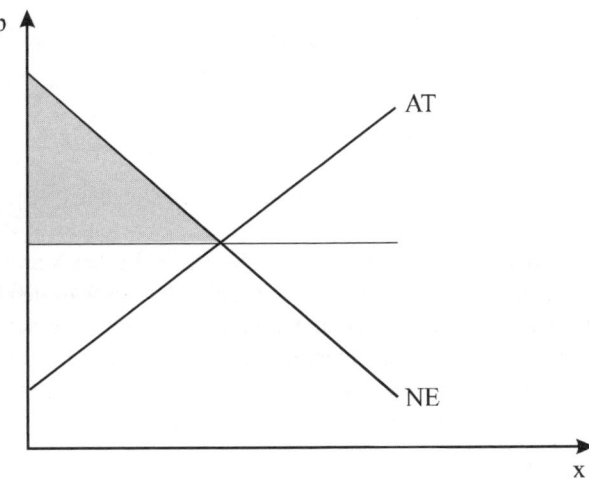

Abbildung II.20

Zu Aufgabe b)

Preiserhöhungen auf einem Markt senken (erhöhen) tendenziell die Konsumentenrente (Produzentenrente), Preissenkungen auf einem Markt erhöhen (senken) tendenziell die Konsumentenrente (Produzentenrente).

Zu Aufgabe c)

Nehmen wir an, wir könnten die Zahlungsbereitschaft von drei verschiedenen Wirtschaftssubjekten für das Gut x (etwa eine Konzertkarte) exakt voneinander unterscheiden, wie dies in Abbildung II.21 unterstellt wird. Subjekt 1 (2, 3) wäre bereit, den Preis p_1 (p_2, p_3) zu zahlen. Als Marktpreis stelle sich Preis p_3 ein; demnach erzielt Konsument 1 einen Vorteil von $p_1 - p_3$, Konsument 2 einen von $p_2 - p_3$. Konsument 3, der dem Gut den gleichen Grenznutzen zumisst, wie der Marktpreis ausmacht, erzielt keinen Vorteil. Die gesamte Konsumentenrente ergibt sich als Fläche zwischen der Preisgeraden, der Ordinate und der Nachfragekurve in den Grenzen zwischen 0 (Koordinatenursprung) und x_3.

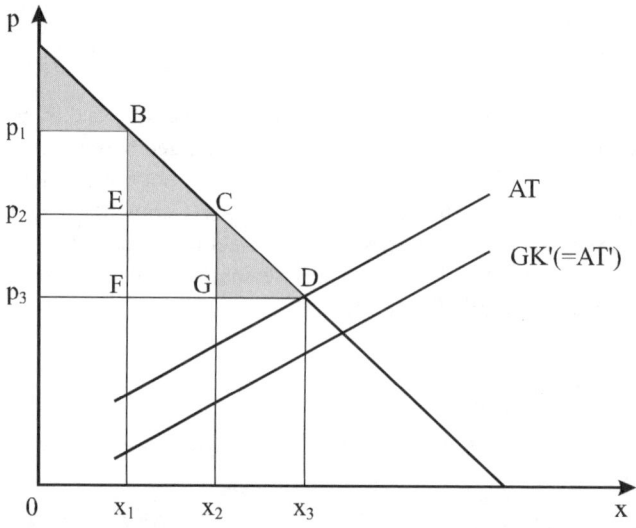

Abbildung II.21

Das schraffierte Dreieck oberhalb des Preises p_1 symbolisiert dabei den Vorteil weiterer, nicht explizit erwähnter Nachfrager, deren Zahlungsbereitschaft noch höher als die von Konsument 1 ausfällt und beim Schnittpunkt der Nachfragekurve mit der Ordinate beginnt. Die exakte Konsumentenrente der Individuen 1 bis 3 ist demnach kleiner und besteht aus der Fläche $p_1 p_3 DB$, vorausgesetzt, die nachgefragte Menge jedes einzelnen Individuums betrage $0x_1 = x_1 x_2 = x_2 x_3$.

Zu Aufgabe d)

Der Marktpreis ergibt sich bei Wettbewerb aus dem Schnittpunkt von Angebot und Nachfrage. Aggregiert man die einzelnen Angebotskurven der am Markt aktiven Unternehmen zur Gesamtangebotskurve und senkt sich diese (etwa durch technischen Fortschritt) auf das Niveau GK' bzw. AT', dann hat dies ceteris paribus ein Absinken des Marktpreises zur Folge. Da nun weitere Konsumenten (etwa Individuum 4), deren Zahlungsbereitschaft unterhalb des bisherigen Marktpreises p_3 liegt, zum Zuge kommen, wird die Konsumentenrente für die Individuen 1 und 2 zunehmen und für Individuum 3 erstmals entstehen.

Zu Aufgabe e)

Auch jetzt kommt es ceteris paribus zu einem niedrigeren Marktpreis. Die Antwort auf diese Frage ist aber nicht trivial. Sie wäre es nur dann, wenn der Marktpreis (aus nicht weiter betrachteten Gründen) bei unveränderter Grenzkostenkurve sinkt. In diesem Fall muss auch die Produzentenrente eindeutig sinken, weil sich ceteris paribus die Anzahl jener Unternehmen, die im Vergleich zum gesunkenen Marktpreis zu günstige(re)n Grenzkosten anbieten könnten, notwendigerweise reduziert, und zwar in unserer Abbildung II.22 um $p_1 BAp_0$.

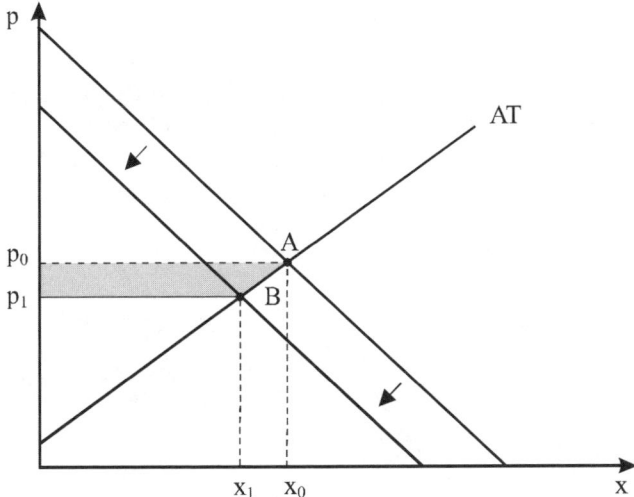

Abbildung II.22

Verursacht aber eine im Vergleich zur Ausgangssituation niedrigere Grenzkostenkurve ceteris paribus selbst den Verfall des Marktpreises, so ist das Ergebnis im
Vorhinein uneindeutig. Denn die Fläche für die gesamte Produzentenrente (zwischen der Preislinie und der Grenzkostenkurve in den Grenzen zwischen Koordinatenursprung und dem neuen gleichgewichtigen Output) wird durch einen niedrigeren Marktpreis zwar gesenkt, aber durch eine tiefer liegende Grenzkostenkurve
zugleich vergrößert. Die Fläche der „alten" Produzentenrente beträgt p_0AC, die
der „neuen" p_1DB (vgl. Abbildung II.23).

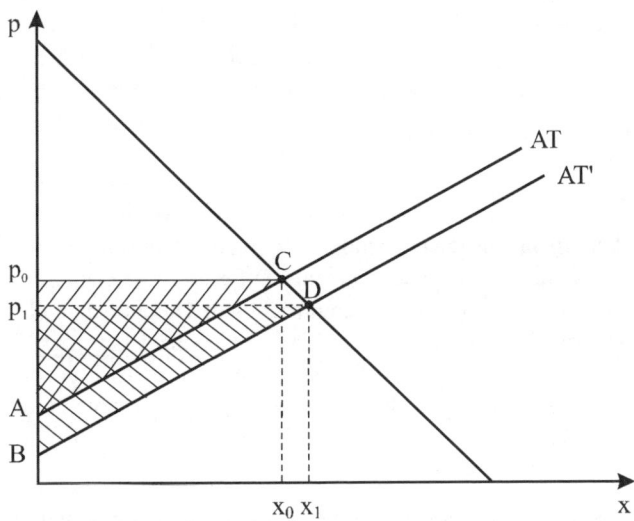

Abbildung II.23

Zu Aufgabe f)

Diese Behauptung ist in der Tat richtig. Die Grenzkosten spiegeln nämlich Kostenzuwächse wider, die mit einem höheren Output einhergehen. Von Outputsteigerungen sind die Fixkosten aber nicht betroffen, folglich muss die Summe der Grenzkosten im relevanten Bereich (zwischen Koordinatenursprung und gleichgewichtigem Output) gerade mit der Summe der variablen Kosten übereinstimmen. Dies wird durch Abbildung II.24 noch einmal verdeutlicht.

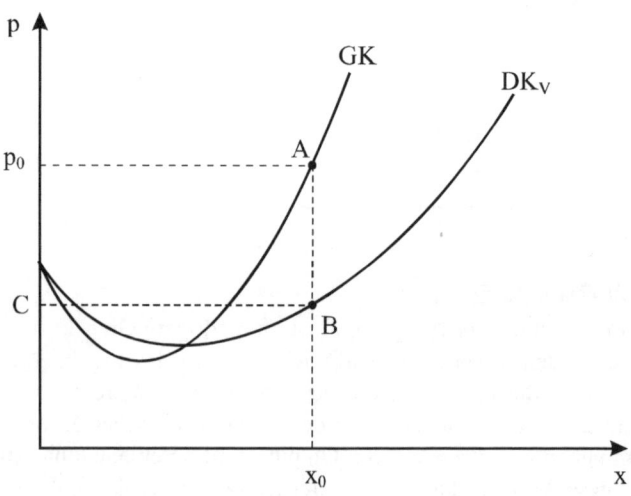

Abbildung II.24

Analytisch lässt sich der Nachweis wie folgt führen: Die Fläche unter den Grenzkosten von 0 bis x_0 beträgt: $K(x_0) - K(0) = K - K_f = K_v$.

Zu Aufgabe g)

Ja. Der Nachweis wurde in Aufgabe f) erbracht!

Diskussion der Ergebnisse

Produzentenrente und Unternehmensgewinn sind i.d.R. nicht identisch! Es gibt aber Berührungspunkte: Da die Produzentenrente als Differenz zwischen herrschendem Marktpreis, multipliziert mit der gleichgewichtigen Outputmenge (Erlös) einerseits und der Summe der Grenzkosten (in den Grenzen des Ursprungs bis zum gleichgewichtigen Outputniveau) andererseits berechnet wird und wir gezeigt haben, dass dies der Differenz zwischen Erlös und der Summe der variablen Kosten entspricht, gilt: $G_v = p_0 x_0 - VDK(x_0)x_0$. Bei diesem Gewinn kann es sich also nur um den variablen Gewinn handeln!

Sowohl Konsumentenrente als auch Produzentenrente können sich auf eine individuelle Nachfrage (individuelles Angebot) als auch auf die Marktnachfrage (das

Marktangebot) insgesamt beziehen. Für die Beurteilung gesamtwirtschaftlicher Wohlfahrtseffekte kommen allerdings nur Marktnachfrage und Marktangebot insgesamt in Frage.

Preisänderungen, man denke etwa an den Rohöl- oder Benzinpreis, die sich im Zuge von Marktprozessen ändern, dürfen – anders als dies häufig in der Öffentlichkeit geschieht – nicht eindimensional, nämlich negativ bei Preiserhöhungen und positiv bei Preissenkungen, beurteilt werden. Mit dem Konzept von Konsumenten- und Produzentenrente sind wir in der Lage, differenziert die Wohlfahrtsverschiebungen zwischen Konsumenten und Produzenten in der Folge von Preisveränderungen zu evaluieren.

Literaturempfehlungen

• Engelkamp und Sell (2005): S. 83–84.

• Pindyck und Rubinfeld (2003): S. 387–389.

Aufgabe 5: Monopolpreisbildung

Das Modell des homogenen Monopols, wie es von Cournot entworfen wurde, ist nach wie vor eine wichtige Referenzlösung für den unvollkommenen Wettbewerb – im Gegensatz zum Ansatz der vollkommenen Konkurrenz.

a) Weshalb ist – definitorisch – auf einem monopolistischen Markt immer ein Marktgleichgewicht gegeben?

b) Weshalb ist für den Angebotsmonopolisten eine Ausbringungsmenge, die links oder rechts von der durch den Cournot'schen Punkt determinierten Ausbringungsmenge liegt, nicht gewinnmaximal?

c) Wie ist die Bedingung 2. Ordnung für ein Gewinnmaximum des Monopolisten zu interpretieren?

d) Wie lautet das von Robert Triffin formulierte Kriterium für ein „echtes" Angebotsmonopol?

e) Welche Folgerungen ergeben sich (im Rahmen einer statischen Analyse) aus der Interdependenz der Märkte für die Wettbewerbssituation einer Unternehmung, die ein homogenes Produkt als Monopolist anbietet?

f) Was lässt sich aus prozesstheoretischer Sicht über den längerfristigen Bestand einer Monopolstellung sagen?

g) Leiten Sie die Robinson-Amoroso-Relation aus der Gewinngleichung des Monopolisten ab!

h) Gegeben: Ein Monopolist produziert das Gut x mit den Kosten $K = x^2/6 + 2x$. Seine PAF laute $p = 10 - 0,5x$. Wie lautet das Gewinnmaximum (p^*, x^*)? Welches Ergebnis erzielt der Monopolist, wenn er nach dem

Prinzip GK=p anbietet? Welches Ergebnis erzielt der Monopolist, wenn er auf die Erzielung eines Gewinns verzichtet?

Lösungsskizze

Zu Aufgabe a)

Es wird vorausgesetzt, dass der Monopolist die Gesamtnachfragefunktion und die Menge kennt, welche die Nachfrager bei einem von ihm gesetzten Preis abzunehmen wünschen. Der Monopolanbieter kann also genau die Menge anbieten, die bei dem von ihm festgesetzten Preis nachgefragt wird.

Zu Aufgabe b)

Links vom Cournot'schen Punkt (vgl. Abbildung II.25) ist der durch eine zusätzlich abgesetzte Produktionseinheit dem Gesamterlös hinzugefügte Erlös (Grenzerlös) größer als die den Gesamtkosten hinzugefügten Kosten (Grenzkosten); der Gesamtgewinn kann durch Mehrausbringung um die Differenz zwischen diesen beiden Größen noch erhöht werden. Rechts vom Cournot'schen Punkt dagegen sind die Grenzkosten größer als der Grenzerlös, sodass der Angebotsmonopolist Gewinneinbussen hinnehmen müsste.

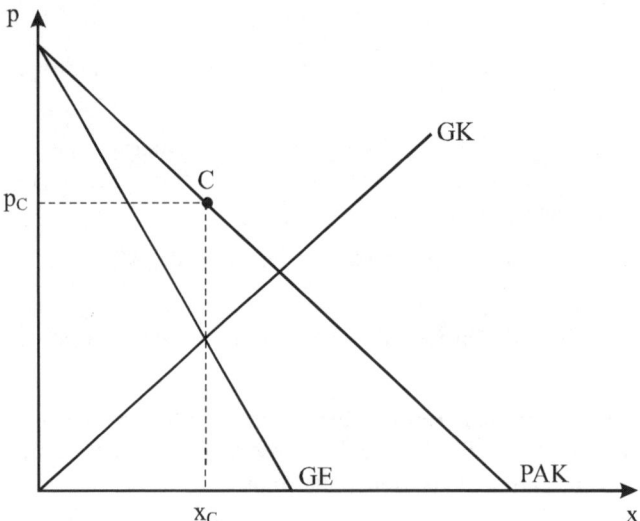

Abbildung II.25

Zu Aufgabe c)

Als Bedingungen erster Ordnung für ein Gewinnmaximum gelten die Gleichungen

$$E'(x) = K'(x) \quad \text{bzw.} \quad E'(x) - K'(x) = 0.$$

Daraus lässt sich die zweite Ableitung gewinnen, die auch als zweite Bedingung für ein Gewinnmaximum bezeichnet wird:

$$E''(x) - K''(x) < 0.$$

Das heißt, die Steigung der Grenzkostenkurve muss im Optimum bzw. Gewinnmaximum größer sein als die der Grenzerlöskurve: Die GK-Kurve schneidet also die GE-Kurve von unten!

In der um die Kurve der totalen Durchschnittskosten ergänzten Darstellung (vgl. Abbildung II.26) erkennen wir eine weitere Eigenschaft des Gewinnmaximums: Die Grenzkostenkurve schneidet nicht nur die Grenzerlöskurve von unten, sondern auch die Kurve der totalen Durchschnittskosten und zwar in deren Minimum. Würden sich alle drei Kurven in einem Punkt schneiden, wäre das Gewinnmaximum zugleich gewinnlos. Schneidet die Grenzkostenkurve die Grenzerlöskurve allerdings vor der Kurve der totalen Durchschnittskosten, dann macht der Monopolist Verluste. Bei unveränderten Nachfrageverhältnissen ist in einer solchen Situation rational, sich auf das Trimmen der Kosten und dabei insbesondere der Fixkosten zu konzentrieren.

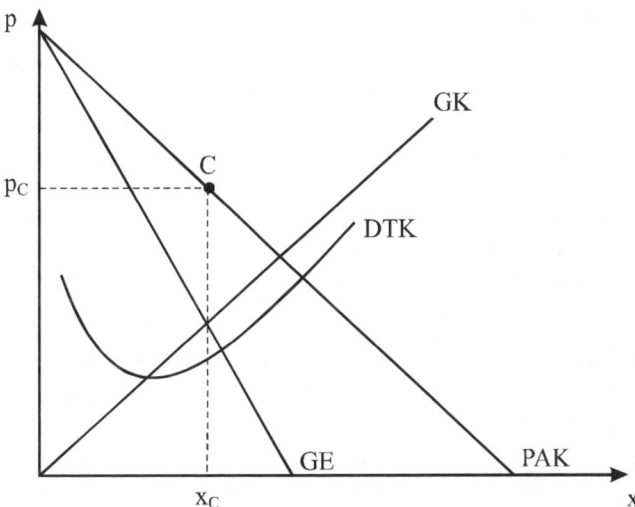

Abbildung II.26

Zu Aufgabe d)

Ein echtes Angebotsmonopol liegt nach Robert Triffin nur dann vor, wenn es für das Monopolgut keine Substitute gibt. Dies impliziert eine Kreuzpreiselastizität der Nachfrage von Null:

$$\eta_{xi,pj} = \frac{dx_i}{dp_j} \cdot \frac{p_j}{x_i} \geq 0.$$

Zu Aufgabe e)

Das (homogene) Monopol bildete einen wichtigen Kristallisationspunkt für die Entwicklung des Partialmarktkonzepts und stellte zugleich für die Preistheorie lange den paradigmatischen Gegenbegriff zum Wettbewerb dar. Definitionsgemäß ist der Monopolunternehmer auf seinem Absatzmarkt alleiniger Anbieter und damit keiner unmittelbaren Konkurrenz ausgesetzt. Er kann sein Gewinnmaximum ceteris paribus gemäß der bekannten Cournot-Lösung realisieren. Für die Beurteilung seiner Wettbewerbssituation müssen jedoch aus totalanalytischer Sicht auch mögliche Interdependenzen mit anderen Märkten berücksichtigt werden. Gehört das Monopolgut einer heterogenen Produktgruppe an, so besteht die Möglichkeit eines Substitutionswettbewerbs durch die Hersteller ähnlicher Produkte. Es erscheint allerdings fraglich, ob in diesem Fall das homogene Monopol noch den angemessenen Modellrahmen für die Analyse der Preisbildungs- und Wettbewerbsprozesse liefert. Daher wird im Falle des homogenen Monopols i. d. R. vorausgesetzt, dass zwischen dem Monopolgut und den übrigen Produkten Substitutionslücken bestehen, das heißt, dass die Kreuzpreiselastizitäten des Monopolguts x_m verschwinden:

$$\eta_{x_m, p_i} = \frac{dx_m}{dp_i} \cdot \frac{p_i}{x_m} = 0; \left(i \neq m \right)$$

und damit die Preis-Absatz-Funktion des Monopolisten nicht mehr von den Preisen der übrigen Produkte x_i abhängt. Dennoch ist auch in diesem Fall der Monopolist der Walrasianischen Konkurrenz um die monetäre Gesamtnachfrage ausgesetzt. Dieser indirekte Wettbewerb um die Kaufkraft der Verbraucher lässt sich am einzelwirtschaftlichen Modell der Haushaltsentscheidung verdeutlichen. Die aus der Nutzenmaximierung abgeleitete Nachfrage nach dem Monopolgut hängt zwar nicht mehr von den Preisen anderer Güter, wohl aber vom Konsumbudget des Haushaltes mit ab.

Im Gegensatz zum Absatzmarkt steht der Monopolist auf den Beschaffungsmärkten i. d. R., das heißt abgesehen vom zweiseitigen Monopol, im direkten Wettbewerb mit anderen Unternehmungen, die dieselben Faktorleistungen nachfragen. Vom Ergebnis der betreffenden Preisbildungsprozesse hängen der Verlauf der Grenzkostenkurve und damit der Cournot'sche Punkt und die Höhe des Monopolgewinns ab.

Zu Aufgabe f)

Kann der Monopolist einen entsprechenden Gewinn realisieren, so bildet dieser einen Anreiz für potentielle Konkurrenten, dasselbe Produkt am Markt anzubieten. Sofern der Monopolist nicht präventiv auf die Ausschöpfung des Monopolgewinns verzichtet, kann seine Position als Alleinanbieter nur dann längerfristig Bestand haben, wenn Marktschranken den Zutritt weiterer Anbieter verhindern. Wie wirksam eine solche Marktabschottung des Monopolisten auf Dauer schützt, hängt wesentlich von der evolutionären Dynamik des Wettbewerbs in der Gesamtwirtschaft ab. Eine besondere Rolle spielen dabei Kreation und Diffusion von neuem Wissen. Aufgrund neuer Erfindungen kann es zum einen zur Einführung von Substituten kommen, die eine Umgehung bestehender Marktschranken ermöglichen. Zum anderen kann das Monopolgut im Zeitablauf veralten und im Zuge der Walrasianischen Konkurrenz Nachfrageanteile an gänzlich neue Produkte verlieren, deren Märkte überdurchschnittlich expandieren. Hierbei spielen auch Veränderungen in den Präferenzen eine wichtige Rolle. Mit der Expansion neuer Märkte wächst c. p. auch die Nachfrage nach Faktoren, was zu Preissteigerungen auf Beschaffungsmärkten führen kann, auf denen auch der Monopolist agiert. Eine Möglichkeit, steigenden Kosten und damit sinkenden Gewinnen entgegenzuwirken, bieten Verfahrensinnovationen. Es spricht einiges für die Vermutung, dass diese eher auf jungen innovativen Märkten zu erwarten sind, als bei Unternehmungen, die – z. B. durch staatliche Regulierung – gegen direkte Konkurrenz geschützt sind, zumal Produkt- und Verfahrensinnovationen auf neuen Märkten in engem Zusammenhang stehen können (wie z. B. im Falle der Mikroelektronik). Allerdings bieten einfache statische Marktmodelle wie das des homogenen Monopols für die Analyse von innovatorischem Verhalten keinen adäquaten Rahmen mehr.

Zu Aufgabe g)

$$G = p \cdot x - K = p(x) \cdot x - K \tag{1}$$

$$\frac{dG}{dx} = p \cdot 1 + x \cdot \frac{dp}{dx} - \frac{dK(x)}{dx} \stackrel{!}{=} 0 \tag{2}$$

$$GE = p\left(1 + \frac{x}{p} \cdot \frac{dp}{dx}\right) = GK(x) \quad \text{mit} \quad \eta_{xp} = \frac{dx}{dp} \cdot \frac{p}{x} \tag{3}$$

$$GE = p\left(1 + \frac{1}{\eta_{xp}}\right) \tag{4}$$

Zu Aufgabe h)

Zur Ermittlung des Gewinnmaximums schreiben wir zunächst die Gewinngleichung explizit hin, um sie dann nach der Absatzmenge zu differenzieren. Daraus gewinnen wir die optimale Ausbringungsmenge. Wird diese in die Preis-Absatz-Funktion ($p = 10 - 0,5x$) eingesetzt, erhält man den vom Monopolisten geforderten optimalen Preis.

$$G = p \cdot x - K = 10x - \frac{1}{2}x^2 - \frac{1}{6}x^2 - 2x = 8x - \frac{2}{3}x^2 \quad \rightarrow$$

$$\frac{dG}{dx} = 8 - \frac{4}{3}x \stackrel{!}{=} 0 \quad \rightarrow \quad x^* = 6 \quad \rightarrow \quad p^* = 7.$$

Für den Fall GK=p muss der Monopolist seine Grenzkosten mit der Preis-absatzfunktion gleichsetzten. Daraus kann die Absatzmenge bei Konkurrenz ermittelt werden. Wird diese wiederum in die Preisabsatzfunktion eingesetzt, ergibt sich der Konkurrenzpreis.

$$\frac{dK}{dx} = \frac{1}{3}x + 2 \overset{!}{=} 10 - \frac{1}{2}x \;\; \rightarrow \;\; 2x + 12 = 60 - 3x \;\; \rightarrow \;\; x^{**} = 9,6 \;\; \rightarrow \;\; p^{**} = 5,2.$$

Ein gewinnloser Zustand wird „erreicht", wenn der Monopolist in der Gewinnglei-chung die rechte Seite gleich Null setzt und anschließend durch Lösen einer quad-ratischen Gleichung die zugehörige Absatzmenge errechnet. Dabei ist der triviale Fall eine Absatzmenge von Null (es fallen keine Fixkosten an!). Der zugehörige Preis zum positiven Lösungsteil für die Absatzmenge wird wiederum aus der Preisabsatzfunktion ermittelt.

$$G = p \cdot x - K = 0 \;\; \rightarrow \;\; 10x - \frac{1}{2}x^2 = \frac{1}{6}x^2 + 2x \;\; \rightarrow \;\; \frac{2}{3}x^2 - 8x = 0 \;\; \rightarrow$$

$$x^2 - 12x = 0 \;\; \rightarrow \;\; x(x - 12) = 0 \;\; \rightarrow \;\; x_1 = 0; x_2 = 12 \;\; \rightarrow \;\; x^{***} = 12 \;\; \rightarrow \;\; p^{***} = 4.$$

Diskussion der Ergebnisse

Ein Monopolist kann entweder den Preis festsetzen – dann entscheidet die Nach-frageseite darüber, welche Menge sie zu diesem Preis beziehen möchte – oder die Menge fixieren – dann entscheidet die Nachfrageseite darüber, welchen Preis sie für diese Menge zu zahlen bereit ist. Nur der Optionsfixierer kann im Gegensatz zum Monopolisten zugleich Menge und Preis festlegen. Der Optionsempfänger hat demgemäß überhaupt keinen Freiheitsgrad mehr.

Ein temporäres Monopol stellt wettbewerbstheoretisch kein wirkliches Problem dar. Temporär bleibt ein Monopol i. d. R. dann, wenn die hohen Monopolgewinne und das Gewinngefälle zu anderen, z. Zt. nicht vorübergehend monopolisierten Märkten neue Anbieter auf den Plan rufen. Bestehen keine Marktschranken, so ist sehr schnell im Zuge der Angebotsvermehrung mit einer höheren Ausbringungs-menge und mit einem niedrigeren Marktpreis zu rechnen.

Dauerhaft kann andererseits (wiederum von Marktschranken abgesehen) ein Mo-nopol nur dann werden, wenn es sich um ein Ressourcenmonopol handelt. Israel M. Kirzner begründet dies damit, dass eine knappe Ressource im Besitz eines Monopolisten von möglichen Konkurrenten u. U. kurz- bis mittelfristig nicht oder nur zu hohen Kosten substituiert werden kann. Wenn sie und solange sie aber keine Chance für einen Markteintritt besitzen, sind sie für Banken als Kreditempf-fänger, um technischen Fortschritt zu „produzieren", keine Kunden mit ausrei-chender Bonität.

Literaturempfehlungen

* Engelkamp und Sell (2005): S. 84–91.

Aufgabe 6:   Oligopolpreisbildung

Neben der monopolistischen Konkurrenz dürften Oligopole die in der Realität der Märkte häufigste Marktform sein. Die Erklärung von Preisstarrheiten bzw. von mehr oder weniger zeitgleich durch die Anbieter vorgenommene Preisänderungen (wie sie etwa auf dem Markt von Rohölprodukten immer wieder beobachtet werden können) ist einen Herausforderung für die Oligopoltheorie. Reizvoll ist zugleich, dass nicht nur nicht-kooperative, sondern auch kooperative Marktstrategien modelliert werden können.

a) Bestimmen Sie das Gewinnmaximum im Falle der gemeinsamen Gewinnmaximierung!

b) Weshalb glaubt man, mit Hilfe des Konzepts der geknickten Nachfragekurve die empirisch beobachtbare relative Preisstarrheit auf Oligopolmärkten erklären zu können?

c) Unter einem Rüstungswettlauf wird der dynamische interaktive Prozess zwischen zwei Ländern und ihrer Nachfrage nach bestimmten Waffenkategorien verstanden. Das so genannte „Richardson-Modell des Wettrüstens" kann auch als Vorratsmengenhaltungsmodell interpretiert werden, in dem die jeweilige Reaktion des Gegenspielers berücksichtigt ist und insofern als eine Anwendung für eine typische Duopolsituation aufgefasst werden.

   Dazu seien die folgenden Informationen verfügbar: w_i bezeichnet eine Waffenkategorie, wobei i ein Länderindex mit i = 1, 2 sei. Wenn $w_i(t)$ den Bestand von Waffen in Abhängigkeit von der Zeit beschreibt, dann gilt als Zeitveränderungsrate $\dot{w}_i = \partial w_i(t)/\partial t$. Diese werde von 3 Größen bestimmt:

• Verteidigungsterm: Anzahl der Waffen wird positiv durch die des Gegners beeinflusst

• Erschöpfungsterm: Anzahl der Waffen wird aufgrund ökonomischer und administrativer Beschränkungen negativ durch eigenen Bestand beeinflusst

• (Un)zufriedenheitsterm: Historische, institutionelle und kulturelle Einflüsse, Einflussrichtung unbestimmt

Die Akkumulation von Waffen, die zu einem Rüstungswettlauf führt, werde durch die folgenden beiden Bewegungsgleichungen beschrieben:

(1) $\dot{w}_1 = a_1 w_2 - a_2 w_1 + a_3$ und (2) $\dot{w}_2 = b_1 w_1 - b_2 w_2 + b_3$,

wobei a_1, $b_1 > 0$, da Land 1 und 2 Gegenspieler sind; a_2, $b_2 > 0$, da Ausgaben für Bereitstellung und Instandhaltung zusätzliche Waffenneukäufe beschränken und a_3, $b_3 \in \Re$.

Ein Gleichgewicht ist erreicht, wenn die Zeitveränderungsraten der kritischen Variablen null werden (steady state) und somit $\dot{w}_1 = \dot{w}_2 = 0$ gilt.

(i) Berechnen sie die Reaktionsfunktionen für Land 1 und 2! (ii) Stellen Sie das Gleichgewicht grafisch dar und ermitteln Sie die Gleichgewichtswerte für die jeweiligen Waffenbestände! (iii) Berechnen Sie die gleichgewichtige Lösung für folgende Parameter: $a_1=2$, $a_2=5$, $a_3=8$, $b_1=2,5$, $b_2=5$, $b_3=0$!

d) Gegeben sei die folgende Preisabsatzfunktion eines Gesamtmarktes. $p = -0,5x + 30$. Die beiden betrachteten Duopolisten (I, II) haben jeweils Kostenfunktionen der Art $K_I = 10x_1$ und $K_{II} = 5x_2$.

Wie lauten die beiden Reaktionsfunktionen R_I und R_{II}? Welche Werte erreichen die Gleichgewichtslösungen x_1^*, x_2^*, p^*? Welchen Einfluss hat die Modifikation $K_I' = 0$ auf das Ergebnis?

Lösungsskizze

Zu Aufgabe a)

Bei der gemeinsamen Gewinnmaximierung schließen sich im Falle zweier Anbieter diese zusammen, um den gemeinsamen Gewinn zu maximieren. Bei Mengenstrategie wird das Gewinnmaximum in Abhängigkeit der gemeinsamen Ausbringungsmenge bestimmt:

$$G = G_1 + G_2.$$

Ohne Kosten bzw. bei Vernachlässigung von Kosten ergibt sich für den gemeinsamen Gewinn:

$$G = xp(x) = x_1 \cdot p(x) + x_2 \cdot p(x) = (x_1 + x_2) \cdot p(x) = x \cdot p(x).$$

Zur Bestimmung des Gewinnmaximums wird die Gewinngleichung nach der Absatzmenge differenziert und es ergibt sich als notwendige Bedingung:

$$\frac{dG}{dx} = 1 \cdot p + x \cdot \frac{dp}{dx} = p\left(1 + \frac{1}{\eta_{xp}}\right) \overset{!}{=} 0$$

Das Ergebnis entspricht dem des Monopols; das Problem besteht darin, die Verteilung der Marktanteile bzw. der Gewinnquoten vorzunehmen.

Zu Aufgabe b)

Verschiebungen der Kostenkurven zum Beispiel haben unter den gemachten Annahmen keine Neufestsetzung des gewinnmaximalen Preises zur Folge, solange die Grenzkosten- die Grenzerlöskurve in ihrem Unbestimmtheitsbereich schneidet.

In Abbildung II.27 möge sich (aufgrund technischen Fortschritts) die Grenzkostenkurve von GK_0 nach GK_1 verschieben. Der neue Schnittpunkt mit der Grenzerlösfunktion (GE) führt aber zu keiner Veränderung im gewinnmaximalen Preis: Die Oligopolisten glauben nämlich (ausgehend von p^*), die Konkurrenten würden Preissenkungen mitmachen, jedoch keine Preiserhöhungen. Dann hat die Preisan-

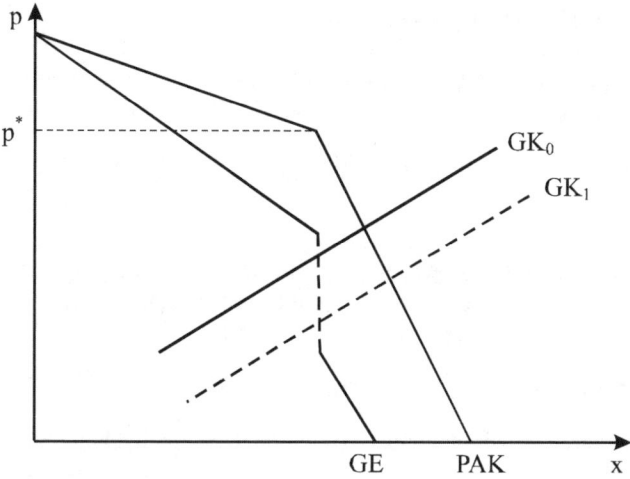

Abbildung II.27

satzfunktion (PAK) beim Ausgangspreis einen Knick und die GE-Kurve hat bei der entsprechenden Menge eine Sprungstelle. Allerdings wird nicht erklärt, wie p^* zustande kommt.

Zu Aufgabe c)

Die beiden Reaktionsfunktionen werden ermittelt, indem $\dot{w}_1 = 0$ und $\dot{w}_2 = 0$ gilt. Somit ergibt sich für die Reaktionsfunktion des Landes i (R_i)

$$R_1: w_1 = \frac{a_1 w_2 + a_3}{a_2} \quad \text{bzw.} \quad w_2 = \frac{a_2 w_1 - a_3}{a_1} \quad \text{und} \quad R_2: w_2 = \frac{b_1 w_1 + b_3}{b_2}.$$

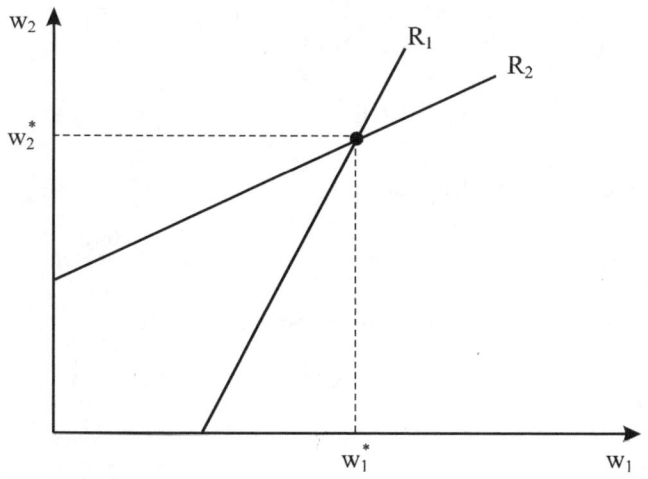

Abbildung II.28

Für die gleichgewichtigen Mengen ergibt sich:

$$w_1^* = \frac{a_3 b_2 + a_1 b_3}{a_2 b_2 - a_1 b_1} \quad \text{und} \quad w_2^* = \frac{a_2 b_3 + a_3 b_1}{a_2 b_2 - a_1 b_1}.$$

Mit den vorgegebenen Parametern gilt für diese Mengen $w_1^* = 2$ und $w_2^* = 1$.

Zu Aufgabe d)

Die Reaktionskurven der beiden Duopolisten lassen sich bekanntlich aus den Bedingungen 1. Ordnung für ein Gewinnmaximum ableiten! Allgemein haben sie die Gestalt:

$$R_i \equiv x_i = -a\, xj + b.$$

Um diese zu ermitteln, schreiben wir als Erstes explizit die Gewinngleichung hin:

$$G_1 = E_1 - K_1(x_1).$$

Unter Verwendung der Preisabsatzfunktion schlüsseln wir die Erlösfunktion weiter auf und setzten sie in die Gewinngleichung ein:

$$p = f(x_1 + x_2)$$

$$E_1 = x_1 \cdot p = x_1 \cdot f(x_1 + x_2)$$

$$G_1 = x_1 \cdot f(x_1 + x_2) - K_1(x_1)$$

Die Bedingung erster Ordnung für ein Gewinnmaximum gewinnen wir durch Differentiation nach der Ausbringungsmenge:

$$\frac{\partial G_1}{\partial x_1} = f(x_1 + x_2)\frac{\partial x_1}{\partial x_1} + x\frac{\partial f(x_1 + x_2)}{\partial x_1} - \frac{\partial K_1(x_1)}{\partial x_1} \overset{!}{=} 0$$

$$\frac{\partial G_1}{\partial x_1} = -\frac{1}{2}(x_1 + x_2) + 30 + x_1\left(-\frac{1}{2}\right) - 10 \overset{!}{=} 0 \;\rightarrow\; \frac{\partial G_1}{\partial x_1} = -x_1 - \frac{1}{2}x_2 + 20 \overset{!}{=} 0.$$

Die Reaktionsfunktion für Anbieter 1 lautet dann:

$$x_1 = -\frac{1}{2}x_2 + 20 \equiv R_I.$$

Analog hierzu suchen wir die Reaktionsfunktion des zweiten Anbieters:

$$\frac{\partial G_2}{\partial x_2} = -\frac{1}{2}(x_1 + x_2) + 30 + x_2\left(-\frac{1}{2}\right) - 5 \overset{!}{=} 0 \;\rightarrow\; \frac{\partial G_2}{\partial x_2} = -x_2 - \frac{1}{2}x_1 + 25 \overset{!}{=} 0 \;\rightarrow$$

$$x_2 = -\frac{1}{2}x_1 + 25 \equiv R_{II}.$$

Zur Ermittlung der Gleichgewichtswerte sind die beiden Reaktionsfunktionen gleichzusetzen $R_1 = R_2$ oder R_2 in R_1 einzusetzen und mit dem Ergebnis x_2 und p zu bestimmen:

$$x_1 = -\frac{1}{2}\left(-\frac{1}{2}x_1 + 25\right) + 20 \; \rightarrow \; x_1^* = 10 \; \rightarrow \; x_2^* = 20 \; \rightarrow \; x_3^* = 30 \; \rightarrow \; p^* = 15.$$

Wenn wir die Grenzkosten für den ersten der beiden Anbieter gleich Null setzen, verändert sich seine Reaktionsfunktion zu:

$$x_1 = -\frac{1}{2}x_2 + 30 \equiv R_1'.$$

Kombiniert mit der unveränderten Reaktionsfunktion von Anbieter 2, ergeben sich die neuen Gleichgewichtsmengen und die Gesamtabsatzmenge:

$$x_1^{**} = \frac{140}{6} \quad \text{und} \quad x_2^{**} = \frac{80}{6} \; \rightarrow \; x = \frac{220}{6} \; \rightarrow \; p^* = \frac{580}{12}.$$

Diskussion der Ergebnisse

Für ein Nash-Gleichgewicht müssen sich einerseits beide abgeleitete Reaktionskurven schneiden. Allerdings ist es nicht beliebig, welche der Reaktionsfunktionen steiler als die andere ist; der oben in Abbildung II.28 skizzierte Annäherungsprozess an das Nash-Gleichgewicht funktioniert nur, wenn die Reaktionskurve des ersten Landes steiler verläuft als die des anderen Landes. Dies lässt sich am Beispiel der Aufgabe zum Rüstungswettlauf demonstrieren, wobei als eine Stabilitätsbedingung $a_3, b_3 \geq 0$ gilt, das heißt, es gibt verschiedene Schnittpunkte der Reaktionskurven mit Ordinate bzw. Abszisse:

$$\frac{a_2}{a_1}w_1[\text{Land 1}] > \frac{b_1}{b_2}w_1[\text{Land 2}] \; \rightarrow \; \frac{a_2}{a_1} > \frac{b_1}{b_2} \; \rightarrow \; a_2 b_2 - a_1 b_1 > 0.$$

Nur wenn diese Ungleichung erfüllt ist, ist sicher gestellt, dass der Anstieg der Reaktionskurve von Land 1 größer ausfällt als derjenige von Land 2!

Die Höhe der jeweiligen Grenzkosten beeinflusst nicht nur die Gestalt der eigenen Reaktionskurve, sondern natürlich auch die „Aufteilung" des Marktes, was die Menge anbelangt. Kostenwettbewerb ist demnach ein „natürlicher" Bestandteil des strategischen Wettbewerbs im Mengen-Duopol.

Zur Beurteilung der Vorteilhaftigkeit unterschiedlicher Strategien im Duopol (Nichtkooperation, gemeinsame Gewinnmaximierung, Stackelberg-Führerschaft etc.) ist das Konzept der „Isogewinnkurven" und der so genannten „Bliss-Punkte" heranzuziehen, das geht allerdings über das Niveau einer Einführung hinaus.

Literaturempfehlung

• Engelkamp und Sell (2005): S. 91–99.

Aufgabe 7:   Monopolistische Preisdifferenzierung und monopolistische Konkurrenz

Das Angebotsmonopol (auf einem Markt mit einer Ausbringungsmenge und einem monopolistischen Preis) in seiner „reinen Form", wie es von Cournot beschrieben worden ist, dürfte in der Realität eher selten vorkommen. Häufiger sind dagegen die „monopolistische Preisdifferenzierung" und die „monopolistische Konkurrenz".

a)   Welche Bedingungen müssen erfüllt sein, damit monopolistische Preisdifferenzierung möglich ist?

b)   Worin besteht der Unterschied zwischen deglomerativer (horizontaler) und agglomerativer (vertikaler) Marktspaltung?

c)   Wann und wie erreicht der Monopolist sein absolutes Gewinnmaximum durch Marktdeglomeration?

d)   Wie lautet die Bedingung, unter der ein Angebotsmonopolist seinen Gesamtgewinn aus dem Verkauf auf zwei bereits vorhandenen Teilmärkten I und II maximieren kann?

e)   Den Zusammenhang zwischen der „Stärke" des Monopolisten auf der einen und der bei der Preisdifferenzierung ebenfalls maßgeblichen (dort auf Teilmärkten unterschiedlichen) Preiselastizität der Nachfrage wird am prägnantesten im Konzept des Monopolgrads ausgedrückt. Wie lautet der Monopolgrad à la Lerner?

f)   Worin besteht der Unterschied zwischen vollständiger und polypolistisch heterogener (monopolistischer) Konkurrenz?

Lösungsskizze

Zu Aufgabe a)

Preisdifferenzierung ist nur dann möglich, wenn Arbitrage verhindert werden kann, sodass Käufer, die das Gut zu einem niedrigeren Preis erhalten, es nicht an die Käufer weiter verkaufen können, von denen ein höherer Preis verlangt wird. Außerdem muss der Anbieter Marktmacht haben.

Zu Aufgabe b)

Deglomerative Marktspaltung liegt vor, wenn der Anbieter einen bereits vorhandenen Gesamtmarkt mit dem Ziel der Gewinnmaximierung in Teilmärkte aufspaltet; bei agglomerativer Marktspaltung geht es dem Anbieter darum, die Preise auf bereits vorhandenen Teilmärkten so festzusetzen, dass der Gewinn insgesamt maximiert wird.

Zu Aufgabe c)

Wenn er die Konsumentenrente völlig ausschöpft; dies ist dann der Fall, wenn er den Markt in so zahlreiche Absatzschichten aufteilt, dass jeder Nachfrager den Preis zahlt, den er gerade noch zu zahlen bereit ist (so genannte *perfect price discrimination*).

Der üblichere Fall ist der, dass der Monopolist die Käufe nach ihrer Zahlungsbereitschaft zu wenigen Absatzschichten zusammenfasst und von jeder Schicht einen einheitlichen Preis verlangt. Diese Konstellation ist in Abbildung II.29, die wir bereits aus einer früheren Aufgabe kennen, dargestellt. Dabei wird ganz offensichtlich die Konsumentenrente nicht völlig abgeschöpft. Das wollen wir anhand des nachstehenden Diagramms nachvollziehen.

Woran erkennt man das? Bei diskreten Preisschritten (ausgehend vom Prohibitivpreis auf der Ordinate) nach unten verbleibt dem Konsumenten 1 mit der maximalen Zahlungsbereitschaft, für den die Absatzschicht $0x_1$ vorgesehen ist, eine Rente in Höhe der Fläche Ap_1B. Wenn der nächste geforderte niedrigere Preis erst bei p_2 liegt, kann der Konsument 2, für den eine Absatzschicht von x_1x_2 vorgesehen ist, eine Rente in Höhe von BEC einstreichen. Da Konsument 1 von diesem zweiten Teilmarkt abgespalten ist, kann der Monopolist die Fläche p_1p_2EB an sich ziehen. Entsprechendes gilt für Konsument 3: Seine Rente liegt in Höhe der Fläche CGD, der Monopolist kann jetzt die Fläche p_2p_3GC.

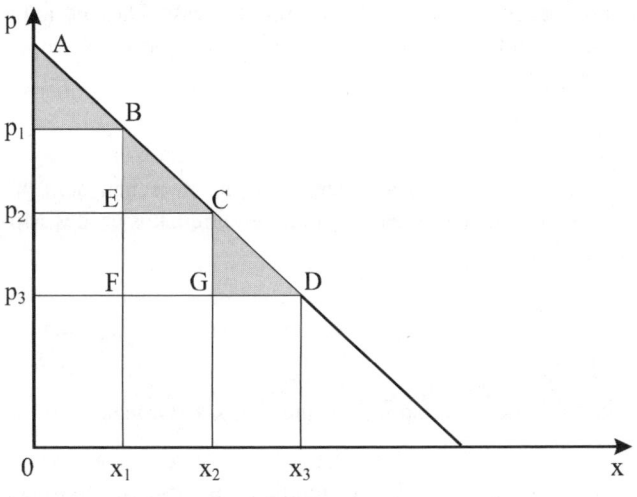

Abbildung II.29

Zu Aufgabe d)

Der Monopolist maximiert nur dann seinen Gewinn, wenn der Grenzerlös auf Teilmarkt I (R_I') gleich den Grenzerlös auf Teilmarkt II (R_{II}') ist. Formal lässt sich diese Bedingung wie folgt aufschreiben:

$$\frac{dR_I}{dx_I} = \frac{dR_{II}}{dx_{II}} = \frac{dK}{dx} \text{ bzw. } R_I' = R_{II}' = K'.$$

Zusätzlich muss gelten, dass der Grenzerlös auf jedem Teilmarkt den (gesamten) Grenzkosten des Monopolisten entspricht.

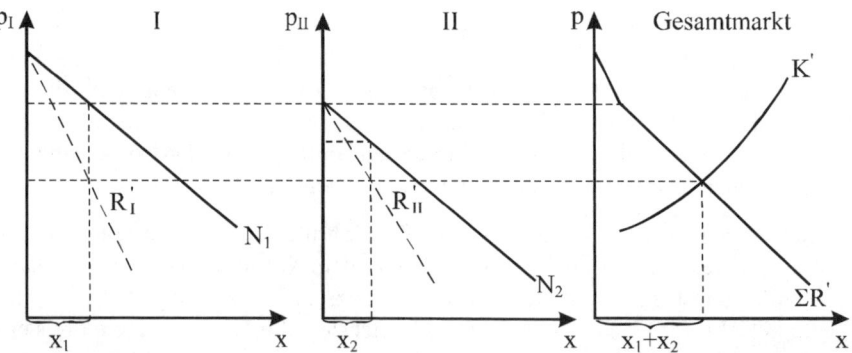

Abbildung II.30

Man beachte, dass keine horizontale Aggregation der beiden Nachfragekurven zu einer Gesamtnachfrage erfolgt (vgl. Abbildung II.30), da auf beiden Teilmärkten nicht die gleichen Preise gezahlt werden! Dagegen werden die Grenzerlöskurven der Teilmärkte zur Gesamtgrenzerlöskurve $\Sigma R'$ zusammengefasst. Dies ist möglich, weil die Gesamtmenge so auf die Teilmärkte verteilt wird, dass die Grenzerlöse auf beiden Teilmärkten gleich sind.

Zu Aufgabe e)

Der Lerner'sche Monopolgrad ergibt sich aus der Differenz zwischen dem gewinnmaximalen Preis des Monopolisten einerseits und den Grenzkosten des Monopolisten entsprechend der Formel:

$$\mu = \frac{p^* - GK\left(x^*\right)}{p^*}$$

mit p^*=gewinnmaximaler Preis des Monopolisten und $GK(x^*)$=Grenzkosten des Monopolisten.

Bei vollkommenem Wettbewerb verschwindet bekanntlich die Differenz zwischen dem Gleichgewichtspreis und den Grenzkosten, demzufolge ist dann der Monopolgrad gleich Null. Am anderen Ende des Spektrums befindet sich ein Monopolgrad von 1; dieser ist gemäß der Gleichung aber nur bei Grenzkosten von Null, letztere aber wiederum nur bei konstanten und mengenunabhängigen Gesamtkosten vorstellbar. Formt man nun die Gleichung ein wenig um, so ergibt sich, dass der Monopolgrad dem (negativen) Querwert der Nachfrageelastizität entspricht.

Da die Nachfrageelastizität selbst stets negativ ist, ergibt sich somit für den Monopolgrad das oben beschriebene Spektrum.

$$\mu = \frac{p^* - p^* GE\left(x^*\right)}{p^*} = \frac{p^* - p^*\left(1 + \dfrac{1}{\eta_{x^* p^*}}\right)}{p^*} = -\frac{1}{\eta_{x^* p^*}},$$

$\eta_{x^* p^*}$ =Nachfrageelastizität im Gewinnmaximum.

Die Formel ist so zu interpretieren: Bei waagrechter Nachfragekurve tendiert die Elastizität der Nachfrage gegen (minus) Unendlich, der Preis für die Marktteilnehmer ist ein Datum und der Monopolgrad strebt gegen Null. Ist die Elastizität dagegen gleich minus eins, dann werden aus der Sicht des Monopolisten Mengeneinbußen bei Preiserhöhungen im Hinblick auf den Erlös stets voll kompensiert, daher ist seine Marktstellung besonders stark und der Lerner'sche Monopolgrad wird zu eins.

Zu Aufgabe f)

Während bei vollständiger Konkurrenz (*perfect competition*) die Anbieter homogener Güter glauben, den Preis zu ihren Gunsten beeinflussen zu können, rechnen sie bei monopolistischer Konkurrenz (*imperfect competition*) aufgrund der Heterogenität der Güter mit einem mehr oder weniger großen (monopolistischen) Spielraum der Preisgestaltung. Der einzelne Anbieter verliert nicht seinen gesamten Absatz, wenn er den Preis erhöht. Dieser Zusammenhang wird durch Abbildung II.31 verdeutlicht:

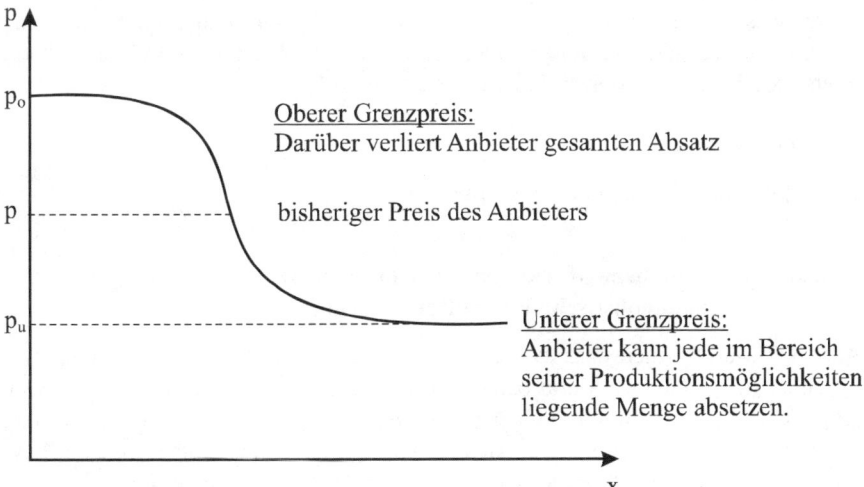

Abbildung II.31

Der bisherige Preis des Anbieters nimmt eine mittlere Lage zwischen dem oberen Grenzpreis (darüber verliert der Anbieter den gesamten bisherigen Absatz) und dem unteren Grenzpreis (hier kann der Anbieter jede im Bereich seiner Produktionsmöglichkeiten liegende Menge absetzen) ein.

Diskussion der Ergebnisse

Das Modell der monopolistischen Konkurrenz ist, wenn man so will, ein „Derivat" vom Modell der vollkommenen Konkurrenz. Bei letzterem verliert der Anbieter sofort seinen Absatz an die Konkurrenz, sobald er seinen Pries über den herrschenden Marktpreis anhebt. Im Falle der monopolistischen Konkurrenz geschieht das nicht sprungartig, sondern in stetiger, nicht-linearer Form. Bei einer Preissenkung kann der (definitionsgemäß) kleine Anbieter im Falle der vollkommenen Konkurrenz die ihm zusätzlich zufallende Nachfrage nach dem homogenen Produkt gar nicht alleine befriedigen. Es werden alle Konkurrenten die Preissenkung mitmachen, deren Grenzkostenstruktur das zulässt.

„Dumping" ist eine Form der Preisdifferenzierung, die aber nicht notwendigerweise mit einer Monopolstellung einhergeht. Betreffende Anbieter versuchen, im In- und Ausland unterschiedliche Preise zu verlangen (Bsp.: europäischer Pharma-Markt). Durch Reimporte kann (ebenso wie in jeder Form räumlicher Arbitrage) der Preisunterschied zwischen In- und Ausland tendenziell auf die Transportkosten reduziert werden.

Da die Nachfrageelastizität für den Monopolisten eine „exogene" Größe ist, stellt der hierdurch berechnete Lerner'sche Monopolgrad eine exaktere Annäherung an die Marktmacht des Monopolisten dar als die Messung durch die Differenz zwischen den Grenzkosten und dem verlangten Preis im Monopolgleichgewicht. Die Grenzkosten symbolisieren nämlich die u. U. ineffiziente Kostenstruktur des Unternehmens. Wird ein inländisches Monopol vor der ausländischen Konkurrenz durch Zölle oder nicht-tarifäre Handelshemmnisse geschützt, dann werden sich um so eher ineffiziente Kostenstrukturen herausbilden.

Literaturempfehlung

- Fehl und Oberender (2004): S. 408–419.

Aufgabe 8:   Räumliche Markttrennung, Transportkosten und monopolistische Preisdifferenzierung

Auch bei Marktformen jenseits des Polypols werden häufig Teile der Annahmen für einen vollkommenen Markt beibehalten. Dazu gehört u. a. die Vorstellung vom „Punktmarkt", bei dem alle Anbieter und Nachfrager räumlich zusammentreffen. In der folgenden Aufgabe lassen wir nun Transportkosten zu und verbinden diese Situation mit der Marktform der monopolistischen Preisdifferenzierung.

Gegeben sei die folgende Konstellation: Ein Monopolist beliefert zwei räumlich getrennte Märkte mit dem Gut x. Es sei angenommen, dass der Monopolist die Transportkosten trägt. Markt A sei ausgestattet mit der Nachfragefunktion $p_A = 16 - x_A$ und liegt 25 km vom Standort des Monopolbetriebs entfernt. Die Transportkosten pro Mengeneinheit (ME) betragen (je Entfernungskilometer): $K_{TR}^A / x_A = 0,16$. Markt B befindet sich am Produktionsstandort selbst. Die Nachfragefunktion am Markt B lautet $p_B = 8 - x_B$. Die (gesamten) Produktionskosten des Monopolbetriebs betragen $K = 4x$.

a) Wie lautet die (gesamte) Gewinnfunktion des Monopolisten bzw. der Umsatz (i) auf Teilmarkt A und (ii) auf Teilmarkt B? Wie hoch sind die Produktionskosten? Wie hoch sind die Transportkosten?

b) Welches sind die optimalen Absatzmengen und welches die optimalen Absatzpreise (i) auf Teilmarkt A und (ii) auf Teilmarkt B? Wie hoch ist der Gesamtgewinn des Monopolisten?

c) Wie groß sind im Optimum die Preiselastizitäten der Nachfrage auf den jeweiligen Teilmärkten?

d) Gegeben sei eine weitere Konstellation: Eine Handelsunternehmung (H) tritt auf dem Markt I als Nachfrager für das Gut x auf und verkauft es auf dem Markt II. Die Handlungskosten der Unternehmung betragen $K = 2x$. H ist Monopolist auf einem (lokalen) Beschaffungsmarkt mit der Preisbezugsfunktion $p_I = 2 + 0,5x$. H verkauft x auf einem polypolistischen Konkurrenzmarkt für $p_{II} = 12$.

(i) Wie lauten die Gesamt-, Durchschnitts- und Grenzkosten der Handelsunternehmung H? (ii) Wie lauten die Gleichgewichtslösungen p_I^*, x^*? (iii) Wie hoch ist der Gewinn von H?

Lösungsskizze

Zu Aufgabe a)

Zunächst ist die Gewinngleichung des Monopolisten aufzuschreiben. Diese lautet:

$$G = E_A(x_A) + E_B(x_B) - K(x_A + x_B) - K_{TR}(x_A).$$

Dabei gilt für die Teilerlöse auf den einzelnen Märkte und für die Gesamtkosten des Monopolisten:

$$E_A(x_A) = 16x_A - x_A^2 \quad \text{und} \quad E_B(x_B) = 8x_B - x_B^2$$

$$K(x_A + x_B) = 4(x_A + x_B) \quad \text{und} \quad K_{TR}^A = 25 \cdot 0,16 \cdot x_A \quad \text{und} \quad K_{TR}^A = 4x_A.$$

Zu Aufgabe b)

Nach Einsetzen in die Gewinngleichung und Differentiation nach den jeweiligen Absatzmengen[1] erhält man die auf den jeweiligen Teilmärkten optimalen Absatzmengen $x_A = 4$ und $x_B = 2$.

Die optimalen Preise auf den Teilmärkten ergeben sich aus den jeweiligen Nachfragefunktionen: $p_A^* = 8$ und $p_B^* = 6$.

Der gesamte Gewinn aus den Transaktionen auf beiden Teilmärkten beträgt 20.

Zu Aufgabe c)

Allgemein ist die Preiselastizität der Nachfrage definiert als:

$$\varepsilon = \frac{dx}{dp}\frac{p}{x}.$$

Einsetzen der gefundenen Optimallösungen ergibt für die jeweiligen Teilmärkte:

$$\frac{dp}{dx_A} = -1 \quad \text{und} \quad \frac{dp}{dx_B} = -1$$

$$\varepsilon_A = \frac{8}{4} \cdot \frac{1}{-1} = -2 \quad \text{und} \quad \varepsilon_B = \frac{6}{2} \cdot \frac{1}{-1} = -3.$$

Zu Aufgabe d)

Die Ausgaben (A) der Handelsunternehmung H auf dem Beschaffungsmarkt sind bestimmt durch:

$$A = x \cdot p_I = x(2 + 0,5x) = 2x + 0,5x^2.$$

Die totalen Kosten setzen sich aus den Bezugskosten auf dem Beschaffungsmarkt (A) und aus den Handlungskosten (K) zusammen:

$$\tilde{K} = K + A = 4x + \frac{1}{2}x^2.$$

Daraus ergeben sich die totalen Durchschnittskosten (DK) und die Grenzkosten (GK) der Handelsunternehmung

$$\widetilde{DK} = 4 + 0,5x \quad \text{und} \quad \widetilde{GK} = 4 + x$$

Zur Bestimmung der Gleichgewichtslösungen schreiben wir als Erstes die Gewinngleichung auf:

$$G = E - \tilde{K} \;\rightarrow\; G = p_{II} \cdot x - \tilde{K} \;\rightarrow\; G = 12x - \left(4x + 0,5x^2\right) \;\rightarrow\; G = 8x - 0,5x^2.$$

---

[1] $G = 16x_A - x_A^2 + 8x_B - x_B^2 - 4(x_A + x_B) - 4x_A$; $\partial G/\partial x_A = 8 - 2x_A$; $\partial G/\partial x_B = 4 - 2x_B$.

Anschließend suchen wir die Optimallösungen durch Ermittlung des Gewinnmaximums in Abhängigkeit von der optimalen Bezugsmenge:

$$\frac{dG}{dx} = 8 - x \overset{!}{=} 0 \;\rightarrow\; x^* = 8 \;\rightarrow\; p_I^* = 2 + 4 = 6.$$

Der Gewinn der Handelsunternehmung ergibt sich aus der Differenz von Absatzerlösen auf dem polypolistischen Markt und den Bezugskosten auf dem Beschaffungsmarkt:

$$G = 12 \cdot 8 - \left(4 \cdot 8 + \frac{1}{2} \cdot 64 \right) = 96 - (32 + 32) = 32.$$

Diskussion der Ergebnisse

Für den Preis auf dem Markt am Produktionsstandort spielen Transportkosten keine Rolle. Dagegen sind die Transportkosten für den vom Produktionsstandort entfernten zweiten Markt nicht nur bei der Berechnung der optimalen Absatzmenge, sondern auch bei der Kalkulation des optimalen Absatzpreises zu ermitteln. Dieser ist nur dann gewinnmaximal, wenn er auch die Transportkosten pro Mengeneinheit „verdient".

Die Rechtfertigung einer monopolistischen Preisdifferenzierung ist letztlich in den unterschiedlichen Nachfrageverhältnissen auf verschiedenen Teilmärkten zu suchen. Diese muss sich dann auch in unterschiedlichen Preiselastizitäten der Nachfrage in den jeweiligen Optima auf den Teilmärkten wiederfinden lassen

Wäre der Monopolist nicht auf dem Beschaffungsmarkt, sondern auf dem Absatzmarkt in einer marktbeherrschenden Stellung, so würde die gewinnmaximierende Menge durch den Absatzmarkt bestimmt und zöge eine entsprechende Bestellmenge auf dem polypolistischen Bezugsmarkt nach sich.

Literaturempfehlung

*   Brand et al. (1972): S. 117–141.

II.4   Staatliche Eingriffe in die Preisbildung

Aufgabe 1:   Gewinnbesteuerung im Monopol

Marktbeherrschende Stellungen von Unternehmen wie die eines Monopols sind aus wettbewerbspolitischen Gesichtspunkten bedenklich. Jenseits der Maßnahmen der Wettbewerbspolitik selbst kann auch die Steuerpolitik den Bewegungsspielraum des Monopolisten einengen. Dies tut sie nicht ganz uneigennützig, denn die komfortable Gewinnsituation des Monopolisten verspricht entsprechende Steuereinnahmen. In diesem Zusammenhang stellen sich die folgenden Fragen:

a) Lässt sich durch Gewinnbesteuerung eine Monopolposition aufheben?

b) Welchen Einfluss hat eine Gewinnsteuer auf den Verlauf der Gewinnfunktion?

c) Verändert sich die Konsumentenrente durch eine Gewinnsteuer?

d) Wie ändert sich das Bild, wenn nicht der Gewinn, sondern der Erlös besteuert wird?

e) Können Stücksubventionen den Monopolisten dazu veranlassen, die Ausbringungsmenge zu erhöhen?

Lösungsskizze

Zu Aufgabe a)

Nein. Der Monopolgewinn wird zwar um die zu entrichtende (proportionale) Steuer gekürzt. Die Monopolsituation bleibt jedoch die gleiche. Dies lässt sich am Fall einer linearen Steuer auf den Bruttogewinn in Höhe von 50 % verdeutlichen:

Der Bruttogewinn G^b ist definiert als Differenz von Erlös und Kosten:

$$G^b = E - K.$$

Der vom Monopolisten abzuführende Steuerbetrag T betrage 50 % vom Bruttogewinn:

$$T = \frac{1}{2}G^b = \frac{1}{2}(E - K).$$

Der Nettogewinn G^n ergibt sich als Differenz zwischen dem Bruttogewinn und dem Steuerbetrag:

$$G^n = G^b - T = E - K - \frac{1}{2}(E - K).$$

Der Nettogewinn ist dort und nur dann maximal, wo die erste Ableitung der Nettogewinnfunktion Null wird (notwendige Bedingung):

$$\frac{dG^n}{dx} = \frac{1}{2}\frac{dE}{dx} - \frac{1}{2}\frac{dK}{dx} = 0,$$

woraus

$$\frac{1}{2}\frac{dE}{dx} = \frac{1}{2}\frac{dK}{dx} \quad \text{und} \quad \frac{dE}{dx} = \frac{dK}{dx}$$

folgt. Notwendige Bedingung für ein Gewinnmaximum ist also auch bei Einführung einer Gewinnsteuer die Gleichheit von Grenzumsatz und Grenzkosten, sodass die gewinnmaximale Preis-Mengen-Kombination davon nicht berührt wird. Dies trifft im Übrigen auch dann zu, wenn kein proportionaler, sondern ein progressiver Steuertarif zugrunde gelegt wird, solange der Grenzsteuersatz unter 100 % liegt.

Zu Aufgabe b)

Die Gewinnfunktion des Monopolisten wird, wie Abbildung II.32 zeigt, gewissermaßen gestaucht.

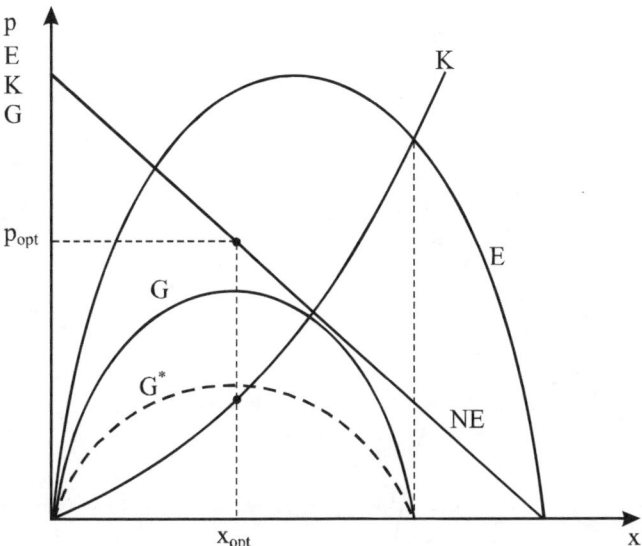

Abbildung II.32

Zu Aufgabe c)

Nein. Wenn der gewinnmaximale Preis (siehe Abbildung II.32) unverändert bleibt, dann ändert sich – bei unveränderter Nachfragekurve – auch die Konsumentenrente nicht.

Zu Aufgabe d)

Der Nettogewinn G^n ergibt sich als Differenz zwischen dem Bruttogewinn und dem Steuerbetrag:

$$G^n = G^b - T = E - K - 0,5E.$$

Der Nettogewinn ist dort und nur dann maximal, wo die erste Ableitung der Nettogewinnfunktion Null wird (notwendige Bedingung):

$$\frac{dG^n}{dx} = \frac{1}{2}\frac{dE}{dx} - \frac{dK}{dx} = 0,$$

woraus

$$\frac{1}{2}\frac{dE}{dx} = \frac{dK}{dx} \quad \text{oder} \quad \frac{dE}{dx} = 2\frac{dK}{dx}.$$

folgt, sodass die gewinnmaximale Preis-Mengen-Kombination davon jetzt emp-findlich berührt wird. Genauer: Der Monopolist wird jetzt eine niedrigere Aus-bringungsmenge und einen höheren Absatzpreis wählen. Das verdeutlicht auch noch einmal Abbildung II.33:

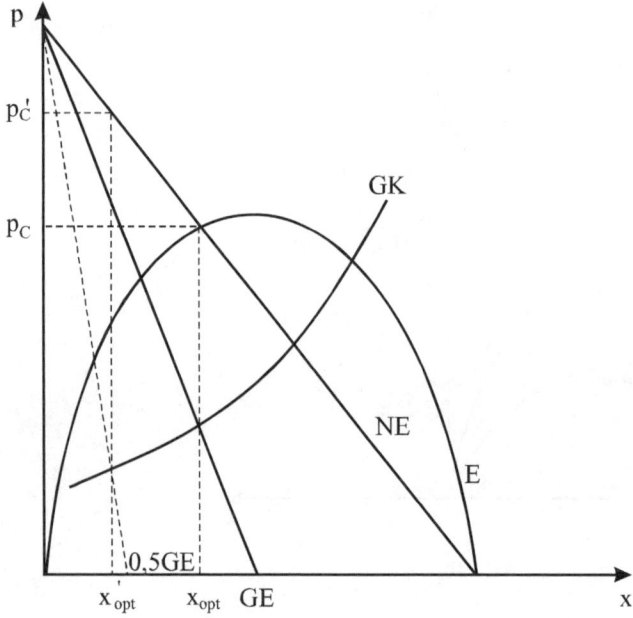

Abbildung II.33

Daher ist unter dem Gesichtspunkt der Sicherung eines preisgünstigen, ausrei-chenden Güterangebots für die Verbraucher die Gewinnbesteuerung der Umsatz-besteuerung vorzuziehen.

Zu Aufgabe e)

Für den Gewinn gilt nun:

$$G = E - K + s \cdot x.$$

Der Gewinn ist dort und nur dann maximal, wo die erste Ableitung der Gewinn-funktion Null wird (notwendige Bedingung):

$$\frac{dG}{dx} = \frac{dE}{dx} - \frac{dK}{dx} + s = 0,$$

woraus

$$\frac{dE}{dx} = \frac{dK}{dx} - s$$

folgt. Daraus ergibt sich, dass eine Stücksubvention in der Lage ist, die Ausbringungsmenge des betroffenen Unternehmens zu erhöhen und den Preis zu senken.

Diskussion der Ergebnisse

Das Aufbrechen einer Monopolstellung ist, wie wir gesehen haben, durchaus schwierig und es könnte durch staatliche Besteuerung u. U. sogar erschwert werden: Wenn zusätzliche, in den bisher monopolisierten Markt strebende Anbieter besonders durch das Gewinngefälle gegenüber anderen Märkten angelockt werden, dann dürfte die Marktattraktivität durch staatliche Besteuerung tendenziell leiden.

Zwar können weder eine Gewinn- noch eine Umsatzbesteuerung ein Monopol aufbrechen, aber im Falle einer Umsatzbesteuerung verschlechtert sich nicht nur die Versorgung der Konsumenten, auch die Konsumentenrente sinkt.

Zwar können Stücksubventionen den Monopolisten dazu bewegen, eine höhere Ausbringungsmenge zu einem geringeren Marktpreis zur Verfügung zu stellen. Zugleich birgt aber eine solche Maßnahme das Risiko, das bestehende Monopol zu verfestigen und Kostenineffizienz zu perpetuieren.

Literaturempfehlung

• Engelkamp und Sell (2005): S. 84–91.

Aufgabe 2:   Zur Wirkung von Mindestpreisen

Der Staat hat prinzipiell drei Möglichkeiten, die Preise von Märkten direkt zu beeinflussen: Er kann den Preis fixieren („Preisstopp"), einen Höchst- oder einen Mindestpreis fixieren. Das zuletzt genannte Instrument erfreut sich in der Politik einer besonderen Beliebtheit und wird etwa in der EU-Agrarpolitik seit mehreren Jahrzehnten rigoros eingesetzt. „Butterberge" u. ä. m. werden induziert, die erhebliche Lager- und Vermarktungskosten nach sich ziehen.

a)   Weshalb kommt es bei Mindestpreisregelungen zu einer Fehlallokation der Produktionsfaktoren?

b)   Haben staatlich festgesetzte Mindestpreise die gleiche Wirkung wie Kartellpreise?

c)   Wie wirken sich staatliche Mindestpreise auf Konsumentenrente und Produzentenrente aus?

Lösungsskizze

Zu Aufgabe a)

Weil bei einer Mindestpreispolitik Produktionsfaktoren in den betreffenden Wirtschaftszweigen gebunden werden, die bei freier Marktpreisbildung in andere Verwendungsrichtungen abwandern würden.

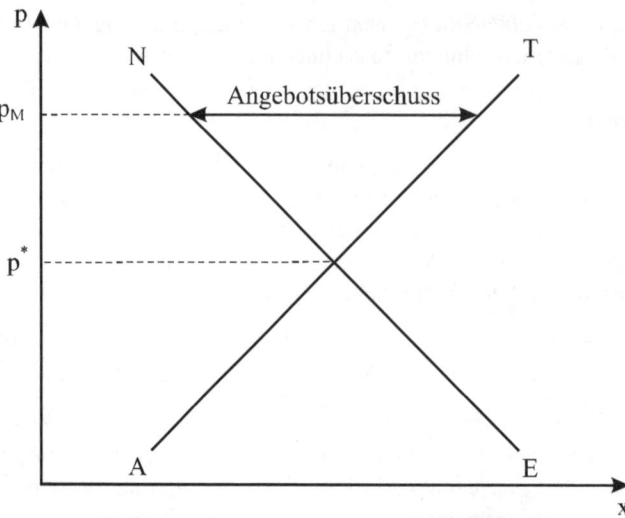

Abbildung II.34

Das nicht abgesetzte Angebot wird in der Regel vom Staat zum Preis p_M aufge-
kauft (vgl. Abbildung II.34). Der Staat regt demnach durch einen Mindestpreis
eine die Gleichgewichtsmenge deutlich übersteigende Produktion an. Will er diesen Überschuss nicht einfach „vernichten", wie das bei den EU-Agrarüberschüssen
häufig genug geschieht, dann bleibt zunächst nur die Option, den Angebotsüberhang zu lagern. Dann muss er allerdings Lagerkosten aufwenden, um den Markt-
überhang zu beseitigen. Der Staat kann die Überschussmenge auch auf dem Weltmarkt verkaufen (zu p^*) oder dies den inländischen Produzenten überlassen. Dann
ist allerdings pro Stück eine Exportsubvention in Höhe der Differenz $p_M - p^*$ fällig,
wenn man unterstellt, dass der hypothetische Gleichgewichtspreis auf der Höhe
des Weltmarktpreises liegt.

Zu Aufgabe b)

Sowohl staatlich festgesetzte Mindestpreise als auch Kartellpreise haben erst restriktiven Charakter, wenn sie oberhalb des Gleichgewichtspreises bei vollkommener Konkurrenz liegen. Bei beiden trifft ein zu großes Angebot auf eine ge-
schrumpfte Nachfrage. Beide Preissetzungen führen zu labilen Marktsituationen,
die weitere Markteingriffe erforderlich machen. Bei staatlich festgesetzten Mindestpreisen ergibt sich die Möglichkeit eines grauen Marktes (die Anbieter versuchen die staatliche Regulierung zu umgehen und bieten ihre Güter auf Parallel-
märkten billiger an) oder der Staat tritt als Nachfrager auf, um das überschüssige
Angebot zu absorbieren.

Bei Kartellpreisen muss das Problem der überschüssigen Produktion ebenfalls
geklärt werden. Im Gegensatz zu staatlich festgesetzten Mindestpreisen haben die
Kartellmitglieder ein eigenes Interesse, die Gleichgewichtslage zu stabilisieren.

Dies ist möglich über eine Quotenregelung zur Beschränkung des Angebots und eine möglichst faire Gewinnverteilung, um eine potentielle Außenseiterposition (also Austritt aus dem Kartell) unattraktiv werden zu lassen. Eine andere Möglichkeit besteht darin, Kostenzuschläge einzuführen; die einzelnen Kartellmitglieder orientieren sich an der Regel: „Fiktive Grenzkosten = Kartellpreis". Letzterer ist ein Cournot-Preis. Die Summe der Einzelausbringungen muss dem Kartelloutput entsprechen, um einen möglichen Preisverfall zu verhindern.

Zu Aufgabe c)

Eine Politik der Mindestpreise senkt die Konsumenten- und erhöht zugleich die Produzentenrente. Zur gesamten Wohlfahrtsbilanz sind allerdings auch die staatlichen Ausgaben zum Aufkauf und zur Vermarktung des überschüssigen Angebots hinzuzuzählen. Dies lässt sich anhand von Abbildung II.35 illustrieren: Gegenüber der Gleichgewichtslage verlieren die Konsumenten Rente im Umfang von (a + b), die Produzenten gewinnen an Rente im Umfang von (a + b + c), der Staat hat allerdings Vermarktungskosten in Höhe von (b + c + d). Insgesamt tritt also ein Wohlfahrtsverlust in Höhe von d ein.

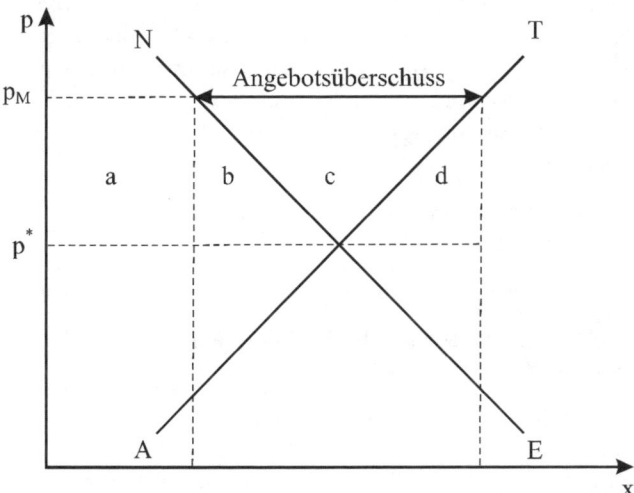

Abbildung II.35

Diskussion der Ergebnisse

Analog zu dem häufigen Missverständnis von „Höchstpreisen", werden auch „Mindestpreise" gelegentlich falsch gedeutet. Es geht natürlich nicht um einen besonders niedrigen, sondern um einen Preis, der „mindestens" von den Nachfragern zu zahlen ist und demzufolge über dem hypothetischen Gleichgewichtspreis liegt.

Mindestpreise verzögern bzw. verhindern den notwendigen Strukturwandel in ähnlicher Weise wie Erhaltungssubventionen: Beide Instrumente binden Ressourcen in der Produktion von Gütern, die zu „Gleichgewichtspreisen" bewertet, eine wesentliche niedrigere Ausbringung rechtfertigen. Subventionen sind allerdings um einen Grad weniger verzerrend, weil sie nicht direkt, sondern nur mittelbar, etwa über den Einfluss auf die Grenzkosten/Angebotskurve der Unternehmen, auf den Preismechanismus einwirken.

Eine weitere „Gemeinsamkeit" der Kartellsituation mit der staatlichen Preisstützung besteht im Folgenden: Während das Kartell die Marktöffnung bzw. das Hinzukommen von Außenseiterkonkurrenz fürchten muss, besteht das Dilemma der Mindestpreispolitik darin, dass die Preisstützung tendenziell weitere Anbieter anlockt, sodass der staatliche Interventionsbedarf kontinuierlich zunimmt.

Literaturempfehlung

• Engelkamp und Sell (2005): S. 99–101.

Aufgabe 3:   Zur Wirkung von Höchstpreisen

Höchstpreise werden von der Politik eingesetzt, um ausgewählte Bevölkerungsschichten bei der Nutzung von bestimmten Gütern/Dienstleistungen zu subventionieren. Beispiele hierfür sind etwa das Wohngeld für Industrieländer oder der Brotpreis für viele Entwicklungsländer. Höchstpreise werden auch als Regulierung für Faktorpreise und/oder den Wechselkurs verwendet. Beispiele hierfür sind Zinshöchstvorschriften im Bankensektor oder systematisch überbewertete Wechselkurse in Verbindung mit einer mehr oder weniger rigorosen Devisenbewirtschaftung.

a) Welche Konsequenzen ergeben sich aus der verbindlichen Fixierung eines Höchstpreises für die Nachfrage?

b) Welche Konsequenzen ergeben sich für die wirtschaftspolitischen Instanzen

c) Welche Konsequenzen ergeben sich für die Funktionsfähigkeit des Marktes bzw. der Märkte?

d) Wie gestaltet sich die Wohlfahrtsbilanz von Höchstpreisen?

Lösungsskizze

Zu Aufgabe a)

Ein Teil der zum Höchstpreis bestehenden Nachfrage bleibt unbefriedigt; es sei denn, der Staat ist bereit, die Lücke zu füllen.

Zu Aufgabe b)

Soll der Höchstpreis nicht überschritten werden, müssen die wirtschaftspolitischen Instanzen entweder das Güterangebot durch Rationierungsmaßnahmen (z. B. Bezugsscheine) auf die Nachfrager verteilen oder den Nachfrageüberhang durch ein eigenes Angebot befriedigen.

Zu Aufgabe c)

Die Lenkungsfunktionen freier Marktpreise werden zum einen durch bürokratische Maßnahmen ersetzt. Dies gilt für den Fall, dass der Staat durch Rationierungsverfahren die Nachfrage künstlich zurück drängt. In vielen Fällen bilden sich dann graue oder schwarze Märkte auf denen das knappe Gut zu überhöhten Preisen (im Vergleich zum hypothetischen Gleichgewichtspreis auf dem legalen Markt) gehandelt wird. Wenn der Staat dagegen den durch den Höchstpreis entstandenen Nachfrageüberhang befriedigt, so wird das Knappheitssignal, das von dem hypothetischen Gleichgewichtspreis ausgeht, ebenfalls verfälscht. Das kann erhebliche Verwerfungen auslösen, da weniger Anbieter bereit sein werden, knappe Ressourcen in die Produktion des betreffenden Gutes zu lenken, dessen „Schattenpreis" in Wirklichkeit deutlich höher ist.

Zu Aufgabe d)

Wenn der Staat den Höchstpreis durchsetzten will, dann muss er entweder die Zuteilung rationieren oder den von ihm selbst künstlich erzeugten Nachfrageüberhang befriedigen. Abbildung II.36 zeigt: Im ersten Fall steigt zwar die Konsumentenrente um $a - f$, dagegen sinkt die Produzentenrente um $a + b$. Der Gesamtverlust beträgt hier $b + f$. Im zweiten Fall gilt dagegen folgendes: Da der Gleichgewichtspreis den Referenzpreis darstellt, zu dem der Staat notfalls „zukaufen" muss, kommen staatlicherseits Kosten in Höhe von $b + c + d$ zustande. Jetzt ist allerdings die Konsumentenrente auch nicht mehr nur um $a - f$ höher, sondern um $a + b + c$ Der Gesamtverlust ist in diesem zweiten Fall gleich $b + d$.

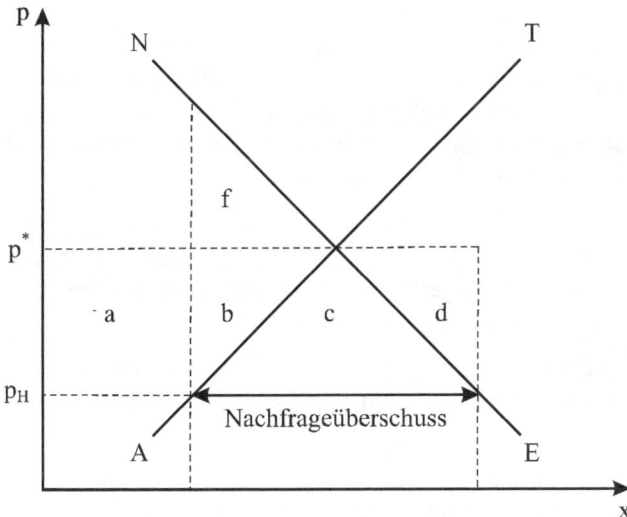

Abbildung II.36

Diskussion der Ergebnisse

Mit einem „Höchstpreis" ist nicht, wie fälschlicherweise gelegentlich angenommen, der „höchste" erzielbare Preis, sondern der Preis, der „höchstens" von den Nachfragern gefordert werden darf, gemeint.

Bei der Berechnung der Konsumentenrente nach Einführung des Höchstpreises (siehe Abbildung II.36) wird man leicht dazu „verführt", gewissermaßen „automatisch" die Fläche a + b + c zur bisherigen Konsumentenrente dazu zu rechnen. Das ist aber im Falle der Rationierung der Nachfrage falsch und nur dann korrekt, wenn sich der Staat zur Befriedigung der Überschussnachfrage bereit erklärt. Für die Gesamtwohlfahrtsbilanz sind aber dann auch die Ausgaben des Staates in Rechnung zu stellen.

Der denkbare Preis, der für das betreffende Gut auf einem grauen oder schwarzen Parallelmarkt zustande kommen könnte, ist dadurch zu lokalisieren, dass von der Menge, die zum Höchstpreis offiziell angeboten wird, senkrecht nach oben auf die Nachfragefunktion gelotet wird: Der dort abzulesende Preis stellt nämlich die marginale Zahlungsbereitschaft der Nachfrager für die entsprechende Menge dar.

Literaturempfehlung

• Engelkamp und Sell (2005): S. 99–101.

Aufgabe 4:   Er- bzw. Anhebung einer Mehrwertsteuer

Die Umsatz- oder Mehrwertsteuer ist ein gutes Beispiel für eine indirekte Steuer, die, ähnlich wie ein Wertzoll, als Prozentsatz vom „Warenwert" erhoben wird. Sie ist zugleich eine wichtige Einnahmequelle des Fiskus in Deutschland und anderen europäischen Ländern. Für die Unternehmen ist sie betriebswirtschaftlich ein „Durchgangsposten", der an die Steuerbehörden abzuführen ist. Volkswirtschaftlich ist die Frage, wer die Mehrwertsteuer „tragen" soll, schwieriger. Das lässt sich im Folgenden am Beispiel einer Mehrwertsteuererhöhung verdeutlichen.

a)   Erläutern Sie knapp grafisch und verbal, wie eine normal elastische Angebotskurve auf eine Erhöhung der Mehrwert- bzw. Umsatzsteuer reagiert! Was wird in diesem Zusammenhang unter der Überwälzung der Mehr- bzw. Umsatzsteuererhöhung auf die Nachfrage verstanden?

b)   Stellen Sie grafisch die Fälle dar, bei denen die höhere Mehrwertsteuer (i) ganz, (ii) teilweise und (iii) gar nicht auf die Nachfrage überwälzt werden kann!

c)   Mit dem (zusätzlichen) Steueraufkommen aus der Mehrwertsteuer möchte die Regierung die Lohnnebenkosten senken. Ausgehend von den Ergebnissen aus b): Geben Sie an, wie beide Maßnahmen im Allgemeinen auf die Beschäftigung wirken! In welchen Fällen aus b) kommt es tendenziell zu positiven/negativen oder keinen Beschäftigungswirkungen?

Lösungsskizze

Zu Aufgabe a)

In Abbildung II.37 erkennen wir die ursprüngliche Angebotskurve (A_0T_0) und die im Zuge der Anhebung der Mehrwertsteuer nach oben verlagerte Angebotskurve (A_1T_1). Wie gut zu erkennen, werden die Unternehmer in der neuen Situation für die gleichen Mengen (x_0, x_1) jetzt höhere Preise (p_0', p_1') als zuvor (p_0, p_1) verlangen.

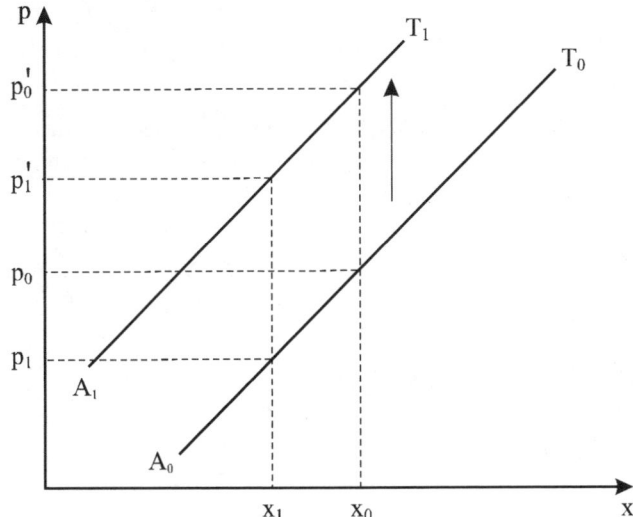

Abbildung II.37

Durch die Erhöhung der Umsatzsteuer müssen die Unternehmen nämlich mehr Steuern pro abgesetztem Gut abführen: Der Angebotspreis für jede angebotene Menge steigt prozentual entsprechend an und die Angebotskurve wird nach oben verlagert.

Unter der „Überwälzung" versteht man die Fähigkeit der Unternehmen, den gestiegenen Angebotspreis auf die Nachfrage zu überwälzen.

Zu Aufgabe b)

In den folgenden drei Abbildungen II.38a, b und c gibt es keine Unterschiede im Hinblick auf Gestalt und Verlauf der ursprünglichen und der durch die Mehrwertsteuererhöhung ausgelösten Linksverschiebung der Angebotskurve.

Stark unterschiedlich verlaufen dagegen die jeweiligen Nachfragekurven. In Abbildung II.38a liegt eine „vollkommen unelastische" Nachfragefunktion vor. Darunter ist zu verstehen, dass auch eine noch so große prozentuale Anhebung des Angebotspreises die von den Nachfragern gewünschte Menge nicht reduziert:

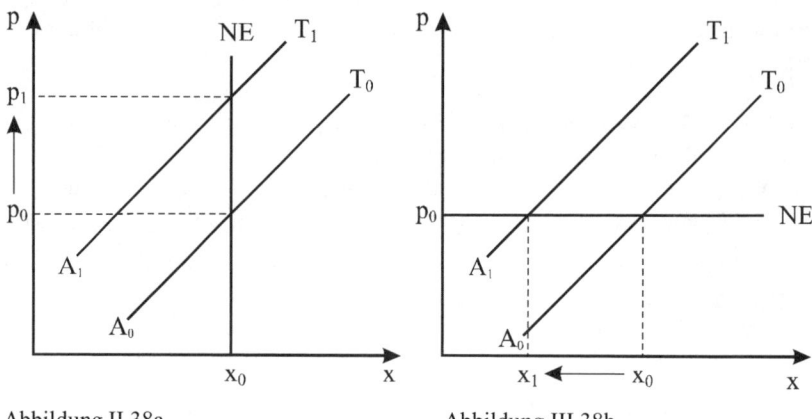

Abbildung II.38a   Abbildung III.38b

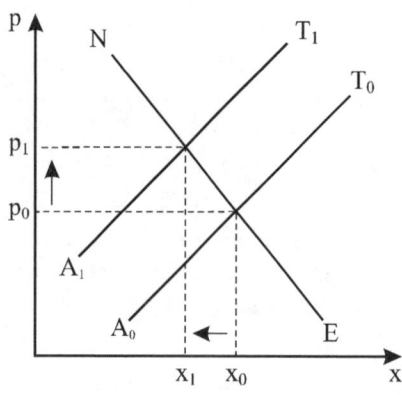

Abbildung III.38c

$$\frac{dx}{dp} \cdot \frac{x}{p} = 0.$$

Die Folge ist, dass die Unternehmen die Mehrwertsteuererhöhung im vollen Umfang auf die Nachfrager abwälzen können, das heißt, es kommt zu einem Preisanstieg von p_0 auf p_1.

In Abbildung II.38b liegen ebenfalls extreme Nachfrageverhältnisse vor: Die
Nachfrage ist jetzt „vollkommen elastisch." Darunter ist zu verstehen, dass bereits
eine infinitesimal kleine Preisanhebung die nachgefragte Menge auf Null reduziert.
Den Unternehmern ist es unter diesen Bedingungen unmöglich, auch nur die geringste Anhebung des Angebotspreises auf die Nachfrager zu überwälzen, die
abgesetzte Menge geht von x_0 auf x_1 zurück:

$$\frac{dx}{dp} \cdot \frac{x}{p} = -\infty.$$

In Abbildung II.38c liegen schließlich vergleichsweise „normale" Nachfrageverhältnisse vor:

$$-\infty < \frac{dx}{dp} \cdot \frac{x}{p} < 0.$$

Darunter ist zu verstehen, dass die Nachfrage prozentual signifikant (wenn auch nicht völlig) zurückgeht, wenn es zu einer x-prozentigen Anhebung des Marktpreises kommt. Im Zusammenspiel von Angebot und Nachfrage kommt es jetzt sowohl zu Preissteigerungen (von p_0 auf p_1) als auch zu einer Reduktion der Absatzmenge (von x_0 auf x_1). Damit ist ein Verlust an Konsumentenrente bzw. ein Gewinn an Produzentenrente verbunden.

Zu Aufgabe c)

Die Steuererhöhung hat für sich allein genommen immer dann negative Beschäftigungseffekte, wenn es zu einem Rückgang des Stückerlöses kommt, der im Unternehmen verbleibt. In diesen Fällen sinkt nämlich das Grenzwertprodukt der Arbeit, was einer Linksverschiebung der Arbeitsnachfragekurve gleich kommt. In den drei Grafiken von oben ist das in den AbbildungenII.38b und c eindeutig der Fall. Beschäftigungsneutral ist die Steuererhöhung dagegen dann, wenn der dem Unternehmen verbleibende Stückerlös infolge der Steuererhöhung nicht sinkt.

Eine Senkung der Lohnnebenkosten hat für sich genommen positive Beschäftigungseffekte, da ein Sinken des nominalen Bruttoarbeitslohnsatzes bei gegebenem Grenzwertprodukt der Arbeit die Arbeitgeber ceteris paribus zu einer höheren Arbeitsnachfrage veranlasst oder lässt zumindest eine konstante Beschäftigung zu.

Demzufolge ergeben sich bei einer Verwendung des zusätzlichen Mehrwertsteueraufkommens für eine Absenkung der Lohnnebenkosten der Tendenz nach positive Beschäftigungseffekte in Abbildung II.38a: Einem unveränderten Grenzwertprodukt der Arbeit steht hier ein niedrigerer Bruttoarbeitslohnsatz gegenüber. Da der mengenmäßige Absatz nicht zurückgeht, erzielt der Staat hier auch seinen maximalen Einnahmeeffekt und kann die Absenkung der Lohnnebenkosten entsprechend deutlich herbeiführen.

Eher beschäftigungsmindernd dürfte der zweite Fall (vgl. Abbildung II.38b) sein, da kaum anzunehmen ist, dass die starke Absenkung des im Unternehmen verbleibenden Stückerlöses (und damit verbunden eine entsprechende Abnahme in der Grenzwertproduktivität der Arbeit) durch eine Reduktion der Lohnnebenkosten kompensiert wird. Dies vor allem auch deshalb, weil das Aufkommen der Mehrwertsteuer bei dem verzeichneten starken Absatzrückgang kaum zunehmen dürfte.

Der Tendenz nach beschäftigungsneutral dürfte schließlich der untere Fall (vgl. Abbildung II.38c) sein, da hier dem moderaten Rückgang des im Unternehmen verbleibenden Stückerlöses (und damit verbunden eine entsprechende Abnahme in der Grenzwertproduktivität der Arbeit) ein mögliches Mehraufkommen der Mehrwertsteuer gegenüber steht. Mit diesem kann der nominale Bruttoarbeitslohnsatz in begrenztem Umfang abgesenkt werden.

Diskussion der Ergebnisse

Ein häufiger Fehler besteht in der Verwechslung des zu entsprechenden Mengen geforderten Angebotspreises der Unternehmer mit dem Marktpreis. Nur im Falle der vollständigen Überwälzung (Abbildung II.38a) können die Unternehmer den um die Mehrwertsteuer erhöhten Angebotspreis auch als Marktpreis durchsetzen, ohne dabei Einbußen bei der Absatzmenge hinnehmen zu müssen.

Das nach einer Anhebung der Mehrwertsteuer anfallende zusätzliche Steueraufkommen ist selbst eine unsichere Größe. Es hängt zum einen davon ab, welcher Marktpreis zustande kommt. Von diesem „Bruttostückerlös" müssen nämlich die Unternehmer die Mehrwertsteuer als Geldbetrag abführen. Dieser Betrag ist sodann zu multiplizieren mit der Anzahl der verkauften Produkte.

Literaturempfehlung

• Engelkamp und Sell (2005): S. 75–83.

II.5   Wettbewerbspolitik

Aufgabe 1:   Existenz, Funktionsfähigkeit und Freiheit des Wettbewerbs

Im Gegensatz zur Preistheorie hat es sich die Wettbewerbstheorie zur Aufgabe gemacht, nicht nur den verschiedenen Formen unvollkommenen Wettbewerbs eine besondere Aufmerksamkeit zu schenken, sondern auch diese im Hinblick auf die Wettbewerbsintensität hin zu prüfen. Dabei konkurrieren zwei Sichtweisen miteinander: Die eine versucht anhand von fünf „Funktionen des Wettbewerbs" das Marktergebnis selbst zu beurteilen und folgt dem Prinzip des „funktionsfähigen Wettbewerbs", die andere folgt dem Prinzip der „Freiheit des Wettbewerbs" und beschränkt sich darauf, das Marktverhalten zu beurteilen, weil eine Beurteilung des Wettbewerbsergebnisses nicht ohne Werturteile auskomme.

a)   Wann gilt ein Markt als unvollkommen?

b)   Wodurch entstehen – trotz funktionierenden Wettbewerbs – immer wieder überdurchschnittlich hohe Gewinne?

c)   Wie können Gruppen von Gütern, die untereinander (oder auch nicht) in Konkurrenz zueinander stehen, voneinander abgegrenzt werden?

d)   Wann ist der Wettbewerb nach Clark funktionsfähig?

e)   Woran wird die Funktionsfähigkeit des Wettbewerbs gemessen?

f) Welche Marktergebnisse lassen nach dem Konzept der „workable competition" darauf schließen, dass der Wettbewerb funktionsfähig ist?

g) Worin liegen die Hauptprobleme für eine wettbewerbspolitische Anwendung des Konzepts der „workable competition"?

h) Welche Bedeutung haben Patente für die Häufigkeit von Erfindungen und Innovationen in einer hochentwickelten Volkswirtschaft?

i) Weshalb gehen von potentiellen Marktteilnehmern erhebliche Wettbewerbsimpulse aus und worin werden sie sichtbar?

Lösungsskizze

Zu Aufgabe a)

Ein Markt gilt dann als unvollkommen, wenn

- die Güter (subjektiv oder objektiv) nicht gleichartig sind

- persönliche Präferenzen im Spiel sind

- räumliche Differenzierungen auftreten

- zeitliche Differenzierungen auftreten

- sich dauerhaft keine vollständige Markttransparenz einstellt.

Als Konsequenz ergibt sich, dass das Gesetz von der Unterschiedslosigkeit des Preises nicht mehr gelten kann. Der einzelne Anbieter hat damit jetzt Preis- und auch Gewinnspielräume.

Zu Aufgabe b)

Dafür können verschiedene Gründe verantwortlich sein. Als besonders wichtig gelten die folgenden:

- durch technischen Fortschritt verbessern Unternehmen ihre Kostenstruktur dergestalt, dass sie bei gegebenem Produktpreis (Stückerlös) ihre Profitmarge ausdehnen;

- durch Änderungen der Nachfragestruktur, etwa eine Verlagerung der Nachfrage auf neue Produkte, können die Anbieter dieser Produkte – bevor der nachahmende Wettbewerb einsetzt – als vorübergehende Monopolisten attraktive Gewinne erzielen; bei funktionierendem Wettbewerb wird allerdings der nachahmende Wettbewerb die Gewinnmargen schnell wieder erodieren lassen;

- durch eine Erhöhung der Nachfrage auf den Gütermärkten infolge einer inflationären Geldmengenausdehnung. Eine solche Geldmengenausweitung schafft gesamtwirtschaftlich ein größeres Potential für Preisanhebungen durch die Unternehmer. Ob es ihnen aber tatsächlich gelingt, eine höhere Gewinnmarge durchzusetzen, hängt von der Preiselastizität der Nachfrage auf den jeweiligen Gütermärkten ab.

Zu Aufgabe c)

Wie groß die Preiselastizität der Nachfrage auf den einzelnen Märkten tatsächlich ist, hängt u. a. von der Konkurrenz durch andere Güter ab. Die so genannte „Theorie der Substitutionslücke", die auf die Ökonomen J. Robinson und E. A. G. Robinson zurückgeht, formuliert dabei die These, dass grundsätzlich alle Konsumgüter untereinander in Konkurrenz stehen. Konkret: Sie bilden eine Kette von Substituten, die durch Lücken zerschnitten wird. Als Beispiel könne etwa die folgenden vier Produkte betrachtet werden: Feinseife/Kernseife/Öl/Mandelkleie.

Drei dieser vier Produkte, nämlich Feinseife, Kernseife und Mandelkleie sind mehr oder weniger enge Substitute als Reinigungsmittel. Öl ist es dagegen nicht und unterbricht insofern die Kette der Substitute. Andererseits sind Feinseife, Öl und Mandelkleie mehr oder weniger enge Substitute als Pflegemittel. Jetzt ist es die Kernseife, welche die Kette der Substitute unterbricht.

Die Theorie der Substitutionslücke weist allerdings ein gravierendes Problem auf: Eine klare Abgrenzung der Güter, bzw. die Identifikation von „Rissen" in der Kette von (wenigstens potentiellen) Substituten ist immer nur im konkreten Einzelfall möglich, sie ist jedoch nie für „alle Regionen" und für „alle Zeiten" denkbar. Im Sinne der Position der „Freiheit des Wettbewerbs" kommt man auch hier nicht ohne Werturteile aus.

Zu Aufgabe d)

Der Wettbewerb ist nach Clark immer dann funktionsfähig, wenn er dem „wirtschaftlichen Fortschritt" dient. Der deutsche Vertreter des funktionsfähigen Wettbewerbs, Erhard Kantzenbach, hat insgesamt fünf „Funktionen des Wettbewerbs" ausgemacht: (1) Entsprechung der Präferenzen der Nachfrager, (2) optimale Allokation der Produktionsfaktoren, (3) marktleistungsgerechte Verteilung, (4) flexible Anpassung an Datenänderungen und (5)Förderung des technischen Fortschritts.

Zu Aufgabe e)

Die Funktionsfähigkeit des Wettbewerbs wird am Marktergebnis abgelesen. Dazu wurde eigens ein Test geschaffen, der so genannte „market performance-Test" (vgl. Teilaufgabe g).

Zu Aufgabe f)

Als Marktergebnisse sollten sich nach dem Konzept des funktionsfähigen Wettbewerbs u. a. einstellen: Sinkende Kosten und Preise, eine steigende Produktion, eine Verbesserung der Produktqualität und/oder der Serviceleistungen, der Zahlungsbedingungen usw.

Zu Aufgabe g)

Die Diagnose von Wettbewerbsbeschränkungen nach dem Konzept der *„workable competition"* erfordert, wie oben gesehen, einen so genannten Marktergebnis-(performance-)Test, bei dem das tatsächlich vorliegende Marktergebnis verglichen werden muss mit einem Marktergebnis, das vermutlich vorläge, wenn die betreffende Wettbewerbsbeschränkung nicht bestünde. Es sind also faktische und hypothetische Marktergebnisse gegenüberzustellen. Damit ist der Marktergebnis-Test mit dem klassischen „Mit-Ohne-Vergleich-Problemen" konfrontiert.

Zu Aufgabe h)

Patente verhindern eine kostenlose Imitation der Anwendung neuer Techniken. Dadurch werden die Innovatoren in die Lage versetzt, ihre Erfindungs- und Innovationskosten zu decken und gegebenenfalls noch einen Gewinn zu erzielen. Hierin liegt ein Anreiz zu verstärkter industrieller Forschung und Entwicklung, der ohne Patente so nicht vorhanden wäre. Um die Breitenwirkung technischer Fortschritte zu sichern, wird die Patentierung in Verbindung mit einer Auflage zur Vergabe von Lizenzen befürwortet (Zwangslizenz). Im Rahmen der Welthandelsorganisation (WTO) versuchen die Industrieländer im Zuge des Abkommens zum Schutz geistigen Eigentums (TRIPS) die Entwicklungsländer zur Respektierung geistiger Eigentumsrechte zu „erziehen" und ihnen im Gegenzug Handelserleichterungen einzuräumen.

Zu Aufgabe i)

Weil potentielle Marktteilnehmer durch günstige Kosten-Preis-Relationen bzw. die Aussicht auf hohe Gewinne angeregt werden, bestimmte Güter zu produzieren und anzubieten und damit den am Markt vorhandenen Anbietern auch tatsächlich Konkurrenz zu machen. Ohne die Drohung des Markteintritts durch potentielle Konkurrenten besteht die „Gefahr" der Nichtausnutzung des vollen Gewinnpotentials der bislang am Markt etablierten Anbieter. Potentielle Konkurrenz übt darüber hinaus einen „heilsamen Zwang" auf die etablierten Anbieter aus, an der ständigen Verbesserung ihrer Leistungen zu arbeiten.

Diskussion der Ergebnisse

Die Kritik der Vertreter der „Freiheit des Wettbewerbs" am Konzept der „Funktionsfähigkeit des Wettbewerbs" entzündet sich u. a. an der geschilderten Werturteilsproblematik. Der Vorwurf besteht nicht darin, dass Werturteile in den Wirtschafts- und Sozialwissenschaften überhaupt keinen Platz hätten. Allerdings kann im Sinne der „3 Säulen" des Werturteilsfreiheitspostulats von Max Weber argumentiert werden, dass eine Vermischung von Erklärung und Wertung in wissenschaftlichen Aussagezusammenhängen unzulässig ist. Auch lassen sich aus positiven Erklärungen keine „Soll-Aussagen" gewinnen. Vor eben solchen Dilemmas steht aber ein Markteignungstest.

Eine zweite Schwierigkeit des Konzepts eines funktionsfähigen Wettbewerbs ergibt sich aus der zeitlichen Dimension: Wenn Marktergebnisse beurteilt werden sollen, können aktuelle Marktteilnehmer argumentieren, es bräuchte noch Zeit bis sich (alle) positiven Marktergebnisse einstellen. So ähnlich argumentieren auch die Verfechter von Schutzzöllen im Außenhandel, welche *infant industries* Zeit einräumen möchten, um sich für einen unreglementierten Wettbewerb „fit zu machen". Dagegen erscheint die Beobachtung des tatsächlichen Marktverhaltens von Marktteilnehmern im Sinne des Konzepts der Freiheit des Wettbewerbs vergleichsweise einfacher organisierbar und methodisch eindeutiger durchhaltbar.

Eine gewisse Einigkeit zeichnet die beiden, ansonsten strikt konträren Positionen, darin aus, dass sie das vom GWB in den Mittelpunkt gerückte Konstrukt des „vollkommenen Wettbewerbs" als nicht operational, wettbewerbsfremd („Schlafmützenkonkurrenz") und daher irrelevant einstufen. Für die „praktische Arbeit" von Monopolkommission, Bundeskartellamt und Bundeswirtschaftsministerium (im Rahmen der so genannten „Ministererlaubnis") spielt das Konzept des vollkommenen Wettbewerbs ohnehin keine wirkliche Rolle mehr.

Literaturempfehlung

• Engelkamp und Sell (2005): S. 102–110.

III   Makroökonomie

III.1   Geld

Aufgabe 1:   Geldeigenschaften und Geldfunktionen

Geld besitzt in einer arbeitsteiligen Wirtschaft eine zentrale Aufgabe, indem es die Abwicklung der Tauschakte entscheidend vereinfacht und damit die Arbeitsteilung erleichtert. Definiert wird Geld heute indirekt als alles, was Geldfunktionen erfüllt. Dieser funktionalen Definitionen kann die institutionelle Definition von Irving Fisher (1913, 5) gegenübergestellt werden: „Any property right which is generally acceptable in exchange may be called ‚money'."

a)   Nennen Sie die drei Geldfunktionen! Welche Eigenschaften muss Geld erfüllen, um die Geldfunktionen voll zu erfüllen zu können?

b)   Erklären Sie anhand der Geldeigenschaften und -funktionen, warum der Euro im Euroraum Zahlungsmittel ist und nicht (i) der US-Dollar oder im Sinne von Fisher (ii) edle Araberhengste!

c)   Welchen Preis hat Geld? Und was verstehen Sie unter dem Binnenwert und dem Außenwert des Geldes bzw. einer Währung oder wie können beide gemessen werden?

Lösungsskizze

Zu Aufgabe a)

Geld besitzt drei Funktionen – die Tauschmittel- oder Zahlungsmittelfunktion, die Wertaufbewahrungsfunktion und die Recheneinheitsfunktion. Eine weitere Funktion besitzt Geld als gesetzliches Zahlungsmittel. Um diese Eigenschaften zu erfüllen, muss Geld allgemein als Zahlungsmittel akzeptiert werden sowie teilbar, haltbar, homogen und selten sein.

Zu Aufgabe b)

Der US-Dollar ist im Euro-Raum kein Geld, weil er dort nicht als allgemeines bzw. gesetzliches Zahlungsmittel anerkannt ist. Er kann somit nicht die Tauschmittelfunktion erfüllen. Auch edle Araberhengste sind kein Geld, denn sie erfüllen keine der Geldfunktionen, da ihr Wert von jedem unterschiedlich eingeschätzt wird. Zudem sind sie weder teilbar, haltbar oder homogen.

Zu Aufgabe c)

Der Preis des Geldes ist der Marktzins, der auf dem Geldmarkt durch die Markt-kräfte bestimmt wird. Der Binnenwert des Geldes wird durch die Entwicklung des Preisniveaus ausgedrückt, das heißt durch die Entwicklung von Preisindices oder die Inflationsrate. Der Binnenwert des Geldes kann auch als Kaufkraft des Geldes im Inland aufgefasst werden. Dann entspricht er gerade dem Kehrwert des inländi-schen Preisniveaus.

Der Außenwert hingegen ist der Devisenkurs, der das Verhältnis zwischen inländi-scher und ausländischer Währung darstellt und auf dem Devisenmarkt (flexibler Kurs) oder durch Zentralbanken (fester Kurs) bestimmt wird. In Analogie zum Binnenwert kann der Außenwert des Geldes auch als Kaufkraft der inländischen Währung im Ausland aufgefasst werden. Dann entspricht er dem Devisenkurs, gewichtet mit dem Quotienten aus ausländischem und inländischem Preisniveau.

Diskussion der Ergebnisse

Als eine Eigenschaft des Geldes wird häufig „knapp" anstatt „selten" genannt. Natürlich wird jeder von uns sagen, dass er gerne mehr Geld besitzen würde. Oder ökonomisch gesprochen: Unser tatsächlicher Geldbestand (Ist-Situation) ist kleiner als unser gewünschter Geldbestand (Soll-Zustand), und somit ist Geld individuell immer knapp. Aber ist es deshalb selten? Nein! Denn Seltenheit ist ein rein quanti-tatives Konzept, was keine Aussage über Knappheit trifft. Ist zu viel Geld im Um-lauf, verliert das Geld an Wert – seine Kaufkraft sinkt. Ein Beispiel soll den Unter-schied zwischen „knapp" und „selten" aufzeigen. Im Kühlschrank einer Familie findet sich vieles, unter anderem ein Joghurt. Hat keiner aus der Familie Appetit auf einen Joghurt, dann ist unser Joghurt kein knappes Gut. Er ist aber selten, weil nur ein einziger im Kühlschrank steht.

Der Geldmarkt ist wie der Kapitalmarkt ein Teilmarkt des Kreditmarktes. „Kredit" steht dabei für die zeitlich begrenzte Überlassung von Kaufkraft gegen Zahlung eines Zinses als Nutzungsverzicht. Der Unterschied zwischen dem Geld und dem Kapitalmarkt liegt in der Dauer des „Borgens von Geld". Auf dem Geldmarkt handelt sich um Laufzeiten bis zu einem Jahr, längerfristige Kredite werden auf dem Kapitalmarkt gehandelt.

Die wirtschaftliche Bedeutung der Überlassung von Geld – des Kredites – beruht auf der Möglichkeit, Sparer und Investor zu trennen, und ist somit eine zentrale Grundlage für die volkswirtschaftliche Kapitalbildung und den effizienten Kapital-einsatz (vgl. Bundesbank 2006).

Literaturempfehlungen

- Deutsche Bundesbank (2006): Stichworte „Geld", „Kredit" etc.
- Engelkamp und Sell (2005): S. 116–118.
- Fisher, Irving (1913).

Aufgabe 2:   Bankensystem, Zentralbankbilanz und Geldschöpfung

In Euroland gibt es ein so genanntes zweistufiges Bankensystem mit der Europäischen Zentralbank (EZB) an der Spitze und den normalen Geschäftsbanken auf der zweiten Ebene.

a)   Nennen Sie die zentralen Aufgaben bzw. Funktionen des Eurosystems (EZB plus nationale Notenbanken) in Euroland!

b)   Entsprechend der Zweiteilung des Bankensystems wird zwischen Zentralbankgeld (auch Geldbasis) und Giral- bzw. Geschäftsbankengeld unterschieden. Was zählt jeweils zu diesen beiden Geldarten?

c)   Stellen Sie die Zentralbankbilanz vereinfacht dar! Nennen Sie zwei Möglichkeiten, wie die Zentralbank Zentralbankgeld schöpfen kann!

d)   Stellen Sie die Bilanz einer Geschäftsbank vereinfacht dar! Was bedeutet aktive und passive (Giral-)Geldschöpfung! Stellen Sie den aktiven Giralgeldschöpfungsprozess an einem kleinen Zahlenbeispiel dar! Von welchen beiden Größen hängt dieser Prozess wie ab?

Lösungsskizze

Zu Aufgabe a)

Die wichtigste Aufgabe des Eurosystems ist das Betreiben der Geldpolitik mit dem Ziel der Preisniveaustabilität. Zu den weiteren Aufgaben zählt (i) Banknoten zu emittieren, (ii) Bargeld (Banknoten und Münzen) in Umlauf zu bringen, (iii) das reibungslose Funktionieren des Zahlungsverkehrs sicherzustellen und (iv) die offiziellen Währungsreserven zu halten und zu verwalten. Die nationalen Zentralbanken sind zusätzlich in die Bankenaufsicht eingebunden und „Bank des Staates", das heißt, sie bieten für staatliche Auftraggeber Bankdienstleistungen an.

Zu Aufgabe b)

Zentralbankgeld ist allgemein das von der Zentralbank geschaffene Geld. Es setzt sich aus dem Bargeld – dem gesamten Bestand der umlaufenden Banknoten und Münzen – und den Sichtguthaben der Geschäftsbanken und auch des Staates bei der Notenbank zusammen. Die Höhe des Zentralbankengeldes entspricht der Geldbasis.

Unter des Giral- bzw. Geschäftsbankengeld fallen alle täglich fällige Guthaben bei Kreditinstituten – die Sichteinlagen –, über die durch Scheck, Lastschrift oder Überweisung verfügt werden kann. Da es sich um täglich fällige Guthaben handelt, kann das Giralgeld jederzeit in Bargeld umgewandelt werden. (Man denke hier nur an den Bankautomaten.)

Zu Aufgabe c)

Zentralbankbilanz (vereinfachte Darstellung)

Aktiva	Passiva
Währungsreserven	Bargeldumlauf
Forderungen an den Finanzsektor im Euro-Währungsgebiet	Verbindlichkeiten in Euro gegenüber dem Finanzsektor im Euro-Gebiet
Forderung an die öffentlichen Haushalte	
Sonstiges	Sonstiges

Zentralbankgeld entsteht immer durch den Erwerb von Aktiva. Es handelt sich also um eine Bilanzverlängerung. Erwirbt die Zentralbank Währungsreserven (Gold oder Devisen) oder kauft sie Wertpapiere vom Finanzsektor im Rahmen eines Offenmarktgeschäftes, dann erhöht sich die Aktivseite. Die Aktiva bezahlt die Zentralbank mit Bargeld oder in der Regel mit der Einräumung entsprechender Guthaben zugunsten der Geschäftsbanken. Durch beides erhöht sie entsprechend die Passiva und die Bilanz ist ausgeglichen.

Zu Aufgabe d)

Geschäftsbankenbilanz (vereinfachte Darstellung)

Aktiva	Passiva
Forderungen an inländische Nichtbanken	Sicht- und Termineinlagen der Nichtbanken
Einlagen bei der Zentralbank	Verbindlichkeiten gegenüber der Zentralbank
Sonstiges	Sonstiges

Eine passive (Giral-)Geldschöpfung liegt dann vor, wenn eine Nichtbank (private Haushalte und Unternehmen) nicht zur Geldmenge zählende Bankeinlagen (Termineinlagen über zwei Jahre Laufzeit und Einlagen mit gesetzlicher Kündigungsfrist von mehr als drei Monaten) in Sichtguthaben oder Bargeld umschichtet.

Die aktive (Giral-)Geldschöpfung erfolgt durch die Kreditgewährung der Geschäftsbanken. Dabei wird dem Kreditnehmer ein Sichtguthaben in Höhe des aufgenommenen Kredits eingeräumt, wodurch die gesamtwirtschaftliche Geldmenge unmittelbar steigt. Je nachdem, wie der Kreditnehmer mit dem neuen Guthaben verfährt, wird der Geldschöpfungsprozess fortgesetzt oder beendet. Er wird beendet, wenn er alles Geld sofort bar abhebt und für Güterkäufe verwendet. Er wird fortgesetzt, wenn ein Teil oder der gesamte Kredit auf dem Girokonto verbleibt, wie das folgende Beispiel zeigt.

Eine Geschäftsbank gewährt einem Kunden aus ihren freien Reserven einen Kredit über 100 Euro und überweist diesen Betrag auf sein Girokonto. Dadurch ist die gesamtwirtschaftliche Geldmenge unmittelbar um 100 Euro gestiegen. Der Kunde hebt – bei einer unterstellten Bargeldquote von 50 Prozent – sofort 50 Euro ab. Der Rest verbleibt auf dem Girokonto. Von diesem Betrag muss die Geschäftbank bei einem Mindestreservesatz von 10 Prozent 5 Euro bei der Zentralbank hinterlegen. Von den 100 Euro vergebenem Kredit stehen der Bank nun noch 45 Euro als freie Reserve zur Verfügung, die sie wiederum als Kredit an einen zweiten Kreditnehmer vergibt. Dadurch erhöht sich die gesamtwirtschaftliche Geldmenge sofort um 45 Euro, und insgesamt wurden aus den 100 Euro Kredit bereits 145 Euro neues Geld geschöpft. Hebt der zweite Kreditnehmer und alle anderen Kreditnehmer immer sofort 50 Prozent ab, setzt sich der beschriebene Prozess solange fort, bis die Geschäftsbank über keine freien Reserven mehr verfügt und somit keine weiteren Kredite mehr vergeben kann. Hebt der zweite Kreditnehmer die 45 Euro sofort bar ab und zahlt sie auch bei keiner anderen Bank ein, dann ist der Geldschöpfungsprozess beendet.

Das Beispiel zeigt, dass der Prozess der aktiven Giralgeldschöpfung von der Bargeldquote – dem Anteil des Bargeldes an der gesamten Geldmenge – und dem Mindestreservesatz abhängig ist, und zwar negativ.

Diskussion der Ergebnisse

Wenn wir in unserem kleinen Zahlenbeispiel die Bargeldquote und den Mindestreservesatz variieren, wird der Einfluss beider Größen auf den Prozess deutlich. Es werde dafür unterstellt, dass der zweite Kreditnehmer wiederum jeden Kredit sofort bar hebt und für Güterkäufe verwendet. Ist die Bargeldquote des ersten Kreditnehmers nur 20 Prozent und der Mindestreservesatz weiterhin 10 Prozent, dann erhöht sich – wie der Leser leicht nachvollziehen kann – die Geldschöpfung auf 172 Euro. Bleibt hingegen die Bargeldquote konstant bei 50 Prozent und sinkt dafür der Mindestreservesatz auf den Satz der EZB für Sichteinlagen von 2 Prozent, dann erhöht sich die Geldschöpfung auf 149 Euro.

Bei der beispielhaften Darstellung des Giralgeldschöpfungsprozesses unterstellen wir, dass die Geschäftsbanken so genannte Kreditmaximierer sind. Das heißt, sie vergeben alle freie Reserven als Kredite ohne die (Opportunitäts-)Kosten der Kreditvergabe zu berücksichtigen. Tatsächlich aber sind die Geschäftsbanken Gewinnmaximierer, die überlegen, ob sie die freien Reserven tatsächlich als Kredit vergeben oder diese nicht etwa kurzfristig bei der Zentralbank hinterlegen und dafür Zinsen bekommen. Diese Entscheidung hängt von dem Verhältnis zwischen Einlagenzins bei der Zentralbank und dem Kreditkonditionen (Kreditzins, Risiko eines Kreditausfalls etc.) ab.

Neben den Zentralbanken haben auch die Geschäftsbanken als so genannte Finanzintermediäre drei wichtige Transformationsfunktionen. So wandeln sie die unterschiedlich großen Kundeneinlagen in die gewünschten Kreditvolumina um (quantitative Transformation). Im Rahmen der Fristentransformation können sie die unterschiedlichen Laufzeitvorstellungen von Kapitalanbietern und -nachfragern miteinander vereinbaren. Schließlich können sie die Unsicherheiten bezüglich Tilgungsverzögerung und Kreditausfall auffangen (Risikotransformation).

Literaturempfehlungen

*   Deutsche Bundesbank (2006): Stichworte „Geldschöpfung", „EZB" etc.
*   Engelkamp und Sell (2005): S. 120–125.

Aufgabe 3:   Geldpolitik und geldpolitisches Instrumentarium der EZB

Das Ziel der Europäischen Zentralbank ist die Preisniveaustabilität. Mit ihrem geldpolitischen Instrumentarium versucht die EZB die Preissteigerungsrate unter, aber nahe bei zwei Prozent zu halten.

a)   Was wird unter Refinanzierung verstanden und wie kann sich eine einzelne Geschäftsbank refinanzieren? Nennen Sie zwei geldpolitische Instrumente der Refinanzierung!

b)   Was wird allgemein unter einem Wertpapierpensionsgeschäft verstanden? Die Europäische Zentralbank (EZB) hat dieses Instrument sowohl in Form eines Mengentenders als auch in Form eines Zinstenders durchgeführt. (i) Vergleichen Sie tabellarisch beide Formen hinsichtlich der Ankündigung der EZB, den Geboten der Geschäftsbanken und dem Zuteilungsverfahren! (ii) Warum ist beim Zinstender die Vorgabe eines Mindestbietungssatzes notwendig?

c)   Was wird unter der Mindestreservepflicht verstanden? Mit der Mindestreservepolitik sind zwei zentrale Funktionen verbunden – die Anbindungs- und die Stabilisierungsfunktion. Erläutern Sie beide Funktionen knapp!

d)   Die EZB sieht eine leichte Inflationsgefahr. (i) Wie muss sich die Geldmenge entwickeln, um die Inflationsgefahr zu bannen. (ii) Erläutern Sie, wie die EZB den Mindestbietungssatz und den Mindestreservesatz verändern muss, um der Inflationsgefahr entgegenzuwirken! (ii) Wie wird sich durch die inflationsvermeidende Politik der Marktzinssatz entwickeln?

e)   Erläutern Sie knapp, wie sich die Erhöhung der Leitzinsen über eine Veränderung des Marktzinses und einer daraus folgenden Änderung der Nachfrage nach inländischen Gütern auf die Preissteigerungsrate auswirken kann!

f)   Die EZB verfolgt eine so genannte Zwei-Säulen-Strategie. Erläutern Sie knapp die beiden Säulen und die Strategie der EZB!

Lösungsskizze

Zu Aufgabe a)

Refinanzierung ist die Beschaffung der für die Darlehns- oder Kreditvergabe notwendigen Finanzmittel durch die Geschäftsbanken. Die Geschäftsbanken können sich sowohl auf dem Geldmarkt, dem Interbankenmarkt oder bei der Zentralbank refinanzieren. Geldpolitische Instrumente sind Offenmarktgeschäfte, bei denen die Initiative von der Zentralbank ausgeht, und die ständigen Fazilitäten, welche die Kreditinstitute auf eigene Initiative in Anspruch nehmen können.

Zu Aufgabe b)

Ein Wertpapierpensionsgeschäft ist ein Offenmarktgeschäft, bei dem die Zentralbank Wertpapiere von einer Geschäftsbank kauft und gleichzeitig eine Rückkaufvereinbarung mit der Geschäftsbank abschließt.

	Mengentender	Zinstender
Ankündigung EZB	Zinssatz	Mindestbietungssatz Zuteilungsmenge
Gebot Geschäftsbank	Wertpapiervolumen	Zinssatz und entsprechendes Wertpapiervolumen
Zuteilungsverfahren	einheitliche Zuteilung entsprechen dem Repartierungssatz bzw. dem gleichen prozentualen Anteil der Gebote der Geschäftsbanken	Zuteilung der kompletten Gebote vom höchsten zum gerade noch akzeptierten (marginalen) Zinssatz, zu diesem dann restliche Zuteilung entsprechend dem Repartierungssatz

Die Vorgabe eines Mindestbietungssatzes beim Zinstender ist notwendig, weil sonst alle Banken Zentralbankgeld für einen Pensionssatz (Zinssatz) von null Prozent haben möchten. Die EZB hätte dann lediglich die Möglichkeit, über die Variation der Zuteilungsmenge die Zentralbankgeldmenge zu kontrollieren.

Zu Aufgabe c)

Die Mindestreservepflicht ist die Verpflichtung einer Geschäftsbank, einen bestimmten Prozentsatz ihrer Einlagen bei der Zentralbank zu hinterlegen. Dieser Mindestreservesatz variiert zwischen den Einlagenarten.

Anbindungsfunktion: Die Mindestreservepflicht führt bei den Geschäftsbanken zu einer strukturellen Liquiditätsknappheit. Infolgedessen müssen sich die Geschäftsbanken refinanzieren, was sie bei der Zentralbank tun können. Somit bindet die Zentralbank die Geschäftsbanken über das Instrument der Mindestreserve an sich.

Stabilisierungs- oder Pufferfunktion: Die Geschäftsbanken müssen ihr Mindestreservesoll nur im Tagesdurchschnitt der Erfüllungsperiode erfüllen. Das heißt, dass die Geschäftsbanken ihr Mindestreservesoll bei Liquiditätsengpässen kurzfristig unterschreiten können. Damit kommt es bei einem kurzfristigen Geldnachfrageüberhang zu einer Stabilisierung der Geldmarkzinsen, die ohne die Möglichkeit einer Unterschreitung des Mindestreservesolls gestiegen wären.

Zu Aufgabe d)

(i) Die EZB muss eine kontraktive Geldpolitik durchführen, das heißt die Geldmenge bzw. die Wachstumsrate der Geldmenge verringern.

(ii) Die EZB muss sowohl den Mindestreservesatz als auch den Mindestbietungssatz erhöhen. Im ersten Fall wird dadurch mehr Zentralbankgeld an die EZB gebunden und dadurch die umlaufende Geldmenge verringert und die Giralgeldschöpfung gebremst. Im zweiten Fall wird die Beschaffung von Zentralbankgeld hingegen verteuert, wodurch wiederum die Giralgeldschöpfung und das Wachstum der umlaufenden Geldmenge gebremst werden kann. In beiden Fällen kann der Marktzinssatz steigen.

Zu Aufgabe e)

Die Erhöhung der Leitzinsen führt zu einer Verteuerung der Beschaffung von Zentralbankgeld. Diese Verteuerung werden die Geschäftsbanken an die Kreditnehmer weitergeben, was einen steigenden Marktzinssatz zur Folge hat.

Der höhere Marktzins erhöht die Sparneigung und vermindert zugleich die Nachfrage nach Konsum- und Investitionskrediten, sodass die inländische Güternachfrage sinkt. Der Nachfragerückgang nach inländischen Gütern wird noch durch die Aufwertungstendenz der inländischen Währung verstärkt, die zu einem Rückgang der Exporte und steigenden Importen führt. Die insgesamt sinkende Nachfrage nach inländischen Gütern führt dann zu sinkenden Güterpreisen bzw. einer sinkenden Teuerungsrate.

Zu Aufgabe f)

Die Zwei-Säulen-Strategie der EZB umfasst die monetäre Analyse (erste Säule) und die wirtschaftliche Analyse (zweite Säule). Die erste Säule stützt sich auf die Untersuchung monetärer Indikatoren wie der Geldmenge. Der Referenzwert für das Wachstum von M3 von 4,5 Prozent pro Jahr stellt dabei nur eine Orientierung für die Beurteilung der Risiken für die Preisniveaustabilität dar – er ist der so genannte Anker der Strategie.

Die wirtschaftliche Analyse ist auf die Untersuchung einer Reihe nicht monetärer Indikatoren wie Konjunktur- und Finanzindikatoren, Branchen- und Verbraucherumfragen ausgerichtet. Auf der Basis dieser Analyse führt die EZB eine *bedingte* Inflationsprognose durch, das heißt, die Prognose basiert auf dem Status quo der Geldpolitik und somit der Annahme konstanter Geldmarktzinsen.

Die Strategie der EZB besteht nun darin, dass sie ihre Inflationsprognose mit der Zielinflation (unter, aber nahe 2 Prozent) vergleicht und bei einem Abweichen ihren Instrumenteinsatz variiert. Ist die prognostizierte Inflation höher (niedriger) als die Zielinflationsrate wird die EZB (tendenziell) eine restriktiv (expansive) Geldpolitik durchführen.

Diskussion der Ergebnisse

Die EZB hat seit ihrem Bestehen den Mengen- wie den Zinstender angewendet. Bis Ende Juni 2000 wurden die Hauptrefinanzierungsgeschäfte – das heißt Wertpapierpensionsgeschäfte – nur in Form des Mengentenders und danach nur noch als Zinstender durchgeführt. Der Vorteil des Zinstenders liegt in seinem Wettbewerbscharakter. Wenn eine Bank dringend Geld benötigt, bietet sie einen höheren Zinssatz an und erhöht damit die Wahrscheinlichkeit, den vollen Zuteilungsbetrag zu erhalten. Gleichzeitig gibt die Gebotsstruktur (Wertpapier- und Zinsgebot) der Zentralbank eine Information über die Entwicklung der gesamtwirtschaftlichen Geldnachfrage.

Mit der Bekanntgabe der Zuteilungsmenge und vor allem der Leitzinsen setzt die EZB wichtige geldpolitische Signale für den Markt. Solche Signale kann sie nicht allein durch die Variation ihrer Steuerungsinstrumente erreichen, sondern durch die Kommentierung der aktuellen Entwicklung. So genannte *„ECB-watcher"* können teilweise allein durch die Verwendung so genannter Sprachcodes durch den EZB-Präsidenten auf seinen regelmäßigen Pressekonferenzen Rückschlüsse auf mögliche zukünftige geldpolitische Beschlüsse ziehen.

Literaturempfehlungen

- Deutsche Bundesbank (2006): Stichwort „Geldpolitik" etc.
- Deutsche Bundesbank (2004).
- Engelkamp und Sell (2005): S. 121–130.

Aufgabe 4: Inflationsvermeidende Politik und ihre institutionelle Voraussetzungen

Das Ziel der Europäischen Zentralbank ist die Preisniveaustabilität. Um dieses Ziel zu erreichen, müssen verschiedene institutionelle Rahmenbedingungen erfüllt sein.

a) Neben der gesetzlichen Verankerung der Preisniveaustabilität als geldpolitisches Ziel ist die Unabhängigkeit der Zentralbank für die Erfüllung ihrer Aufgaben zwingend erforderlich. In welche vier Dimensionen der Unabhängigkeit wird bei der EZB unterschieden? Erläutern Sie diese knapp!

b) Erklären Sie, warum ein hoher Grad an Wechselkursflexibilität eine notwendige Voraussetzung für eine inflationsvermeidende Politik ist!

Lösungsskizze

Zu Aufgabe a)

(1) Die funktionale Unabhängigkeit bedeutet die Entscheidungsfreiheit einer Notenbank hinsichtlich ihrer Wahl der Strategie und Methoden, mit denen sie ihren gesetzlichen Auftrag erfüllen möchte. (2) Die institutionelle Unabhängigkeit ist

dann gesichert, wenn eine Zentralbank in der Ausübung ihrer Befugnisse frei von Weisungen anderer öffentlicher Stellen, vor allem der Regierungen, ist. (3) Die finanzielle Unabhängigkeit meint die Freiheit einer Notenbank im Umgang mit ihren finanziellen Mitteln im Rahmen ihrer gesetzlichen Verwendungsmöglichkeiten. (4) Die personelle Unabhängigkeit bezieht sich auf das Auswahlverfahren und die Freiheit in der Amtsausübung der Personen, die die Leitungsorgane einer Zentralbank besetzen. Die Organmitglieder des ESZB sind durch ihre mehrjährige Amtszeit sowie ihren Schutz vor willkürlicher, vorzeitiger Amtsenthebung weitgehend unabhängig (vgl. Bundesbank 2006, Stichwort „Unabhängigkeit")

Zu Aufgabe b)

Vereinfachend kann zwischen festen und flexiblen Wechselkursen unterschieden werden. Dabei wird der feste Devisenkurs – also das Austauschverhältnis zwischen zwei Währungen – von den Zentralbanken bilateral festgelegt. Die Zentralbanken verpflichten sich gleichzeitig, diesen Kurs durch Interventionen am Devisenmarkt konstant zu halten. Diese Interventionspflicht führt aber dazu, dass die Zentralbank ihr Preisniveauziel nicht halten kann. Denn durch die erforderlichen Stützungskäufe und -verkäufe am Devisenmarkt steigen (sinken) die Währungsreserven und gleichzeitig sinkt (steigt) die umlaufende Geldmenge, was c. p. de- bzw. inflatorische Prozesse auslöst.

Im einen System flexibler Wechselkurse wird der Devisenkurs durch die Marktkräfte bestimmt. Es besteht daher keine Interventionspflicht der Zentralbank. Sie kann sich vollends auf das Preisniveauziel konzentrieren.

Diskussion der Ergebnisse

Als weitere institutionelle Rahmenbedingungen gelten das Verbot der Finanzierung öffentlicher Haushalte und der Indexierung von Forderungen. Im ersten Fall wird verhindert, dass Staatsausgaben über die „Druckerpresse" finanziert werden. Im zweiten Fall, in dem die Bindung von Marktzinsen an die Inflation verboten ist, soll verhindert werden, dass in Zukunft eine Inflation entsteht bzw. verstärkt wird. Denn, wenn eine Zinsbindung an die Inflationsrate bestehen würde, dann würden bei einer steigenden Preissteigerungsrate die Zinszahlungen zunehmen und die Geldmenge ausgeweitet, was für die Zentralbank aber unerwünscht ist.

Die Unfähigkeit der Notenbank, in einem System fester Wechselkurse zugleich den Wechselkurs zu stützen und das Ziel der Preisniveaustabilität zu verfolgen, wird auch als das *Open-Economy-Trilemma* bezeichnet. Dieses besagt, dass in einer offenen Volkswirtschaft die drei Ziele der Wechselkursfixierung, autonomer Geldpolitik und des freien Kapitalverkehrs nicht vereinbar sind. Anders gesagt: Von diesen drei Zielen können immer nur höchstens zwei gleichzeitig verfolgt werden.

Literaturempfehlung

- Engelkamp und Sell (2005): S. 121–130.

Aufgabe 5:   Geldnachfrage und Geldmarkt

Für die Bestimmung des Preises für Geld, den Zins, ist neben dem Geldangebot die Geldnachfrage wichtig. Die Geldnachfrage basiert auf drei verschiedenen Motiven: dem Transaktions-, dem Vorsichts- und dem Spekulationsmotiv.

a) Erläutern Sie das Transaktions- und das Spekulationsmotiv verbal und grafisch!

b) Fassen Sie beide Motive und die Geldangebotsfunktion in einem Diagramm grafisch zusammen! Erklären Sie kurz die Kurvenverläufe und stellen Sie den Effekt eines größeren Geldangebotes auf den Marktzins grafisch dar!

Lösungsskizze

Zu Aufgabe a)

Das Transaktionskassenmotiv steht für den Wunsch der Wirtschaftssubjekte, Geld für wirtschaftliche Transaktionen wie Güterkäufe sofort zur Verfügung zu haben – sie wünschen also das Geld in der Kasse zu halten (daher der Begriff Kassenhaltung). Dabei ist die Geldnachfrage für Transaktionszwecke auf individueller Ebene vom persönlichen Einkommen und auf gesamtwirtschaftlicher Ebene vom Volkseinkommen abhängig. Wie die Abbildung III.1a zeigt, besteht dabei ein positiver Zusammenhang zwischen dem Volkseinkommen und der Geldnachfrage. Je höher das Einkommen ist, umso größer ist der Wunsch nach Transaktionskasse. Die Steigung des Zusammenhangs zwischen Einkommen und Transaktionskassennachfrage entspricht dem so genannten Kassenhaltungskoeffizienten, der zwischen null und eins liegt.

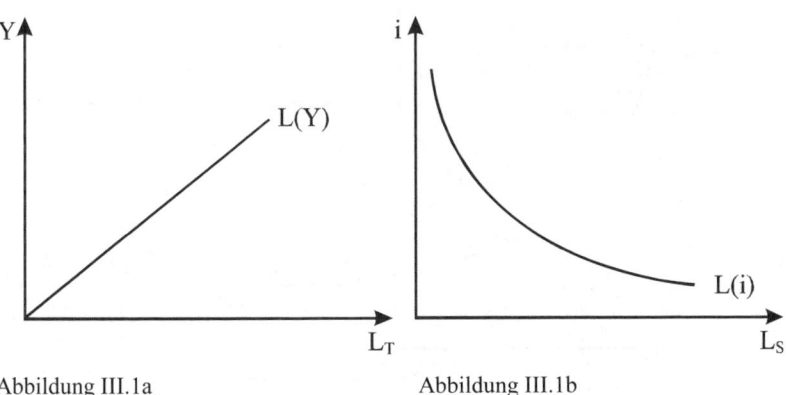

Abbildung III.1a   Abbildung III.1b

Im Gegensatz zum Transaktionsmotiv hängt das Spekulationsmotiv vom Zinssatz ab. Das Motiv befasst sich mit der Frage, in welchem Umfang neben der Transaktionskasse Barmittel gehalten werden sollen, die alternativ in längerfristigen Schuldverschreibungen oder Aktien angelegt werden können. Das Motiv basiert auf dem einfachen „Opportunitätskostenansatz": Je höher die Zinsen einer alternativen Anlage sind, das heißt je höher das erzielbare Zinseinkommen ist, desto höher wird der entgangene Zinsgewinn bei einer Kassenhaltung sein. Damit wird mit steigendem Zins die Spekulationskassennachfrage auf das nötigste reduziert, wie Abbildung III.1b zeigt.

Zu Aufgabe b)

Werden die beiden Kassenhaltungsmotive zusammengefasst, ergibt sich die Geldnachfragefunktion $L(Y,i)$ in Abbildung III.2. Das Transaktionskassenmotiv kann dabei an dem Abstand zwischen Ordinate und einer gedachten Asymptote, die parallel zur Ordinate liegt, abgelesen werden. Das heißt, je höher das Einkommen ist, umso weiter verlagert sich die Geldnachfragekurve nach rechts.

Die Geldangebotskurve steigt erst mit dem Zins an, weil die Geschäftsbanken ein Interesse haben, ihren Kreditspielraum auszunutzen. Bei M^{max} ist dieser Kreditspielraum entweder ausgeschöpft und/oder die Zentralbank begrenzt bewusst die Geldmenge durch ihr geldpolitisches Instrumentarium auf diese Höhe, um das Ziel der Preisniveaustabilität zu erreichen. Das maximale Geldangebot ergibt sich daher durch die Vorgabe der Zentralbank und das Verhalten des Publikums. Eine über M^{max} hinausgehende Geldnachfrage kann nicht mehr befriedigt werden, sondern mündet lediglich in höheren Zinssätzen. Wie Abbildung III.2 zeigt, bestimmten Geldnachfrage und Geldangebot den Marktzins.

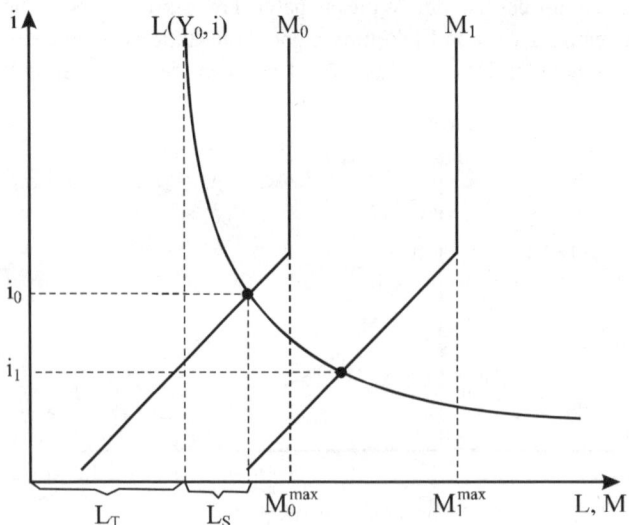

Abbildung III.2

Diskussion der Ergebnisse

Die Zinswirkung der Geldangebotsausdehnung in Abbildung III.2 ist nur kurzfristig, denn ein sinkender Zins führt über steigende Investitionen zu einem steigenden

Einkommen. Diese Einkommenserhöhung würde eine Rechtsverlagerung der Geldnachfragefunktion bedeuten und somit wieder einen erneuten Anpassungsprozess auslösen.

Ob ein solcher Anpassungsprozess überhaupt zustande kommt und ob die Geldnachfrage tatsächlich vom Zins abhängt, ist von der ökonomischen Denkschule abhängig. So existiert bei den Klassikern nur das Transaktionskassenmotiv, während die Keynessche und die darauf aufbauende keynesianische Theorie sowohl das Transaktions- als auch das Spekulationskassenmotiv der Geldnachfrage unterstellt.

Literaturempfehlung

• Engelkamp und Sell (2005): S. 130–134.

Aufgabe 6:   Quantitätsgleichung und Inflation

a) Erläutern Sie kurz die Quantitätsgleichung!

b) Das Güterangebot und die Umlaufgeschwindigkeit seien kurzfristig konstant. Erläutern Sie knapp, wie sich das Preisniveau entwickelt, wenn die Geldmenge steigt! Welche Bedeutung hat Ihr Ergebnis für die Geldpolitik?

c) Was wird unter Inflation verstanden und wie kann sie gemessen werden? Welche Ursachen kann sie haben?

Lösungsskizze

Zu Aufgabe a)

Die Quantitätsgleichung oder auch Fishersche Verkehrsgleichung stellt einen definitorischen Zusammenhang – das heißt, sie gilt immer und ist somit eine Identitätsgleichung – zwischen der monetären Nachfrage und dem zu laufenden Preisen bewerteten Güterangebot dar, welches auch tatsächlich abgesetzt wird. Formal lässt sich die Quanitätsgleichung wie folgt schreiben:

$$\underbrace{M \cdot V}_{\text{monetäre Nachfrage}} = \underbrace{H \cdot P}_{\text{mit Preisen bewertetes Güterangebot}}$$

Die monetäre Nachfrage ist das Produkt aus der Geldmenge M und der Umlaufgeschwindigkeit V, die angibt, wie häufig eine Geldeinheit in einer Periode die Kasse gewechselt hat. Definitionsgemäß muss die monetäre Nachfrage dem Produkt aus Handelsvolumen H beziehungsweise umgesetzter Gütermenge, man spricht auch vom realen Volkseinkommen Y, und dem Preisniveau dieser Güter, P, entsprechen. Die Quanitätsgleichung sagt also auch aus, dass einem mit seinen Preisen bewerteten Güterstrom in jeder Periode ein gleichgroßer Geldstrom gegenüber stehen muss.

Zu Aufgabe b)

Das Preisniveau wird steigen. Denn mit der höheren Geldmenge steigt bei konstanter Umlaufgeschwindigkeit die monetäre Gesamtnachfrage. Da gleichzeitig das Güterangebot aber konstant ist, bleibt für einen Moment das mit Preisen bewertete Güterangebot konstant. Es entsteht eine Überschussnachfrage, die durch einen Preisanstieg abgebaut wird. Dabei wird das Preisniveau solange steigen, bis die Quantitätsgleichung wieder erfüllt ist. Dieses Ergebnis zeigt, dass die Zentralbank mit ihrer Geldpolitik die Entwicklung der Preissteigerungsrate (indirekt) beeinflussen kann.

Zu Aufgabe c)

Unter Inflation wird eine dauerhafte Preisniveausteigerung verstanden. Sie kann über Preisindices gemessen werden, die über den Laspeyres- oder Paasche-Index ermittelt werden.

Die Ursachen oder der Anstoß zu einer andauernden Preisniveausteigerung können in einer zu schnell wachsenden Geldmenge, einer im Vergleich zum Angebot schneller wachsenden Nachfrage oder in übertriebenen Kostensteigerungen, beispielsweise über dem Produktivitätsfortschritt liegende Lohnsteigerungen, liegen. Aber unabhängig von den bestimmenden Faktoren kann eine Inflation nur dann langfristig bestehen, wenn parallel dazu eine Ausweitung der Geldmenge stattfindet, worin die eigentliche Ursache der Inflation zu sehen ist.

Diskussion der Ergebnisse

Auf der Basis der Quantitätsgleichung ermittelte die EZB auch den Referenzwert für die Wachstumsrate der Geldmenge M3 von 4,5 Prozent. Um diesen Wert erklären zu können, schreiben wir die Quantitätsgleichung in Logarithmen:[2]

$$\ln M + \ln V = \ln H + \ln P.$$

Leiten wir nun jeden Logarithmus nach der Zeit ab, erhalten wir die Wachstumsrate jeder Größe[3] und können nun schreiben:

$$w_M + w_V = w_H + w_P.$$

Die EZB geht nun auf der Basis von Schätzungen über viele Jahre von einer Trendinflationsrate von 2 Prozent, einer Wachstumsrate der Umlaufgeschwindigkeit von minus 0,5 Prozent und einem realen Wirtschaftswachstum von 2 Prozent aus. Setzen wir diese Werte in unsere Wachstumsgleichung ein, wobei wir zuvor w_V auf die rechte Seite ziehen, so ergibt sich:

---

[2]   Dabei gilt, dass der Logarithmus eines Produktes gleich der Summe der logarithmierten Faktoren ist. In unserem Fall als: $\ln(M \cdot V) = \ln M + \ln V$.

[3]   Formal kann damit jede Gleichung mit Absolutwerten schnell in eine Wachstumsgleichung umgewandelt werden. Es gilt dabei allgemein für die Wachstumsrate von x: $w_x = d(\ln x)/dt$.

$w_M = 2\% + 2\% + 0,5\% = 4,5\%.$

Die Argumentation in Teilaufgabe b), dass eine Ausdehnung der Geldmenge c. p. zu Inflation führt, ist nicht unproblematisch, da sie auf einem definitorischen Zusammenhang beruht. Der behauptete Zusammenhang würde nur gelten, wenn alle Größen unabhängig voneinander sind und das Güterangebot tatsächlich kurzfristig konstant ist. Aber wenn die Unternehmen über freie Kapazitäten verfügen, dann können sie die gestiegene Nachfrage auch kurzfristig bedienen und das Preisniveau bleibt (nahezu) konstant. In dem Fall, dass die erhöhte Geldmenge nicht auf einer höheren Nachfrage der privaten Wirtschaftssubjekte beruht, ist eine Verminderung der Umlaufgeschwindigkeit möglich – die Wirtschaftssubjekte halten das Geld also länger –, und im Endeffekt bleibt die monetäre Nachfrage im Grenzfall konstant. Die Umlaufgeschwindigkeit ist auch von der Inflationsrate selbst abhängig. Eine sehr hohe Inflationsrate führt dazu, dass die Haushalte das Geld nicht halten, sondern sofort wieder ausgeben, weil sie einen weiteren Preisverfall fürchten.

Literaturempfehlung

• Engelkamp und Sell (2005): S. 134–136.

III.2 Wirtschaftskreislauf und Inlandsprodukt

Aufgabe 1:   Sektoren, Aktivitäten und Ströme

Die volkswirtschaftliche Gesamtrechnung, die eine Art nationale Buchführung darstellt, erfasst alle ökonomischen Aktivitäten und die dafür notwendigen Transaktionen, die innerhalb einer Periode und in einem Land durchgeführt wurden. Bei der Erfassung werden zum einen die Wirtschaftssubjekte zu Sektoren und zum anderen die einzelnen ökonomischen Aktivitäten aggregiert, das heißt zusammengefasst.

a) Zu welchen Sektoren können die Wirtschaftssubjekte aggregiert werden? Welche Bedeutung haben die einzelnen Sektoren für den (i) Arbeits-, (ii) den Güter- und (iii) den Kapitalmarkt?

b) Nennen Sie die ökonomischen Aktivitäten und die ökonomischen Transaktionen, die von Wirtschaftssubjekten durchgeführt werden können! Geben Sie für jede Transaktionsform ein Beispiel!

c) Was wird unter Bestands- und Stromgrößen verstanden? Nennen Sie jeweils zwei Beispiele! Welche Größen spielen nur in der volkswirtschaftlichen Gesamtrechnung eine Rolle und warum?

d) Erklären Sie kurz, warum es nicht nur sinnvoll, sondern auch ausreichend ist, nur den Geldstrom und nicht auch den Güterstrom im Rahmen der volkswirtschaftlichen Gesamtrechnung darzustellen!

Lösungsskizze

Zu Aufgabe a)

Die Wirtschaftssubjekte können zusammengefasst werden zum Haushaltssektor, zum Unternehmenssektor, dem Staat und dem Ausland.

Der Haushaltssektor bestimmt das gesamtwirtschaftliche Arbeitsangebot sowie die Höhe und die Struktur der Nachfrage auf dem (Konsum-)Gütermarkt. Auf dem Kapitalmarkt stellt er einen Teil des Angebots bereit.

Der Unternehmenssektor bestimmt das gesamtwirtschaftliche Güterangebot. Gleichzeitig fragt er auf dem Gütermarkt Investitionsgüter und auf dem Arbeitsmarkt den Faktor Arbeit nach. Auf dem Kapitalmarkt ist er Nachfrager.

Der Staat, das heißt alle öffentlichen Gebietskörperschaften, gesetzlichen Sozialversicherungen und öffentlichen Unternehmen, ist (sind) auf allen Märkten Nachfrager. Auf dem Gütermarkt tritt er gleichzeitig als Anbieter von solchen Gütern auf, die private Anbieter aufgrund des so genannten *Free-rider*-Problems nicht oder in nicht ausreichender Menge anbieten können bzw. wollen.

Das Ausland tritt auf allen Märkten als Anbieter und als Nachfrager auf.

Zu Aufgabe b)

Zu den ökonomischen Aktivitäten gehören (1) die Produktion von Gütern (Einkommensentstehung), (2) der Verbrauch von Gütern (Einkommensverwendung), (3) die Vermögensbildung und (4) die Kreditaufnahme und Kreditvergabe.

Zu den wirtschaftlichen Transaktionen zählen

- Gütertausch (Tausch eines Gutes gegen ein Gut): Apfel gegen Buch

- Gütertransfer (Übertragung eines Gutes ohne Gegenleistung): ein Buch verschenken

- Forderungstausch (Tausch von Forderung gegen Forderung): Umschuldung eines Kredites oder Banknoten wechseln lassen

- Forderungstransfer (Übertragung einer Forderung ohne Gegenleistung): Geldgeschenk oder Erben von Schuldverschreibungen

- Güterkauf bzw. Güterverkauf (Tausch einer Forderung gegen ein Gut oder umgekehrt): Kauf eines Apfels und bezahlen mit Geld

Zu Aufgabe c)

Bestandsgrößen sind Größen, deren Bestand zu einem bestimmten Zeitpunkt gemessen wird. Sie sind zeitpunktbezogen. Beispiele sind die Arbeitslosenzahl, die Geldmenge und die getätigte Ersparnis zum Jahresende.

Stromgrößen sind hingegen Größen, die über einen bestimmten Zeitraum hinweg gemessen werden. Sie sind zeitraumbezogen. Darunter fallen alle ökonomischen Aktivitäten und Transaktionen, also der Konsum, das Sparen oder auch die Güterproduktion.

In der volkswirtschaftlichen Gesamtrechnung spielen nur die Stromgrößen eine Rolle, weil sie alle Aktivitäten und Transaktionen eines Jahres erfasst.

Zu Aufgabe d)

Würde die Anzahl und Menge jedes gehandelten Gutes zusätzlich in der Gesamtrechnung erfasst, wäre sie nicht mehr handhabbar, geschweige denn interpretierbar. Da aber zu jedem Güterstrom auch gegenläufiger Geldstrom gehört, der den Gegenwert des Güterstroms widerspiegelt, reicht es aus, die Geldströme darzustellen. Da diese alle eine einheitliche Dimension, beispielsweise den Euro, besitzen, können sie leicht zusammengefasst werden.

Diskussion der Ergebnisse

Die volkswirtschaftliche Gesamtrechung ist eine *ex post* Betrachtung. Es werden also nicht die Pläne der einzelnen Wirtschaftssubjekte untersucht, sondern die tatsächlichen Handlungen erfasst. Da (fast) alle wirtschaftlichen Aktivitäten in der Gesamtrechnung erfasst werden, liefert sie wichtige Informationen für öffentliche Entscheidungsträger und Wissenschaftler, die auch auf der Basis dieser Informationen wirtschaftspolitische Entscheidungen fällen.

Der Vorteil der Aggregation aller Aktivitäten und Transaktionen liegt in der Reduktion der realen Komplexität und somit in der Erleichterung der Interpretation der abgelaufenen wirtschaftlichen Entwicklungen. Der Nachteil der Aggregation ist hingegen im Informationsverlust zu sehen, der mit steigendem Aggregationsgrad zunimmt. Wird beispielsweise nur das Bruttoinlandsprodukt (BIP) angegeben und mit seinem Vorjahreswert verglichen, so kann leicht eine Wachstumsrate bestimmt werden. Wir wissen jedoch nicht, welcher Produktionssektor (Landwirtschaft, verarbeitendes Gewerbe, Dienstleistungssektor) wie viel zur Veränderung des BIP beigetragen hat. Diese Information ist aber besonders wichtig bei der Entscheidung für den Einsatz von wirtschaftspolitischen Instrumenten, um einen Sektor zu unterstützen. Somit bestimmt immer das Analyseziel den Grad der Aggregation und nicht umgekehrt.

Die wertmäßige Gleichheit von Güter- und Geldstrom spiegelt sich in der bereits behandelten Quantitätsgleichung wider. Dabei gibt die monetäre Nachfrage (M·V) den Wert der Geldströme und das in laufenden Preisen bewertete Güterangebot (P·H) den Wert des Güterstroms wieder. Dies bedeutet gleichzeitig, dass am Ende der Periode der Wert der nachgefragten und der angebotenen Menge immer (!) übereinstimmen müssen. Oder, um auf die nationale Buchhaltung zurückzukommen, jedes einzelne Konto der volkswirtschaftlichen Gesamtrechnung muss am Jahresende ausgeglichen sein.

Literaturempfehlung

• Engelkamp und Sell (2005): S. 137 f. und 145 f.

Aufgabe 2:   Wirtschaftskreislauf

Eine Möglichkeit, die wirtschaftlichen Transaktionen in einer Ökonomie darzustellen, ist die Kreislaufform, die auf den Leibarzt von Ludwig IV., Francois Quesnay, zurückgeht. Dieser hatte den Wirtschaftskreislauf mit dem menschlichen Blutkreislauf verglichen.

a) Stellen Sie einen einfachen Wirtschaftskreislauf ohne Sparen und staatliche Aktivität dar! Erläutern Sie, wie sich Ihr Diagramm verändert, wenn nun auch Sparen und Investieren möglich sind! Definieren Sie dazu kurz die Begriffe „Sparen" und „Investition"!

b) In einer offenen Volkswirtschaft mit Sparen und staatlicher Aktivität werden die nachfolgend angeführten wirtschaftlichen Transaktionen durchgeführt. Stellen Sie den Wirtschaftskreislauf für diese Ökonomie dar! Stellen Sie zusätzlich noch einen Leistungsbilanzüberschuss in dem Schema dar!

1 ≡ Autokauf eines Haushalts   2 ≡ Autokauf eines Unternehmens

3 ≡ Kauf von Schweizer Käse   4 ≡ Autoverkauf in die USA

5 ≡ Subventionen   6 ≡ Gewerbesteuer   7 ≡ Einkommensteuer

8 ≡ Wohngeld   9 ≡ privates Sparen   10 ≡ Gehalt eines Fabrikarbeiters

Lösungsskizze

Zu Aufgabe a)

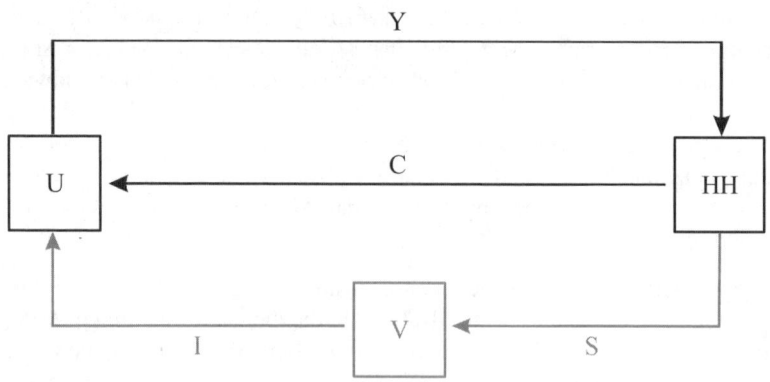

Abbildung III.3

Sparen stellt denjenigen Anteil des Einkommens der Haushalte dar, den sie nicht für Konsumzwecke ausgeben. Die Investitionen hingegen erfassen den Anteil der

Produktion, der nicht für Konsumzwecke verwendet wird, sondern im Unternehmenssektor verbleibt.

Um beide vermögenswirksamen Ströme in Abbildung III.3 (grau eingezeichnet) darstellen zu können, muss zusätzlich ein (fiktiver) Vermögensänderungspol (V) eingeführt werden, der quasi dem Bankensystem entspricht. Die Haushalte stellen diesem Pol ihr Sparvolumen zur Verfügung, weshalb der Sparstrom von dem Haushaltspol zu dem Vermögensänderungspol geht. Dieser Pol, also die Banken, stellen dem Unternehmenssektor die Ersparnisse des Haushaltssektors für die Investitionen zur Verfügung, weshalb die Investitionen vom Vermögensänderungspol zum Unternehmenspol gehen.

Zu Aufgabe b)

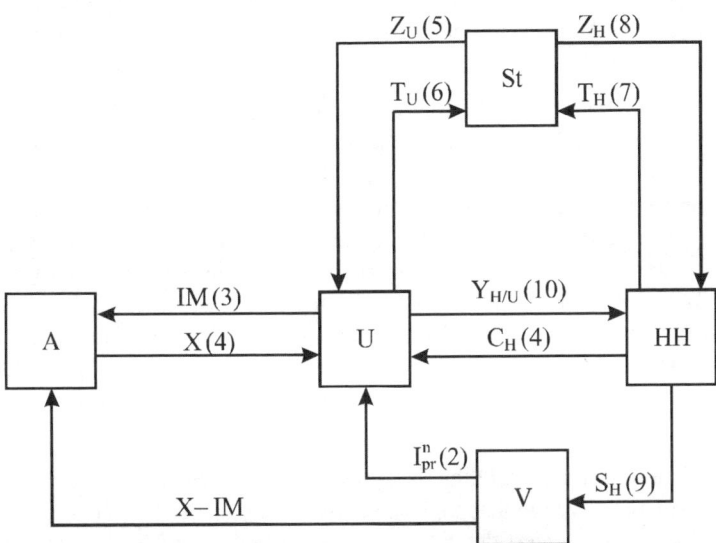

Abbildung III.4

Diskussion der Ergebnisse

Eine wichtige Eigenschaft geschlossener (Wirtschafts-)Kreisläufe ist, dass an allen Polen (Haushaltssektor, Unternehmenssektor etc.) die Summe der zufließenden Ströme gleich der Summe der abfließenden Ströme ist. Diese Eigenschaft wird auch als eines der Kreislaufaxiome bezeichnet. Dieses Axiom gilt auch bei der Darstellung der ökonomischen Aktivitäten in Kontenform. In diesem Fall muss jedes Konto für sich ausgeglichen sein.

Der definitorische Zusammenhang zwischen Sparen und Investieren stellt eine *ex post* Identität der realisierten Größen dar. Das heißt, am Ende der Periode müssen (!) beide Größen immer gleich groß sein. Es gilt: $I = S$. Denn alle Güter, welche die Haushalte nicht zu Konsumzwecken erworben haben, stellen definitionsgemäß Investitionsgüter dar.

Das Beispiel des Autokaufs zeigt, dass eine auf den ersten Blick identische Transaktion – der Autokauf – sowohl als Konsum als auch als Investition verbucht werden kann. Ein Konsum ist es immer dann, wenn private Haushalte das Auto erwerben. Es ist hingegen eine Investition, wenn ein Unternehmen dieses Auto erwirbt, weil es dann der Leistungserstellung dient. Kritisch wird es im Fall von Selbstständigen, die – wie die privaten Organisationen ohne Erwerbszweck – in der offiziellen Statistik unter die Haushalte fallen. Sie können das Auto sowohl privat als auch geschäftlich benutzen. In diesem Fall wird es aber den Investitionen zugerechnet, weswegen in der offiziellen Statistik auch für den Haushaltssektor Investitionen ausgewiesen werden. In der Theorie wird aber klar getrennt: Haushalte konsumieren und Unternehmen investieren, dabei ist es unerheblich, ob das Unternehmen ein Konzern mit hunderttausenden Angestellten ist oder von einem Selbstständigen dargestellt wird.

Ein Leistungsbilanzüberschuss liegt immer dann vor, wenn der Wert der Exporte größer ist als der Wert der Importe. Der Außenbeitrag – als Differenz zwischen Export- und Importwert – ist somit positiv. Dem Prinzip nach entspricht ein Exportüberschuss einer Kreditgewährung des Inlands an das Ausland, die aus den Ersparnissen gespeist werden muss. Damit steht derjenige Teil der Produktion, der von den inländischen Haushalten nicht konsumiert wird, nicht mehr nur den Unternehmen als Investition zur Verfügung, sondern aus ihm muss auch der Exportüberschuss gespeist werden. Im umgekehrten Fall eines Leistungsbilanzdefizits gewährt das Ausland dem Inland einen Kredit, weil die Ersparnisse der Haushalte nicht ausreichen, die (inländischen) Investitionen der Unternehmen zu decken.

Aus Abbildung III.4 werden auch die Einnahmen (Steuern) und – zumindest ein Teil – der Ausgaben des Staates deutlich. Neben den eingetragenen Zuschüssen an die Unternehmer (den Subventionen) und den Zuschüssen an die Haushalte (den Einkommenstransfers) konsumiert der Staat auch selbst und zahlt Löhne. Obwohl „Subvention" und „Einkommenstransfer" beide eine Leistung des Staates ohne Gegenleistung darstellen, besteht der Unterschied zwischen beiden in der Bedeutung der Subventionen als Einkommenstransfer für produktive Zwecke.

Literaturempfehlung

- Engelkamp und Sell (2005): S. 139–145.

Aufgabe 3:   Volkswirtschaftliche Gesamtrechnungen und Inlandsprodukt

Die wirtschaftlichen Transaktionen innerhalb eines Jahres können neben der Kreislaufform auch in der Kontenform dargestellt werden, die aufgrund der Komplexität und der Vielzahl der ökonomischen Transaktionen die übliche Darstellungsform ist. In einem Jahr kommt es in einer Volkswirtschaft zu folgenden Strömen:

Abschreibungen	300	Gütersubventionen	10
Arbeitnehmereinkommen	1300	Importe	800
Bruttoinvestitionen	400	Inlandabsatz	300
Exporte	890	Konsum	1800
Faktoreinkommen aus dem Ausland	50	Sonstige Subventionen	40
Faktoreinkommen an das Ausland	100	Sonstige Produktionsabgaben	50
Gütersteuern	200	Sparen	150

a) Stellen Sie auf der Basis der angegebenen Kennziffern folgende Konten dar:
(i) nationales Güterkonto, (ii) nationales Produktionskonto, (iii) nationales
Einkommensentstehungskonto, (iv) Einkommensverwendungskonto (Ausga-
benkonzept)! (Hinweis: Einige Kennziffern in den Konten müssen Sie selbst
noch bestimmen!)

b) Ermitteln Sie folgende Größen (i) Bruttowertschöpfung, (ii) Bruttoinlandsprodukt, (iii) Bruttonationaleinkommen und (iv) Volkseinkommen!

c) Warum muss bei der Ermittlung des Nettoinlandsproduktes der Produktionswert um die Vorleistungen, die Abschreibungen und die Gütersubventionen
abzüglich der Gütersteuern vermindert werden?

d) Warum kann das Bruttoinlandsprodukt zu Markpreisen auch über die Nachfrageseite bestimmt werden?

e) Wie bezeichnet man die Verteilung des Volkseinkommens auf (i) die Produktionsfaktoren, (ii) Einzelpersonen oder -haushalte, (iii) Produktionsfaktoren
und Einzelhaushalte ohne Berücksichtigung staatlicher Einflussnahme und (iv)
Produktionsfaktoren und Einzelhaushalte mit Berücksichtigung staatlicher
Einflussnahme?

Lösungsskizze

Zu Aufgabe a)

Nationales Güterkonto

Aufkommen	Verwendung
Produktionswert 4100	Vorleistungen 2000
Gütersteuern 200	Gütersubventionen 10
Importe 800	Konsum 1800
	Bruttoinvestitionen 400
	Exporte 890

Nationales Produktionskonto

Verwendung	Aufkommen
Vorleistungen 2000	Produktionswert 4100
Abschreibungen 300	
Nettowertschöpfung 1800	

Nationales Einkommensentstehungskonto

Verwendung	Aufkommen
Arbeitnehmerentgelt 1300	Nettowertschöpfung 1800
Sonstige Produktionsabgaben 50	
Nettobetriebsüberschuss 450	

Nationales Einkommensverwendungskonto

Verwendung	Aufkommen
Konsum 1800	Verfügbares Einkommen 1950
Sparen 150	

Zu Aufgabe b)

(i) 2100; (ii) 2290; (iii) 2240; (iv) 1740.

Zu Aufgabe c)

Die Vorleistungen, also die Käufe der Unternehmen bei anderen Unternehmen, müssen vom Produktionswert abgezogen werden, um die Mehrfachzählung von Gütern zu vermeiden, die als Inputfaktoren für die Produktion verwendet werden.

Die Abschreibungen müssen abgezogen werden, da sie den Gegenwert des produktionsbedingten Verschleißes der Produktionsanlagen widerspiegeln. Sie sind das Gegenteil der Wertschöpfung.

Die Gütersteuern (Umsatzsteuer etc.), die von Unternehmen zu tragen sind, müssen von den Unternehmen auch erwirtschaftet werden. Sie sind damit auch ein Teil der wirtschaftlichen Leistung und müssen daher zu der Bruttowertschöpfung hinzugerechnet werden. Die Gütersubventionen müssen hingegen abgezogen werden, da sie den Unternehmen ohne Gegenleistung des Staates überlassen wurden.

Zu Aufgabe d)

Das ist möglich, da eine *ex post* Betrachtung vorliegt, bei der definitionsgemäß angebotene und nachgefragte Menge immer (!) übereinstimmen. Das BIP zu

Marktpreisen setzt sich somit aus der Summe aus Konsum, Bruttoinvestitionen und Außenbeitrag zusammen.

Zu Aufgabe e)

(i) Funktionelle Einkommensverteilung; (ii) personelle Einkommensverteilung, (iii) primäre Einkommensverteilung und (iv) sekundäre Einkommensverteilung.

Diskussion der Ergebnisse

In der volkswirtschaftlichen Gesamtrechnung sind zwei Konzept zu unterscheiden: das Inländerkonzept und das Inlandskonzept. Letzteres erfasst alle wirtschaftlichen Leistungen, die innerhalb der Grenzen eines Landes erbracht wurden, und zwar unabhängig davon, ob sie von In- oder Ausländern erbracht wurde. Unter dieses Konzept fallen alle *„Inlandsprodukte"*.

Das Inländerkonzept bezieht hingegen nur diejenigen wirtschaftlichen Leistungen in die Berechnungen ein, die von (Staats-)Bürgern des Landes erbracht wurden, und zwar unabhängig davon, in welchem Land sie erbracht wurden. Zu diesem Konzept gehören alle *„Nationaleinkommen"*.

Beide Konzepte können mittels des so genannten Saldos der Primäreinkommen mit der übrigen Welt verknüpft werden. Dieser Saldo ist die Differenz aus allen Faktoreinkommen (Arbeitsentgelt, Zinsen, Mieten etc.) der Inländer, die sie im Ausland erwirtschaft haben, minus aller Faktoreinkommen, die im Inland von Ausländern erzielt wurden. Das Bruttonationaleinkommen ist somit das Bruttoinlandsprodukt plus diesem Saldo. Für unser Beispiel gilt daher:

Bruttonationaleinkommen = Bruttoinlandsprodukt + (Faktoreinkommen aus
  dem Ausland – Faktoreinkommen an das Inland)
  = 2290 + 50 – 100 = 2240.

Literaturempfehlung

* Engelkamp und Sell (2005): S. 145–151.

Aufgabe 4:   Kritik am Inlandsprodukt als Wohlfahrtsmaß

Das Konzept des Inlandsproduktes ist ein eindimensionales Wohlfahrtskonzept, welches nur auf die Höhe und die Veränderung des realen Inlandsproduktes pro Kopf abzielt, ohne die Einkommensverteilung, Umweltschäden oder die vielen nicht von der Statistik erbrachten Leistungen (Hausarbeit etc.) zu berücksichtigen.

a) Ein konzeptioneller Schwachpunkt des realen BIP bei seiner Verwendung als Wohlfahrtsmaß ist die unzureichende Berücksichtigung des Umweltaspektes. Erläutern Sie knapp, wie (i) eine produktionsbedingte Verschmutzung der Isar und (ii) ein nachträglicher Einbau von Kläranlagen zum einen das BIP und zum anderen die Wohlfahrt verändern!

b) Nennen Sie weitere fünf konzeptionelle Schwächen, die das reale BIP als Wohlfahrtsmaß aufweist!

c) Erläutern Sie knapp die beiden Reformrichtungen zur Verbesserung der Wohlfahrtsmessung! Nennen Sie jeweils ein Beispiel!

Lösungsskizze

Zu Aufgabe a)

Die produktionsbedingte Verschmutzung der Isar stellt auf der einen Seite eine Erhöhung des Bruttoinlandsproduktes dar, da durch die Produktion erst einmal der Produktionswert gestiegen ist. Auf der anderen Seite bedeutet die durch die Produktion verursachte Verschmutzung der Isar einen Wohlfahrtsverlust, der aber nicht durch die volkswirtschaftliche Gesamtrechnung und damit auch nicht im BIP erfasst wird.

Der nachträgliche Einbau von Kläranlagen erhöht wiederum das BIP, da die Produktion von Kläranlagen und auch der Einbau der Anlagen selbst Leistungen darstellen, die in der volkswirtschaftlichen Gesamtrechnung erfasst werden. Das BIP ist also erneut gestiegen, obwohl nur die zuvor entstandenen Wohlfahrtseinbußen kompensiert würden.

Zu Aufgabe b)

• Leistungsabgabe des Staates wird undifferenziert erfasst (keine Unterscheidung zwischen den Sektoren, in denen der Staat Geld ausgibt)

• Nichterfassung bzw. nur Schätzung von Leistungen, die nicht über Märkte abgewickelt werden

• fehlende Erfassung von Hausarbeit

• Verteilung des Einkommens auf die Bevölkerung nicht berücksichtigt

• kein Bezug zur Bevölkerungshöhe

• keine Aussage zur Lebensqualität

• Vernachlässigung von Freizeit

Zu Aufgabe c)

Das erste Konzept hält an der Eindimensionalität des Inlandsproduktes fest, schlägt aber Auf- und Abschläge auf das Inlandsprodukt vor. Die geleistete Hausarbeit könnte beispielsweise über einen Aufschlag auf das Inlandsprodukt berücksichtigt werden und die möglichen Umweltschäden eines Staudammprojekts durch einen Abschlag.

So bedeutet die Hausarbeit einen Aufschlag und etwaige Umweltschäden eines Staudammprojektes einen Abzug vom ausgewiesenen Inlandsprodukt.

Das zweite Konzept ist das Konzept der sozialen Indikatoren. Dieses ist als Ergänzung zum Inlandsproduktkonzept anzusehen und schlägt vor, die Wohlfahrtssituation zusätzlich durch verschiedene (soziale) Indikatoren zu beschreiben. Beispiele wären etwa die Ärztezahl je 1000 Einwohner oder die Alphabetisierungsrate.

Diskussion der Ergebnisse

Ein großes Problem stellt auch die Messung der wirtschaftlichen Leistungen dar, die meist über die Steuern erfasst werden. Schwarzarbeit beispielsweise wird nur in einem geringen Umfang in die Berechnung einbezogen, indem das Statistische Bundesamt einen Aufschlag auf das BIP einrechnet.

Die Aussagekraft des realen BIP kann durch den verwendeten Preisindex zur Deflationierung vermindert werden. Denn mit zunehmendem Abstand vom Basisjahr wird die Aussagekraft des Preisindex durch die konstanten Ausgabenanteile der einzelnen Gütergruppen am Warenkorb verzerrt.

Die genannten Schwachstellen des Inlandsproduktes als Wohlfahrtsmaß, vor allem aber seine Eindimensionalität sind Gründe dafür, dass bei einem internationalen Vergleich der Entwicklungsstadien und Wohlfahrtsniveaus andere Indikatoren hinzugezogen werden. Ein solcher Indikator ist beispielsweise der *Human Development Index*, für dessen Berechnung neben dem Bruttoinlandsprodukt pro Kopf unter anderem die Lebenserwartung und die Alphabetisierungsrate einbezogen werden.

Literaturempfehlung

• Engelkamp und Sell (2005): S. 151–154.

III.3 Einkommens- und Beschäftigungstheorie

Aufgabe 1: Der klassische Arbeitsmarkt

Als Folge von technischem Fortschritt ist in einem Land die Grenzproduktivität der Arbeit gestiegen. Dieser Anstieg hat sowohl Auswirkungen auf die Arbeitsnachfrage des einzelnen Unternehmens als auch auf den gesamtwirtschaftlichen Arbeitsmarkt.

a) Definieren Sie die Begriffe „Grenzkosten der Arbeit" und „Grenzertrag der Arbeit"! Erläutern Sie grafisch und knapp verbal das „Gesetz vom abnehmenden Grenzertrag"!

b) Erklären Sie grafisch und verbal die Bestimmungsregel für den optimalen Arbeitseinsatz einer Unternehmung, die unter vollkommener Konkurrenz ein Gut x anbietet!

c)   Zeigen Sie grafisch unter Verwendung Ihrer Grafik aus b), wie sich die opti-
     male Arbeitsnachfrage der Unternehmung infolge einer Steigerung der Grenz-
     produktivität der Arbeit c.p verändern wird! Erläutern Sie knapp Ihr Ergebnis!

d)   Stellen Sie den gesamtwirtschaftlichen Arbeitsmarkt grafisch dar! Erläutern
     Sie grafisch und verbal ausführlich, wie der Markt auf eine Erhöhung der
     Grenzproduktivität der Arbeit reagiert! (Hinweis: Verwenden Sie ein Arbeit-
     Reallohn-Diagramm!)

e)   In Deutschland wird seit langem über die Senkung der Lohnnebenkosten dis-
     kutiert. Ein konkretes Beispiel dafür ist die Senkung der Arbeitslosenbeiträge
     zum 1. Januar 2007. Erklären Sie knapp deren Auswirkung auf den (klassi-
     schen) Arbeitsmarkt!

Lösungsskizze

Zu Aufgabe a)

Die Grenzkosten der Arbeit stellen die zusätzlichen Kosten einer zusätzlichen
(infinitesimal kleinen) Einheit Arbeit dar. Es handelt sich um den Nominallohn
(plus die Lohnnebenkosten).

Der Grenzertrag der Arbeit stellt den zusätzlichen Ertrag einer zusätzlichen (infinitesimal kleinen) Einheit Arbeit dar. Dieser entspricht dem mit Preisen bewerteten
zusätzlichen Output, dem Wertgrenzprodukt.

Des „Gesetz des abnehmenden Grenzertrags" besagt, dass mit dem Einsatz jeder
zusätzlichen (infinitesimal kleinen) Einheit Arbeit der gesamte Ertrag absolut
ansteigt, der zusätzliche Ertrag aber abnimmt. Auch in Abbildung III.5 wird das

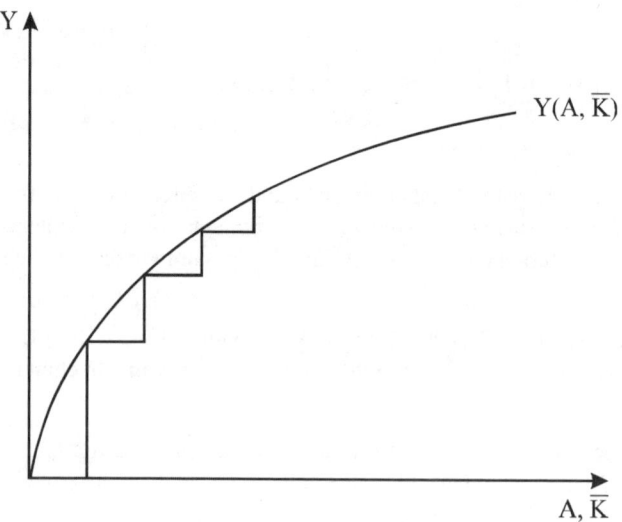

Abbildung III.5

Gesetz deutlich: Während der Arbeitseinsatz um jeweils eine konstante Einheit zunimmt, steigt der Output immer weniger, das heißt der Grenzertrag sinkt.

Zu Aufgabe b)

Der optimale Arbeitseinsatz liegt dann vor, wenn die Grenzkosten der Arbeit gleich dem Grenzerlös der Arbeit entsprechen. Diese Situation ist in Punkt B in Abbildung III.6 bei einem Arbeitseinsatz von A_0 erreicht.

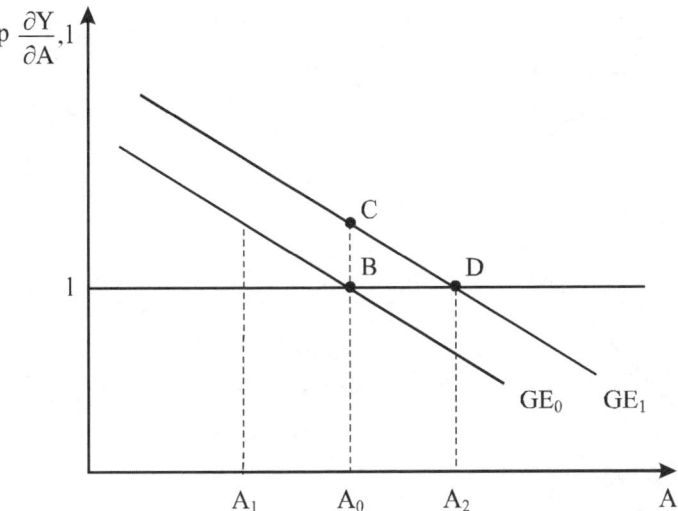

Abbildung III.6

Wählt die Unternehmung hingegen einen kleineren (größeren) Arbeitseinsatz – beispielsweise A_1 bzw. A_2 – dann sind die Grenzkosten kleiner (größer) als der Grenzertrag der letzten eingesetzten Arbeit. Die Unternehmung würde dementsprechend einen Grenzgewinn (Grenzverlust) erwirtschaften. In Folge dessen wird sie ihre Arbeitsnachfrage solange ausdehnen (einschränken), bis Grenzkosten und Grenzertrag gleich groß sind.

Zu Aufgabe c)

Im Ausgangspunkt B (vgl. Abbildung III.6) stimmen Grenzerlös und Grenzertrag der letzten eingesetzten Einheit Arbeit überein und die optimale Arbeitsnachfrage liegt bei A_0. Durch die Erhöhung der Grenzproduktivität verlagert sich die Grenzerlöskurve von GE_0 nach oben auf GE_1. Bei der bisherigen optimalen Beschäftigung A_0 steht nun den alten Grenzkosten ein höherer Grenzertrag gegenüber (Punkt C), sodass die Unternehmung einen Grenzgewinn erzielt. Sie wird daher die Arbeitsnachfrage solange ausdehnen, bis in Punkt D Grenzkosten und Grenzertrag der letzten eingesetzten Einheit Arbeit identisch sind. Somit ist die Arbeitsnachfrage als Folge der steigenden Grenzproduktivität auf A_2 gestiegen.

Zu Aufgabe d)

In der Ausgangslage herrscht in Punkt B (vgl. Abbildung III.7) ein Gleichgewicht zwischen Arbeitsangebot und Arbeitsnachfrage. Es stellt sich beim gleichgewichtigen Reallohn l_0/P_0 die Beschäftigung A_0 ein. Durch die Erhöhung der Grenzproduktivität der Arbeit erhöhen die Unternehmer ihre Nachfrage zu jedem Lohnsatz, was sich in der Verlagerung der Arbeitsnachfragekurve nach rechts auf N_1E_1 darstellt.

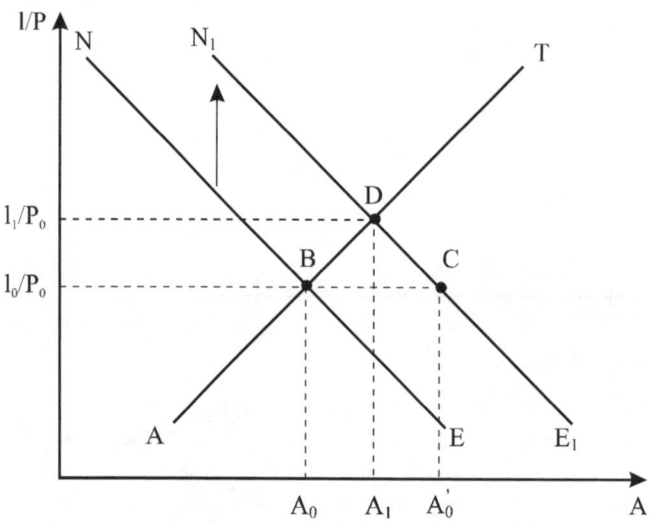

Abbildung III.7

Bei dem vorherrschenden Reallohn l_0/P_0 entsteht eine Nachfrageüberschuss in Höhe von $A_0' - A_0$ (Punkt C). Da die nachfragenden Unternehmen um das knappe Arbeitsangebot konkurrieren, kommt es zu einer Lohnsteigerung, die ihrerseits zu einer Ausdehnung des Arbeitsangebots und zu einem Rückgang der Arbeitsnachfrage führt. Dieser Prozess wird solange andauern, bis Arbeitsnachfrage und -angebot wieder im Gleichgewicht sind. Diese Situation ist in Punkt D bei einer insgesamt auf A_1 gestiegenen Beschäftigung und einem höheren Reallohn l_1/P_0 erreicht.

Zu Aufgabe e)

Die Senkung der Beiträge zur Arbeitslosenversicherung wirkt auf beide Marktseiten expansiv. Auf beide Marktseiten, weil in Deutschland das Prinzip der paritätischen Finanzierung der Sozialversicherung gilt, das heißt, Arbeitgeber wie Arbeitnehmer zahlen jeweils 50 Prozent der Beiträge. Expansiv, weil die Kosten für die Unternehmen sinken und sie ihre Nachfrage ausdehnen (Verlagerung der Nachfragekurve nach rechts). Zugleich sind die Anbieter – die Haushalte – bereit, die gleiche Arbeitsleistung für einen geringeren Bruttolohn (aber gleichen Nettolohn) anzubieten. Sie dehnen also ihr Arbeitsangebot aus (Verlagerung der Angebotskurve nach rechts). Insgesamt wird die Beschäftigung steigen; die Entwicklung des Reallohns ist aber von der Lohnelastizität des Arbeitsangebots und der Arbeitsnachfrage abhängig.

Diskussion der Ergebnisse

Der Arbeitsmarkt ist der zentrale Markt in der klassischen Theorie. Das Zusammenspiel von Arbeitsnachfrage und Arbeitsangebot bestimmt nicht nur Reallohn und Beschäftigungshöhe, sondern zugleich den gesamtwirtschaftlichen Output. Über das bekannte Saysche Theorem wird jedes Angebot abgesetzt, wobei ein voll funktionsfähiger Preismechanismus eine zwingende Voraussetzung ist.

Obwohl allein die Marktkräfte den Arbeitsmarkt immer wieder in ein Gleichgewicht bringen, kann auch auf dem klassischen Arbeitsmarkt Arbeitslosigkeit auftreten. Dies ist dann der Fall, wenn ein Teil der Arbeitsanbieter nicht bereit ist, zu dem vorherrschenden Lohn Arbeit anzubieten. Im Gegensatz zu Keynes handelt es aber sich hier um freiwillige Arbeitslosigkeit. So besitzen diese Anbieter möglicherweise eine sehr hohe Freizeitpräferenz, das heißt, nur für einen sehr hohen – und im Fall der freiwilligen Arbeitslosigkeit für einen über dem Gleichgewichtslohn liegenden – Lohn (den so genannten Reservationslohn) sind sie bereit, ihre Freizeit gegen Arbeit „einzutauschen."[4]

Am klassischen Arbeitsmarkt lassen sich auch leicht die aktuellen Diskussionen um die Einführungen eines Mindestlohns oder auch um die Höhe und die Bezugsdauer des Arbeitslosengeldes in ihren Grundzügen diskutieren. Wie wir im zweiten Kapitel gesehen haben, liegt der Mindestpreis immer über dem Gleichgewichtspreis, um die Anbieter zu schützen. Auf den Arbeitsmarkt angewandt kann dies aber bedeuten, dass die klassischen Marktmechanismen in ihrer Funktion behindert werden und Arbeitslosigkeit entsteht, obwohl es Arbeitsanbieter gibt, die bereit sind, für den Gleichgewichtslohn zu arbeiten.[5]

Im Fall der Höhe und der Bezugsdauer des Arbeitslosengelds besteht hingegen eine Zielkonkurrenz: Auf der einen Seite soll aus gesellschaftlicher Sicht das Arbeitslosengeld ausreichend sein, um einen sozialen „Abstieg" und „Ausgrenzung" zu verhindern sowie eine soziale Absicherung zu garantieren. Auf der anderen, der ökonomischen Seite, soll es aber nicht zu hoch sein, um immer noch einen Anreiz für die Arbeitssuche und damit für ein erneutes Angebot am Arbeitsmarkt zu schaffen. Ist das Arbeitslosengeld nämlich zu hoch, handeln die Erwerbslosen

---

[4]   Die Existenz einer freiwilligen Arbeitslosigkeit widerspricht nicht der klassischen Vorstellung von Vollbeschäftigung. Denn alle, die bereit sind zu arbeiten, finden eine Beschäftigung. Es gibt daher keine konjunkturelle Arbeitslosigkeit, wie sie Keynes vorschlägt und auch in der Realität anzutreffen ist.

[5]   Diese Überlegung gilt natürlich nur, solange der Mindestlohn tatsächlich greift. Da der Gleichgewichtslohn für die wenigsten Branchen bekannt ist, wurde beispielsweise in Großbritannien der Mindestlohn erst sehr niedrig angesetzt und dann kontinuierlich erhöht, bis die gewünschten Effekte eingetreten sind.

durchaus ökonomisch rational und sind dann – im Sinne der klassischen Arbeitslo-sigkeit – quasi „freiwillig" arbeitslos.

Literaturempfehlung

• Engelkamp und Sell (2005): S. 158–166.

Aufgabe 2:   Fiskalpolitik im klassischen System

Die Regierung eines Landes möchte erstmals in den Wirtschaftskreislauf eingrei-fen und ihre Ausgaben erhöhen, um den gesamtwirtschaftlichen Output zu erhö-hen. Um die Effekte dieser Ausgabenerhöhung vorher abschätzen zu können, ana-lysiert sie den Kapitalmarkt des Landes. Dieser ist durch die Sparfunktion $S(i) = 100i$ und die Investitionsfunktion $I(i) = 100 - 100i$ charakterisiert.

a)   Gilt die *ex-post*-Identität $I = S$ im klassischen System? Begründen Sie knapp!

b)   Bestimmen Sie rechnerisch das Gleichgewicht auf dem Kapitalmarkt! Stellen Sie den Kapitalmarkt grafisch dar und erläutern Sie knapp den Verlauf von Angebots- und Nachfragekurve!

c)   Die Regierung will zum ersten Mal aktiv in den Wirtschaftskreislauf eingrei-fen, und zwar durch eigenen Konsum in Höhe von 50. (i) Erläutern Sie – unter Verwendung Ihrer Grafik aus Teilaufgabe a) – grafisch und verbal diese ex-pansive Fiskalpolitik! Gehen Sie dabei auch auf die Verdrängung der privaten Nachfrage ein! (ii) Ermitteln Sie rechnerisch das neue Gleichgewicht auf dem Kapitalmarkt und die Verdrängung der Investitionen durch die Fiskalpolitik!

d)   Empfehlen Sie der Regierung die Fiskalpolitik mit dem Ziel der Erhöhung des gesamtwirtschaftlichen Outputs? Begründen Sie knapp!

Lösungsskizze

Zu Aufgabe a)

Ja, im klassischen System gilt die definitorische *ex-post*-Identität zwischen Sparen und Investieren. Derjenige Teil der Produktion, der nicht konsumiert wird (das Sparen), muss von den Unternehmern investiert werden. Für die Gleichheit zwi-schen Sparvolumen und Investitionsvolumen sorgt im klassischen System der (Real-)Zinsmechanismus.

Zu Aufgabe b)

Auf dem Kapitalmarkt (vgl. Abbildung III.8) stellt sich in Punkt A ein Gleichge-wicht bei einem Zins von $i_0 = 0,5$ und einem Spar- und Investitionsvolumen von jeweils 50 Einheiten ein.

Das Kapitalangebot wird durch die Höhe des Sparvolumens bestimmt. Da mit steigendem Zins der Sparanreiz – zuungunsten des Konsums – zunimmt, verläuft

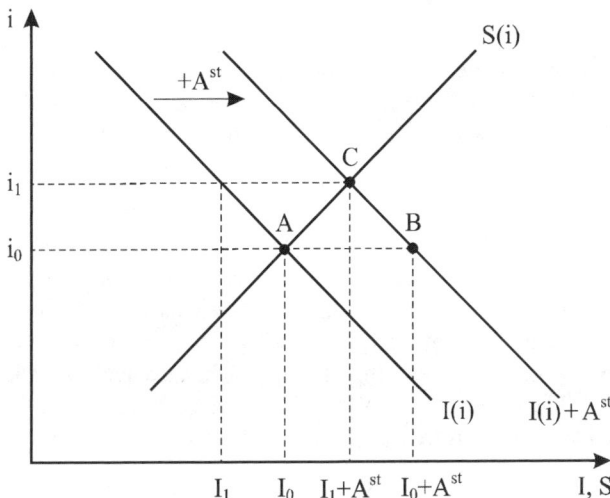

Abbildung III.8

die Angebotsfunktion steigend. Die Kapitalnachfrage entspricht den Investitionen, die negativ vom Zinssatz abhängen. Mit einem sinkenden Zinssatz steigt die Investitionsbereitschaft der Unternehmen. Das heißt, die Kapitalnachfragekurve hat einen fallenden Verlauf.

Zu Aufgabe c)

In der Ausgangssituation herrscht in Punkt A (vgl. Abbildung III.8) ein Gleichgewicht bei einem Zinssatz von $i_0 = 0,5$ und einem Spar- und Investitionsvolumen von jeweils 50 Einheiten.

Tritt der Staat nun als Nachfrager auf dem Kapitalmarkt auf, verlagert sich die Nachfragefunktion parallel nach rechts. Parallel, weil der Staat zinsunelastisch nachfragt. Es stellt sich beim alten Gleichgewichtszins i_0 eine Nachfrageüberschuss in Höhe von A^{st}, das heißt von 50, ein (Punkt B).

Es setzt nun der Marktpreismechanismus ein, der solange anhält, bis die Überschussnachfrage durch eine Zinssteigerung abgebaut ist. Es stellt sich ein neues Gleichgewicht in Punkt C mit dem Zinssatz i_1 ein.

Durch den steigenden Zins kommt es auf zweierlei Weise zur Verdrängung der privaten Nachfrage: Zum einen sinken die Investitionen mit dem zunehmenden Zins auf I_1. Zum anderen sinkt die Konsumnachfrage genau in dem Maße, wie das Sparen durch den Zinsanstieg zugenommen hat. Insgesamt verdrängt die Staatsnachfrage die private Nachfrage in gleicher Höhe.

Das neue Gleichgewicht stellt sich bei einem Zinssatz von $i_1 = 0,75$ ein. Das Sparvolumen beträgt 75 und das Investitionsvolumen 25 Einheiten. Insgesamt hat der Staat jeweils 25 Einheiten private Investitionen und privaten Konsum verdrängt.

Zu Aufgabe d)

Nein! Da im klassischen System der Arbeitsmarkt den gesamtwirtschaftlichen Output bestimmt, bleibt das Angebot unverändert. Es ändert sich lediglich die Zusammensetzung der Nachfrage, wobei die private Nachfrage durch die Staatsnachfrage verdrängt wird.

Diskussion der Ergebnisse

Das Gleichgewicht auf dem Kapitalmarkt kann leicht rechnerisch ermittelt werden, indem Spar- und Investitionsfunktion gleichgesetzt und dann nach dem Zins i aufgelöst werden. Um das gleichgewichtige Sparen und Investieren zu ermitteln, wird der gefundene Zins in die Spar- bzw. Investitionsgleichung eingesetzt. Die Bestimmung des zweiten Gleichgewichtes erfolgt auf die gleiche Weise, nur dass in diesem Fall die Kapitalnachfrage aus Investitionen und Staatausgaben besteht.

Die Verdrängung der privaten Nachfrage wird auch als *crowding out* bezeichnet. Verdrängt die (zusätzliche) Staatsnachfrage die private Nachfrage genau in gleicher Höhe, wie diese in dieser Aufgabe der Fall ist, dann sprechen wir von einem vollständigen *crowding out*. Ist die verdrängte private Nachfrage kleiner als die zusätzliche Staatsnachfrage, dann liegt ein partielles (teilweise) *crowding out* vor.

Der Staat muss aber nicht nur konsumtiv tätig werden, er kann auch Sparen. In diesem Fall verlagert sich nicht die Kapitalnachfragekurve, sondern die Kapitalangebotskurve, und zwar nach rechts. Es entstünde ein Kapitalangebotsüberschuss, der durch eine Zinssenkung abgebaut wird. In diesem Fall kommt es zu einem *crowding in*, bei dem die private Nachfrage angeregt wird.

Zusammenfassend halten wir nochmals fest, dass auf dem klassischen Arbeitsmarkt das Angebot von den Unternehmen bestimmt wird. Bei Gültigkeit des Sayschen Theorems trifft dann immer (!) das geplante Angebot auf eine gleich große geplante Nachfrage. Auf dem Güter- bzw. Kapitalmarkt entscheidet sich lediglich, wie diese Nachfrage auf Konsum-, Investitions- und Staatsnachfrage aufgeteilt wird.

Literaturempfehlung

* Engelkamp und Sell (2005): S. 166–168.

Aufgabe 3:   Geldpolitik im klassischen System

Da ihre Fiskalpolitik keinen Effekt auf den gesamtwirtschaftlichen Output verspricht, will die Regierung den Output über die Erhöhung der Geldmenge beeinflussen.

a) Die klassische Geldtheorie beruht auf der so genannten Quantitätsgleichung. Wie lautet die Quantitätsgleichung? Erläutern Sie kurz die Gleichung!

b) Von welchen Größen ist die Geldnachfrage und von welchen Größen das Geldangebot in der klassischen Theorie abhängig und wie?

c) Zeigen Sie grafisch die Auswirkungen einer expansiven Geldpolitik auf den klassischen Geldmarkt!

d) Erläutern Sie grafisch und verbal die Auswirkung der in c) dargestellten expansiven Geldpolitik auf den klassischen Arbeitsmarkt! Kann die Regierung mit einer expansiven Geldpolitik den Output erhöhen?

Lösungsskizze

Zu Aufgabe a)

Die Quantitätsgleichung hat folgende Form: $M \cdot V = P \cdot Y$. Sie stellt den definitorischen Zusammenhang zwischen monetärer Nachfrage und dem zu laufenden Preisen bewerteten Handelsvolumen bzw. Güterangebot dar.

Zu Aufgabe b)

Das Geldangebot wird exogen von der Zentralbank vorgegeben. Die Geldnachfrage hängt ausschließlich vom Preisniveau ab, und zwar positiv.

Zu Aufgabe c)

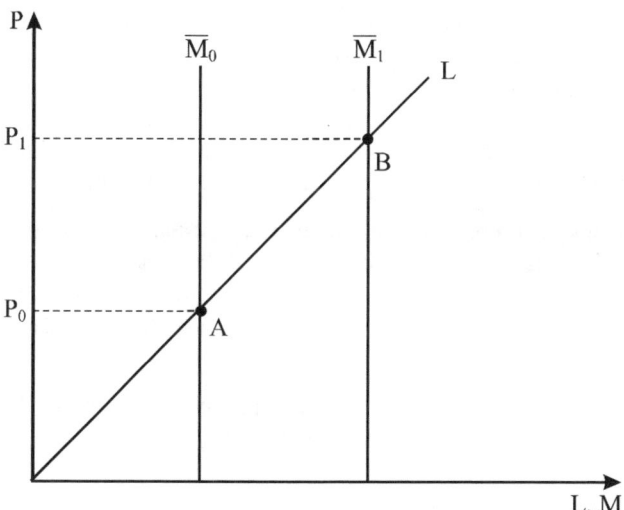

Abbildung III.9

Zu Aufgabe d)

Im Ausgangspunkt B (vgl. Abbildung III.10) ist der Arbeitsmarkt im Gleichgewicht, bei dem der Reallohn l_0/P_0 und die Beschäftigung A_0 vorherrschen. Durch

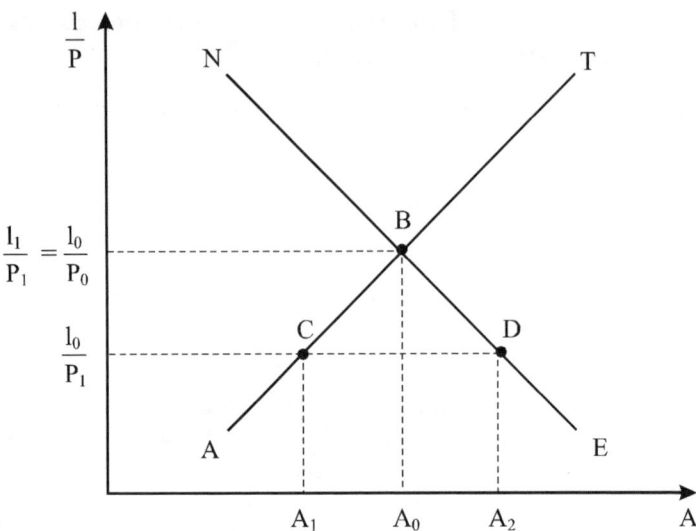

Abbildung III.10

die expansive Geldpolitik erhöht sich das Preisniveau auf P_1 und damit sinkt zugleich der Reallohn auf l_0/P_1.

Der sinkende Reallohn führt zu einem Rückgang des Arbeitsangebotes auf A_1 (Punkt C) und zu einer Ausdehnung der Arbeitsnachfrage auf A_2 (Punkt D). Insgesamt stellt sich ein Arbeitsnachfrageüberschuss von $A_2 - A_1$ ein. Die Konkurrenz der Nachfrager um das knappe Arbeitsangebot führt zu einem Prozess der Nominallohnsteigerung, der solange anhält, bis Angebot und Nachfrage wieder im Gleichgewicht sind. Dies ist wiederum in Punkt B der Fall, und zwar beim alten gleichgewichtigen Reallohn und der alten gleichgewichtigen Beschäftigung.

Insgesamt wurde der Effekt der Preissenkung auf den Arbeitsmarkt durch eine Erhöhung des Nominallohns auf l_1 vollständig kompensiert. Somit wurde der Reallohn durch die Geldpolitik nicht verändert, und da das gesamtwirtschaftliche Realeinkommen (der Output) nur vom Reallohn abhängt, ist auch dieses konstant geblieben.

Die Regierung konnte auch mit der Geldpolitik keine expansive Wirkung auf die Beschäftigung und den gesamtwirtschaftlichen Output erzielen.

Diskussion der Ergebnisse

Wie wir bereits wissen, gibt es neben dem Transaktionskassenmotiv mit dem zinsabhängigen Spekulationskassenmotiv einen weiteren Grund für die Wirtschaftssubjekte, Geld in Kasse vorzuhalten. Die Klassiker bestreiten jedoch die Zinsabhängigkeit der Geldnachfrage, da ihrer Auffassung nach die Anlage überschüssiger Kasse immer von Vorteil ist, selbst wenn die Zinsen sehr niedrig sind.

Die alleinige Abhängigkeit der Geldnachfrage vom Preisniveau ergibt sich leicht aus der Quantitätsgleichung. Da Geld nur für Transaktionszwecke gehalten wird, können wir M (Geldangebot) durch L (Geldnachfrage) ersetzen und die Gleichung nach L umstellen. Es ergibt sich $L = PY/V$.

Auf den ersten Blick scheint damit die Geldnachfrage auch von Realeinkommen und der Umlaufgeschwindigkeit abzuhängen. Da das Realeinkommen vom Arbeitsmarkt bestimmt wird und die Umlaufgeschwindigkeit nach klassischer Ansicht institutionell vorgegeben ist, sind beide exogen und somit konstant. Ergänzen wir unserer Gleichung um diese Informationen, dann sehen wir, dass die Geldnachfrage proportional vom Preisniveau abhängt $L = (\bar{Y}/\bar{V})P$.

Eine (exogene) Veränderung des Outputs und/oder der Umlaufgeschwindigkeit führt „nur" zu einer Lageänderung, genauer: einer veränderten Steigung der Geldnachfragekurve.

Die Unabhängigkeit des realwirtschaftlichen Sektors von der Entwicklung des Geldmarktes ist ein zentrales Element des so genannten „Separationstheorems", nach dem weder Beschäftigung und Volkseinkommen noch die Aufteilung der Güternachfrage von der Entwicklung des Geldmarkts abhängen. Es herrscht also eine vollständige Trennung zwischen monetärem und realem Sektor. Der Geldsektor ist daher nur ein „Schleier", der sich über den realen Sektor legt, ohne ihn zu beeinflussen. Wir sprechen deswegen auch von der „Neutralität des Geldes."

Wenn Fiskal- und Geldpolitik aber keine Wirkung auf den Output haben, wie kann die Regierung ihn aber dann noch beeinflussen? Sie könnte beispielsweise den technischen Fortschritt fördern oder Effizienz fördernde Rahmenbedingungen schaffen bzw. verbessern. In beiden Fällen würde sich – bildlich gesprochen – die Produktionsfunktion (vgl. Abbildung III.5) nach oben drehen und der Output würde bei konstanter Beschäftigung steigen.

Literaturempfehlung

- Engelkamp und Sell (2005): S. 168–171.

Aufgabe 4:   Klassik versus Keynes

Während die Klassik die ökonomisches Theorie bis zum Ausbruch der Weltwirtschaftskrise in den 1920er-Jahren dominierte, entwickelte Keynes aus den Erfahrung dieser Krise seine Theorie, die bis weit in die 1970er-Jahre fand und auch heute (in modifizierter Form) noch Verfechter findet.

Stellen Sie die Hauptunterschiede beider Theorien in einer Tabelle gegenüber! Die Vergleichskriterien sind: (1) Höhe der Beschäftigung, (2) bestimmende Marktseite, (3) strategischer Markt, (4) Flexibilität der Preise, (5) Determinante des Sparens, (6) Determinante des Investierens, (7) Komponenten der Geldnachfrage, (8) Stabilität des Gleichgewichts und (9) Notwendigkeit einer Prozesspolitik.

Lösungsskizze

	Klassische Theorie	Keynessche Theorie
Höhe der Beschäftigung	Vollbeschäftigung	Unterbeschäftigung
Bestimmende Marktseite	Angebotsseite (Gültigkeit des Sayschen Theorems)	Nachfrageseite (effektive Nachfrage)
Strategischer Markt	Arbeitsmarkt	Güter-/Kapitalmarkt
Flexibilität der Preise	vollkommen flexibel	kurzfristig starr, insb. nach unten
Determinante des Sparens	Zins	Einkommen
Determinante des Investierens	Zins	Zins
Komponenten der Geldnachfrage	Transaktionsmotiv	Transaktions-, Vorsichts- und Spekulationsmotiv
Gleichgewicht	immer Tendenz zu stabilen Gleichgewichten	Gleichgewichte eher instabil
Notwendigkeit einer Prozesspolitik	nein, da Selbstheilungskräfte	ja

Diskussion der Ergebnisse

Um die gravierenden Unterschiede zwischen beiden Theorien besser zu verstehen, muss das historische Umfeld während der Herausbildung beider Erklärungsansätze mit betrachtet werden. So bildet sich die klassische Theorie mit den Anfängen der industriellen Revolution heraus. In dieser Zeit herrschte tatsächlich so etwas wie Vollbeschäftigung auf dem Arbeitsmarkt, die durch vollkommen freie Löhne erreicht wurde, und der Staat agierte nach dem Prinzip des *Laisser-faire* und schuf einen ordnungspolitischen Rahmen, in dem die Marktkräfte frei walten konnten.

Keynes entwickelte seine Theorie als direkte Antwort auf die Weltwirtschaftskrise, die unter anderem von einer immensen Arbeitslosigkeit geprägt war. Nach Keynes müssen die Marktkräfte der Klassik versagt haben, denn sonst hätte es wohl kaum eine solche Arbeitslosigkeit und Unterauslastung des Kapitalstocks gegeben. Die Unterbeschäftigung sieht Keynes in der zu geringen Arbeitsnachfrage der Unternehmen begründet, deren Produktionskapazitäten aber selbst unterausgelastet sind. Da der Markt allein nicht in der Lage scheint, eine höhere Beschäftigung der Produktionsfaktoren, insbesondere der Arbeit, zu induzieren, soll nach Ansicht von Keynes der Staat als (zusätzlicher) Nachfrager auftreten.

Literaturempfehlung

- Engelkamp und Sell (2005): S. 171–173.

Aufgabe 5:   Gütermarkt im Keynesschen System

Im Gegensatz zur klassischen Theorie bestimmt im Keynesschen Einkommens-Ausgaben-Modell die effektive Nachfrage die Höhe des Angebotes. Da Keynes aber von unausgelasteten Kapazitäten ausgeht, ist unter „Angebot" nicht der klassische Vollbeschäftigungsoutput, sondern die tatsächlich absetzbare Produktion zu verstehen. Damit steht jedem Einkommen (jeder Nachfrage) genau ein Produktionsniveau in gleicher Höher gegenüber. Stimmen Angebot und Nachfrage nicht über ein, müssen die Wirtschaftssubjekte von ihren Plänen abweichen, um wieder ein Gleichgewicht herzustellen.

Der Gütermarkt in einer zwei Sektoren Ökonomie ist durch die Konsumfunktion $C_t(Y_{t-1}) = 200 + 0,5Y_{t-1}$ und die Investitionsfunktion $I_t(i) = 300 - 200i$ gekennzeichnet.

a) Nennen Sie die beiden Komponenten der Güternachfrage, die Keynes in seiner Theorie verwendet! Von welchen Größen sind diese abhängig und wie? Von welcher Größe ist das Güterangebot bei Keynes abhängig?

b) Stellen Sie die Konsumfunktion grafisch dar und kennzeichnen Sie den Bereich des Entsparen und des Sparens! Warum beginnt die Konsumfunktion nicht im Ursprung und warum ist sie flacher als die 45°-Linie? Wie hoch ist das Einkommen, das gerade zur Sparschwelle führt? Wie lautet die Sparfunktion?

c) Stellen Sie den Keynesschen Gütermarkt grafisch dar! Ermitteln Sie das gleichgewichtige Einkommen, wenn der Zinssatz $i = 0,25$ ist. Ermöglicht dieses Einkommen die Gleichheit von Investitionen und Sparen? Leiten Sie die Identität $I = S$ in wenigen Schritten formal her!

d) In Periode $t = 1$ erhöhen sich die autonomen Investitionen dauerhaft auf 500! (i) Stellen Sie in Ihrer Grafik aus Teilaufgabe c) den Effekt dieser Erhöhung auf das Einkommen dar! (ii) Wie hoch ist das neue Gleichgewichtseinkommen? (iii) Aufgrund der verzögerten Anpassung der Produktion an die veränderte Nachfrage wird das neue Gleichgewicht erst nach einiger Zeit erreicht. Erläutern Sie den Anpassungsprozess für die ersten drei Perioden ($t = 0, 1, 2$) in Form einer Sequenztabelle folgender Form. Erklären Sie dabei, warum die Haushalte ungeplant sparen müssen!

t	$C_t^{geplant}$	I_t	Y_t	$S_t^{geplant}$	$S_t^{ungeplant}$	$C_t^{ungeplant}$
0						

Lösungsskizze

Zu Aufgabe a)

Die Konsumgüternachfrage setzt sich aus einem einkommensunabhängigen und einem einkommensabhängig Anteil zusammen. Die marginale Konsumneigung bestimmt dabei, wie viel Prozent einer zusätzlichen Einkommenseinheit für Konsum ausgegeben werden.

Die Investitionsgüternachfrage setzt sich aus einem zinsunabhängigen und einem zinsabhängigen Teil zusammen. Dabei nimmt die Investitionstätigkeit mit steigendem Zins ab, wobei die Höhe der marginalen Investitionsneigung h die Höhe des Rückgangs bestimmt.

Das Güterangebot entspricht der effektiven Nachfrage.

Zu Aufgabe b)

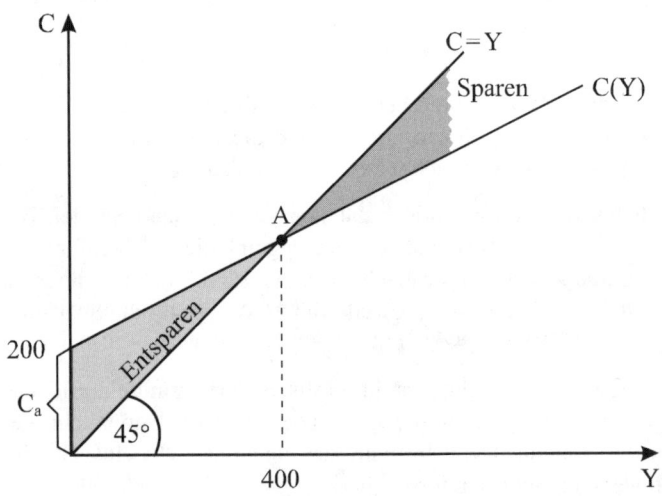

Abbildung III.11

Die Konsumfunktion in Abbildung III.11 beginnt nicht im Ursprung, weil der Konsum auch einen einkommensunabhängigen Teil (autonomer Konsum) besitzt. Das heißt, bei einen Einkommen von null, konsumieren die Haushalte bereits. Die Konsumfunktion ist flacher als die 45°-Linie, weil die Haushalte einen Teil ihres Einkommens sparen. Auf der 45°-Linie wird hingegen alles Einkommen für Konsum verwendet.

Das Einkommen von 400 führt gerade zur Sparschwelle (Punkt A). Sie Sparfunktion lautet: $S = 0,5Y - 200$.

Zu Aufgabe c)

Das gleichgewichtige Einkommen beträgt 900 (Punkt B in Abbildung III.12). Bei diesem Einkommen sparen die Haushalte 250 Einheiten. Die Investitionen betragen bei einem Zinssatz von 0,25 auch 250 Einheiten. Somit ermöglicht das Einkommen von 900 eine Gleichheit von Investition und Sparen und damit auch die Übereinstimmung von (geplanter) Nachfrage und tatsächlichem Angebot.

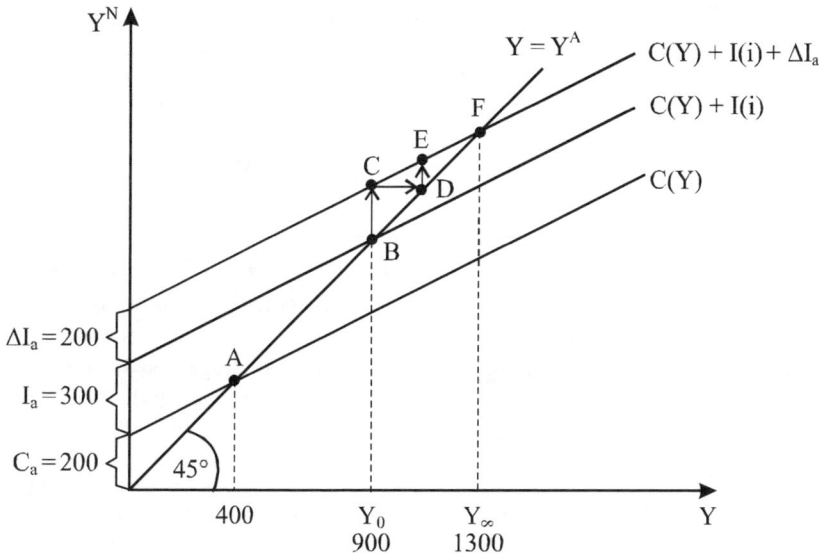

Abbildung III.12

Es gilt für die Einkommensentstehung (1) $Y = C + I$ und für die Einkommensverwendung (2) $Y = C + S$. Werden (1) und (2) gleichgesetzt, dann erhält man $I = S$.

Zu Aufgabe d)

Durch die (dauerhafte) Erhöhung der autonomen Investitionen um 200 auf 500 steigt das Gleichgewichtseinkommen (Punkt E in Abbildung III.12) auf 1300.

In Periode $t = 0$ befindet sich die Ökonomie bei einem Einkommen von 900 in Punkt B im Gleichgewicht. Da der Nachfrage von 900 genau ein Angebot von 900 gegenübersteht, können alle Pläne der Wirtschaftssubjekte realisiert werden.

Für die Periode $t = 1$ ergibt sich folgendes Bild: Da der Konsum vom Einkommen der Vorperiode abhängt, planen die Haushalte einen Konsum von 650 und ein Sparen von 250. Gleichzeitig planen und realisieren die Unternehmen als Folge der gestiegenen autonomen Investitionen ein Investitionsvolumen von 450. Insgesamt ist die Nachfrage in $t = 1$ auf 1100 gestiegen (Punkt C). Dieser erhöhten Nachfrage steht nun nur ein Angebot von 900 gegenüber (Punkt B), als Folge entsteht ein Ungleichgewicht – eine Nachfrageüberschuss in Höhe der Strecke BC. Da die Produktion sich nicht sofort anpassen wird, treten ungeplante Investitionen und/oder ungeplantes Sparen auf. Weil aber die Unternehmen ihre Investitionen von 450 vollständig realisieren, können die Haushalte 200 Einheiten ihres geplanten Konsums nicht befriedigen und sind stattdessen zu einer ungeplanten Ersparnis in gleicher Höhe gezwungen. Durch dieses erzwungene ungeplante Sparen wird ex post die Identität $S = I$ hergestellt.

t	$C_t^{geplant}$	I_t	Y_t	$S_t^{geplant}$	$S_t^{ungeplant}$	$C_t^{ungeplant}$
0	650	250	900	250	0	0
1	650	450	1100	250	200	−200
2	750	450	1200	350	100	−100
∞	850	450	1300	450	0	0

Zum Ende der ersten Periode wird die Produktion an die erfolgte Erhöhung der autonomen Investitionen angepasst, sodass das Einkommen auf 1100 steigt (Punkt D). Dieser Einkommensanstieg bewirkt in der Periode t = 2 einen geplanten Konsum der Haushalte von 750. Da der geplanten Gesamtnachfrage von 1200 (Punkt E) erneut ein geringeres Angebot von 1100 gegenübersteht, müssen die Haushalte zusätzlich 100 Einheiten (ungeplant) sparen.

Dieser Prozess setzt sich solange fort, bis sich in Punkt F ein (neues) Gleichgewichtseinkommen einstellt, das zur Realisierung aller Pläne der Wirtschaftssubjekte führt.

Diskussion der Ergebnisse

Die effektive Nachfrage und damit das Einkommen kann über folgende Schritte ermittelt werden: Als Erstes wird die Bestimmungsgleichung für die effektive Nachfrage aufgestellt:

$$Y = C + I = C_a + cY + I_a - hi \quad \text{bzw.} \quad Y = 200 + 0,5Y + 300 - 200 \cdot 0,25,$$

wobei h die Zinsreagibilität der Investitionen darstellt, die in unserem Beispiel 200 beträgt. Da das Einkommen (Y) nun auf beiden Seiten steht, stellen wir die Gleichung so um, dass Y nur auf der linken Seite steht:

$$(1 - c)Y = C_a + I_a - hi \quad \text{bzw.} \quad (1 - 0,5)Y = 200 + 300 - 200 \cdot 0,25.$$

In einem letzten Schritt werden beide Seiten der Gleichung durch $(1 - c)$ dividiert und das Ergebnis bestimmt:

$$Y = \frac{1}{(1 - c)}(C_a + I_a - hi)^6 \quad \text{bzw.} \quad Y = \frac{1}{(1 - 0,5)}(200 + 300 - 200 \cdot 0,25) = 900.$$

Der Term $1/(1 - c)$ bzw. $1/s$ spielt eine zentrale Rolle im Keynesschen System – er ist der Multiplikator. Er drückt den Faktor aus, mit dem die Höhe der Nachfrageänderung (dI_a) multipliziert wird. Im Fall der Erhöhung der autonomen Investitionen um 100 ist der Multiplikator 2 (1/0,5 = 2), sodass eine Erhöhung der autonomen Investitionen um 100 das Einkommen um 200 Einheiten erhöht.

---

[6] Wie wir später noch sehen werden, haben wir – solange der Zinssatz noch als Variable in der Gleichung steht – gerade die „IS-Kurve" der keynesianischen Theorie hergeleitet.

Wollen wir die Sparschwelle bestimmen, dann setzen wir einfach die Investitionen gleich null. Die Sparfunktion ermitteln wir über den Zusammenhang $Y = C + S$ bzw. $S = Y - C$. Allgemein gilt für die Sparfunktion immer $S = (1 - c) Y - C_a$.

Keynes unterstellt, dass der (geplante) Konsum vom Einkommen der Vorperiode abhängt. Diese Abhängigkeit wird auch als Robertson-Lag bezeichnet. Tritt dieser Lag auch in der Realität auf? Natürlich, wenn wir bedenken, dass wir den Lohn für unsere in einem Monat geleistete Arbeit erst am Ende dieses Monats oder zum Beginn des Folgemonats erhalten. Mit diesem Lohn müssen wir dann bis zur nächsten Gehaltszahlung haushalten. Das heißt, dass wir mit dem Einkommen unseren Konsum und unser Sparen für den nächsten Monat planen müssen. Können wir aus verschiedenen Gründen (ein gewünschtes Gut ist nicht verfügbar etc.) unsere Konsumwünsche nicht realisieren, werden wir ungeplant sparen.

Diese Aufgabe und die knappe Erklärung des Robertson-Lags zeigen zwei wichtige Unterschiede zwischen der Klassik und dem Keynesschen System auf. Erstens ist das Sparen bei Keynes nicht mehr von Zins, sondern vom Einkommen abhängig. Daraus folgt aber zweitens, dass nicht mehr der Zinsmechanismus für den Ausgleich von Sparen und Investieren sorgen kann. Bei Keynes muss das Gleichgewichtseinkommen diese Gleichheit herstellen. Entspricht das tatsächliche Einkommen nicht dem Gleichgewichtseinkommen und kann das Angebot nur verzögert angepasst werden, dann können die Wirtschaftssubjekte ihre Pläne nicht vollständig realisieren, sondern müssen entweder ungeplant Sparen/Entsparen bzw. ungeplant Lagerbestände abbauen/aufbauen. Es gilt:

$$S = S^{geplant} + S^{ungeplant} \quad \text{und} \quad I = I^{geplant} + I^{ungeplant}.$$

Das Gütermarktschema kann auch um weitere Nachfragekomponenten erweitert werden wie um Staatsausgaben, Exporte oder Importe. Solange diese Komponenten einkommensunabhängig sind, bedeutet ihre Integration in das Gütermarktdiagram eine Parallelverschiebung der Nachfragekurve. Unabhängig von den verschiedenen Nachfragekomponenten liegt das Gleichgewicht immer (!) auf der 45°-Linie, denn dort stimmen effektive Nachfrage und tatsächliches Angebot überein.

Literaturempfehlungen

- Dieckheuer (2003): S. 39–47.

- Engelkamp und Sell (2005): S. 173–184.

Aufgabe 6:   Fiskalpolitik im Keynesschen System

Die Regierung eines Landes möchte eine expansive Fiskalpolitik betreiben, um das Volkseinkommen und damit die Beschäftigung im Land zu erhöhen. Sie überlegt, ob sie Transferzahlungen an die Haushalte einführen oder den eigenen Konsum erhöhen sollte.

Folgende Informationen liegen der Regierung über die Verhaltensgleichungen der Wirtschaftssubjekte und die Steuereinnahmen (T) vor:

$$C(Y) = 200 + 0,5Y \qquad I = 300 - 200i \qquad A^{st} = 100 \qquad T = 100$$

a) Stellen Sie die Budgetgleichung der Regierung vereinfacht dar! Würden Sie die Transferzahlungen an die Haushalte oder den Staatskonsum erhöhen, um einen möglichst hohen Einkommensgewinn als Folge der Fiskalpolitik zu erzielen? Begründen Sie Ihre Entscheidung!

b) Die Regierung erhöht ihren Konsum um 200. Ermitteln Sie das gleichgewichtige Einkommen vor und nach der Erhöhung des Staatskonsums, wenn der Zinssatz konstant bei $i = 0,25$ liegt!

c) Die Regierung erhöht ihren Konsum in der Periode $t=1$ permanent von 100 auf 300. Ermitteln Sie die ersten drei Stufen $(t=0,1,2)$ der auf diese Ausgabensteigerung hin folgenden Einkommensentwicklung in einer selbst zu erstellenden Sequenztabelle folgender Form:

t	$C_t^{geplant}$	I_t	A_t^{st}	Y_t	T_t	$Y_{t+1}^{verfügbar}$	$S_t^{geplant}$	$S_t^{ungeplant}$
0								

d) Um wieviele Einheiten verschuldet sich die Regierung jede Periode nach der Erhöhung ihrer Ausgaben auf 300? Wie hoch wäre das neue gleichgewichtige Einkommen, wenn die Regierung – um eines ausgeglichenen Budgets willen – neben ihrem Staatskonsum auch die Pauschalsteuern (T) um 200 Einheiten erhöht?

Lösungsskizze

Zu Aufgabe a)

Auf der Einnahmenseite stehen die Steuereinnahmen und die Verschuldung der Regierung. Die Ausgaben bilden der Staatskonsum, die Transferzahlungen an die Haushalte und die Subvention an die Unternehmen.

Der Staatskonsum muss ausgedehnt werden, denn der Staat führt keine Konsum-Spar-Entscheidung durch, sodass die gesamte zusätzliche Nachfrage sofort einkommenswirksam wird. Bei der Einführung der Transferzahlungen wird nur ein Teil der Zahlungen einkommenswirksam, weil die Haushalte eine Konsum-Spar-Entscheidung durchführen. Ein Teil der Transferzahlung wird daher gespart.

Zu Aufgabe b)

Das Einkommen vor der Erhöhung des Staatskonsums ist 1000 und nach der Erhöhung 1400.[7]

---

[7] Hinweis: Folgende Rechenschritte sind durchzuführen (1) $Y = C(Y) + I + A^{st}$ → (2) $Y = C_a + c(Y-T) + I_a - 200i + A^{st}$ → (3) $(1-c)Y = C_a + cT + I_a - 200i + A^{st}$ → (4)

Zu Aufgabe c)

t	$C_t^{geplant}$	I_t	A_t^{st}	Y_t	T_t	$Y_{t+1}^{verfügbar}$	$S_t^{geplant}$	$S_t^{ungeplant}$
0	650	250	100	1000	100	900	250	0
1	650	250	300	1300	100	1200	250	200
2	800	250	300	1350	100	1250	400	50
⋮	⋮	⋮	⋮	⋮	⋮	⋮	⋮	⋮
∞	850	250	300	1400	100	1300	450	0

Zu Aufgabe d)

Die Regierung verschuldet sich in jeder Periode um 200 Einheiten, weil die Staatsausgaben von 300 die Steuereinnahmen (T) um diesen Betrag übersteigen. Das neue gleichgewichtige Einkommen ist 1200.

Diskussion der Ergebnisse

Bei der Berechnung der Sequenztabelle wird deutlich, dass die ex post Identität I = S auf den ersten Blick nur in der ersten Periode gilt, nämlich wenn Steuern und Staatsausgaben gleich groß sind – das Staatsbudget also ausgeglichen ist. In allen anderen Perioden stimmen Investitionen und Sparen am Ende der Periode scheinbar nie überein. Müssen wir die Identität I = S um den Staat erweitern?

Ja und Nein! Zuerst zum „ja": Auf der einen Seite verringert die Steuerlast der Haushalte deren verfügbares Einkommen und damit auch die Höhe des Sparens. Auf der anderen Seite wird dieser nicht für den privaten Konsum verwendete Produktionsanteil (das ist per Definition das Sparen) nun sowohl von den Unternehmen für die Investitionen als auch vom Staat für seinen eigenen Konsum nachgefragt. Formal kann die Bedingung schnell wie folgt bestimmt werden:

Für die Einkommensentstehung gilt nun (1) $Y = C + I + A^{st}$ und für die Einkommensverwendung (2) $Y = C + S^{privat} + T$, wobei wir bewusst vom privaten Sparen sprechen. Werden (1) und (2) gleichgesetzt, dann erhalten wir $I + A^{st} = S^{privat} + T$ bzw. $I + A^{st} - T = S^{privat}$. Wenn wir diese Gleichung beachten, können wir leicht das (un-)geplante Sparen in der Sequenztabelle bestimmen.

Nun zum „nein": Wenn wir $I + A^{st} = S^{privat} + T$ nach den Investitionen auflösen, erhalten wir $I = S^{privat} + T - A^{st}$. Da die Steuern (T) die Einnahmen und der Staatskonsum (A^{st}) die Ausgaben des Staates darstellen, ist die Differenz beider

---

$Y = (C_a - cT + I_a - 200i + A^{st})/(1-c)$. Hinweis: Wir gehen hier, wie viele andere Lehrbücher auch, davon aus, dass alleinig die Haushalte die Steuerlast tragen. Daher müssen die Steuern – und die Transferzahlungen – bei der Berechnung des gleichgewichtigen Einkommens immer mit der marginalen Konsumneigung bewertet werden.

Größen nichts anderes als die staatliche Ersparnis (S^{Staat}). Und weil die Summe aus privater und staatlicher Ersparnis die gesellschaftliche Ersparnis ergibt, gilt auch wieder die bekannte Identität $I = S = S^{privat} + S^{staat}$.[8]

Die Aufgabenstellung der Teilaufgabe d) spiegelt das so genannte Haavelmo-Theorem wider. Dieses besagt vereinfacht, dass bei einer steuerfinanzierten Staatsausgabenfinanzierung – die Steuern werden also im Ausmaß der Staatsausgabensteigung erhöht – der Einkommenseffekt dieser Fiskalpolitik genau dem Ausmaß der Staatausgabenerhöhung entspricht.

Die Lösungen der Aufgaben b) und d) bestätigen dieses Theorem: In beiden Teilaufgaben wurden die Staatsausgaben um 200 erhöht. In b) blieben die Steuern aber konstant, das Einkommen stieg um 400. In d) hingegen wurden auch die Steuern um 200 erhöht, das Einkommen stieg nur noch um 200.

Nun taugen Zahlenbeispiele nicht als Beweis für dieses Theorem. Führen wir diesen Beweis kurz durch, wobei wir auf den bereits in Aufgabe 5 angesprochenen Multiplikator zurückgreifen. Die Einkommensänderung (dY) ergibt sich aus dem positiven Einkommenseffekt der Staatsausgabenerhöhung (dA^{st}) und dem negativen Einkommenseffekt der Steuererhöhung (dT):

$$dY = \frac{\partial Y}{\partial A^{st}} dA^{st} + \frac{\partial Y}{\partial T} dT = \frac{1}{(1-c)} dA^{st} - \frac{c}{(1-c)} dT.$$

Da bei einer steuerfinanzierten Staatsausgabenerhöhung $dA^{st} = dT$ gilt, können wir für die obige Gleichung schreiben

$$dY = \frac{1}{(1-c)} dA^{st} - \frac{c}{(1-c)} dA^{st} = \frac{(1-c)}{(1-c)} dA^{st} = dA^{st} \qquad q.e.d.$$

Literaturempfehlung

- Engelkamp und Sell (2005): S. 173–184 und 193 f.

Aufgabe 7:   Geldmarkt und Geldpolitik im Keynesschen System

Im Gegensatz zur klassischen Theorie unterstellt Keynes die Existenz der Liquiditätspräferenz der Wirtschafssubjekte, das heißt, die Geldnachfrage ist auch zinsabhängig. Der Geldmarkt spielt eine wichtige Rolle im Keynesschen System, denn auf ihm wird der Zinssatz bestimmt, der seinerseits die Höhe der Investitionen determiniert.

---

[8]   Es ist hier nochmals anzumerken, dass für die Berechnung einer Sequenztabelle auf die Gleichung $I + A^{st} - T = S^{privat}$ und – im Falle einer offenen Volkswirtschaft – auf $I + X - IM + A^{st} - T = S^{privat}$ zurückgegriffen werden sollte, um den häufigsten Fehler bei der Berechnung der Sequenztabellen zu vermeiden. Dieser ist nämlich, einfach das ungeplante Sparen über die Gleichung $S^{ungeplant} = I - S^{geplant}$ anstatt über die Gleichung $S^{ungeplant} = I + A^{st} - T - S^{geplant}$ zu ermitteln.

Der Geldmarkt in einer kleinen Ökonomie sei durch das exogene Geldangebot $\overline{M} = 100$ und die Geldnachfragefunktion $L = 200 + 0,2Y - 160i$ gekennzeichnet.

a) Nennen Sie die beiden Komponenten der Geldnachfrage, die Keynes in seiner Theorie unterstellt! Von welchen Größen sind diese abhängig und wie? Von welcher Größe ist bei Keynes das Geldangebot abhängig?

b) Entspricht das Keynessche Spekulationskassenmotiv dem Opportunitätskostenkalkül? Begründen Sie und erklären Sie dabei das Keynessche Spekulationskassenmotiv! Gehen Sie auch auf die Frage ein, warum bei niedrigen Zinsen mehr Spekulationskasse gehalten wird als bei hohen Zinssätzen. Welche Bedeutung hat der „kritische" Zinssatz?

c) Stellen Sie den Keynesschen Geldmarkt grafisch dar! Bestimmen Sie den gleichgewichtigen Zinssatz für ein Einkommen von 900! Erläutern Sie grafisch und knapp verbal, wie der Geldmarkt reagiert, wenn das Einkommen um 100 steigt! Wie hoch wäre für beide Einkommen der Zins, wenn die Zentralbank ihr Geldangebot um 5 Prozent erhöht?

d) Erläutern Sie grafisch und – in wenigen Worten – verbal die Auswirkungen der expansiven Geldpolitik vom Geldmarkt über den Investitionsmarkt zum Gütermarkt im Rahmen der Keynesschen Theorie! Von welchen Größen hängt der Effekt der expansiven Geldpolitik auf das Einkommen wie ab?

Lösungsskizze

Zu Aufgabe a)

Die Transaktionskassennachfrage ist positiv vom Einkommen abhängig. Der Kassenhaltungskoeffizient k (k > 0) gibt dabei an, um wieviele Einheiten die Transaktionskassennachfrage steigt, wenn sich das Einkommen um eine Einheit erhöht.

Die Spekulationskassennachfrage ist negativ vom Zins abhängig. Die Zinsreagibilität der Geldnachfrage j gibt dabei an, um wieviele Einheiten die Spekulationskassennachfrage sinkt, wenn der Zins um eine Einheit steigt.

Das nominale Geldangebot wird exogen von der Zentralbank vorgegeben. Das reale Geldangebot wird zusätzlich vom Preisniveau bestimmt. Da Keynes aber von einem Festpreissystem ausgeht und daher der Preis auf eins normiert werden kann, entspricht hier die reale Geldmenge der nominalen Geldmenge.

Zu Aufgabe b)

Nein, denn wenn dieses unterstellt würde, würde jede überschüssige Kasse bei jedem positiven Zinssatz in ertragbringende Wertpapieren angelegt. Keynes unterstellt für sein Spekulationskassenmotiv die so genannte Liquiditätspräferenz. Geld dient nicht nur für Transaktionen, sondern auch zur Wertaufbewahrung. Dabei vergleicht das Wirtschaftssubjekt den erwarteten Ertrag einer Anlage in festverzinslichen (!) Wertpapieren[9] mit der zinslosen Anlage in Geld. Ist der erwartete Ertrag negativ, wird alles Vermögen in Geld, sonst in Wertpapieren gehalten.

Bei einem hohen gegenwärtigen Marktzins erwarten immer mehr Wirtschaftssubjekte eine Zinssenkung und damit einen Kursgewinn. Sie werden ihr Vermögen in Wertpapieren halten und dementsprechend ist die Spekulationskasse klein. Ist der heutige Zins hingegen niedrig, denn erwarten immer mehr Wirtschaftssubjekte eine Zinssteigerung und damit einen Kursverlust. Sie halten ihr Vermögen in Geld und somit ist die Spekulationskasse groß. Das heißt, bei niedrigen Zinsen besitzen die Wirtschaftssubjekte eine hohe Liquiditätspräferenz und bei hohen Zinsen eine niedrige.

Bei einem Zins unterhalb des so genannten kritischen Zinssatzes – bei diesem ist der erwartete Ertrag gerade null – erwarten alle Wirtschaftssubjekte eine Zinssteigerung und niemand ist bereit, Vermögen in Wertpapieren zu halten; alles Vermögen wird in Geld gehalten. Die Spekulationskasse verläuft ab diesem Zins parallel zur Abszisse, das heißt, die Spekulationskassennachfrage ist vollkommenen zinselastisch. Die Volkswirtschaft befindet sich im Bereich der „Liquiditätsfalle."

Zu Aufgabe c)

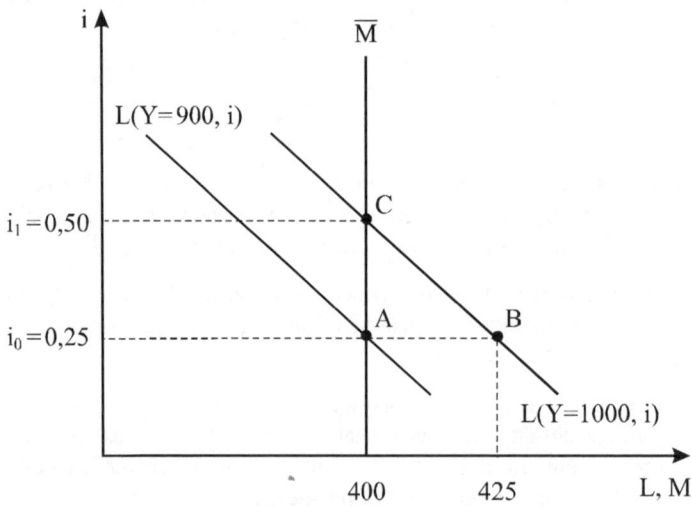

Abbildung III.13

Bei einen Einkommen von 900 stellt sich auf dem Geldmarkt ein Gleichgewicht bei einem Zinssatz von $i_0 = 0,25$ ein (Punkt A in Abbildung III.13[10]). Erhöht sich

---

[9]   Bei festverzinslichen Wertpapieren setzt sich der erwartete Ertrag aus dem vereinbarten Ertrag und dem erwarteten Kursgewinn bzw. Kursverlust zusammen.

[10] In der Abbildung wird vereinfachend und entsprechend der Aufgabenstellung ein linearer Verlauf der Geldnachfragekurve unterstellt.

das Einkommen um 100 auf 1000, verlagert sich die Nachfragekurve nach rechts, und es würde c. p. (für einen fiktiven Moment) ein Geldnachfrageüberhang in Höhe von 25 entstehen, der der Stecke AB entspricht.

Da das Geldangebot konstant ist, kann der Nachfrageüberhang nur durch eine Verminderung der Spekulationskasse erfolgen, für die ein Zinsanstieg notwendig ist. Um ihre gestiegene Geldnachfrage zu befriedigen, wollen die Wirtschaftssubjekte Wertpapiere verkaufen, wodurch ein Angebotsüberhang am Wertpapiermarkt entsteht. Der Kurs fällt und dementsprechend steigt der Zinssatz, was zu einer sinkende Spekulationskassennachfrage führt. Dieser Prozess dauert solange an, bis der Geldmarkt wieder im Gleichgewicht ist. Dies ist in Punkt C bei dem Zinssatz $i_1 = 0,5$ der Fall.

Bei einer Erhöhung der Geldmenge um 5 Prozent auf 420 sinkt der Zins bei einem Einkommen von 900 auf 0,05 und bei einem Einkommen von 1000 auf 0,3.

Zu Aufgabe d)

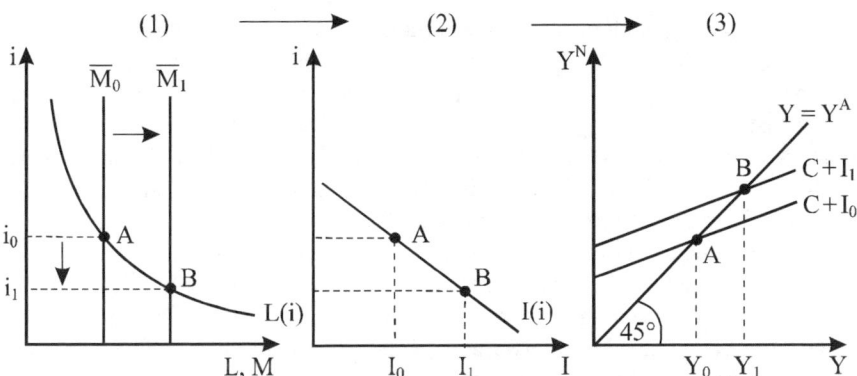

Abbildung III.14

Im Ausgangspunkt befindet sich die Ökonomie im Gleichgewicht bei einem Zinssatz von i_0, Investitionen von I_0 und dem Einkommen von Y_0 (vgl. Punkte A in Abbildung III.14). Die expansive Geldpolitik stellt sich in einer Erhöhung des Geldangebots von $\overline{M}_0$ auf $\overline{M}_1$ dar. Bei dem vorherrschenden Zinssatz i_0 stellt sich ein Geldangebotsüberschuss ein, der nur durch eine Zinssenkung auf i_1 abgebaut werden kann. Die Zinssenkung bewirkt eine Ausdehnung der Investitionen auf I_1, die über den Multiplikatoreffekt zu einer Einkommenserhöhung auf Y_1 führt. Am Ende hat sich – zumindest kurzfristig – ein neues Gleichgewicht mit i_1, I_1 und Y_1 eingestellt (Punkte B).[11]

---

[11] Kurzfristig deshalb, weil die Einkommenserhöhung wiederum Effekte auf die Geldnachfrage hat und der Zins wieder etwas ansteigen würde, und der beschriebene Prozess umgekehrt verlaufen würde.

Der Effekt der Geldpolitik auf das Einkommen ist erstens von der Zinsreagibilität der Geldnachfrage j abhängig. Ist diese sehr groß – die Geldnachfragekurve ist sehr flach – dann ist c. p. der Zinseffekt und damit der Einkommenseffekt klein. Zweitens bestimmt die marginale Investitionsneigung den Effekt. Geht diese gegen null – die Investitionskurve wird sehr steil – dann hat eine Zinsänderung nur einen kleinen Investitions- und damit Einkommenseffekt. Drittens determiniert die marginale Konsum-/Sparneigung den Effekt. Ist die Konsumneigung klein, und damit die gesamtwirtschaftliche Nachfragekurve relativ flach, dann ist der Einkommenseffekt der Geldpolitik kleiner als bei einer höheren marginalen Konsumneigung.[12]

Diskussion der Ergebnisse

Die Geldnachfrage bei Keynes enthält auch ein Vorsichtskassenmotiv, das den Wunsch der Wirtschaftssubjekte widerspiegelt, Geld für unvorhersehbare Zahlungen in Kasse zu halten. Da dieses Motiv sowohl vom Einkommen als auch vom Zins abhängig ist und sich damit auch in den anderen Motiven wiederfindet, wird es in der Theorie meist vernachlässigt.

Die individuelle Spekulationskassennachfrage können wir uns wie folgt vorstellen: Das einzelne Wirtschaftssubjekt kann sein Vermögen entweder zinslos in Geld halten oder in festverzinsliche Wertpapiere anlegen. Die Effektivverzinsung dieses Papiers ist der Quotient aus vereinbartem Ertrag und aktuellem Kurs. Damit besteht zwischen Kurswert und Effektivverzinsung ein umgekehrt proportionales Verhältnis – sinkt der Kurs, steigt die effektive Verzinsung und umgekehrt. Der erwartete Ertrag des Wertpapiers setzt sich aus dem vereinbarten Ertrag und dem erwarteten Kursgewinn bzw. Kursverlust beim Wiederverkauf zusammen. Ist der erwartete Kursverlust gleich dem oder kleiner als der vereinbarte Ertrag, dann wird alles Vermögen in Wertpapieren gehalten, sonst in Geld. Der Zinssatz, bei dem der vereinbarte Ertrag gerade den erwarteten Kursverlust kompensiert, ist der kritische Zins. Ist der heutige Marktzins kleiner, wird das Wirtschaftssubjekt eine Zinssteigerung (Kursverlust) erwarten und alles Vermögen in Geld halten. Ist der Zins hingegen größer, erwartet es Zinssenkungen (Kursgewinne) und es hält nur Wertpapiere.

Der gleichgewichtige Zins auf dem Geldmarkt kann über folgende Schritte ermittelt werden. Da im Gleichgewicht Geldangebot und Geldnachfrage gleich groß sind, können wir beide gleichsetzen $M = L(Y, i)$ oder ausführlicher

$$M = L_0 + kY - ji \quad \text{bzw.} \quad 400 = 200 + 0,25 \cdot 900 - 100i,$$

wobei L_0 – in Analogie zum autonomen Konsum oder zur autonomen Investition – die autonome Geldnachfrage darstellt. Stellen wir im zweiten Schritt nun beide Gleichungen nach j·i um:

---

[12]   Kurzfristig deshalb, weil die Einkommenserhöhung wiederum Effekte auf die Geldnachfrage hat und der Zins wieder etwas ansteigen würde, und der beschriebene Prozess umgekehrt verlaufen würde.

$$ji = L_0 + kY - M \quad \text{bzw.} \quad 100i = 200 + 0,25 \cdot 900 - 400.$$

In einem letzten Schritt dividieren wir beide Seiten der Gleichung durch j und bestimmen das Ergebnis

$$i = \frac{1}{j}(L_0 + kY - M)^{13} \quad \text{bzw.} \quad i = \frac{1}{100}(200 + 225 - 400) = 0,25.$$

Literaturempfehlung

*   Engelkamp und Sell (2005): S. 184–189 und 192f.

Aufgabe 8:   Das IS-LM-Gleichgewicht

Ein Mangel am Keynesschen Einkommens-Ausgaben-Modell ist, dass die prinzipiell erkannte Interdependenz zwischen Geld- und Gütermarkt nicht sichtbar wird. Die Ökonomen Hicks und Hansen haben diesen Mangel mit ihrer „IS-LM-Analyse" behoben, indem sie Gütermarkt- und Geldmarktgleichgewicht in einem Diagramm darstellen.

Folgende Verhaltensfunktionen seien unterstellt: Für den Gütermarkt die Konsumfunktion $C(Y) = 125 + 0,5Y$ und die Investitionsfunktion $I(i) = 200 - 100i$; für den Geldmarkt das exogene Geldangebot $\overline{M} = 100$ und die Geldnachfragekurve $L = 0,2Y - 160i$.[14]

a) Welchen Zusammenhang stellt die IS-Kurve dar? Stellen Sie die IS-Kurve grafisch dar und erläutern Sie, warum sie fallend verläuft!

b) Erklären Sie unter Verwendung Ihrer Grafik aus a) grafisch und knapp verbal, wie sich die Lage der IS-Kurve verändert, wenn eine autonome Nachfragekomponente erhöht wird! Kommt diese Verlagerung auch zustande, wenn sich die Ökonomie in der Investitionsfalle (h = 0) befindet? Begründen Sie!

c) Leiten Sie die IS-Kurve sowohl allgemein als auch für die in der Aufgabenstellung unterstellten Verhaltensgleichungen in vier Schritten formal her!

d) Welchen Zusammenhang stellt die LM-Kurve dar? Stellen Sie die LM-Kurve grafisch dar und erläutern Sie, warum sie steigend verläuft!

e) Erklären Sie unter Verwendung Ihrer Grafik aus d) grafisch und knapp verbal, wie sich die Lage der LM-Kurve verändert, wenn die Geldmenge erhöht wird. Kommt diese Verlagerung auch zustande, eine Ökonomie sich in der Liquiditätsfalle befindet? Begründen Sie!

---

[13] Wie wir später noch sehen werden, haben wir – solange das Einkommen noch als Variable in der Gleichung steht – gerade die „LM-Kurve" der keynesianischen Theorie hergeleitet.

[14] Wie in anderen Lehrbüchern auch, wird hier zur Vereinfachung auf L_0 verzichtet.

f) Leiten Sie die LM-Kurve sowohl allgemein als auch für die in der Aufgabenstellung unterstellten Verhaltensgleichungen in vier Schritten formal her!

g) Stellen Sie die IS-Kurve und die LM-Kurve in einem gemeinsamen Diagramm
dar! Bestimmen Sie das gleichgewichtige Einkommen und den gleichgewichtigen Zinssatz! Wie groß ist das Einkommen und der Zinssatz, wenn sich die
Ökonomie in der Investitionsfalle ($h = 0$) befindet?

Lösungsskizze

Zu Aufgabe a)

Die IS-Kurve stellt das Gütermarktgleichgewicht $I = S$ dar. Sie ist somit der geo-
metrische Ort aller Kombinationen von Realeinkommen und Zinssatz, die einen
Ausgleich von Angebot und Nachfrage auf dem Gütermarkt schaffen. Sie ist der
Ort aller Einkommen-Zins-Kombinationen, für die $I(i) = S(Y)$ gilt.

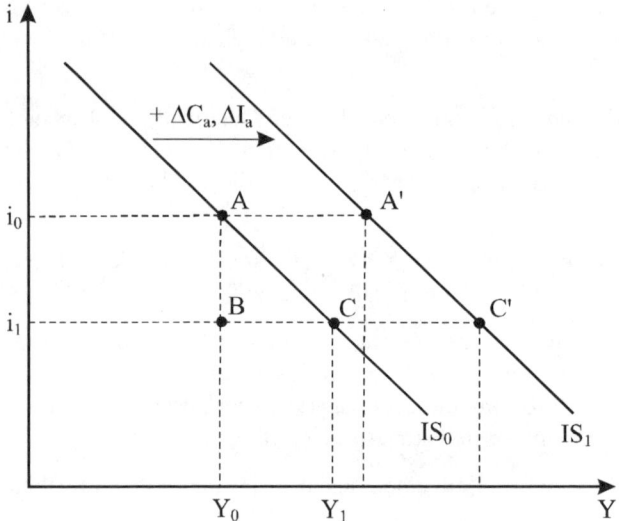

Abbildung III.15

Im Ausgangspunkt A (vgl. Abbildung III.15) stellen der Zinssatz i_0 und das Einkommen Y_0 sicher, dass $I(i_0) = S(Y_0)$ gilt. Sinkt der Zinssatz auf i_1, dann entsteht
bei konstantem Einkommen Y_0 (kurzfristig) ein Ungleichgewicht in Punkt B, denn
$I(i_1) > S(Y_0)$. Da der Zinssatz exogen durch den Geldmarkt vorgeben ist, kann ein
erneutes Gleichgewicht zwischen Investieren und Sparen nur durch einen Anstieg
des Sparen erreicht werden. Dies erfordert wiederum einen Einkommensanstieg,
der sich durch den Einkommenseffekt der Investitionen ergibt. Somit stellt sich in
Punkt C ein neues Gleichgewicht ein, in dem $I(i_1) = S(Y_1)$ gilt.

Zu Aufgabe b)

Die IS-Kurve wird sich nach rechts von IS_0 auf IS_1 verlagern, weil die zusätzliche Nachfrage über den Multiplikatoreffekt bei jedem Zinssatz zu einem höheren Einkommen führt.

Ja, diese Verlagerung kommt dann auch zustande. In der Investitionsfalle verläuft die IS-Kurve zwar senkrecht, da die Investitionen nicht auf Zinsänderungen reagieren, aber der Multiplikatoreffekt ist davon nicht betroffen.

Zu Aufgabe c)

	Allgemein	Beispiel
1. Schritt:	$Y = C(Y) + I(i)$	$Y = C(Y) + I(i)$
2. Schritt:	$Y = C_a + cY + I_a - hi$	$Y = 125 + 0,5Y + 200 - 100i$
3. Schritt:	$(1-c)Y = C_a + I_a - hi$	$(1-0,5)Y = 325 - 100i$
4. Schritt:	$Y = \dfrac{1}{(1-c)}(C_a + I_a - hi)$	$Y = \dfrac{1}{0,5}(325 - 100i) = 650 - 200i.$

Zu Aufgabe d)

Die LM-Kurve stellt das Geldmarktgleichgewicht $M = L$ dar. Sie ist somit der geometrische Ort aller Kombinationen von Realeinkommen und Zinssatz, die einen Ausgleich von Angebot und Nachfrage auf dem Geldmarkt schaffen.

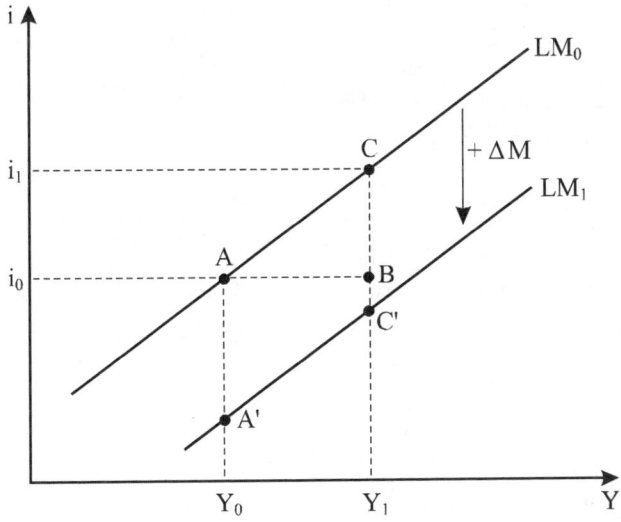

Abbildung III.16

Im Ausgangspunkt A (vgl. Abbildung III.16) stellen der Zinssatz i_0 und das Einkommen Y_0 sicher, dass $\overline{M}_0 = L_T(Y_0) + L_S(i_0)$ gilt. Steigt das Einkommen auf Y_1, dann erhöht sich die Transaktionskassennachfrage auf $L_T(Y_1)$. Bei konstantem Geldangebot und konstantem Zinssatz i_0 entsteht damit (kurzfristig) ein Ungleichgewicht in Punkt B, denn $\overline{M}_0 < L_T(Y_1) + L_S(i_0)$. Dem Geldnachfrageüberschuss steht am Wertpapiermarkt ein Angebotsüberschuss gegenüber, weil die Wirtschaftssubjekte Wertpapiere verkaufen wollen, um die zusätzliche Transaktionskassennachfrage zu befriedigen. Dadurch sinkt der Kurs, die Zinsen steigen und die Spekulationskassennachfrage sinkt. Der Zinsanstieg dauert solange an, bis bei einem Zinssatz von i_1 der Geldnachfrageüberhang abgebaut ist. Somit stellt sich in Punkt C ein neues Gleichgewicht ein, in dem $\overline{M}_0 = L_T(Y_1) + L_S(i_1)$ gilt.

Zu Aufgabe e)

Die LM-Kurve wird sich nach unten verlagern, weil bei einem konstanten Einkommen das zusätzliche Geld nur durch einen Aufbau der Spekulationskasse nachgefragt wird, was nur bei einem sinkenden Zinssatz möglich ist.

Nein, diese Verlagerung kommt nicht zustande. Wenn sich die Ökonomie in der Liquiditätsfalle befindet (j geht gegen unendlich und die LM-Kurve verläuft parallel zur Abszisse), fließt alles zusätzliche Geld in die Spekulationskasse, ohne dass eine Zinssenkung notwendig wäre. Denn der Zinssatz ist bereits so niedrig, dass alle Wirtschaftssubjekte eine Zinssteigung erwarten und alles zusätzliche Geld freiwillig in der Spekulationskasse anhäufen.

Zu Aufgabe f)

	Allgemein	Beispiel
1. Schritt:	$M = L(Y, i)$	$M = L(Y, i)$
2. Schritt:	$M = kY - ji$	$100 = 0,2Y - 160i$
3. Schritt:	$ji = kY - M$	$160i = 0,2Y - 100$
4. Schritt:	$i = \dfrac{1}{j}(kY - M)$	$i = \dfrac{1}{160}(0,2Y - 100)$

Die LM-Kurve kann auch in der Form Y(i) geschrieben werden:

$$Y = \frac{1}{k}(M + ji) \qquad\qquad Y = 500 + 800i$$

Zu Aufgabe g)

Das gleichgewichtige Einkommen ist 620 und der Zinssatz 0,15. In der Investitionsfalle ist das Einkommen 650 und der Zinssatz 0,1875.

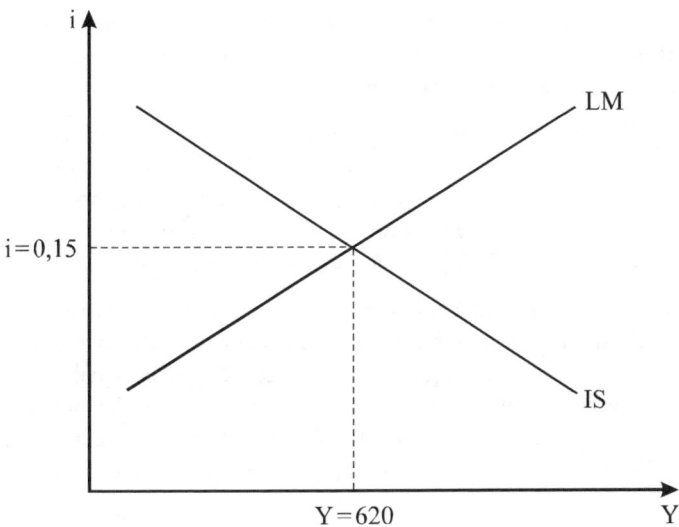

Abbildung III.17

Diskussion der Ergebnisse

Das IS-LM-Gleichgewicht kann formal auf unterschiedliche Weise ermittelt werden. Am einfachsten ist es, die beiden Gleichungen für IS und LM gleichzusetzen:[15]

$$Y^{IS} = 650 - 200i = 500 + 800i = Y^{LM} \;\rightarrow\; 800i - 200i = 650 - 500 \;\rightarrow\; i = 0,15.$$

Um das Einkommen zu ermitteln, wird der Zinssatz einfach in die IS-Kurve – oder alternativ in die LM-Kurve – eingesetzt. Es ergibt sich ein gleichgewichtiges Einkommen von 620.

Die zweite Lösungsmöglichkeit besteht darin, die Bestimmungsformel für den Geldmarktzins in die IS-Funktion einzusetzen:

$$Y = 650 - 200\left[\frac{1}{160}(0,2Y - 100)\right] \;\rightarrow\; Y = 650 - 0,25Y + 125 \;\rightarrow\; Y = 620.$$

Wird das Einkommen in die LM-Kurve eingesetzt, ergibt sich der Zins von 0,15.

---

[15] Wir verzichten hier bewusst auf die allgemeine formale Herleitung. Denn, wie der Leser leicht selbst nachvollziehen kann, ergibt sich schnell folgende unhandliche Gleichung: $i = [(C_a + I_a)k - (1-c)(1-c)M]/[(1-c)j + hk]$. Wie viele Klausuren zeigen, lagen diejenigen, die versucht haben, eine solche Bestimmungsformel auswendig zu lernen, mit ihrem Ergebnis in mehr als der Hälfte der Fälle daneben. Sie sollten daher wissen, wie Sie die IS- und LM-Kurve herleiten können. Das Berechnen der Gleichgewichte ist dann nichts weiter als das Bestimmen eines Schnittpunktes zweier Kurven.

Der Vorteil der zweiten Berechungsmethode kommt dann zum Tragen, wenn die Effekte einer Fiskal- oder Geldpolitik auf das Einkommen bestimmt werden sollen, wie dies in der nächsten Aufgabe der Fall sein wird.

Das gleichgewichtig Einkommen in der Investitionsfalle ist leicht ermittelt: Da die marginale Investitionsneigung in der Investitionsfalle null ist, „steht" die IS-Kurve bei einem Einkommen von 650 senkrecht auf der Abszisse. Dieses Einkommen setzen wird dann nur noch in die LM-Funktion ein, um den Zins zu ermitteln. Der Verlauf der IS-Funktion ist beispielhaft in Abbildung III.18 dargestellt.

Da die Liquiditätspräferenz der Wirtschaftssubjekte mit steigendem Zinssatz abnimmt, ergeben sich für die LM-Kurve drei Bereiche: (1) der Bereich der Liquiditätsfalle mit einer unendlich großen Liquiditätspräferenz, (2) der „normale" Bereich mit einer abnehmenden Liquiditätspräferenz und (3) der klassische Bereich, in dem die Liquiditätspräferenz null ist und die Wirtschaftssubjekte jede überschüssige Kasse in Wertpapieren anlegen. Abbildung III.18 zeigt die drei Bereiche der LM-Kurve.

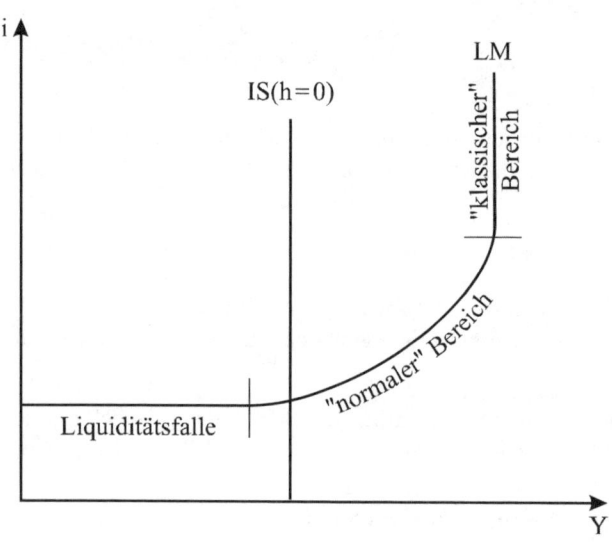

Abbildung III.18

Literaturempfehlung

• Engelkamp und Sell (2005): S. 196–201.

Aufgabe 9:   Geld- und Fiskalpolitik im IS-LM-Modell

Die Regierung und die Zentralbank möchten durch expansive Politiken einen konjunkturell bedingten Einkommensrückgang kompensieren und das gewünschte Einkommen von 3000 erzielen. Sie analysieren daher ein IS-LM-Modell, um die dafür notwendige Erhöhung der Staatsausgaben bzw. der Geldmenge zu bestimmen. Folgende Verhaltensgleichungen liegen ihnen vor:

$$C(Y) = 500 + 0,6Y^v \qquad Y^v = Y - T_a \qquad I(i) = 600 - 200i \qquad A^{st} = 500 \qquad T_a = 500$$

$$\overline{M} = 300 \qquad L = 0,2Y - 400i$$

a) Stellen Sie grafisch die Wirkung einer expansiven Fiskalpolitik und einer expansiven Geldpolitik auf das gleichgewichtige Einkommen und den gleichgewichtigen Zinssatz in einem Y–i-Diagramm dar! Zeigen Sie vereinfacht die Anpassungsprozesse hin zu den neuen Gleichgewichten auf!

b) Bestimmen Sie das gleichgewichtige Einkommen und den gleichgewichtigen Zinssatz nach der Steigerung der Lohnnebenkosten.

c) Ermitteln Sie den Staatsausgaben- und den Geldmengenmultiplikator! Wie stark müssen entweder Staatsausgaben oder Geldmenge ausgedehnt werden, um das gewünschte Einkommen von 3000 zu erreichen? Welcher Zinssatz stellt sich jeweils in Abhängigkeit von der Politik ein? Welche der beiden Politiken würden Sie wählen? Begründen Sie!

Lösungsskizze

Zu Aufgabe a)

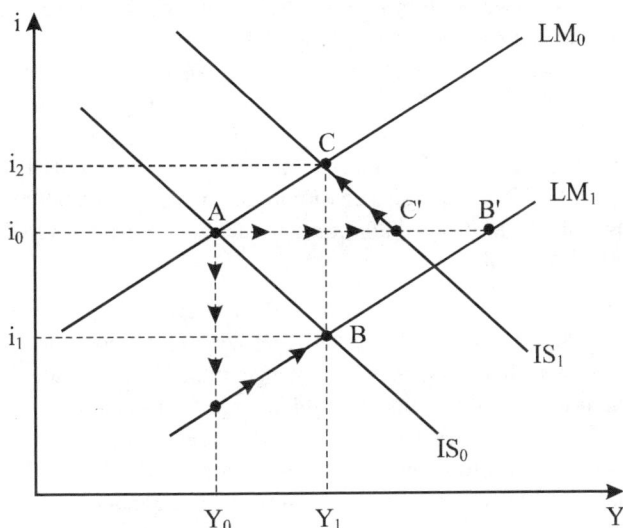

Abbildung III.19

Zu Aufgabe b)

Im Gleichgewicht (Punkt A) ist das Einkommen 2900 und der Zins 0,70.

Zu Aufgabe c)

Der Staatsausgabenmultiplikator (dY/dA^{st}) ist 2 und der Geldmengenmultiplikator (dY/dM) ist 1.

Um das gewünschte Einkommen von 3000 zu erreichen, muss die Geldmenge um 100 ausgedehnt werden, wodurch der Zins auf 0,5 fällt (Punkt B). Die Staatsausgaben müssen um 50 erhöht werden, wodurch der Zins auf 0,75 steigt (Punkt C).

Es ist die Geldpolitik zu wählen. Denn die Erhöhung der Staatsausgaben führt zu einer Verschuldung des Staates (von 50), was für die Zukunft eine höhere Zins- und Steuerbelastung bedeutet. Zudem verdrängt der Staat mit seiner Nachfrage wegen des steigenden Zinssatzes die privaten Investitionen. Die Geldpolitik fördert mit der Zinssenkung hingegen die privaten Investitionen. Da immer noch starre Preise unterstellt werden, besteht die von der expansiven Geldpolitik ausgehende Inflationsgefahr nicht.

Diskussion der Ergebnisse

An dieser Aufgabe wird deutlich, dass man viel Zeit bei der Bearbeitung der Aufgabe sparen kann, wenn man – was man immer tun sollte – zuerst die komplette Aufgabenstellung durchliest, und nicht gleich mit der ersten Teilaufgabe beginnt.

So benötigen wir sowohl in Teilaufgabe b) als auch in c) eine IS- und eine LM-Funktion, um die Gleichgewichtswerte zu ermitteln. Die Teilaufgaben unterscheiden aber sich nur darin, dass einmal Werte für A^{st} und M vorgegeben sind und einmal nicht; alle anderen Parameter bleiben unverändert. Also berechnen wir einfach beide Funktionen, indem wir bei der Berechnung der IS-Funktion nicht gleich A^{st} einsetzten, sondern es – wie den Zins – als Variable „mitschleppen". Das gleiche machen wir mit M im Falle der LM-Funktion. Wir erhalten dann als IS-Funktion $Y = 2000 + 2{,}5A^{st} - 500i$ und als LM-Funktion $i = (Y - 5M)/2000$. Setzen wir nun die LM-Funktion in die IS-Funktion ein und stellen diese nach Y um, ergibt sich $Y = 1600 + 2A^{st} + M$.

Diese Funktion ermöglicht es uns, schnell die beiden Teilaufgaben zu lösen. Für b) setzen wir einfach die gegebenen Werte ein. Da die Koeffizienten vor A^{st} und M nichts anders als der Staatsausgaben- bzw. der Geldmengenmultiplikator sind, ist der erste Teil von c) schon gelöst. Über beide Multiplikatoren kann dann die notwendige Ausdehnung von Staatausgaben bzw. der Geldmenge errechnet werden, die für eine Einkommenssteigung von 100 notwendig ist. Bei der Berechnung des Zinses ist bei der Geldpolitik zu beachten, dass die Geldmenge gestiegen ist.

Der häufigste Fehler bei der Angabe der Multiplikatoren besteht darin, dass einfach der Staatsausgaben- bzw. Geldmengenmultiplikator aus der IS- bzw. LM-Funktion als Ergebnis angegeben werden – also fälschlicherweise 2,5 und 5 anstatt 2 und 1. Das ist aber im IS-LM-Modell definitiv falsch, denn es werden dabei nicht die durch die Fiskalpolitik ausgelösten Zinseffekte bzw. die durch die Geldpolitik ausgelösten Einkommenseffekte betrachtet. Die korrekten und die „falschen" Einkommenseffekte werden auch in Abbildung III.19 deutlich. Der tatsächliche Einkommenseffekt beider expansiven Politik entspricht der Strecke Y_0Y_1. Der „falsche" Einkommenseffekt der Fiskalpolitik der Strecke AC' und derjenige der Geldpolitik der Strecke AB'. Dabei wird auch ersichtlich, dass die ausgelösten Zins- und Einkommenseffekte im IS-LM-Modell kleiner sind als in der Keynesschen Welt des Einkommens-Ausgaben-Modells.

Literaturempfehlung

• Engelkamp und Sell (2005): S. 201 f.

Aufgabe 10: AS- und AD-Kurve der neoklassischen Synthese

Die neoklassische Synthese vereint Keynessches/keynesianisches und klassisches Gedankengut miteinander. Der Grundgedanke ist sehr einfach. Ausgehend vom makroökonomischen Aggregationskonzept werden – analog zur mikroökonomischen Betrachtung – Angebot und Nachfrage für ein repräsentatives Gut auf dem gesamtwirtschaftlichen Gütermarkt gegenübergestellt. Im Ergebnis ergibt sich ein Gleichgewicht mit einem gesamtwirtschaftlichen Einkommen und einem dazugehörigen Preisniveau.

a) Welchen Zusammenhang stellt die AD-Kurve dar? Stellen Sie die AD-Kurve grafisch dar und erläutern Sie, warum sie fallend verläuft! Wie verläuft die AD-Kurve, wenn sich die Ökonomie in der Investitionsfalle ($h = 0$) oder in der Liquiditätsfalle ($j \to \infty$) befindet?

b) Erklären Sie unter – Verwendung Ihrer Grafik aus a) – grafisch und knapp verbal, wie sich die Lage der AD-Kurve verändert, wenn eine autonome Nachfragekomponente oder die nominale Geldmenge erhöht wird! Kommen diese Verlagerungen auch dann zustande, wenn sich die Ökonomie in der Investitionsfalle ($h = 0$) oder in der Liquiditätsfalle ($j \to \infty$) befindet? Begründen Sie!

c) Welchen Zusammenhang stellt die AS-Kurve dar? Stellen Sie die AS-Kurve für den „normalen" Fall grafisch dar und erläutern Sie, warum sie steigend verläuft! Wie sähe ihr Verlauf im Keynesschen und im klassischen Fall aus?

d) Erklären Sie unter Verwendung Ihrer Grafik aus c) grafisch und knapp verbal, wie sich die Lage der AS-Kurve verändert, wenn die Lohnnebenkosten sinken oder die Grenzproduktivität der Arbeit steigt! Kommen diese Verlagerungen auch im Keynesschen oder im klassischen Fall zustande? Begründen Sie!

e) Stellen Sie das AS-AD-Gleichgewicht grafisch dar! Erläutern Sie knapp, wie sich die AS-Kurve in Zukunft verlagert, wenn das Gleichgewicht ein Unterbeschäftigungsgleichgewicht ist.

Lösungsskizze

Zu Aufgabe a)

Die AD-Kurve, also die gesamtwirtschaftliche Nachfragekurve, ist der geometrische Ort aller Kombinationen von Preis- und Outputniveau, bei denen sich Güter- und Geldmarkt im simultanen Gleichgewicht befinden. Das heißt, zu jedem Preisniveau gibt es mindestens ein IS-LM-Gleichgewicht.

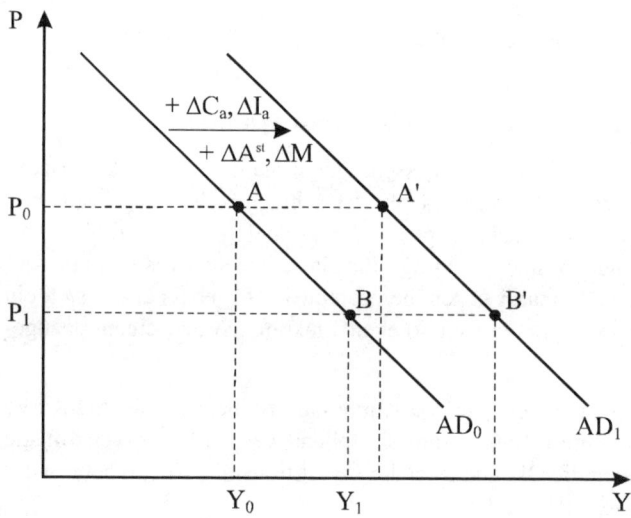

Abbildung III.20

Die AD-Kurve verläuft fallend, weil mit einem sinkenden Preisniveau die reale Geldmenge steigt (LM-Kurve verlagert sich nach unten). Dadurch sinkt der gleichgewichtige Zinssatz und die Investitionen steigen. Über ihren Anstieg und den dadurch ausgelösten Multiplikatoreffekt erhöht sich die gesamtwirtschaftliche Nachfrage.

Die AD-Kurve steht senkrecht auf der Abszisse, wenn sich die Ökonomie in der Investitionsfalle oder in der Liquiditätsfalle befindet.

Zu Aufgabe b)

Die AD-Kurve wird sich von AD_0 auf AD_1 nach rechts verlagern, und zwar sowohl bei einer Erhöhung der autonomen Nachfragekomponenten als auch bei einer Erhöhung der nominalen Geldmenge. Bei beiden Erhöhungen, die sich in einer Verlagerung der IS-Kurve nach rechts bzw. der LM-Kurve nach unten darstellt, kommt es über die Anpassungsprozesse auf dem Geld- und Gütermarkt zu einem höheren Einkommen (und steigendem bzw. sinkendem Zinssatz) und damit zu einer gestiegenen gesamtwirtschaftlichen Nachfrage. Da dieser Nachfrageeffekt für jedes Preisniveau (etwa P_0 oder P_1) gilt, verlagert sich die AD-Kurve nach rechts.

Eine Erhöhung der autonomen Nachfragekomponenten führt sowohl in der Investitions- als auch in der Liquiditätsfalle zu einer Verlagerung der AD-Kurve nach rechts. Denn die Steigerung der Nachfragekomponente führt über den Multiplikatoreffekt zu einer Einkommens- und damit zu einer Nachfragesteigerung.

Eine Erhöhung der nominalen Geldmenge hingegen führt in keiner der beiden Fälle zu einer Verlagerung der AD-Kurve. So werden in der Investitionsfalle – trotz sinkender Zinsen – keine zusätzlichen Investitionen und somit auch keine zusätzliche Nachfrage induziert. In der Liquiditätsfalle führt die Ausdehnung der Geldmenge zu keinen Zins- und damit auch zu keinen Nachfrageeffekten.

Zu Aufgabe c)

Die AS-Kurve, also die gesamtwirtschaftliche Angebotskurve, ist der geometrische Ort, bei dem jedem Preisniveau genau diejenige Angebotsmenge zugeordnet wird, welche die Unternehmer zu diesem Preisniveau anbieten wollen.

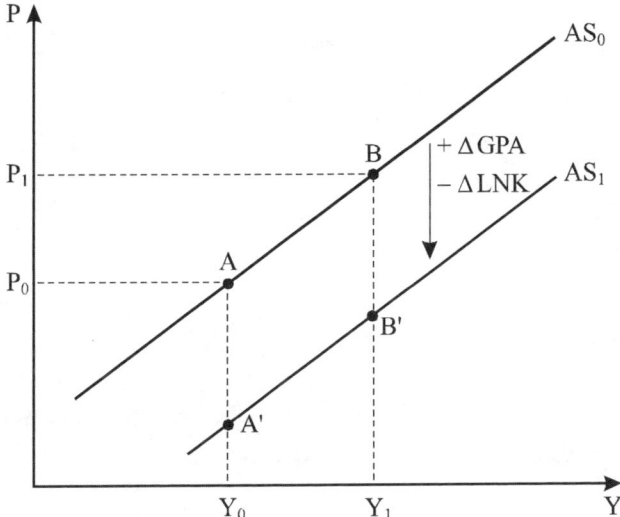

Abbildung III.21

Die AS-Kurve verläuft steigend, weil mit einem steigenden Preisniveau der Reallohn fällt und die Unternehmer ihre Arbeitsnachfrage ausdehnen (Arbeitsnachfragekurve verlagert sind nach rechts). Dadurch steigen die Beschäftigung und der gesamtwirtschaftliche Output.

Im Keynesschen Fall (vollkommen unflexible Preise) würde die AS-Kurve waagerecht in Höhe des konstanten Preisniveaus und im klassischen Fall (vollkommen flexible Preise) senkrecht auf dem Vollbeschäftigungsniveau verlaufen.

Zu Aufgabe d)

Die AS-Kurve wird sich von AS_0 auf AS_1 nach unten bzw. rechts verlagern, und zwar sowohl bei einer Senkung der Lohnnebenkosten (LNK) als auch bei einer Erhöhung der Grenzproduktivität der Arbeit (GPA). Bei der Senkung der Lohnnebenkosten erhöhen die Unternehmen ihre Arbeitsnachfrage, sodass zu jedem Preisniveau (etwa P_0 oder P_1) die Beschäftigung und die Angebotsmenge zunehmen. Der gleiche Effekt ergibt sich für eine gestiegene Grenzproduktivität der Arbeit, nur das hier zusätzlich der Output pro Beschäftigten gestiegen ist.

Im Keynesschen Fall kommt es in keinem der beiden Fälle zu einer Verlagerung der AS-Funktion. Im klassischen Fall wird nur die Erhöhung der Grenzproduktivität zu einer Rechtsverlagerung führen, da nun jeder Arbeiter mehr produziert und damit der Vollbeschäftigungsoutput steigt.

Zu Aufgabe e)

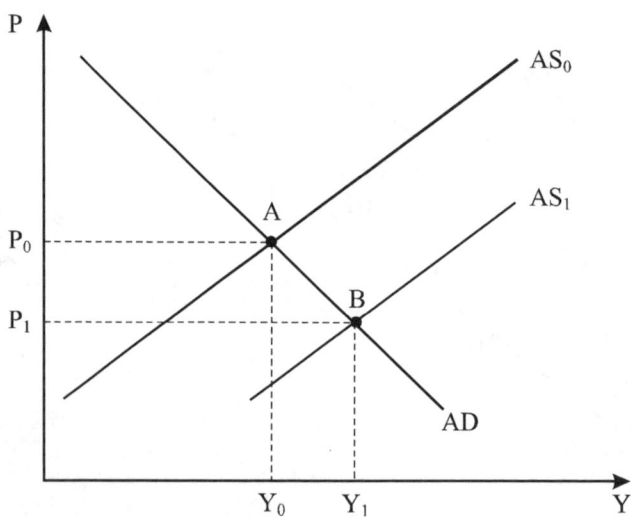

Abbildung III.22

Die AS-Kurve wird sich in der nächsten Periode nach unten verlagern. Dies kann wie folgt erklärt werden: Bei Unterbeschäftigung werden die Arbeitslosen um die (freien) Stellen konkurrieren, weswegen der Nominallohn sinken wird. Damit reduzieren sich die Lohnkosten für die Unternehmen. Da diese unter vollkommener Konkurrenz produzieren, werden sie den Angebotspreis senken, die AS-Kurve verlagert sich von AS_0 nach unten auf AS_1.

Diskussion der Ergebnisse

Da in der neoklassischen Synthese – oder vereinfacht im AS-AD-Modell – das Preisniveau flexibel ist, gilt nicht mehr die auf dem Keynesschen Festpreismodell basierende Annahme, dass bei einem auf eins normierten Preisniveau nominale und reale Geldmenge identisch sind. Im AS-AD-Modell muss daher zwischen realer und nominaler Geldmenge deutlich unterschieden werden.

Die in Teilaufgabe e) gegebene Erklärung entspricht dem so genannten Phillipskurven-Zusammenhang, der in seiner ursprünglichen Fassung die Wachstumsrate der Nominallöhne $\hat{l}$ mit der Unterbeschäftigungsrate u in Verbindung setzt (originäre Phillipskurve) und in seiner modifizierten Form Inflationsrate π und Unterbeschäftigungsrate verbindet. Beide Zusammenhänge sind in Abbildung III.23 dargestellt.

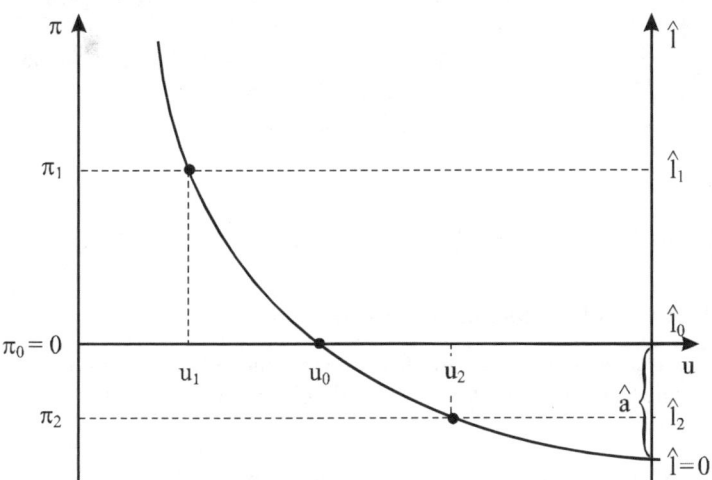

Abbildung III.23

Die originäre Phillipskurve, die nach ihrem „Entdecker" A. W. Phillips benannt ist, kann wie folgt erklärt werden: Ist der Arbeitsmarkt im Gleichgewicht, wie beispielsweise bei u_0, dann wachsen die Nominallöhne genau um den Zuwachs der Grenzproduktivität der Arbeit ($\hat{a}$). Liegt eine niedrigere Quote wie u_1 vor, dann herrscht ein Nachfrageüberhang vor und die Löhne werden im Zuge der Marktmechanismen steigen, die Lohnwachstumsrate ist dann $\hat{l}_1$. Im umgekehrten Fall einer hohen Arbeitslosenquote u_2 werden die Lohnforderungen unterhalb des Zuwachses der Grenzproduktivität liegen, die Wachstumsrate ist $\hat{l}_2$. Die Wachstumsrate der Nominallöhne ist also umso höher, je kleiner die Unterbeschäftigungsrate ist.

Die modifizierte Phillipskurve geht nun einen Schritt weiter und verbindet die Arbeitslosenrate – über die Wachstumsrate der Nominallöhne – mit der Preissteigerungsrate (der Inflationsrate π). Sinkt die Unterbeschäftigungsrate auf u_1, dann nehmen über eine höhere Wachstumsrate der Nominallöhne ($\hat{l}_1$) die Lohnkosten der Unternehmen zu. Diese werden die höheren (Grenz-)Kosten auf den Produktpreis überwälzen, und zwar dann, wenn – wie bei u_1 – die Lohnkosten stärker als die Grenzproduktivität der Arbeit ($\hat{a}$) gewachsen sind, das heißt wenn $\hat{l}_1 > \hat{a}$. In diesem Fall kommt es zu einer Inflation in Höhe von π_1. Die – nun dynamische – AS-Kurve würde sich nach oben verlagern. Im Fall von u_2 hingegen würde der Konkurrenzpreismechanismus zu einer sinkenden Preissteigerungsrate π_2 führen; die AS-Kurve verlagert sich nach unten. Die Inflationsrate ist– bei konstanter Grenzproduktivität der Arbeit – also umso höher, je kleiner die Unterbeschäftigungsrate ist.

Natürlich hängt die Wachstumsrate der Nominallöhne nicht nur von der Höhe der Unterbeschäftigungsrate und der Entwicklung der (Grenz-)Produktivität ab, sondern vor allem von der Erwartung der Privaten über die zukünftigen Preise – der Inflationserwartung. Wie wirkt sich die Integration der Inflationserwartung(en) auf die Phillipskurve in Abbildung III.23 aus? Je höher die Inflationserwartungen der Privaten sind, umso höher wird die Wachstumsrate der Nominallöhne für jede gegebene Unterbeschäftigungsrate sein. Die Phillipskurve wird sich daher mit steigender Inflationserwartung nach oben verlagern.

Literaturempfehlung

• Engelkamp und Sell (2005): S. 203–213.

Aufgabe 11: Geld- und Fiskalpolitik im AS-AD-Modell

Um den Wirtschaftsstandort für internationale Unternehmer attraktiver zu machen, beschließt die Regierung eines Landes, sowohl die Unternehmenssteuern als auch die Infrastrukturausgaben zu erhöhen.

a) Erläuten Sie knapp, wie sich (i) die Senkung der Unternehmenssteuer und (ii) die Erhöhung der Infrastrukturausgaben auf das Preisniveau auswirken!

b) Stellen Sie grafisch die Auswirkungen einer Senkung der Unternehmenssteuern und einer gleichzeitigen Erhöhung der Infrastrukturausgaben im Rahmen eines AS-AD-Modells dar! Wie verändert sich das Preisniveau? (Hinweis: Gehen Sie von normal-preiselastischen Verläufen des aggregierten Angebots und der aggregierten Nachfrage aus!)

c) Die Zentralbank verfolgt das Ziel der Preisniveaustabilität. In Abhängigkeit von der von Ihnen ermittelten Preisniveauänderung in b): (i) Wie muss sie die nominale Geldmenge verändern, um den Preiseffekt der beiden Politiken zu kompensieren? (ii) Welche Auswirkung(en) hat diese Geldpolitik auf die Beschäftigung? (iii) Wie haben sich die reale Geldmenge und der Zinssatz im Vergleich zur Situation vor den eingeschlagenen Politiken entwickelt?

d) Unterstellen Sie, dass die gleichzeitige Durchführung beider Politiken in Teilaufgabe b) keine Preisänderung hervorgerufen hat. Gilt dies auch, wenn sich die Ökonomie in der (i) Investitionsfalle, (ii) der Liquiditätsfalle, (iii) dem Keynesschen oder (iv) dem klassischen Bereich befindet? Geben Sie gegebenenfalls an, wie sich der Preis und das Einkommen entwickelt haben!

Lösungsskizze

Zu Aufgabe a)

Die Senkung der Unternehmenssteuern führt zu sinkenden Kosten, sodass bestehende Unternehmen ihre Produktion ausdehnen und sich neue Unternehmen ansiedeln können. Das gesamtwirtschaftliche Angebot wird sich zu jedem Preis ausdehnen. Bei einem kurzfristig als konstant unterstellten Nachfrageverhalten wird der Preis über den Marktpreismechanismus sinken.

Die Erhöhung der Infrastrukturausgaben stellt eine Erhöhung der gesamtwirtschaftlichen Nachfrage dar, die bei einem kurzfristig als konstant unterstellten Angebotsverhalten zu steigenden Preisen führen wird.

Zu Aufgabe b)

Das Preisniveau wird insgesamt sinken.[16]

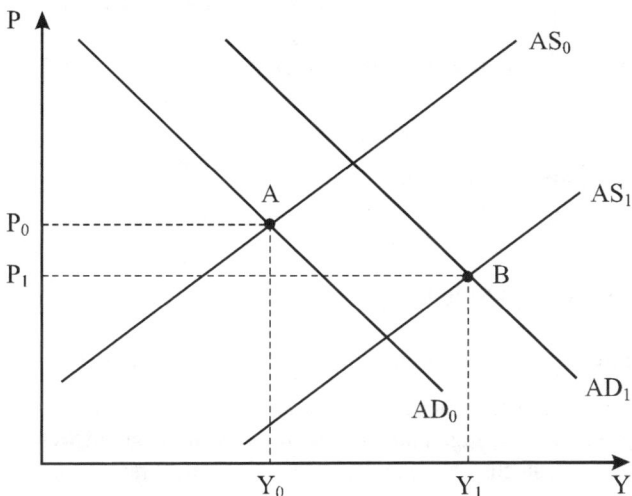

Abbildung III.24

Zu Aufgabe c)

Wenn der Preis gestiegen ist, muss die nominale Geldmenge gesenkt werden, was zu einer sinkenden Beschäftigung führt. Insgesamt ist die reale Geldmenge gesunken und der Zinssatz gestiegen.

Wenn der Preis gesunken ist, muss die nominale Geldmenge erhöht werden, was zu einer steigenden Beschäftigung führt. Insgesamt ist die reale Geldmenge gestiegen und der Zinssatz gesunken.

---

[16] Hinweis: Je nachdem, wie Sie die Grafik gezeichnet haben, kann sich auch eine Preissteigerung oder gar keine Veränderung des Preisniveaus ergeben.

Wenn der Preis unverändert geblieben ist, dann ist keine Geldpolitik notwendig. Beschäftigung, reale Geldmenge und Zinssatz bleiben konstant.

Zu Aufgabe d)

	Preis	Einkommen
Investitionsfalle	nein, er ist höher	höher
Liquiditätsfalle	nein, er ist höher	höher
Keynesscher Bereich	ja	höher
Klassischer Bereich	nein, er ist höher	gleich

Diskussion der Ergebnisse

Die Erhöhung der Infrastrukturausgaben wird kurzfristig nur auf der Nachfrageseite Auswirkungen besitzen. Mittel- und langfristig jedoch können auch expansive Effekte auf der Angebotsseite auftreten, da die Produktionskosten für die Unternehmen sinken – die AS-Kurve würde sich nach unten verlagern.

Literaturempfehlung

• Engelkamp und Sell (2005): S. 213–216.

III.4   Konjunktur und Wachstum

Aufgabe 1:   Wachstum, seine Determinanten und Politikempfehlungen

In Deutschland können mit der vorhandenen Faktorausstattung zwei Güterbündel X und Y hergestellt werden. Das heutige und das zukünftige Güterangebot werden unter anderem von produktionstechnischen und gesetzlichen Rahmenbedingungen sowie vom technischen Fortschritt bestimmt.

a)   Definieren Sie die Begriffe „Produktionspotenzial" und „Wirtschaftswachstum"! Erläutern Sie knapp, warum zur Messung des Wirtschaftswachstums auf reale Größen wie das reale Bruttonationaleinkommen oder das reale Bruttoinlandsprodukt zurückgegriffen wird und nicht auf deren nominalen Werte!

b)   Stellen Sie den Produktionsmöglichkeitsraum für Deutschland grafisch dar und erläutern Sie knapp verbal und grafisch die Wirkung des technischen Fortschritts auf die Produktionsmöglichkeitenkurve!

c)   Als Folge des technischen Fortschritts ist das Bruttoinlandsprodukt innerhalb eines Jahres von 100 auf 120 Milliarden Euro gewachsen. Im gleichen Zeitraum ist aber auch die Bevölkerung von 20 auf 22 Millionen und das Preisniveau um fünf Prozent gestiegen. Ermitteln Sie, inwieweit der technische Fortschritt zur Erhöhung des nominalen und des realen BIP pro Kopf beigetragen hat! (Hinweis: Der Kapitalstock sei konstant.)

d) Die Produktion beider Güterbündel wird nun sowohl durch eine Mindestausbringungsmenge nach unten als auch durch die Umweltgesetzgebung nach oben hin begrenzt. Kennzeichnen Sie in Ihrer Grafik aus Teilaufgabe b) den Produktionsmöglichkeitsraum für Deutschland, der sich aufgrund dieser Restriktion ergibt! Welchen Effekt haben diese Restriktionen auf das zukünftige Güterangebot in Deutschland?

e) Die Regierung denkt unter anderem über eine Lockerung der Umweltgesetzgebung nach, und zwar in einem solchen Maß, dass die Produktion beider Güter nicht mehr durch die Umweltgesetzgebung begrenzt wird. Schraffieren Sie den *zusätzlichen* Produktionsmöglichkeitenraum in Ihrer Grafik, der sich durch eine solche Gesetzesänderung ergeben würde! Wie ändert sich dadurch der Bereich der optimalen Produktion?

f) Die Regierung kann das Wirtschaftswachstum auch durch die Förderung von Humankapital und durch Strukturpolitik beeinflussen. Ordnen Sie beide Instrumente den direkten und indirekten Wachstumsdeterminanten zu und begründen Sie Ihre Auswahl!

Lösungsskizze

Zu Aufgabe a)

Unter Produktionspotenzial wird die maximale Produktion bei normaler Auslastung der Produktionsfaktoren und unter Berücksichtigung des technischen Fortschritts verstanden.

Wirtschaftswachstum beschreibt die stetige Zunahme des Produktionspotentials. Im Mittelpunkt der Wachstumsbetrachtung steht die Erhöhung des realen Outputs und nicht dessen Wert, daher werden Preiseffekte herausgerechnet.

Zu Aufgabe b)

Der Produktionsmöglichkeitsraum wird durch die Fläche zwischen Abszisse, Ordinate und Transformationskurve dargestellt (vgl. Abbildung III.25). Die Transformationskurve ist dabei der geometrische Ort aller Güterkombinationen, die bei Vollauslastung der Faktoren (und gegeben der technischen und institutionellen Rahmenbedingungen) produziert werden können.

Technischer Fortschritt führt allgemein zu einer höheren Produktivität der eingesetzten Produktionsfaktoren. Somit kann bei gleichem Faktoreinsatz mehr von jedem Gut hergestellt werden. Grafisch wird diese Mehrproduktion durch die Verlagerung der Transformationskurve nach außen deutlich, da diese Kurve die maximal mögliche Produktion bei gegebener Faktorausstattung und technischem Fortschritt darstellt.

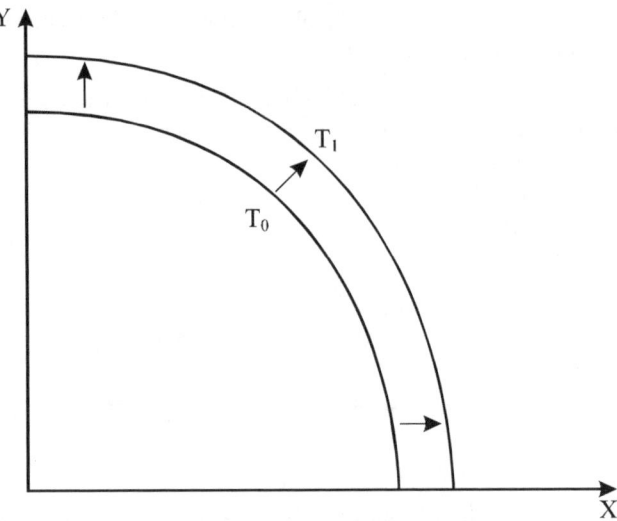

Abbildung III.25

Zu Aufgabe c)

Da das gesamte Bruttoinlandsprodukt um 20 Prozent (extensives Wachstum) und die Bevölkerung nur um 10 Prozent gewachsen ist, ist das nominale Bruttoinlandsprodukt um 10 Prozent pro Kopf gewachsen (intensives Wachstum). Bei konstantem Kapitalstock kann dieser Anstieg nur auf Inflation und/oder dem technischen Fortschritt basieren.

Bei einem Preisniveauanstieg um 5 Prozent wird das nominale intensive Wachstum zur Hälfte von der Inflation erklärt. Die zweite Hälfte hingegen stellt eine reale Erhöhung des Bruttoinlandsprodukts pro Kopf – der durchschnittlichen Arbeitsproduktivität – dar, die durch den technischen Fortschritt zu erklären ist.

Somit trägt der technische Fortschritt zur Hälfte (5 Prozent) zum nominalen und zu 100 Prozent (5 Prozent) zum realen intensiven Wachstum bei.

Zu Aufgabe d)

Die Restriktionen führen dazu, dass der Produktionsmöglichkeitenraum sich auf die Fläche EFGHI beschränkt. Der optimale Produktionsbereich – also der Abschnitt auf der Transformationskurve – wird durch die Restriktion auf den Kurvenabschnitt GH verkürzt.

Bei Bestand der Restriktion wird dieser optimale Bereich als Folge des Wirtschaftswachstums immer weiter eingeschränkt; in Abbildung III.26 auf den Kurvenabschnitt MN. Die Volkswirtschaft vermindert daher ihre Wachstums- und Güterpotenzial bei Vorhandensein von Restriktionen.

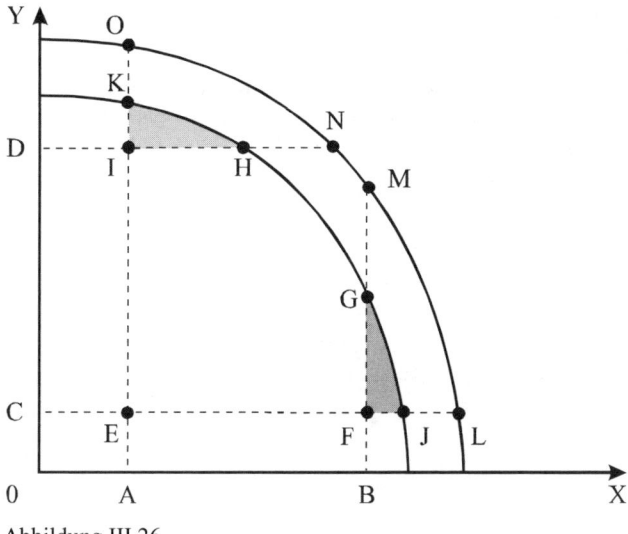

Abbildung III.26

Zu Aufgabe e)

Siehe schraffierte Fläche in Abbildung III.26. Der optimale Produktionsbereich dehnt sich auf JK und – im Zuge des Wirtschaftswachstums – auf LO aus.

Zu Aufgabe f)

Die Förderung von Humankapital ist eine direkte Determinante, da die Humankapitalausstattung den Produktionsprozess direkt beeinflusst, und zwar positiv. Im Gegensatz dazu ist die Strukturpolitik eine indirekte Determinante, weil die Wirtschaftsstruktur nur mittelbar die gesamtwirtschaftliche Produktion bestimmt. Es sollten Branchen mit höheren Wachstumsraten gefördert werden.

Diskussion der Ergebnisse

Die Methode des Aufsplitten des Wirtschaftswachstums auf den Beitrag der einzelnen Faktoren zu diesem Wachstum wird als *growth accounting* bezeichnet. Bei dieser neoklassisch geprägten „Wachstumsbuchhaltung" besitzt der technische Fortschritt fast den Charakter einer *black box*. Denn er wird als Residuum ermittelt, ohne zu beachten, auf welche oder welchen Faktor er tatsächlich einwirkt.

Technischer Fortschritt bedeutet allgemein, dass mit den vorhandenen Produktionsfaktoren mehr und neues produziert werden kann. Er kann vereinfacht unterteilt werden in (i) die Produktinnovationen, also die Verbesserung bestehender Güter oder die Entwicklung neuer Güter. (ii) Prozessinnovationen, das heißt die Einführung neuer und die Verbesserung bestehender Produktionsverfahren, und (iii) die Einführung neuer Organisationsformen und -strukturen.

In der Regel wird Wirtschaftswachstum anhand des realen Bruttoinlandsproduktes pro Kopf gemessen, um einen internationalen Vergleich der nationalen wirtschaftlichen Entwicklungen zu ermöglichen. Aber ein wirtschaftliches Wachstum – oder konkreter – eine wirtschaftliche Entwicklung steht für viel mehr als nur für eine Steigerung der durchschnittlichen Arbeitsproduktivität. Es umfasst auch die Verlagerung der Beschäftigungsanteile vom Agrarsektor hin zum Industrie- und zum Dienstleistungssektor – den so genannten Strukturwandel –, die Veränderung der Handelsstruktur und einen Wandel der Gesellschaftsstruktur. Das Wirtschaftswachstum bzw. die wirtschaftliche Entwicklung ist also ein Prozess mit vielen unterschiedlichen Facetten, der in alltäglichen wie auch in politischen Diskussionen nicht nur auf die – leicht quantifizierbare – Entwicklung des realen Bruttoinlandsproduktes (pro Kopf) beschränkt werden sollte.

Literaturempfehlung

• Engelkamp und Sell (2005): S. 217–220; 223 ff.; 262 f.

Aufgabe 2:   Konjunkturzyklus, -indikatoren und Konjunkturpolitik

Die Entwicklung Deutschlands zeigt, dass die Produktionsfaktoren selten vollständig, sondern über die Zeit mal mehr und mal weniger stark ausgelastet sind. Als Folge entwickelt sich das deutsche Bruttoinlandsprodukt nicht stetig, wie es die Wachstumstheorie vorschlägt, sondern zyklisch.

a)   Was wird unter „Konjunktur" verstanden? Stellen Sie „Wirtschaftswachstum" und „Konjunktur" in einem geeigneten Diagramm gemeinsam dar und erläutern Sie Ihre Grafik knapp!

b)   Die konjunkturelle Entwicklung kann durch Früh-, Präsens- und Spätindikatoren beschrieben werden. Nennen Sie jeweils 2 Beispiele für diese Indikatoren!

c)   Stellen Sie die typische Gestalt eines Konjunkturzyklus und seine einzelnen Phasen grafisch dar! Stellen Sie tabellarisch die Entwicklung des Auslastungsgrads des Produktionspotenzials und der Beschäftigung/Arbeitslosigkeit über den Konjunkturverlauf hinweg dar!

d)   Deutschland befindet sich derzeit in einer Boomphase. Erläutern Sie knapp, wie sich die Erhöhung der Mehrwertsteuer 2007 und – im Zuge der höheren Steuereinnahmen 2006 – die geplante Erhöhung der Sozialleistungen sowie die Absenkung der Arbeitslosenbeiträge auf die derzeitige konjunkturelle Entwicklung Deutschlands auswirken können!

e)   Ein Teil der zusätzlichen Steuereinnahmen wird zur Verringerung der Neuverschuldung eingesetzt. Erläutern Sie, warum diese Verwendung langfristig für die wirtschaftliche Entwicklung besser ist als eine alternative Ausdehnung des Staatskonsums!

f)   Nennen Sie weitere angebotsorientierte Maßnahmen der Stabilitätspolitik!

Lösungsskizze

Zu Aufgabe a)

Konjunktur beschreibt die (zyklischen) Schwankungen im Auslastungsgrad des Produktionspotenzials.

Wie Abbildung III.27 zeigt, beschreibt das Wirtschaftswachstum den langfristigen Trend der wirtschaftlichen Entwicklung, während die Konjunktur sich zyklisch um diesen Trend herum entwickelt. Um die Konjunktur selbst schwingen saisonale Schwankungen.

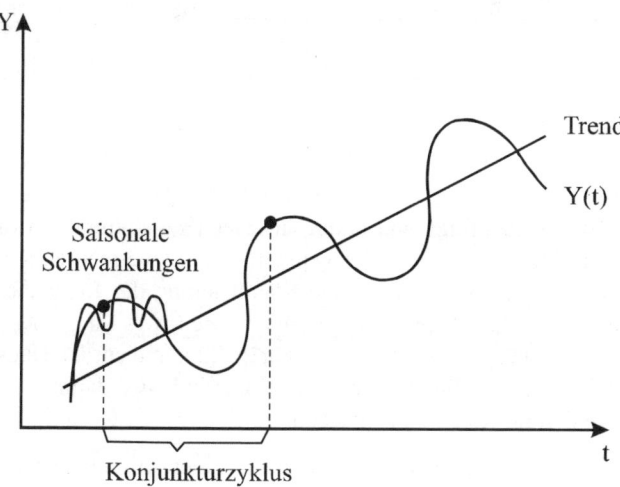

Abbildung III.27

Zu Aufgabe b)

Frühindikatoren sind etwa der Auftragseingang von Unternehmen und die Entwicklung des Geschäftsklimaindex. Gleichlaufende bzw. Präsenzindikatoren sind der Produktionswert und die Kapazitätsauslastung. Nachlaufende Indikatoren sind Lohnabschlüsse und die Arbeitslosenzahlen.

Zu Aufgabe c)

Phase	Auslastungsgrad	Beschäftigung/Arbeitslosigkeit
Krise	am geringsten	niedrig/hoch
Aufschwung	nimmt zu	steigt/sinkt
Hochkonjunktur	höchste Auslastung, teilweise Überauslastung	am höchsten/am niedrigsten
Abschwung	nimmt ab	sinkt/steigt

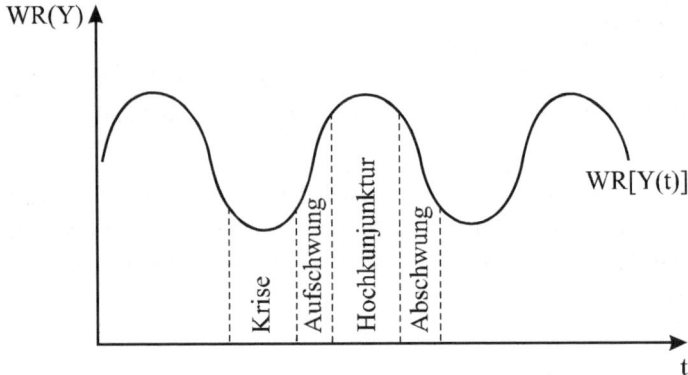

WR(Y)

WR[Y(t)]

Krise

Aufschwung

Hochkunjunktur

Abschwung

t

Abbildung III.28

Zu Aufgabe d)

Die Erhöhung der Mehrwertsteuer kann kurzfristig über steigende (Brutto-)Preise zu einer Senkung der Konsumnachfrage und damit zu einer Konjunkturabschwächung führen. Gleichzeitig können, wenn – wie geplant – die Steuermehreinnahmen für die Senkung der Arbeitslosenbeiträge und Stabilisierung der Rentenbeiträge verwendet werden, die Lohnnebenkosten gesenkt werden, was zu geringen Kosten für die Unternehmen und zu höheren verfügbaren Einkommen der Haushalte führt. Beides mündet in einer höheren Güternachfrage und wird damit – zumindest mittelfristig – wieder die Konjunktur beleben.

Die Ausdehnung der staatlichen Sozialleistungen führt zu einer Ausdehnung des Staatskonsums und damit zu einer größeren Nachfrage. Es kann also zu einer Verlängerung der Boomphase kommen. Eine solche Verlängerung ist auch durch die stärkere Senkung der Arbeitslosenbeiträge möglich. Denn das höhere verfügbare Einkommen und die sinkenden Lohnnebenkosten führen über sinkende Preise und höhere Arbeitsnachfrage zu einem höheren privaten Konsum und somit zu einer höheren Auslastung des Produktionspotenzials.

Zu Aufgabe e)

Die Verringerung der Neuverschuldung bedeutet eine geringere zukünftige Zinslast und damit auch eine zukünftig geringere Steuerbelastung. Damit ist in Zukunft eine höhere Güternachfrage und Konjunkturbelebung möglich.

Zu Aufgabe f)

(1) Deregulierung zukunftsträchtiger Märkte, (2) verstärkte Privatisierung öffentlicher Unternehmen, (3) nachhaltige Reduktion der Lohnnebenkosten, (4) Verringerung der konsumtiven Ausgaben zugunsten investiver Ausgaben, (5) Senkung der konsumtiven Ausgaben des Staates und (6) Kürzung der Erhaltungssubventionen (Förderung des Strukturwandels).

Diskussion der Ergebnisse

Ob die Erhöhung der Umsatzsteuer tatsächlich zu einer Erhöhung der Preise führt und damit einen Rückgang der Nachfrage nach sich zieht, ist davon abhängig, inwieweit die Unternehmen die höheren Kosten – denn die Unternehmen führen die Umsatzsteuer an den Staat ab – auf die Konsumenten überwälzen können. Diese Möglichkeit der Überwälzung ist abhängig von der Preiselastizität der Güternachfrage. Ist diese vollkommen unelastisch (senkrechte Nachfragekurve), dann können die Unternehmen die Umsatzsteuer voll auf den Preis umschlagen, und das bei konstanter Nachfrage. Ganz anders sieht es bei einer vollkommen preiselastischen Nachfrage aus. Hier können die Unternehmen die Umsatzsteuererhöhung nicht überwälzen, denn in diesem Fall würde die Nachfrage sofort wegbrechen. Die Unternehmen tragen daher die gesamten Kosten der Umsatzsteuererhöhung. Im Normalfall wird die Preiselastizität aber zwischen ihren beiden Extremen liegen. Die Unternehmen können dann einen Teil der erhöhten Kosten auf die Nachfrager überwälzen.

Literaturempfehlung

- Engelkamp und Sell (2005): S. 221–223; 263–268.

Aufgabe 3:   Ricardo-Modell

Einen klassischen Erklärungsansatz für das Wirtschaftswachstum liefert David Ricardo, der häufig nur mit der Theorie der komparativen Kostenvorteile in Verbindung gebracht wird. In seinem Modell unterteilt Ricardo die Gesellschaft in drei Gruppen: Landbesitzer, Kapitalisten bzw. Pächter und Landarbeiter.

a)   Definieren Sie die Begriffe „Durchschnittsprodukt", „Grenzprodukt" und „Subsistenzlohn". Stellen Sie die Entwicklung aller drei Größen mit zunehmendem Arbeitseinsatz in einem geeigneten Diagramm dar!

b)   Wo liegt in Ihrem Diagramm aus Teilaufgabe a) der optimale Arbeitseinsatz des Pächters? Begründen Sie ausführlich! Kennzeichnen Sie – ausgehend von dem optimalen Arbeitseinsatz – die drei Einkommensarten Lohnfonds, Profit und Rente in Ihrem Diagramm!

c)   Der Pächter orientiert sich bei seinen Investitionsentscheidungen an der so genannten Profitrate. Wie ergibt sich im Ricardo-Modell diese Rate? Erläutern Sie knapp, warum die Profitrate bei wachsender Bevölkerung und Böden unterschiedlicher Qualität sinkt!

Lösungsskizze

Zu Aufgabe a)

Das Durchschnittsprodukt stellt der durchschnittlichen Output pro eingesetzter Faktoreinheit dar. Das Grenzprodukt erfasst den zusätzlichen Output einer zusätz-

lichen (infinitesimal kleinen) Faktoreinheit. Der Subsistenzlohn kann als existenz-
minimaler Lohn bezeichnet werden und stellt bei Ricardo jenes Getreide dar, das
der Pächter den Arbeitern für ihre Arbeitsleistung überlässt.

Zu Aufgabe b)

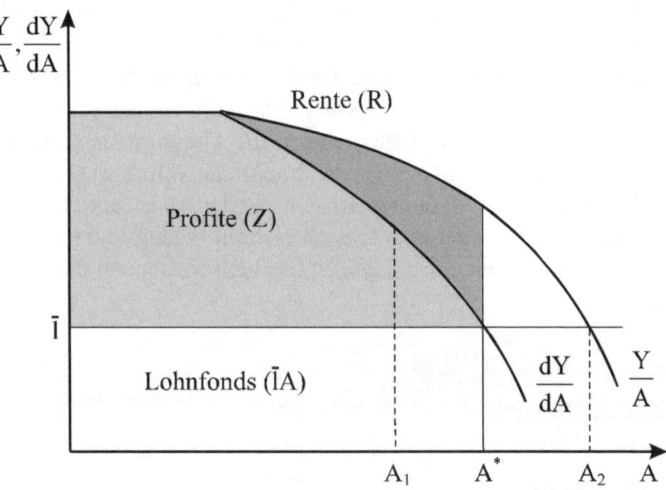

Abbildung III.29

Als optimalen Arbeitseinsatz wird der Pächter den Arbeitseinsatz wählen, bei dem
die Grenzkosten einer zusätzlichen Arbeitseinheit (hier Lohn) genau dem zusätzlichen Ertrag dieser Arbeitseinheit (Grenzertrag der Arbeit) entsprechen. Diese
Bedingung ist im Schnittpunkt zwischen Grenzprodukt- und Lohnkurve im Punkt
A^* erfüllt (vgl. Abbildung III.29).

Wählt er einen geringen (höheren) Arbeitseinsatz wie A_1 bzw. A_2, dann sind die
Grenzkosten kleiner (größer) als der Grenzertrag der letzten eingesetzten Arbeitseinheit und er erwirtschaftet einen Grenzgewinn bzw. Grenzverlust. Der Pächter
wird folglich den Arbeitseinsatz solange ausdehnen (einschränken), bis die Opti-
malitätsbedingung wieder gegeben ist.

Für die Kennzeichnung der Einkommensarten siehe Abbildung III.29.

Zu Aufgabe c)

Die Profitrate ergibt sich aus dem Quotienten von Profit und eingesetztem Kapital
– hier Getreide und Saatgut.

Zur Ernährung der wachsenden Bevölkerung müssen zunehmend Böden schlechte-
rer Qualität bestellt werden, die aber nur einen geringeren Grenzertrag erbringen.
Ein abnehmender Grenzertag bedeutet – bei konstanten Grenzkosten/Kapitalein-
satz – einen sinkenden Profit und damit eine sinkende Profitrate.

Diskussion der Ergebnisse

Der Wachstumsprozess bei Ricardo, aber auch bei anderen „Klassikern" wie Smith wird durch die exogen vorgegebenen natürlichen Ressourcen nach oben hin begrenzt. Kapitaleinsatz und Arbeitskräftepotenzial vermehren sich endogen, bis die Obergrenze erreicht wird. Somit kann zwar ein technischer Fortschritt das Wirtschaftswachstum beschleunigen und zugleich den stationären Endzustand hinausschieben, er selbst erlahmt aber mit dem Stand der Technik. Das heißt, dass – zumindest bei den Klassikern – auch für den technischen Fortschritt das Gesetz des abnehmenden Grenzertrags gilt.

Die Gegenwart zeigt aber, dass die natürlichen Ressourcen dann nicht mehr das Wirtschaftswachstum begrenzen, wenn das Land sich auf andere ressourcenextensive Industrien konzentriert.

Literaturempfehlung

• Engelkamp und Sell (2005): S. 229–234.

Aufgabe 4:   Domar-Modell und der duale Charakter von Investitionen

Domar liefert mit seinem Modell einen postkeynesianischen Erklärungsansatz für das Wachstumsphänomen. Ein zentrales Element seines Modells ist dabei der duale Charakter der Investitionen.

a) Erläutern Sie knapp die beiden mit dem dualen Charakter einer Investition verbundenen Effekte! Gehen Sie dabei auf den zeitlichen Horizont der Effekte und die sie bestimmenden Parameter ein! Erklären Sie, warum in der Regel nur Nettoinvestitionen diesen dualen Charakter haben!

b) In einer Volkswirtschaft werden in der Periode $t = 0$ Investitionen in Höhe von I und ein Konsum von C vorgenommen. (i) Stellen Sie im Rahmen des bekannten Einkommens-Ausgaben-Modells der Keynesschen Theorie grafisch das Gleichgewicht zwischen Güterangebot (Y^A) und Güternachfrage (Y^N) am Ende der Periode dar! (ii) Zeigen Sie grafisch, wie sich Güterangebot, Güternachfrage und Gleichgewichtseinkommen in den Perioden 1 und 2 ausgehend von den Investitionen in Periode $t = 0$ weiterentwickeln werden!

c) Erklären Sie knapp mit eigenen Worten, warum es notwendig ist, dass die Investitionen mit einer konstanten Rate wachsen! Welche Schlussfolgerung ergibt sich daraus für das Verhältnis von Einkommens- und Kapazitätseffekt einer zusätzlichen Investition für den gleichgewichtigen Wachstumspfad?

d) Zeigen Sie grafisch und erläutern Sie (knapp) verbal, warum eine höhere heutige inländische Sparquote zu einem zukünftig höheren Einkommen führen wird als eine niedrigere Sparquote! Stellen Sie in Ihrem t–Y-Diagramm zusätzlich die Entwicklung von Konsum und Investitionen im Zeitverlauf dar! Gilt dieser Zusammenhang auch in offenen Volkswirtschaften?

Lösungsskizze

Zu Aufgabe a)

Der Einkommenseffekt stellt die Einkommenssteigerung aus einer getätigten Investition in der laufenden Periode dar.[17] Seine Stärke ist positiv von der marginalen Konsumneigung bzw. negativ von der Sparneigung abhängig.

Der Kapazitätseffekt erfasst die zusätzlichen Produktionskapazitäten, die sich aus dem mit den Investitionen wachsenden Kapitalstock ergeben. Der Kapazitätseffekt ist negativ abhängig vom Kapitalkoeffizienten, das heißt von der Höhe desjenigen Kapitalstocks, der gerade für die Herstellung einer Outputeinheit eingesetzt werden muss.

In der Regel wird nur eine positive Nettoinvestition in Anlagen einen dualen Charakter besitzen. Zum einen erhöht die Nachfrage nach den Anlagen das Einkommen, zum anderen steigt mit den installierten Anlagen die Produktionskapazität.

Reine Ersatzinvestitionen, das heißt der Ersatz alter Maschinen durch technisch gleichwertige neue Maschinen, erhöhen zwar das Einkommen, führen aber nicht zu Kapazitätserhöhungen.

Zu Aufgabe b)

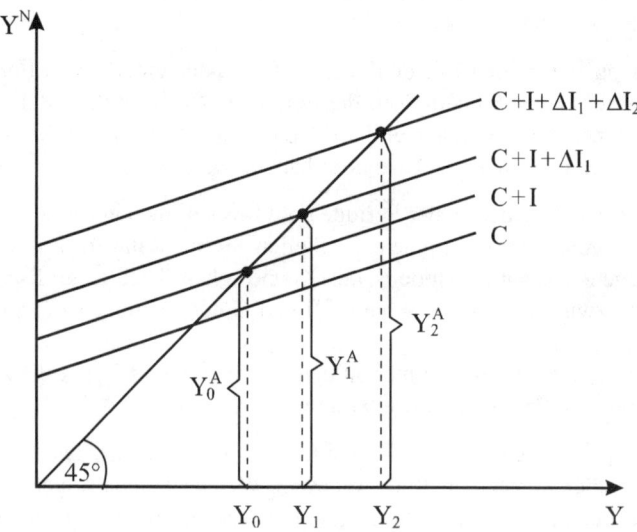

Abbildung III.30

---

[17] Es ist hier anzumerken, dass Domar davon ausgeht, dass der Multiplikatoreffekt einer zusätzlich getätigten Investition ohne zeitliche Verzögerung eintritt, das heißt, dass bereits am Ende der Periode, in der die Investitionen um ΔI erhöht wurden, das Einkommen um $\Delta I/s$ gestiegen ist.

Zu Aufgabe c)

Die Nachfrage in der laufenden Periode $t = 0$ enthält auch die Nettoinvestitionen. Diese Nettoinvestitionen vergrößern in der nächsten Periode den Kapitalstock und damit die Produktionsmöglichkeiten auf Y_1^A. Würde nun die Nachfrage unverändert bleiben, entsteht in der nächsten Periode $t = 1$ ein Angebotsüberschuss, der zu einer deflatorischen Lücke führt. Um diese Lücke nicht aufkommen zu lassen, muss die Gesamtnachfrage in der ersten Periode entsprechend steigen, und zwar um ΔI. Da diese zusätzliche Investition in der zweiten Periode wiederum ein höheres Angebot Y_2^A schafft, muss auch in dieser Periode die Investitionstätigkeit ausgedehnt werden, um das zusätzliche Angebot nachzufragen. Das heißt, um ein gleichgewichtiges Wachstum von Nachfrage und Angebot zu erzielen, bedarf es einer permanenten Investitionstätigkeit.

Die Höhe der zusätzlichen Investition und damit auch ihre konstante Wachstumsrate ergeben sich aus der Überlegung, dass im Gleichgewicht die zusätzliche Nachfrage gerade gleich der zusätzlich möglichen Produktion ist. Damit müssen Einkommens- und Kapazitätseffekt dieser zusätzlichen Investition gleich groß sein. Ist der Einkommenseffekt größer (kleiner) als der Kapazitätseffekt, dann kommt es zu einem Nachfrage- bzw. Angebotsüberschuss und somit zu einer inflatorischen (deflatorischen) Lücke.

Zu Aufgabe d)

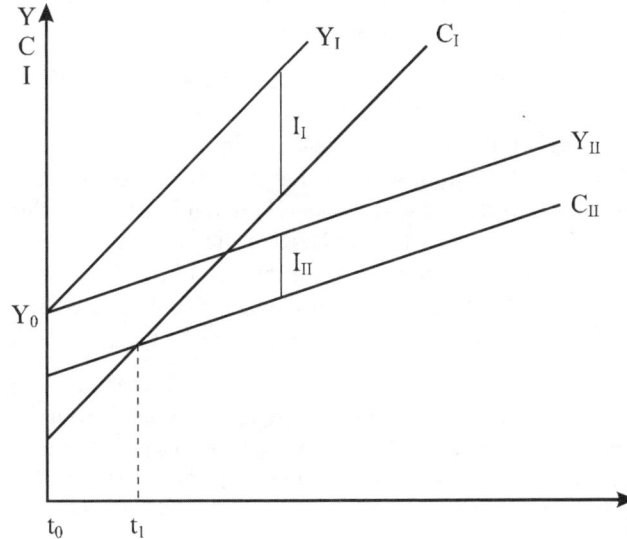

Abbildung III.31

Eine höhere inländische Sparquote führt zu einer höheren heutigen Investitionstätigkeit und damit zu höheren Einkommens- und Kapazitätseffekten. Somit wächst das Einkommen schneller und ist zu jedem Zeitpunkt in der Zukunft größer als bei einer kleineren Sparquote.

Dieser Zusammenhang gilt in einer offenen Volkswirtschaft nicht mehr zwingend, da das für die Investitionen notwendige Kapital auch aus dem Ausland bezogen werden kann.

Diskussion der Ergebnisse

Die Aussage, dass Ersatzinvestitionen keinen Kapazitätseffekt besitzen, hat nur dann Bestand, wenn die alten Anlagen tatsächlich durch technisch identische neue Maschinen ersetzt werden. In der Realität aber werden alte durch moderne Maschinen ausgetauscht, sodass auch Ersatzinvestitionen einen Kapazitätseffekt besitzen, der aus verständlichen Gründen kleiner ist als derjenige der Nettoinvestitionen.

Die konstante Wachstumsrate der Investition und aller anderen endogenen Größen im Domar-Modell ist der Quotient aus marginaler Sparneigung und Kapitalkoeffizient. Erhöht sich die Sparneigung, dann wird der Wachstumsprozess beschleunigt, da entsprechend I = S die Investitionen und damit der Kapitalstock stärker steigen. Um die nun höhere Kapazität auszulasten, bedarf es auch höherer zusätzlicher Investitionen – die Wachstumsrate steigt. Wird hingegen der Kapitalkoeffizient erhöht, das heißt, müssen mehr Einheiten Kapital für eine Outputeinheit eingesetzt werden, dann sinkt die Wachstumsrate. Denn ein sinkender Kapitalkoeffizient bedeutet einen kleineren Kapazitätseffekt. Somit ist eine geringerer Anstieg der Investitionen notwendig, um einen Gleichgewichtszustand zu erreichen.

Interessant ist nun die Frage, ob die Ökonomie wieder auf einen Gleichgewichtspfad zurückkehrt, wenn Einkommens- und Kapazitätseffekt einmal nicht übereinstimmen, Nachfrage und Angebot also nicht im Gleichschritt wachsen. Entscheidend dabei sind die tatsächlichen Investitionsentscheidungen der Unternehmer, die beispielsweise auch auf ihren Einkommenserwartungen basieren können. Wächst das Angebot schneller als die Nachfrage, dann reduzieren die Unternehmer ihre Investitionen, um die Leerkapazitäten nicht noch mehr zu vergrößern. Dabei verkennen sie aber, dass der Rückgang ihrer Investitionstätigkeit den Angebotsüberhang nur noch verschärft. Es entsteht ein kumulativer Prozess nach unten.

Im umgekehrten Fall eines Nachfrageüberschusses dehnen die Unternehmen ihre Investitionen aus, wodurch sich aber der Nachfrageüberschuss verschärft, weil die Kapazitätsausdehnung erst später erfolgt. Insgesamt spricht man von einem „Wachstum auf des Messers Schneide", weil bereits eine kleine Abweichung vom Wachstumspfad einen permanenten Prozess des ungleichgewichtigen Wachstums auslöst.

Literaturempfehlung

*   Engelkamp und Sell (2005): S. 236–241.

Aufgabe 5:   Pro-Kopf-Produktionsfunktion und das Solow-Modell

Für ein Land haben Ökonomen folgende neoklassische Produktionsfunktion geschätzt: $Y = F(A, K) = 0,5\, A^{1/2} K^{1/2}$. Weitere Untersuchungen ergaben für die Sparquote s einen Wert von 0,2 und für die Wachstumsrate des Arbeitsangebotes w_A
einen Wert von 0,05. Die Volkswirtschaft befindet sich in einem langfristigen
Gleichgewicht.

a) Stellen Sie die neoklassische Pro-Kopf-Produktionsfunktion grafisch dar!
    Welche Gesetzmäßigkeit bestimmt den Verlauf der Funktion? Was besagt die-
    ses Gesetz?

b) Stellen Sie in Ihrer Grafik aus Teilaufgabe a) das neoklassische Wachstums-
    gleichgewicht dar! Erläutern Sie knapp (!) die Gleichgewichtsbedingung und
    geben Sie an, unter welchen Bedingungen das neoklassische Wachstums-
    gleichgewicht nur zustande kommt!

c) Es sei unterstellt, dass sich die Sparquote in dem Land erhöht hat. Erläutern
    Sie grafisch und verbal den Anpassungsprozess vom alten zum neuen Gleich-
    gewicht! Wie ändern sich die Niveaugrößen und die Wachstumsrate des Pro-
    Kopf-Einkommens?

d) Ermitteln Sie rechnerisch, wie sich der Pro-Kopf-Output und die Kapitalinten-
    sität verringert haben, wenn die Sparquote von $s_0 = 0,20$ auf $s_1 = 0,10$ sinkt!

Lösungsskizze

Zu Aufgabe a)

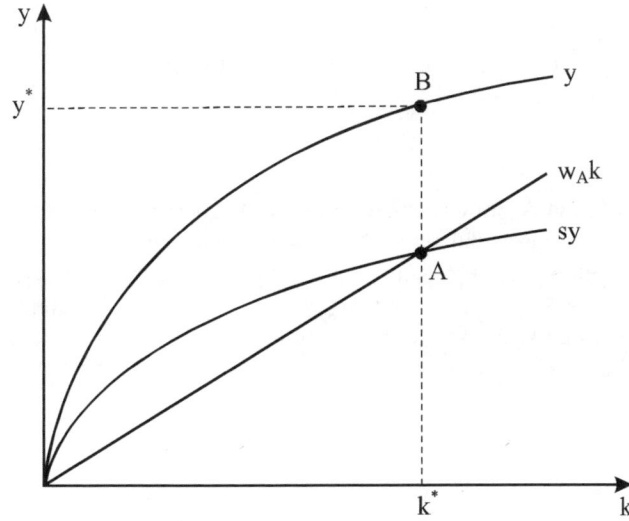

Abbildung III.32

Der Verlauf wird durch das „Gesetz des abnehmenden Grenzertrags" bestimmt. Dieses besagt, dass der Output bei Einsatz einer zusätzlichen (infinitesimal kleinen) Inputeinheit c. p. absolut ansteigt, der zusätzliche Output (oder der Outputzuwachs) aber kleiner wird.

Zu Aufgabe b)

Der gleichgewichtige neoklassische Wachstumspfad ist durch eine Konstanz der Pro-Kopf-Größen, dem so genannten *steady state*, gekennzeichnet. Ein solcher Zustand kann nur dann erreicht werden, wenn beide Produktionsfaktoren Arbeit und Kapital mit gleicher Rate wachsen. Es gilt daher:

$$w_Y = w_A = w_K \equiv \frac{s}{v}$$

Damit dieser gleichgewichtige Wachstumspfad gilt, muss folgende Gleichgewichtsbedingung erfüllt sein:

$$w_A \cdot k = s \cdot y(k)^{[18]}$$

Diese Bedingung ist in Punkt A in Abbildung III.32 erfüllt. Denn bei k^* reicht das Pro-Kopf-Sparen und damit die Pro-Kopf-Investition gerade dazu aus, jedem neuen Arbeiter (der Faktor Arbeit wächst ja mit w_A) diese Kapitalausstattung k^* zu garantieren.

Folgende Bedingungen müssen für ein neoklassisches Wachstumsgleichgewicht bzw. für den neoklassischen gleichgewichtigen Wachstumsprozess erfüllt sein: (1) alle vorhandenen Kapitalgüter müssen eingesetzt werden, (2) alle verfügbaren Arbeitskräfte müssen beschäftigt werden, (3) alle produzierten Güter müssen verkauft werden, (4) auf allen Märkten ist der Preismechanismus wirksam und das Saysche Gesetz behält seine Gültigkeit und (5) alle Produktionsfaktoren müssen mit ihrem Grenzprodukt entlohnt werden.

Zu Aufgabe c)

Die Ökonomie befindet sich in A_0 im Gleichgewicht (vgl. Abbildung III.33), dass durch $w_A = s_0/v_0 = w_K^0$ gekennzeichnet ist. Durch die Senkung der Sparquote auf s_1, die sich in der Drehung der Pro-Kopf-Sparfunktion nach unten darstellt, sinkt die Wachstumsrate des Kapitalstocks auf $w_K^1 = s_1/v_0$. Es stellt sich somit bei konstanter Kapitalintensität k_0^* ein Ungleichgewicht in Punkt in A_1 ein, in dem der Faktor Arbeit schneller wächst als das Kapital: $w_A > s_1/v_0 = w_K^1$.

---

[18] Dass beide genannten Gleichgewichtsbedingungen übereinstimmen, sei kurz gezeigt: Wenn $w_A k = sy(k)$ nach w_A aufgelöst wird, ergibt sich $w_A = sy/k$. Da wir wissen, dass der Kapitalkoeffizient v gleich K/Y bzw. auch k/y ist, kann für die Gleichgewichtsbedingung auch $w_A = s/v$ geschrieben werden.

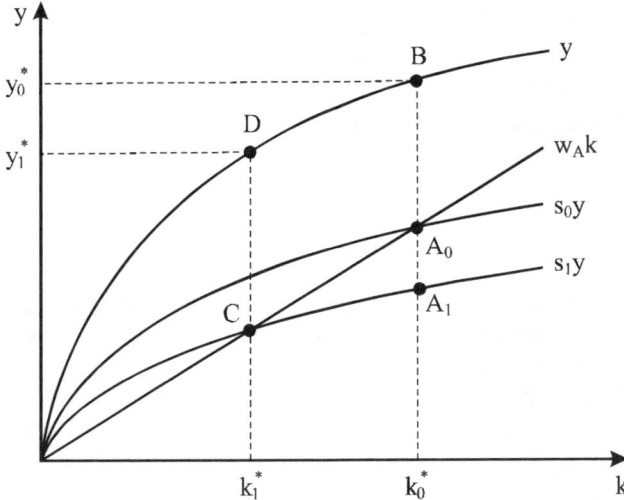

Abbildung III.33

Da Vollbeschäftigung der Faktoren unterstellt ist, entsteht bei – immer noch wachsenden Produktionsfaktoren – auf dem Arbeitsmarkt ein Überschussangebot, wodurch sich der Lohnsatz und das Lohn-Zinsverhältnis verringern. Die Unternehmer werden auf die absolute und relative Verbilligung des Faktors Arbeit mit einer Senkung der Kapitalintensität regieren. Mit dieser Senkung kommt es zu einem steigenden Durchschnitts- und Grenzertrag von Kapital sowie gleichzeitig zu einer Senkung des Kapitalkoeffizienten (auf v_1).

Dieser Prozess der „Substitution" des relativ teueren Kapitals durch die relative billige Arbeit hält solange an, bis der Kapitalkoeffizient soweit gesunken ist, dass die Wachstumsrate des Kapitals gerade wieder der Wachstumsrate der Arbeit entspricht. Dieser Zustand ist im neuen Gleichgewichtspunkt C bei einer Kapitalintensität von k_1^* erreicht.

Insgesamt sind das Einkommen, die Kapitalintensität und das Lohn-Zins-Verhältnis gesunken. Die Wachstumsraten der Faktoren haben sich im Vergleich zur Ausgangssituation nicht verändert, es gilt $w_A = s_1/v_1 = w_K^0$.

Zu Aufgabe d)

Bei einer Sparquote von $s_0 = 0{,}2$ ergibt sich eine Kapitalintensität k_0 von 4 und damit ein Pro-Kopf-Output von $y_0 = 1$. Für eine Sparquote von $s_1 = 0{,}1$ gilt $k_1 = 1$ und $y_1 = 0{,}5$.

Diskussion der Ergebnisse

Der neoklassische Wachstumspfad zeichnet sich durch seine Stabilitätseigenschaften aus, das heißt, dass allein die Marktkräfte die Ökonomie nach einem Schock oder einer Parameteränderung immer wieder in ein *steady state* führen. Die zentrale Voraussetzung dafür ist, dass die Produktionsfaktoren substituierbar sind und somit – im Gegensatz zu Domar – der Kapitalkoeffizient variabel ist.

Für die Wirtschaftspolitik bedeutet diese Stabilitätseigenschaft, dass sie Maßnahmen zur Erhöhung des Pro-Kopf-Outputs durchführen kann, beispielsweise durch eine Verbesserung der Angebotsbedingungen. Das reale Pro-Kopf-Wachstum kann sie damit aber nicht beeinflussen. Ähnliches gilt für den technischen Fortschritt, der bei Solow wie Manna vom Himmel fällt.[19]

Die neue Wachstumstheorie, auf die hier nicht weiter eingegangen werden soll, behebt diese Mängel. Da sie nicht von einer Konstanz der Pro-Kopf-Größen ausgeht, können der Staat und der technische Fortschritt tatsächlich das reale Pro-Kopf-Wachstum beeinflussen. Zudem ist in der neuen Wachstumstheorie auch die Sparquote nicht mehr zwingend exogen, sondern kann endogen vom wirtschaftlichen System selbst erklärt werden.

Die Ergebnisse der Teilaufgabe d) können leicht ermittelt werden. Im ersten Schritt wird die Pro-Kopf-Produktionsfunktion ermittelt ($y = 0{,}5k^{1/2}$). Diese wird in die Gleichgewichtsbedingung $w_A \cdot k = s \cdot y$ eingesetzt. Dann wird diese Gleichung nach k aufgelöst und die verschiedenen Parameter werden eingesetzt. Die ermittelten Werte für die Kapitalintensität werden schließlich in die Pro-Kopf-Produktionsfunktion eingesetzt.

Literaturempfehlung

- Engelkamp und Sell (2005): S. 242–245.

Aufgabe 6:   Innovationen und der Wicksellsche Prozess

Als Folge einer Innovation steigt in einigen Branchen des industriellen Sektors die Grenzleistungsfähigkeit des Kapitals an und führt zu einer gestiegenen Kreditnachfrage. Obwohl der Bankensektor in dem betrachteten Land sehr gut ausgebaut ist, vermuten Experten, dass die Konkurrenzsituation unter den Banken zu einer stark verzögerten Anpassung des Marktzinses an den gestiegenen natürlichen Zins führen wird. Damit könnte, so die Experten, durch die Innovation ein konjunktureller Aufschwung im Sinne von Wicksell ausgelöst werden.

a)   Von welchen Zinssätzen hängen Kapitalnachfrage und Kapitalangebot bei Knut Wicksell ab? Wie reagieren die einzelnen Zinssätze kurzfristig auf die Innovation! Begründen Sie knapp Ihre Antwort!

---

[19]   Der Leser kann die Wirkung eines technischen Fortschrittes auf das Pro-Kopf-Einkommen und dessen Wachstumsrate selbst nachvollziehen, wenn er keine Sparquotensenkung in Teilaufgabe c), sondern einen technischen Fortschritt in der Form unterstellt, dass die neue Produktionsfunktion $Y = F(A, K) = 2\,A^{1/2}K^{1/2}$ lautet.

b) Stellen Sie grafisch den Aufschwung dar, der mit der Einführung dieser Innovation im Industriesektor einhergeht, und zwar entsprechend dem kumulativen
   Wicksellschen Prozess! Erläutern Sie knapp verbal, wie sich Konsumgüter-
   und Investitionsgüternachfrage im Aufschwung entwickeln! Der Kapitalmarkt
   befindet sich bei Markteinführung der Innovation im Gleichgewicht.

c) Erklären Sie ausführlich, warum der durch eine Innovation ausgelöste Aufschwung durch feste Wechselkurse beendet wird! Welche anderen Gründe
   führen zu einer Beendigung des Aufschwungs? Wo liegt c. p. der neue Gleichgewichtspunkt?

Lösungsskizze

Zu Aufgabe a)

Das Kapitalangebot hängt vom Marktzins ab. Die Kapitalnachfrage hängt von der
Differenz zwischen dem natürlichen Zins und dem Marktzins ab, wobei der natür-
liche Zins die Grenzleistungsfähigkeit des Kapitals oder – vereinfacht – die Rendite eines Investitionsprojektes darstellt. Je größer diese Differenz ist, umso größer
wird die Kapitalnachfrage der Unternehmen sein.

Die gestiegene Grenzleistungsfähigkeit des Kapitals führt kurzfristig – und auch
langfristig – zu einem höheren natürlichen Zins. Der Marktzins hingegen bleibt
kurzfristig konstant, und zwar solange, wie der Bankensektor nicht auf die Veränderung der Grenzleistungsfähigkeit des Kapitals reagiert und somit die Kreditnachfrage zu dem herrschenden Marktzins bedient.

Zu Aufgabe b)

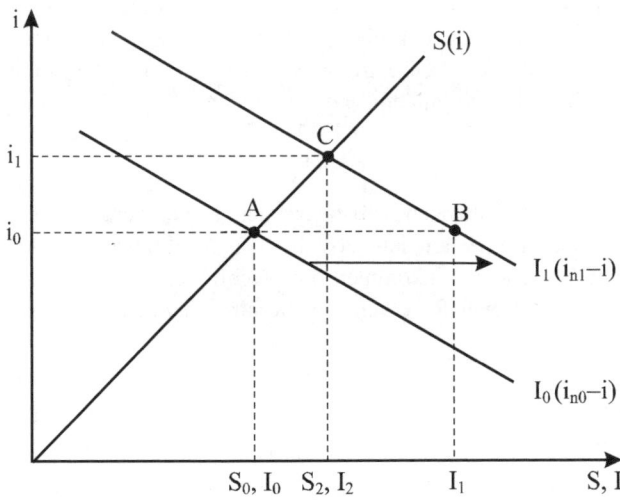

Abbildung III.34

Während die Investitionsgüternachfrage durch die höheren Kredite stimuliert wird, führt die Geldmengenausdehnung (als Folge der Giralgeldschöpfung) über eine gestiegene Nominal- und Realkasse zu einer verstärkten Konsumgüternachfrage. Die steigende Nachfrage kann bei bestehender Unterbeschäftigung zu moderaten Preissteigerungen führen, bei Vollbeschäftigung stellt sich hingegen eine Überschussnachfrage ein, die einen Anstieg des Preisniveaus induziert – eine inflatorische Lücke ($I_1 - I_0$) entsteht (vgl. Abbildung III.34).

Da der Output konstant ist, muss das Preisniveau solange steigen, bis eine gesunkene Realkasse die Konsumgüternachfrage genau in dem Ausmaß verringert hat, welches der zusätzlichen – durch die sinkenden Realzinsen induzierten – Investitionsgüternachfrage entspricht. Das heißt, ein Teil der Gesamtproduktion wird dem Konsum entzogen und der (physischen) Kapitalbildung zugeführt. Dieser Prozess wird als „erzwungene Ersparnis" bezeichnet.

Der Preisanstieg führt über sinkende Reallöhne zu einer steigenden Arbeitsnachfrage. Da aber Vollbeschäftigung herrscht, steigen (verzögert) die Nominallöhne und das Volkseinkommen. Die Kapitalstockausdehnung als Folge der Investitionen führt zu einem höheren Grenzprodukt der Arbeit. Somit steigen Output, Beschäftigung und Reallöhne an. Ein Aufschwung ist ausgelöst, der durch eine schnellere Ausdehnung des Investitionsgütersektors im Vergleich zum Konsumgütersektor charakterisiert ist.

Zu Aufgabe c)

Der Aufschwung wird von Preisniveausteigerungen begleitet. Diese Inflation führt zu sinkenden Exporten und zu steigenden Importen. Damit verringert sich das Devisenangebot und es erhöht sich die Devisennachfrage. Der daraus resultierende Devisennachfrageüberschuss führt tendenziell zu einem steigenden Devisenkurs – das heißt zu einer Abwertungstendenz der inländischen Währung. Da aber ein fester Kurs unterstellt wurde, muss (!) die Zentralbank einen Teil ihrer Devisenreserven verkaufen. Dadurch sinkt die inländische Geldmenge, was gleichzeitig einen sinkenden Kreditspielraum der Geschäftsbanken bedeutet. Im Endeffekt steigt der Marktzins, und der Aufschwung wird beendet.

Der Kreditspielraum der Geschäftsbanken verringert sich auch, wenn die Geschäftsbanken den Kreditkonditionen an den tatsächlichen Marktzins anpassen. Zusätzlich steigt mit dem steigenden Einkommen die Nachfrage nach Transaktionskasse und somit sinken die freien Reserven der Geschäftsbanken. Als neues Gleichgewicht stellt sich der Punkt C ein.

Diskussion der Ergebnisse

Das Modell von Wicksell ist ein Beispiel für die (realen) Überinvestitionstheorien, welche die Ursachen des Konjunkturaufschwungs in nicht monetären Faktoren sehen. Seinen Ansatz kennzeichnen zwei Aspekte: Zum einen die Unterscheidung zwischen natürlichem Zins und Marktzins. Zum anderen die Trennung zwischen Konsumgüter- und Investitionsgütersektor.

Der Abschwung wird durch den steigenden Zins eingeleitet. Es kommt zu einer geringeren Investitionstätigkeit und damit zu einem Rückgang des Inlandsproduktes. Aufgrund dessen wird ein Teil des Kapitalstocks unrentabel und die nun auftretenden Leerkapazitäten führen zu einem Preisrückgang. Der Abschwung hält solange an, bis eine neue Entdeckung oder ein technischer Fortschritt abermals den natürlichen Zins anhebt.

Literaturempfehlungen

• Assenmacher (1995): S. 78–81.

• Engelkamp und Sell (2005): S. 248–250.

Aufgabe 7:   Das Samuelson-Modell

Ein Wirtschaftsinstitut verwendet für die Prognose der zukünftigen wirtschaftlichen Entwicklung ein Samuelson-Modell. Erste Berechnungen ergaben folgende Differenzgleichung zweiter Ordnung:

$$Y_t = C_a + I_a + A^{st} + c(1 + \beta)Y_{t-1} - c\beta Y_{t-2}$$

Zudem weiß das Institut, dass die beiden autonomen Nachfragekomponenten jeweils 50 sind und die marginale Konsumneigung 0,5 und der Akzelerator 3 ist.

a)   Samuelson verwendet in seinem Modell sowohl den Robertson-Lag als auch das Akzeleratorprinzip. Erklären und interpretieren Sie kurz beide Begriffe! Interpretieren Sie in diesem Zusammenhang einen Akzelerator von 3!

b)   Bestimmen Sie das langfristige Gleichgewichtseinkommen Y_E! Wie ändert sich diese Einkommen, wenn sich die Staatsausgaben um 100 erhöhen!

c)   Wird sich Ihrer Meinung nach der Verlauf der wirtschaftlichen Entwicklung durch die Erhöhung der Staatsausgaben verändern? Begründen Sie knapp!

d)   Das Institut prognostiziert 2 vollkommen gegensätzliche zukünftige Entwicklungen. Im ersten Fall wird der Konsum in den nächsten Jahren um 10 Prozent pro Jahr wachsen, im zweiten Fall wird er dagegen um 10 Prozent pro Jahr sinken. Stellen Sie jeweils in 3 nebeneinander liegenden Diagrammen die Entwicklung des Konsums, die sich daraus ergebende Entwicklung der induzierten Investitionen und die Entwicklung des Einkommens für beide Länder dar!

Lösungsskizze

Zu Aufgabe a)

Der Robertson-Lag besagt, dass die heutigen Konsumausgaben vom Einkommen der vorherigen Periode, gewichtet mit der marginalen Konsumquote, abhängen!

Das Akzeleratorprinzip besagt in diesem Modell, dass die heutigen Investitionen von den Konsumänderungen abhängen, gewichtet mit dem Akzelerator. Dieser ist eine Verhaltensgröße der Unternehmer. Ein Akzelerator von 3 bedeutet, dass wenn sich der Konsum um eine Einheit ändert, die Investitionen um 3 Einheiten ausgedehnt werden müssen.

Zu Aufgabe b)

Bei Staatsausgaben von 100 ergibt sich ein Gleichgewichtseinkommen von 400 und bei Staatsausgaben von 200 ein Gleichgewichtseinkommen von 600.

Zu Aufgabe c)

Nein, der Verlauf der wirtschaftlichen Entwicklung wird sich nicht ändern. Dieser Verlauf ist von dem Zusammenspiel von marginaler Konsumneigung und Akzelerator abhängig und nicht von Nachfragekomponenten wie autonomer Konsum, autonome Investitionen oder eben Staatsausgaben. Da Konsumneigung und Akzelerator konstant geblieben sind, ändert sich nichts am Verlauf der wirtschaftlichen Entwicklung.

Zu Aufgabe d)

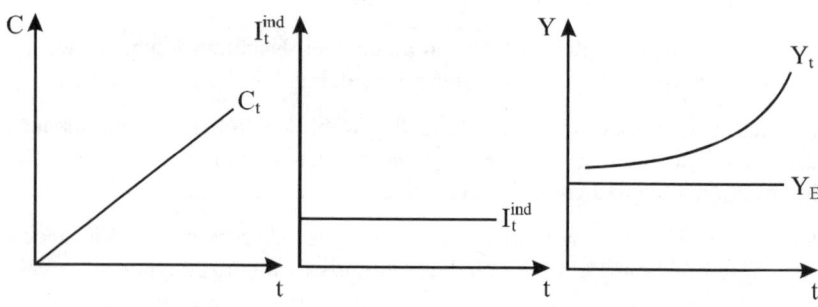

Abbildung III.35

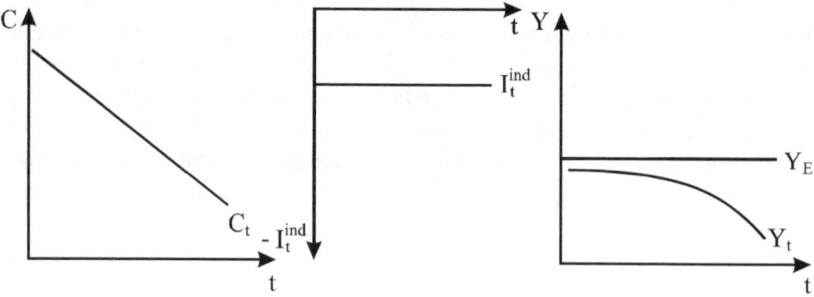

Abbildung III.36

Diskussion der Ergebnisse

Das langfristige Gleichgewicht in Teilaufgabe b) kann analog zur Bestimmung das Gleichgewichtseinkommen im Einkommen-Ausgaben-Modell bestimmt werden. Da im Gleichgewicht alle Einkommen gleich sind, können alle Periodeneinkommen Y_t durch Y_E ersetzt und die Gleichung einfach nach Y_E umgestellt werden.

Der zukünftige Verlauf der wirtschaftlichen Entwicklung kann in wenigen Schritten, und zwar ohne auf die mathematischen Gesetzmäßigkeiten eingehen zu müssen, rechnerisch bestimmt werden. Die erste Vereinfachung ist, dass alle zeitunabhängigen Größen auf null gesetzt werden, da sie für den Entwicklungsverlauf keine Rolle spielen. Für die zusätzlich nach null umgestellte Differenzengleichung gilt somit:

$$0 = Y_t - c(1+\beta)Y_{t-1} + c\beta Y_{t-2} \text{ bzw. } 0 = Y_t - 2Y_{t-1} + 1,5Y_{t-2}$$

Im nächsten Schritt führen wir zwei neue Variablen α_1 und α_2 ein, mit $\alpha_1 = -c(1+\beta) = -2$ und $\alpha_2 = c\beta = 1,5$.

Ob die Entwicklung konvergent oder divergent verläuft, wird anhand der so genannten Schur-Kriterien ermittelt. Dabei müssen alle drei Kriterien erfüllt sein, damit ein konvergenter Verlauf vorliegt. Die Schur-Kriterien lauten (1) $1 + \alpha_1 + \alpha_2 > 0$, (2) $1 - \alpha_1 + \alpha_2 > 0$ und (3) $1 - \alpha_2 > 0$. Setzen wir nun die Werte für α_1 und α_2 ein, wird deutlich, dass das dritte Kriterium verletzt ist. Damit verläuft die wirtschaftliche Entwicklung divergent.

Um zu überprüfen, ob die Entwicklung stetig oder zyklisch verläuft, schreiben wir die bereits umgestellte Differenzgleichung so um, dass wir eine quadratische Gleichung erhalten. Dazu nehmen wir folgende Transformation vor $Y_t = H^{k+2}$, die wir für alle Y_t durchführen. Dann setzen wir die gewonnenen Terme in die Differenzgleichung ein und teilen die Gleichung noch durch H^k. Dann ergibt sich eine einfache quadratische Gleichung:

$$0 = H^2 - c(1+\beta)H + c\beta \text{ bzw. } 0 = H^2 - 2H + 1,5$$

Entsprechend der Lösungsformel für quadratische Gleichungen gilt

$$H_{1,2} = \frac{c(1+\gamma)}{2} \pm \sqrt{\left[\frac{c(1+\gamma)}{2}\right]^2 - c\gamma} \text{ bzw. } H_{1,2} = 1 \pm \sqrt{1 - 1,5}$$

Für die Frage, ob Schwingungen vorliegen oder nicht, ist nur der Term unter der Wurzel entscheidend, die so genannte Diskriminante. Ist sie kleiner Null, so liegt eine zyklische, sonst eine stetige Entwicklung vor. In unserem Beispiel ist die Diskriminante negativ und somit verläuft die wirtschaftliche Entwicklung mit Schwingungen.

Insgesamt verläuft die wirtschaftliche Entwicklung in unserem Land also zyklisch divergent oder in explosiven Schwingungen.

Literaturempfehlungen

- Assenmacher (1995): S. 339–371 (für die formale Herleitung der Konver-
  genz- und Schwingungsbedingung).
- Engelkamp und Sell (2005): S. 250–256.

Aufgabe 8:   Politische Konjunkturzyklen á la Nordhaus

In der volkswirtschaftlichen Theorie existieren viele verschiedene Ansätze zur
Erklärung von Konjunkturschwankungen. Nordhaus verwendet dazu einen politischen Konjunkturzyklus, wobei sich sein Modell aus einem ökonomischen und
einem politischen Teilsystem zusammensetzt. Ein zentrales Element des Modells
ist die Annahme adaptiver Erwartung seitens der Wähler, das heißt, sie lassen
Erwartungsfehler der Vergangenheit in die Erwartungsbildung einfließen, wobei
neuere Ereignisse stärker und länger zurückliegende Ereignisse immer schwächer
gewichtet werden.

a) Welche beiden Ziele bzw. Zielerreichungsgrade werden – so Nordhaus – von
    Politikern zur Abstimmung gestellt?

b) Schildern Sie mit eigenen Worten das Verhalten der um eine Wiederwahl
    bemühten Politiker während einer Legislaturperiode im Sinne von Nordhaus!

c) Stellen Sie – in stilisierter Form – grafisch das Auf und Ab von Inflationsrate
    und Unterbeschäftigungsrate während der aufeinander folgenden Legislaturpe-
    rioden dar!

d) Nordhaus unterstellt implizit in seinem Modell, dass zum einen der Wähler
    neuere Daten höher bewertet als weiter zurückliegende und zum anderen, dass
    die Regierung die Geld- wie die Fiskalpolitik voll einsetzen kann. Würde un-
    ter diesen beiden Aspekten der politische Konjunkturzyklus in Deutschland
    vollständig funktionieren? Begründen Sie knapp!

Lösungsskizze

Zu Aufgabe a)

Die beiden Ziele sind Preisniveaustabilität und hoher Beschäftigungsgrad bzw.
eine niedrige Arbeitslosenquote.

Zu Aufgabe b)

Kurz vor dem Wahltag sollte die Regierung eine ausgabenfreundliche und beschäf-
tigungssteigernde Politik betreiben, wenn die Kosten in Form einer Inflationsstei-
gerung erst nach der Wahl und/oder später wahrgenommen werden sollen.

In der Mitte der Wahlperiode sollte die Regierung die hohe Inflation und die Inflationserwartungen durch das bewusste Abkühlen der Konjunktur brechen.

Zu Aufgabe c)

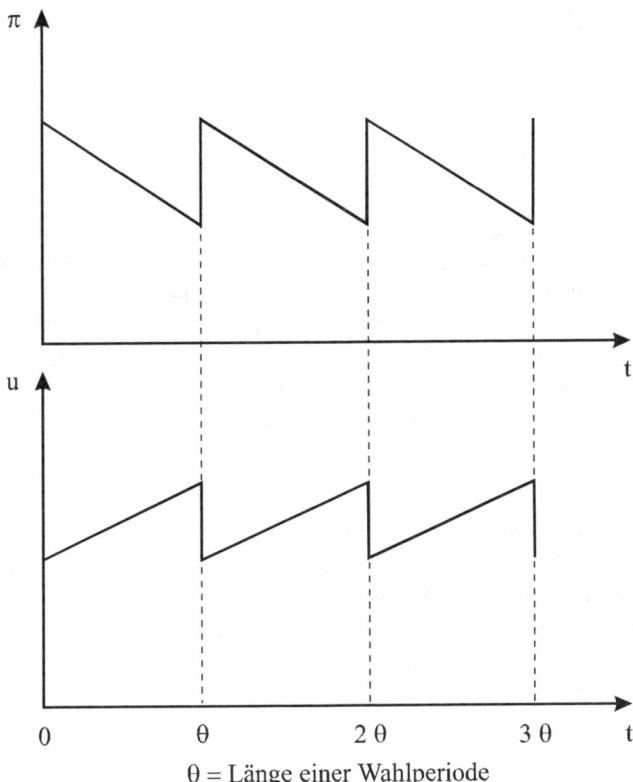

θ = Länge einer Wahlperiode

Abbildung III.37

Zu Aufgabe d)

Nein, der politische Konjunkturzyklus würde in Deutschland nicht funktionieren. Zum einen verfügt Deutschland über eine föderale Struktur mit häufig stattfindenden Wahlen auf kommunaler und Landesebene. Im Zuge dieser Wahlen werden den Wählern die Erfolge und die Misserfolge der Regierenden vor Augen geführt, sodass sie nicht „vergessen" können. Zum anderen besitzt die Bundesregierung keine geldpolitische Hoheit, da sie diese an die Bundesbank bzw. heute an die Europäische Zentralbank abgegeben hat. Das heißt, die Regierung selbst kann keine Geldpolitik und damit keine aktive Inflationsbekämpfung betreiben.

Diskussion der Ergebnisse

In Abbildung III.38 findet sich eine alternative Darstellung des politischen Konjunkturzyklus von William Nordhaus, die im Vergleich zu Abbildung III.37 das Zusammenspiel von politischem und ökonomischem System noch verdeutlicht.

Das ökonomische System wird durch eine Schar – in unserem Fall von zwei –
(kurzfristigen) modifizierten Phillipskurven beschrieben. Wie wir bereits wissen
(vgl. Aufgabe 10 in Kapitel III.2), wird die Lage der Phillipskurve auch von den
Inflationserwartungen bestimmt. Je höher die Inflationserwartung ist, umso höher
ist die Wachstumsrate der Nominallöhne und somit auch die Inflationsrate bei
jeder Unterbeschäftigungsrate. Damit verlagert sich die Phillipskurve mit einer
steigenden Inflationserwartung nach oben.

Das politische System wird durch die gestrichelten Linien dargestellt – einer Schar
so genannter Isostimmenkurven. Jede dieser Kurven stellt den geometrischen Ort
der Kombination von Arbeitslosenrate u_t und Inflationsrate π_t dar, die zu ein und
demselben Wählerstimmenanteil für die Regierung führt. Die Isostimmenkurven
sind in unserem Fall nach außen hin gewölbt – also konkav –, weil die Wähler
zwar bereit sind, für eine niedrigere Inflationsrate (höhere Preisniveaustabilität)
eine höhere Arbeitslosigkeit zu akzeptieren, ihre Bereitschaft dazu aber mit zunehmender Arbeitslosigkeit immer mehr abnimmt. Das heißt, eine Substitution des
Abstimmungskriteriums Inflationsrate gegen Arbeitslosenrate fällt umso schwerer,
je kleiner die Inflationsrate ist.

Das Verhalten der Politiker ist analog zu Aufgabenstellung b). Vor dem Wahltag,
beispielsweise in E_0, würde die Regierung keine Stimmenmehrheit bekommen und
sie führt daher beschäftigungswirksame Maßnahmen durch. Diese verringern die
Unterbeschäftigung, erhöhen aber – über den Phillipskurvenzusammenhang – die
Inflationsrate. Am Wahltag erhält die Regierung 52 Prozent der Stimmen und
gewinnt die Wahl. Als Folge der gestiegenen Inflation erhöhen die Wähler zeitlich
verzögert ihre Inflationserwartung von π_0^e auf π_1^e, was sich in der Verlagerung auf

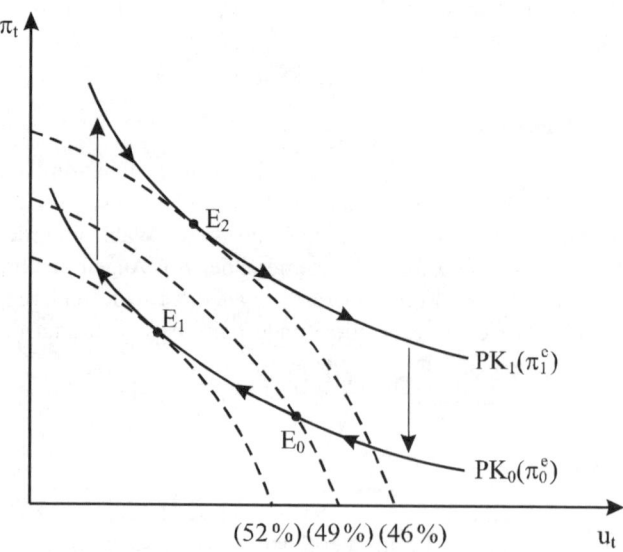

Abbildung III.38

eine höher gelegene (kurzfristige) Phillipskurve niederschlägt. Diese neue Phillipskurve korrespondiert aber nun mit Isostimmenkurven, die keine Wiederwahl der Regierung versprechen. Die Regierung sollte daher in der Mitte der Periode mit inflationsbrechenden Maßnahmen beginnen. Dies führt (wiederum verzögert) zu sinkenden Inflationserwartungen und zu einem „Sprung" abwärts auf die niedrigere Phillipskurve. Mit neuen Beschäftigungsmaßnahmen beginnt der politische Konjunkturzyklus von neuem.

Literaturempfehlung

- Engelkamp und Sell (2005): S. 259–261.

Aufgabe 9:   Rationale Erwartungen und Politikineffektivität

Eine Regierung möchte durch eine Staatsausgabenerhöhung die Beschäftigung im eigenen Land erhöhen. Um die zukünftige Steuerbelastung der Bürger zu reduzieren, will die Regierung die zusätzlichen Steuereinnahmen infolge der Beschäftigungserhöhung für den Abbau der Staatsverschuldung verwenden.

a) Nennen Sie die Annahmen für eine rationale Erwartungsbildung! Erläutern Sie knapp, was in diesem Zusammenhang unter der These der „Politikineffektivität" verstanden wird!

b) Erklären Sie im Rahmen eines AS-AD-Modells grafisch und verbal die Effekte einer – durch Verschuldung gegenfinanzierten – Staatsausgabenerhöhung auf das Realeinkommen und die Reaktionen der privaten Wirtschaftssubjekte im Sinne der These von der Politikineffektivität auf diese Politik! Unterstellen Sie dabei, dass die Wirtschaftssubjekte die Politik nicht vollständig antizipieren! (Hinweise: Verwenden Sie ein Y-P-Diagramm. Die Ökonomie befindet sich vor der Staatsausgabenerhöhung im Gleichgewicht.)

c) Wie könnte die Regierung, die um die Gefahr der Ineffektivität ihrer Maßnahme weiß, dennoch eine Einkommenserhöhung erzielen?

Lösungsskizze

Zu Aufgabe a)

Folgende Annahmen werden getroffen: (1) Wirtschaftssubjekte kennen das Strukturmodell, (2) begehen keine systematischen Fehler bei der Erwartungsbildung, (3) rationale Erwartungen treffen im Mittel zu und (4) alle relevanten Information fließen in die Entscheidungsfindung ein.

Da die Wirtschaftssubjekte das Strukturmodell kennen, antizipieren sie die systematischen wirtschaftspolitischen Maßnahmen der Regierung und kompensieren deren Effekte durch entgegengesetzte Reaktionen. Die systematischen Maßnahmen der Regierung verpuffen und sind somit ineffektiv.

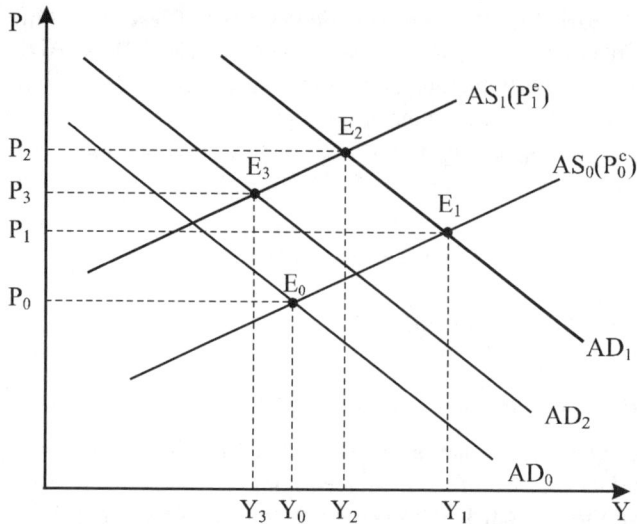

Abbildung III.39

Zu Aufgabe b)

Im Ausgangspunkt E_0 (vgl. Abbildung III.39) befindet sich die Volkswirtschaft im Gleichgewicht mit dem gleichgewichtigen Einkommen Y_0 und dem Preisniveau P_0. Durch eine Erhöhung der Staatsausgaben kommt es zu einer Ausdehnung der gesamtwirtschaftlichen Nachfrage, was sich in einer Rechtsverlagerung der AD-Kurve von AD_0 auf AD_1 darstellt. Im Schnittpunkt mit AS_0-Kurve stellt sich ein neues (kurzfristiges) Einkommen Y_1 und ein höheres Preisniveau P_1 ein.

Die Unternehmen erwarten durch die Nachfrageerhöhung ein höheres Preisniveau bzw. Preisüberwälzungsmöglichkeiten, was sich in der Erhöhung des erwarteten Preisniveaus von P_0^e auf P_1^e niederschlägt. Da sie keine vollständige Preisüberwälzung erwarten, verlagert sich die gesamtwirtschaftliche Angebotsfunktion von AS_0 auf AS_1.[20] Es würde sich der Punkt E_2 mit dem Einkommen Y_2 und dem Preisniveau P_2 einstellen.

Gleichzeitig kommt es aber zu einem Rückgang der privaten Konsumnachfrage, weil die privaten Haushalte die Wirkungen einer zukünftigen Steuererhöhung zur Finanzierung der Staatsschuld antizipieren. Sie werden somit – zur Maximierung ihres Lebensnutzens – heute mehr sparen und daher weniger konsumieren. Da der Staat angekündigt hat, einen Teil der Steuereinnahmen aus der Beschäftigungserhöhung infolge der Staatsausgabenerhöhung für die Reduzierung der Staatsverschuldung und damit der zukünftigen Steuerlast zu verwenden, verringern die

---

[20] Im Falle der vollständigen Preisüberwälzung würde sich die AS-Kurve soweit nach oben verlagern, bis der Schnittpunkt zwischen AS_1 und AD_1 mit dem ursprünglichen Einkommen Y_0 korrespondiert.

privaten Haushalte ihre Nachfrage nicht im Umfang der zusätzlichen Staatsnachfrage. Es kommt daher nur zu einer Verlagerung der AD-Kurve von AD_1 auf AD_2.

Insgesamt stellt sich ein neues Gleichgewicht in Punkt E_3 mit Y_3 und P_3 ein. Im Vergleich zum ursprünglichen Gleichgewicht E_0 ist das Einkommen infolge der Staatsausgabenerhöhung und der Reaktion der privaten Wirtschaftssubjekte gesunken und das Preisniveau gestiegen. Dabei sei aber angemerkt, dass die Einkommensentwicklung vom Grad der Antizipation abhängt – das Einkommen könnte auch leicht gestiegen sein. Das Preisniveau steigt aber definitiv an.

Zu Aufgabe c)

Die Regierung müsste die Staatsausgabenerhöhung unangekündigt und damit unsystematisch durchführen.

Diskussion der Ergebnisse

Die Ankündigung einer Erhöhung der Mehrwertsteuer zum 1. Januar 2007 ist ein aktuelles Beispiel für die Antizipation wirtschaftspolitischer Maßnahmen und – konkret im Fall der Mehrwertsteuererhöhung – ihrer Effekte. Die privaten Haushalte zogen Käufe langlebiger Gebrauchsgüter, die erst für 2007 oder später geplant waren, bereits auf das Jahr 2006 vor, um nicht die höheren (Brutto-)Preise zahlen zu müssen.[21] Die Unternehmen, die ja die höhere Umsatzsteuer an das Finanzamt abführen müssen, haben bereits in 2006 (versteckte) Preiserhöhungen durchgeführt, um dann zu Beginn von 2007 entweder mit sinkenden Preisen zu werben oder aber zum alten Bruttopreis eine geringere Menge anzubieten.

Die Regierung könnte theoretisch auch die Reaktion der Wirtschaftssubjekte für ihre Politik nutzen, indem sie bewusst eine bestimmte Politik ankündigt, aber dann – unerwartet für die Wirtschaftssubjekte – genau das Gegenteil tut. Da die Wirtschaftssubjekte auf die Ankündigung hin gegensteuern werden, verstärkt sich der von der Regierung gewünschte Effekt auf die wirtschaftliche Entwicklung. Ist dies in der Realität denkbar? Durchaus. Aber wahrscheinlich nur ein einziges Mal, denn die Wirtschafssubjekte würden im Nachhinein die Regierungsstrategie erkennen und in Zukunft (noch) weniger den Ankündigungen der Regierung trauen.

Der Anreiz der Regierung, von einer ursprünglich als optimal angesehenen und angekündigten Strategie abzuweichen, wird als das Problem der „Zeitinkonsistenz" bezeichnet. Allgemein bedeutet Zeitkonsistenz, dass eine im Zeitpunkt t geplante Strategie und als für t+i optimal erkannte Strategie, auch dann noch optimal er-

---

[21] Interessanterweise gehen viele Haushalte davon aus, dass die Unternehmen die höhere Umsatzsteuer, die diese an das Finanzamt abführen müssen, voll auf die Konsumenten überwälzen werden. Ob dies tatsächlich so sein wird, darf bezweifelt werden. Denn die Konkurrenz um die sinkende Nachfrage wird auch zu sinkenden Preisen führen (können), sodass – zumindest auf hart umkämpften Märkten (Kleidung, Elektrogeräte etc.) – keine vollständige Überwälzung zu erwarten ist.

scheint, wenn der Zeitpunkt t+i eintritt und deshalb konsequent durchgeführt wird. Wird jedoch von dieser Strategie in t+i abgewichen, spricht man von Zeitinkonsistenz!

Eine kleines Beispiel verdeutlicht diese Problematik: Wir wollen in 10 Jahren eine Weltreise machen. Um dieses Reise zu finanzieren, arbeiten wir heute (t=1) einen optimalen Finanzierungsplan aus, der für jedes Jahr genau festlegt, wie viel wir sparen müssen. Finden wir, dass in jedem der folgenden Jahre (t=2, ..., 9) das für das jeweilige Jahr festgelegte Sparvolumen immer noch optimal ist und sparen auch so viel, dann behalten wir unsere Finanzierungsstrategie bei und handeln zeitkonsistent. Weichen wir hingegen bereits einmal von unserer Strategie ab, dann handeln wir zeitinkonsistent.

Literaturempfehlung

• Engelkamp und Sell (2005): S. 265–267.

III.5   Außenwirtschaft

Aufgabe 1:   Freihandel versus Handelshemmnisse

Freihandel, also der internationale Güterhandel ohne Handelshemmnisse, fördert die internationale Arbeitsteilung und verspricht für alle beteiligten Länder eine Wohlfahrtssteigerung. Trotz der allgemeinen Wohlfahrtsvorteile erheben viele Länder vor allem aus politökonomischen Gründen Einfuhrzölle oder behindern den Güterhandel durch andere nicht tarifäre Hemmnisse wie komplexe Einfuhrbestimmungen oder die Festlegung bestimmter Güterstandards.

a)   An welchen Größen kann die Einbindung eines Landes in die internationalen Handelsbeziehungen gemessen werden? Warum haben die USA im Vergleich zu Belgien eine kleinere Exportquote?

b)   Nennen Sie verschiedene Gründe, warum Handel zwischen zwei Ländern zustande kommen kann!

c)   Ein wichtiger Grund für den internationalen Handel sind unterschiedliche Produktionskosten, beispielsweise aufgrund verschiedener Technologien. In der folgenden Tabelle sind die absoluten Arbeitskosten für die Produktion von Hosen und Telefonen für zwei Länder A und B angeführt.

Arbeitskosten (= notwendige Arbeitseinheiten/Outputeinheit)

	Hosen	Telefon
Land A	4	2
Land B	6	8

Bestimmen Sie, (i) welches Land absolute Kostenvorteile (bei welchen Gütern) und (ii) welches Land komparative Kostenvorteile (bei welchem Gut) hat! (iii) Welches Land exportiert tendenziell welches Gut? (iv) Werden sich die Länder immer vollständig spezialisieren? Geben Sie jeweils eine knappe (!) Begründung!

d) Trotz der Vorteile des Freihandels möchte die Regierung eines – im ökonomischen Sinn – kleinen Landes die inländischen Produzenten gegenüber der internationalen Konkurrenz schützen und führt daher einen Mengenzoll auf Importgüter ein. Erläutern Sie grafisch und verbal die Wirkungen eines solchen Zolls im Rahmen einer Partialanalyse! Gehen Sie dabei auf die Preis-, Handels- und Wohlfahrtseffekte ein!

e) Warum kann es für ein exportierendes Land sinnvoll sein, den Export in ein anderes Land im Rahmen eines so genannten (bilateralen) Exportselbstbeschränkungsabkommens einzuschränken?

Lösungsskizze

Zu Aufgabe a)

Außenhandel kann anhand der Export- und der Importquoten gemessen werden. Sie stellen jeweils den Anteil des Export- bzw. Importwertes am Bruttoinlandsprodukt dar.

Im Vergleich zu Belgien sind die USA ein (geografisch) relativ großes Land mit einem entsprechend großen Binnenmarkt. Die große inländische Güternachfrage ermöglicht fast allen Wirtschaftsbranchen eine rentable inländische Produktion in dem Sinne, dass sie mit einer entsprechenden Ausbringungsbringungsmenge produzieren können. Im Gegensatz dazu besitzt Belgien einen Binnenmarkt, der zu klein für die inländische Bereitstellung aller Güter ist, weshalb man sich auf die Produktion weniger Güter spezialisiert und die Nachfrage nach anderen Gütern durch Importe befriedigt wird.

Zu Aufgabe b)

(1) Nichtverfügbarkeit von Gütern und Rohstoffen, (2) gesellschaftliche Normen und Präferenzunterschiede, (3) Kostenvorteile, (4) Vorteile der Massenproduktion und (5) Produktdifferenzierung.

Zu Aufgabe c)

(i) Land A hat bei beiden Gütern einen absoluten Kostenvorteil, weil es beide Güter billiger produzieren kann als Land B.

(ii) Land A hat einen komparativen Kostenvorteil bei der Telefonproduktion und Land B bei der Hosenproduktion. Denn Land A muss bei der Produktion eines Telefons nur auf 0,5 Hosen verzichten, während Land B auf 4/3 Hosen verzichten muss. Umgekehrt „kostet" die Produktion einer zusätzlichen Hose Land A zwei Telefone und Land B nur 0,75 Telefone.

(iii) Entsprechend den komparativen Kostenvorteilen wird tendenziell Land A Telefone und Land B Hosen exportieren. (iv) Dabei werden sie sich immer dann nicht vollständig spezialisieren, wenn ein Land allein die gemeinsame Nachfrage beider Länder nach einem Gut nicht befriedigen kann.

Zu Aufgabe d)

In der Ausgangssituation herrscht in Abbildung III.40 der Weltmarktpreis p_W vor, zu dem im Inland die Menge x_4 nachgefragt und die Menge x_1 angeboten wird. Der inländische „Nachfrageüberhang" wird genau durch den Güterimport in Höhe von $x_4 - x_1$ befriedigt.

Mit der Einführung des Importzolls t_M steigt der inländische Preis auf p_B. Als direkte Folge des Preisanstiegs dehnt sich das inländische Angebot auf x_2 aus und die inländische Nachfrage sinkt auf x_3. Damit reduziert sich der Import auf $x_3 - x_2$.

Auf diese Importmenge wird der Stückzoll t_M erhoben, sodass die Zolleinnahmen des Staats der Fläche c entsprechen. Gleichzeitig erhöht sich die Produzentenrente um die Fläche a. Dem Bruttowohlfahrtsgewinn in Höhe der Fläche a+c steht aber der Rückgang der Konsumentenrente um die Fläche a+b+c+d gegenüber. Insgesamt führt die Zolleinführung daher zu einem Nettowohlfahrtsverlust in Höhe der Flächen b+d.

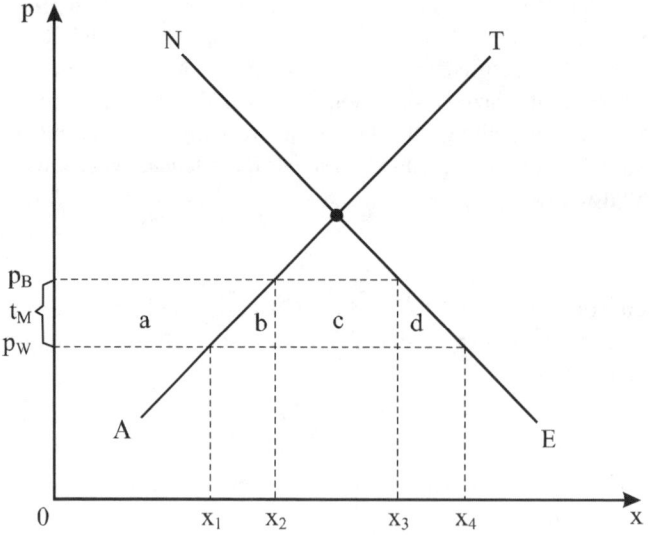

Abbildung III.40

Zu Aufgabe e)

Im Gegensatz zu Zöllen führen Importkontingente, also die mengenmäßige Beschränkung der Einfuhr, nicht zu Zolleinnahmen für den Staat. Dennoch kann der importierende Staat die so genannte Knappheitsrente, die durch die Verknappung der Angebotsmenge entsteht, abschöpfen, und zwar durch die Versteigung der Importlizenzen.

Verpflichtet sich der exportierende Staat, seine Ausfuhr mengenmäßig zu beschränken, dann kann er die Exportlizenzen versteigern und die Erlöse als Einnahmen verbuchen. Das heißt, bei einem Exportselbstbeschränkungsabkommen dieser Art fließt die gesamte Knappheitsrente an den exportierenden Staat.

Diskussion der Ergebnisse

Der Handel auf Basis komparativer Kostenvorteile muss nicht allein auf unterschiedlichen Produktionstechnologien basieren, sondern kann auch auf unterschiedlichen Faktorausstattungen beruhen. Im Sinne dieser Überlegung wird sich ein Land auf die Produktion desjenigen Gutes konzentrieren, bei dessen Produktion derjenige Faktor relativ intensiv eingesetzt wird, der in dem Land relativ reichlich ist. Das heißt, dass beispielsweise ein relativ arbeitsreiches Land wie China sich auf die Produktion arbeitsintensiver Güter konzentrieren wird und ein relativ kapitalreiches Land wie Deutschland auf die Produktion kapitalintensiver Güter.[22]

Im ökonomischen Sprachgebrauch steht „kleines Land" nicht für ein Land mit einer kleinen Landfläche, sondern dafür, dass dieses Land einen zu kleinen Anteil an der Weltproduktion bzw. an der Weltnachfrage besitzt, um den Weltmarktpreis zu beeinflussen. Es ist also im mikroökonomischen Sinne ein Preisnehmer.

Die nationale wie die internationale Handelspolitik bestimmen in regelmäßigen Abständen die Tagespresse. Dabei geht es einerseits um die Abschaffung der vielen verschiedenen Handelshemmnisse im Rahmen der so genannten Welthandelsrunden. Anderseits wird über den gezielten Einsatz von handelspolitischen Instrumenten in Form von Sanktionen und Embargos gegen Länder wie den Iran oder Nordkorea berichtet. Beide Themen – der Abbau wie die gezielte Einführung von Handelshemmnissen – sind Gegenstand von Fragen in Kapitel 4.

Literaturempfehlung

• Engelkamp und Sell (2005): S. 270–285.

---

[22] Das Wort „relativ" hat hier eine zentrale Bedeutung, denn es geht nicht um absolute Faktormengen, sondern um Faktorrelationen. So wird China nicht nur absolut mehr an dem Faktor Arbeit besitzen als Deutschland, sondern wahrscheinlich auch an dem Faktor „physischer Kapitalstock". Der Kapitalbestand pro Kopf ist aber in Deutschland höher. Deswegen produziert Deutschland relativ kapitalintensiv und China relativ arbeitsintensiv.

Aufgabe 2:   Zahlungsbilanz und US-amerikanisches Leistungsbilanzdefizit

Die internationalen Güter- und Kapitalbewegungen, die innerhalb eines Jahres aus einem Land hinaus und in dieses Land hinein stattfinden, werden in der Zahlungsbilanz erfasst. Dabei gilt, dass die Zahlungsbilanz als ganze immer ausgeglichen sein muss. Der Ausgleich kann dabei durch einen flexiblen Devisenkurs und/oder eine Zahlungsbilanzpolitik erreicht werden.

a)   Ist die Zahlungsbilanz im wörtlichen Sinne eine „Bilanz"? Warum stehen die Kapitalimporte auf der Einnahmenseite und die Kapitalexporte auf der Ausgabenseite der „Bilanz"?

b)   Die Zahlungsbilanz eines Landes muss immer ausgeglichen sein. Erläutern Sie knapp, wie die USA bzw. wer den USA ihr Leistungsbilanzdefizit finanziert!

c)   Unterstellen Sie, dass die internationalen Anleger nicht mehr bereits sind, das Leistungsbilanzdefizit der USA im vollen Umfang zu finanzieren. Erläutern Sie knapp, welche Effekte dies auf den US-Dollarkurs und die Struktur der US-amerikanischen Zahlungsbilanz haben könnte und wie die US-Notenbank oder die US-Regierung gegensteuern könnte!

Lösungsskizze

Zu Aufgabe a)

In einer Bilanz werden typischerweise Bestandsgrößen dargestellt. Da in der Zahlungsbilanz aber die Werte der realen Ströme und die monetären Ströme erfasst werden, ist sie im eigentlichen Sinne keine Bilanz oder eine untypische bzw. Strombilanz.

Die Kapitalimporte sind monetäre Ströme, die in das Land fließen – sie sind also Einnahmen. Kapitalexporte sind hingegen monetäre Ströme, die aus dem Land fließen – sie sind daher Ausgaben.

Zu Aufgabe b)

Bei flexiblen Wechselkursen kann ein Zahlungsbilanzausgleich nur dann erreicht werden, wenn dem Leistungsbilanzdefizit ein dem Betrage nach gleich großer Kapitalbilanzüberschuss gegenübersteht. Dabei wird das Leistungsbilanzdefizit durch ausländische Anleger finanziert, die bereits sind, in den rentablen US-amerikanischen Markt zu investieren bzw. Kapital anzulegen, was einen Kapitalimport für die USA bedeutet.

Zu Aufgabe c)

Würden die Ausländer nicht mehr im vollen Umfang das Leistungsbilanzdefizit der USA durch Kapitalexporte finanzieren, dann müsste der Ausgleich der US-amerikanischen Zahlungsbilanz über eine Abwertung des US-Dollars erfolgen. Da mit den geringeren Kapitalexporten die US-Dollarnachfrage abnimmt, würde tendenziell der Wert des US-Dollars sinken. Die Abwertung selbst führt dann zu einer Verteuerung ausländischer Güter für die US-Amerikaner, sodass die Importe sinken und somit das Leistungsbilanzdefizit verringert wird. Insgesamt werden der Kapitalbilanzüberschuss und das Leistungsbilanzdefizit kleiner. Er würde also zu einer Passivierung der Zahlungsbilanz kommen.

Die US-amerikanische Notenbank, die FED, könnte durch den Rückgang der Devisennachfrage (als Folge der geringeren Kapitalimporte) durch einen Verkauf von Währungsreserven kompensieren, wodurch der Wert des US-Dollars stabilisiert wird. Während das Leistungsbilanzdefizit im gleichen Umfang fortbesteht, sinkt der Kapitalbilanzüberschuss und es steigt der Devisenbilanzüberschuss. Insgesamt hätte sich zwar die Struktur, aber nicht die „Bilanzsumme" der Zahlungsbilanz verändert.

Eine dritte Möglichkeit bestünde darin, dass die US-amerikanische Regierung ihr Haushaltsdefizit verringert, was kontraktive Einkommenseffekte und damit eine Verringerung der US-amerikanischen Importe induziert. Das Leistungsbilanzdefizit würde dadurch (zum Teil) abgebaut. Da mit dem Rückgang der Importe das US-Dollarangebot auf dem Devisenmarkt sinkt, wertet der US-Dollar als Folge der gesunkenen Kapitalimporte tendenziell weniger stark ab als ohne die Verringerung des Haushaltsdefizits. Insgesamt würden der Kapitalbilanzüberschuss und das Leitungsbilanzdefizit sinken, und es käme zu einer Passivierung der Zahlungsbilanz.

Diskussion der Ergebnisse

Aus saldenmechanischer Sicht gleichen sich – über alle Länder betrachtet Leistungsbilanzdefizite und Leistungsbilanzüberschüsse – ebenso aus wie Kapitalbilanzüberschüsse und -defizite.

Die Zahlungsbilanz wird bei flexiblen Devisenkursen automatisch ausgeglichen. Dabei bleibt – solange zumindest, wie die Zentralbank nicht am Devisenmarkt interveniert – die Devisenbilanz unverändert. Bei festen Devisenkursen hingegen müssen die Zentralbanken intervenieren, das heißt, dass i.d.R. für einen Zahlungsbilanzausgleich eine Veränderung der Devisenbilanz erforderlich ist.

Das US-amerikanischer Leistungsbilanzdefizit wird vor allem durch institutionelle Anleger asiatischer Staaten, allen voran China, finanziert. Diese kaufen u.a. US-amerikanische Staatsanleihen auf, wodurch auch das Haushaltsdefizit der US-Regierung finanziert wird. Durch den Ankauf der in US-Dollar bewerteten Bonds steigen die Dollarreserven in diesen Ländern kontinuierlich an. Allein China hatte zum Dezember 2006 mehr als eine Billion US-Dollar als (strategische und gewinnbringende) Währungsreserven angehäuft. Durch die hohe Dollarfrage Chinas stellt sich ein niedriger (und als unterbewertet angesehener) Kurs des Yuan ein, der wiederum die Exportwirtschaft Chinas fördert. Über die Folgen einer unerwarteten und sehr schnellen Reduzierung der Währungsreserven durch China für den Dollarkurs, die US-amerikanische und die Weltwirtschaft darf spekuliert werden.

Literaturempfehlung

- Engelkamp und Sell (2005): S. 290–294.

Aufgabe 3:   Devisenmarkt und Europäisches Währungssystem

Grenzüberschreitender Güterhandel und Kapitalbewegungen erfolgen, wenn vom Euroraum und den USA abgesehen wird, selten in inländischer Währung, sondern in einer ausländischen Währung. Diese Devise wird auf dem so genannten Devisenmarkt gehandelt. Ob der Devisenkurs allein durch die Marktkräfte oder durch die Zentralbanken bestimmt wird, ist vom Währungsregime abhängig. Neben den Systemen flexibler oder fester Wechselkurs gibt es auch verschiedene Mischformen wie das Europäische Währungssystem II.

a) Welche Wirtschaftssubjekte bieten auf dem europäischen Devisenmarkt US-Dollar an und welche fragen US-Dollar nach? Erläutern Sie, wie sich der Devisenkurs entwickeln wird, wenn die EZB die Leitzinsen c. p. weiter erhöht!

b) Welche Faktoren können die Entwicklung des Devisen- bzw. Wechselkurses bestimmen? Erläutern Sie knapp die Verknüpfung zwischen dem Devisenkurs und diesen Faktoren!

c) In der folgenden Grafik stellen die drei Devisenkurse w_1, w_2 und w_3 die möglichen Kurse dar, die sich nach der Abwertung des Dollars einstellen. In welche Richtung wird sich – ausgehend von den drei Kursen – der Devisenkurs zukünftig entwickeln? Welches der Gleichgewichte in A bzw. B ist stabil bzw. instabil? Begründen Sie Ihre Aussagen kurz!

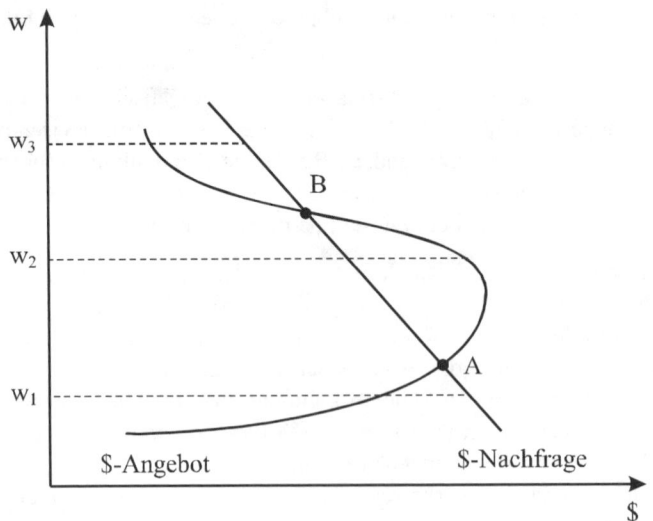

d) Erklären Sie knapp verbal, wie der Devisenmarkt zwischen dänischer Krone und Euro im Rahmen des Europäischen Währungssystems II funktioniert!

Lösungsskizze

Zu Aufgabe a)

Auf dem europäischen Devisenmarkt bieten Güterexporteure und Kapitalimporteure US-Dollar an und Güterimporteure und Kapitalexporteure fragen US-Dollar nach. Die Erhöhung der Leitzinsen im Euroraum führt c. p. zu verstärkten Kapitalimporten in den Euroraum und über ein gestiegenes Devisenangebot zu einer Abwertung des US-Dollars bzw. einer Aufwertung des Euro.

Zu Aufgabe b)

Zum einen beeinflussen Zinsdifferenzen über die internationalen Kapitalbewegungen den Devisenkurs. Ist beispielsweise in den USA der Zins höher, wird mehr Kapital in die USA exportiert. Die Nachfrage nach US-Dollar steigt, und es kommt tendenziell zu einer Aufwertung des US-Dollars. Gleichzeitig vermindert sich aber mit dieser Aufwertung der zukünftige Ertrag in Euro aus der Anlage in den USA. Das heißt, die internationalen Kapitalwanderungen würden nur solange anhalten, bis die Zinsdifferenz über den gestiegenen Devisenkurs ausgeglichen ist.

Zum anderen führen unterschiedliche Entwicklungen der Preisniveaus zu einer Anpassung des Devisenkurses. Wachsen die Preise in den USA beispielsweise schneller als im Euroraum, dann fragen die US-Amerikaner mehr europäische Güter nach, und es kommt zu einem Leistungsbilanzüberschuss in Europa. Dieser Überschuss wird durch die steigenden Euronachfrage und die darauffolgende Abwertung des US-Dollars bzw. Aufwertung des Euros abgebaut, da die europäischen Güter für die US-Amerikaner „teurer" werden.

Zusätzlich bestimmen Erwartungen über zukünftige Devisenkursentwicklungen den Wechselkurs.

Zu Aufgabe c)

Bei w_1 liegt ein Nachfrageüberhang nach US-Dollar vor. Es kommt daher zu einem steigenden Devisenkurs – einer Aufwertung des US-Dollar –, und das Gleichgewicht A stellt sich ein. Bei w_2 liegt ein Angebotsüberhang nach US-Dollar vor. Der Devisenkurs wird solange sinken, bis sich Gleichgewicht A eingestellt hat. Bei w_3 liegt wiederum ein Nachfrageüberhang vor. Der Devisenkurs wird steigen und sich vom Gleichgewicht B wegbewegen.

Das Gleichgewicht in A ist stabil, weil der Marktpreismechanismus nach einer Abweichung des Devisenkurses vom gleichgewichtigen Kurs in A immer wieder zum Gleichgewicht führt. Im Gegensatz dazu führt eine kleine Abweichung von Gleichgewicht B dazu, dass sich der Devisenkurs von B wegbewegt. Das Gleichgewicht in B ist daher instabil.

Zu Aufgabe d)

Im Rahmen des Europäischen Währungssystems II (EWS II) besitzt der Euro die Funktion der Leit- bzw. Ankerwährung, sodass die Währung der teilnehmenden Länder wie Dänemark an den Euro gebunden sind. Die maximale Schwankungsbreite für den bilateralen Wechselkurs im EWS II beträgt ± 15 Prozent, wobei sich die Dänenkrone (DK) mit einer engeren Bandbreite von ± 2,25 Prozent an den Euro bindet.

Innerhalb dieser Bandbreite kann der Wechselkurs (w=DK/€) zwischen Euro und Dänenkrone sich vollkommen frei bewegen. Wird aber der obere (untere) Interventionspunkt erreicht, das heißt, ist die Dänenkrone ist im Vergleich zum Leitkurs unterbewertet (überbewertet), so muss allein die Dänische Zentralbank unbegrenzt am Devisenmarkt intervenieren. Sie müsste Euros verkaufen (aufkaufen), und zwar solange, bis der Kurs wieder innerhalb der Bandbreite liegt.

Gleichzeitig besitzen die EZB und die dänischen Nationalbank das Recht, jederzeit vertraulich den bilateralen Leitkurs zu überprüfen und gegebenenfalls zu verändern.

Diskussion der Ergebnisse

Häufig wird die Zentralbank als typischer Nachfrager nach Devisen angegeben. Dies ist nur bedingt richtig, weil die Zentralbank auch als Anbieter auf dem Devisenmarkt auftreten kann.

Ein weiteres Problem ist häufig die Verwendung von Wechsel- und Devisenkurs. Beide Begriffe können synonym verwendet werden. Lediglich in der Notierung besteht ein Unterschied: Nehmen wir als Beispiel den Euro-US-Dollar-Kurs. Dieser kann in der Preisnotierung angegeben werden, welche den Preis für einen US-Dollar in Euro angibt (w = €/$). Die Mengennotierung fragt hingegen, wieviele US-Dollar ich gerade für einen Euro bekomme (w = $/€). Die EZB gibt den Euro-US-Dollar-Kurs beispielsweise in der Mengennotierung an.

Das Europäische Währungssystem II ist der Nachfolger des Europäischen Währungssystems I, dass mit Beginn der dritten Stufe der Europäischen Wirtschafts- und Währungsunion zum 1. Januar 1999 beendet wurde (Einführung des Euros). Dem EWS II gehören neben Dänemark die so genannten *Pre-Ins* an (baltische Staaten, Slowenien, Malta und Zypern), die eine Mitgliedschaft in der Währungsunion anstreben.

Literaturempfehlung

*   Engelkamp und Sell (2005): S. 295–314.

IV   Theorie der Wirtschaftspolitik

IV.1   Teilgebiete und Gestaltungsräume der Wirtschaftspolitik

Aufgabe 1:   Teilgebiete und Gestaltungsräume der Wirtschaftspolitik

Ordnungs- und Prozesspolitik sind eigenständige Bereiche der Wirtschaftspolitik und stehen zugleich in einem Spannungsverhältnis zueinander. Während die Ordnungspolitik im Kern die Wirtschaftsverfassung eines Landes schafft, gestaltet und fortentwickelt, ist es die Aufgabe der Prozesspolitik, den von der Ordnungspolitik geschaffenen Rahmen inhaltlich zu füllen.

a)   Nennen Sie wesentliche Teilbereiche der Wirtschaftsverfassung eines Landes!

b)   Warum bilden Wirtschaftsordnungs- und Wirtschaftsprozesspolitik einen „Sinnzusammenhang"?

c)   Welche Unterschiede bestehen zwischen der Wirtschaftsordnungs- und der Wirtschaftsprozesspolitik?

Lösungsskizze

Zu Aufgabe a)

Konstituierend für eine bestimmte Wirtschaftsordnung – und damit zugleich für ein bestimmtes Wirtschaftssystem – ist die Planungs- und Koordinationsverfassung. Sie bestimmt, wer für welche Art von Planung zuständig sein soll, worauf sich die Planungskompetenz bezieht und wie die einzelwirtschaftlichen Pläne zu koordinieren sind.

In engem Zusammenhang damit steht die Eigentumsverfassung, in der die Nutzungs- und Verfügungsrechte (so genannte Property Rights) an Gütern und Produktionsfaktoren als materielle Bedingungen für die Wahrnehmung der Planungskompetenz geregelt sind. In ihr wird insbesondere auch die „Sozialpflichtigkeit" des Eigentums sowie der Grad der „Ausdünnung" der Eigentumsrechte durch Mitbestimmung, Umweltschutzauflagen, Nutzungsbeschränkungen usw. konkretisiert.

Durch die Haushalts- und Unternehmensverfassung werden die möglichen Rechtsformen der konsumierenden und produzierenden Wirtschaftseinheiten festgelegt; sie regeln die Organisationsform, die Art der Entscheidungsorgane und ihre Kompetenzen, die Mitwirkung von Arbeitnehmern, das Ausmaß der Haftungsbeschränkung, die Möglichkeit der Konzernbildung usw.

Mit der Produktions- und Marktverfassung werden die Zulassung von Wirtschaftssubjekten zu den Güter- und Faktormärkten, der Schutz von Personen und Sachen
bei der Produktion selbst, die Markttransparenz, der Verbraucherschutz, der
Schutz vor ruinösem oder unlauterem Wettbewerb, der Schutz vor Machtmiss-
brauch usw. allgemeinverbindlich normiert.

Die Art und Weise der Geldversorgung, die Regelung des Zahlungsverkehrs, die
Gewährleistung solider Geschäftspraktiken durch die Banken- und Versicherungs-
aufsicht, das Börsenwesen, die fiskalischen Haushaltsführungs- und Finanzie-
rungsgrundsätze usw. sind Gegenstände der Geld- und Finanzierungsverfassung.
Gehen der Leistungs- und Kapitalverkehr über die Landesgrenzen hinweg, vollzie-
hen sie sich im Rahmen der Außenwirtschaftsverfassung.

In der Sozialverfassung werden zum einen die Systeme der gesetzlich verfügten
staatlichen Daseinsvorsorge normiert – Rentenversicherung, gesetzliche Krankenversicherung und Arbeitslosenversicherung –, zum anderen aber auch die Modali-
täten des staatlichen und tarifvertraglichen Arbeitsschutzes, der Berufsausübung,
der Arbeitsbedingungen, der Kündigung von Arbeitnehmern oder der Lohnverein-
barungen sowie die Verfahren der Einkommens- und Vermögensumverteilung.

Die ordnungspolitische Gestaltung dieser Bereiche kann im Einzelfall darauf zielen, bestimmte Verhaltensweisen zu erzwingen; sie beschränkt sich jedoch in einer
offenen, pluralistischen Gesellschaft im Prinzip darauf, lediglich die Grenzen der
wirtschaftlichen Verhaltensmöglichkeiten abzustecken.

Zu Aufgabe b)

Wirtschaftsordnungs- und Wirtschaftsprozesspolitik bilden einen „Sinnzusammenhang": Sie lassen sich zwar adäquat definieren und begrifflich einwandfrei unterscheiden, sie sind aber in der wirtschaftspolitischen Praxis kaum voneinander zu
trennen. Dies hat im Wesentlichen zwei Gründe: Erstens stehen die beiden Politikbereiche hinsichtlich ihrer jeweiligen Ziel-Mittel-Rationalität in einem teils substitutiven, teils komplementären Verhältnis zueinander. Zweitens ist die Wirtschaftsordnungspolitik Voraussetzung der Wirtschaftsprozesspolitik, weil sie ihr die
Instrumente für die Prozessintervention(en) zur Verfügung stellt.

Substitutiv sind die beiden Politikbereiche insoweit, wie die quantitativen Fernziele
der Prozesspolitik in einigen Fällen sowohl durch Gestaltung der Rahmenbedingungen als auch durch direkte Eingriffe in den Wirtschaftsablauf erreichbar sind.
So lassen sich zum Beispiel vergleichbare Raten von Produktinnovationen auf dem
Arzneimittelmarkt entweder durch Gewährung hinreichend langer effektiver Pa-
tentlaufzeiten bei ansonsten freier Wettbewerbspreisbildung (ordnungspolitischer
Ansatz) oder durch staatliche Steuerung und Subventionierung der Pharmafor-
schung bei administrativ festgesetzten Arzneimittelpreisen und Diskriminierung
der Generikakonkurrenz erzielen (prozesspolitischer Ansatz).

Komplementär sind Wirtschaftsordnungs- und Wirtschaftsprozesspolitik dort, wo durch Gestaltung der Rahmenbedingungen die Effizienz der Prozessinterventionen erhöht oder solche Interventionen überhaupt erst möglich werden. Bekanntlich ist das einzige wirksame prozesspolitische Mittel der Inflationsbekämpfung die Verringerung der Wachstumsrate der Geldmenge/Erhöhung des Leitzinses der Notenbank (restriktive Geldpolitik) – freilich um den Preis zunehmender Arbeitslosigkeit, falls Preis- und Lohnsteigerungsraten „nach unten" starr sind. Hier bedarf es ordnungspolitischer Maßnahmen zur Förderung des Preiswettbewerbs auf den Güter- und Arbeitsmärkten, um die vorhandenen Rigiditäten aufzubrechen, die Kosten der Inflationsbekämpfung gering zu halten und so die Antiinflationspolitik vor dem Scheitern zu bewahren.

Zu Aufgabe c)

Die notwendige Kooperation und Koordination aller Wirtschaftseinheiten in einem Marktsystem wird durch verhaltensbeeinflussende Regeln ermöglicht und beeinflusst. Die Gesamtheit derartiger Regeln – Sitten, Gebräuche, Traditionen und Konventionen sowie moralische und rechtliche Normen – wird als Wirtschaftsordnung bezeichnet. Die Wirtschaftsverfassung bildet die wichtigste Komponente der relevanten Rechtsnormen; Wirtschaftsordnungspolitik richtet sich denn auch in erster Linie auf die Gestaltung der Wirtschaftsverfassung.

Innerhalb des ordnungspolitisch gestalteten Rahmens vollzieht sich das Wirtschaften, der Wirtschaftsprozess. Auch in einer (sozialen) Marktwirtschaft gibt es Gründe dafür, weshalb steuernd in den Wirtschaftsprozess eingegriffen wird, um auf diese Weise zielkonforme Ergebnisse herbeizuführen: Arbeitslosigkeit, Wachstumsschwäche, Boom und Depression, Inflation, Umweltbelastungen, Missbrauch von Marktmacht kennzeichnen schlagwortartig Problemlagen, die üblicherweise zur Begründung von Prozessinterventionen herangezogen werden. Es lassen sich dabei mikroökonomische und makroökonomische Steuerungsbereiche unterscheiden, in denen vor allem der Staat versucht, die quantitativen Ergebnisse des Wirtschaftsprozesses bei gegebener Wirtschaftsordnung seinen Zielen gemäß zu beeinflussen. Dies geschieht etwa durch die Regierung bzw. die Exekutive oder durch die Europäische Zentralbank und vollzieht sich, indem jene quantitativen Größen festgesetzt oder variiert werden, die – wie z. B. Leitzins-, Steuer- und Abgabensätze, Subventionszahlungen etc. – in die einzelwirtschaftliche Planung eingehen und dort Dispositionsänderungen hervorrufen.

Diskussion der Ergebnisse

Bei allem Nebeneinander, sowohl substitutiven als auch komplementären Beziehungen zwischen Ordnungs- und Prozesspolitik, darf der Primat der Ordnungspolitik gegenüber der Prozesspolitik nicht vergessen werden. Ohne den „Kompass" der Ordnungspolitik verlöre die Prozesspolitik schnell ihre Orientierung.

Fehler in der Wirtschaftsverfassung, beispielsweise in der Geldverfassung, erschweren oder verunmöglichen gar eine effektive und effiziente Prozesspolitik. Sind in der Geldverfassung Kredite an den Staat zur Finanzierung seiner Defizite zugelassen, dann muss die Notenbank mit der Kreditvergabe an den Privatsektor u. U. ungewollt gegensteuern, damit das gesamtwirtschaftliche Ziel der Preisniveaustabilität nicht gefährdet wird.

Fehler in der Prozesspolitik können umgekehrt Änderungen im Regelwerk der Wirtschaftsverfassung auslösen, die etwa den Handlungsspielraum der Prozesspolitiker einschränken.

Literaturempfehlung

• Engelkamp und Sell (2005): S. 329–331.

IV.2   Ziele, Zielhierarchien und Zielbeziehungen in der Wirtschaftspolitik

Aufgabe 1:   Magisches Vieleck und Zielbeziehungen der Wirtschaftspolitik

Als konkretere Ziele für die Gesellschaft werden häufig sieben Grundziele wie Freiheit, Rationalität, Demokratie, subjektive Gleichheit, Sicherheit, Fortschritt und angemessene Einbeziehung genannt. Knappere Formulierungen beschränken die obersten Grundziele auf Freiheit, Frieden, Sicherheit und Wohlstand sowie Gerechtigkeit. Abgeleitet aus diesen Zielen werden als Ziele der Wirtschaftspolitik im Allgemeinen Vollbeschäftigung, Preisniveaustabilität, außenwirtschaftliches Gleichgewicht, angemessenes Wirtschaftswachstum und eine gerechte Verteilung von Einkommen und Vermögen aufgeführt. Im Hinblick auf die gleichzeitige Verwirklichung dieser Ziele wird meistens davon ausgegangen, dass häufig Zielkonflikte bestehen können, zu deren Vermeidung es gewissermaßen eines „Magiers" bedürfe (Kunstaufgabe der Wirtschaftspolitik). Demgemäß spricht man auch von „magischen Vielecken der Wirtschaftspolitik".

a) Die oben genannten Ziele der Wirtschaftspolitik stellen selbst Globalziele dar, dass heißt, sie beziehen sich auf makroökonomische Aggregate. Kann man daraus schlussfolgern, dass Wirtschaftspolitik im Wesentlichen Ablaufpolitik auf der Basis makroökonomischer Theorie ist?

b) Welche Zielbeziehungen werden üblicherweise unterschieden?

c) Formulieren Sie das Prognosemodell für das gesamtwirtschaftliche „magische Dreieck" (außenwirtschaftliches Gleichgewicht, Vollbeschäftigung, Preisniveaustabilität)!

d) Wie gelangt man vom Prognose- zum Planungsmodell der Wirtschaftspolitik?

e) Erläutern Sie den „Satz von Tinbergen" am Beispiel des „währungspolitischen Trilemmas"!

f) Welche Gründe können vorliegen, die eine Lösung des Planungsmodells unmöglich machen?

g) Diskutieren Sie die Kontroverse zwischen „Klassik" und „Keynes" am Beispiel des magischen Dreiecks!

h) Wie lässt sich die Unabhängigkeit von Zielen im Planungsmodell darstellen?

Lösungsskizze

Zu Aufgabe a)

Nein. Die makroökonomische Wirtschaftspolitik geht nämlich davon aus, dass neben der auf die genannten Ziele hin orientierten „Globalsteuerung" und (mehr oder weniger) unabhängig von ihr eine auf den Wettbewerb als zentralen Steuerungsprozess der Volkswirtschaft bezogene mikroökonomisch ausgerichtete Ordnungspolitik möglich ist. Dementsprechend wird in der wirtschaftspolitischen Praxis (recht optimistisch) davon ausgegangen, dass ablaufpolitische und ordnungspolitische Maßnahmen sich prinzipiell ergänzen und deshalb „gemischt" werden können. Es bestehen ganz offensichtlich direkte Zusammenhänge zwischen den Globalzielen einerseits und den ordnungspolitischen Zielsetzungen andererseits. Das Ziel der Preisniveaustabilität erhält beispielsweise vor allem dadurch Gewicht, dass durch seine Gefährdung zugleich die Funktionsfähigkeit der Marktwirtschaft, deren Sicherung besonders die ordnungspolitischen Maßnahmen dienen, bedroht wird. Vor dem Hintergrund dieses Mittelcharakters wird das Ziel „Preisniveaustabilität" häufig auch als Instrumentalziel zur Sicherung von Wettbewerb bezeichnet. Andererseits beeinflussen ordnungspolitische Maßnahmen auch Globalziele. Beispielsweise dürften alle gesetzgeberischen Maßnahmen, die das Verhältnis der Tarifpartner berühren (Flächentarifvertrag, Öffnungsklauseln, Günstigkeitsprinzip, Mitbestimmung, Streik, Aussperrung), auch die Ziele der makroökonomischen Wirtschaftspolitik wenigstens mittelbar treffen.

Zu Aufgabe b)

Was die Beziehungen zwischen wirtschaftspolitischen Zielen angeht, so kann zwischen Antinomien (Unvereinbarkeiten), Konkurrenz, Unabhängigkeit auch als Indifferenz bezeichnet, Komplementarität, Identität und abschnittsweise Komplementarität/Konkurrenz von Zielen unterschieden werden.

Zu Aufgabe c)

Der Zusammenhang zwischen verschiedenen makroökonomischen Zielen am Beispiel des „magischen Dreiecks" kann wie folgt zu einem Prognosemodell ausformuliert werden: Entsprechend der ablaufpolitischen Konzeption wird davon ausgegangen, dass Politik mit Hilfe quantitativer Beziehungen zwischen quantifizierten Zielen und Instrumenten verfolgt wird. Z_B, Z_P, Z_A seien die Beschäftigung, Preisniveau und außenwirtschaftliches Gleichgewicht ausdrückenden konkretisierten Ziele. Zunehmende Werte von Z_i sollen höhere Zielerreichungsgrade ausdrücken. Als ablaufpolitische Instrumente könne die Regierung die Mittel IN_T und IN_G einsetzen, unter denen (als Teil der finanzpolitischen Instrumente) steuer- (IN_T) und geldpolitische (IN_G) Maßnahmen verstanden werden sollen. Grundlage der quantitativen, makroökonomischen Wirtschaftspolitik sind die im folgenden Gleichungssystem zum Ausdruck kommenden Beziehungen zwischen Zielen und Instrumenten:

$$Z_B = a_{11} IN_T + a_{12} IN_G$$
$$Z_P = a_{21} IN_T + a_{22} IN_G$$
$$Z_A = a_{31} IN_T + a_{32} IN_G.$$

Die Koeffizienten a_{ik} sind dabei Größen, die möglicherweise anhand eines Modells geschätzt werden können oder unabhängig von theoretischen Überlegungen auf Erfahrungen mit dem Einsatz entsprechender wirtschaftspolitischer Maßnahmen beruhen. Entscheidend und zugleich höchst umstritten („Lucas-Kritik") ist dabei die Annahme, dass die Koeffizienten a_{ik} im Zeitablauf und unabhängig von politischen Maßnahmen konstant bleiben (werden). In Matrizenschreibweise kann der Zielvektor Z^+ über die entsprechend definierte Matrix A^+ der sechs Koeffizienten a_{ik} in Abhängigkeit vom Vektor der Instrumente IN so dargestellt werden:

$$Z^+ = A^+ IN.$$

Diese Beziehung wird als so genanntes *Prognosemodell* interpretiert: Unabhängige Variablen sind die Instrumente, aus deren vorgegebenen Werten entsprechende Zielerreichungswerte berechnet bzw. geschätzt werden können.

Zu Aufgabe d)

Die Fragestellung des Wirtschaftspolitikers, der Ablaufpolitik treibt, entspricht eher der eines *Planungsmodells*. Dabei werden die Zielgrößen als politisch determinierte Plangrößen vorgegeben, um daraus die zur Zielerreichung notwendigen Instrumentenwerte zu ermitteln. Grundlage der Wirtschaftspolitik ist daher eine Beziehung der Art

$$IN = B\, Z^+.$$

Die entsprechend erforderliche Matrizenoperation (Matrixinversion), um vom Prognose- zum Planungsmodell zu gelangen, ist bei dem bisher gewählten Beispiel jedoch nicht möglich, denn die Matrix A^+ ist nicht quadratisch und damit auch nicht invertierbar:

$$A^+ = \begin{pmatrix} a_{11} \ a_{12} \\ a_{21} \ a_{22} \\ a_{31} \ a_{32} \end{pmatrix}.$$

Eine quadratische Matrix kann aber leicht aus der Matrix A^+ gewonnen werden. Durch Streichen der letzten Zeile des ursprünglichen Gleichungssystems ergibt sich nämlich ein Gleichungssystem von der Art

$$Z_B = a_{11} IN_T + a_{12} IN_G$$
$$Z_P = a_{21} IN_T + a_{22} IN_G,$$

das in Matrizenschreibweise als

$$Z = A \ IN$$

geschrieben werden kann und dessen Matrix A nun quadratisch ist:

$$A = \begin{pmatrix} a_{11} \ a_{12} \\ a_{21} \ a_{22} \end{pmatrix}.$$

Wird dieses in Prognoseform geschriebene Gleichungssystem als *Planungsmodell* betrachtet und dabei von bestimmten Zielwerten Z_B und Z_P ausgegangen, so besteht es aus zwei Gleichungen mit den Variablen IN_T und IN_G. Ist die Determinante der Matrix A ungleich Null ($\det A \neq 0$), so hat dieses Gleichungssystem eine eindeutige Lösung. Jedem vorgegebenen Wertepaar der Ziele entspricht dann ein der eindeutigen Lösung des Gleichungssystems entsprechendes Paar der Instrumentenwerte. Dies bedeutet aber, dass durch die Werte zweier Instrumente in diesem Fall prinzipiell alle verschiedenen Größen zweier Ziele erreicht werden können. Das dritte Ziel, hier also das Ziel des außenwirtschaftlichen Gleichgewichts, ist damit allerdings (exogen) vorgegeben und kann nicht unabhängig von den übrigen Zielwerten erreicht werden. Führt die Instrumentenwahl zu einer Verbesserung bei den ersten beiden Zielen und auch zu einer solchen beim dritten Ziel, so ist letzteres als komplementär zu den beiden ersten anzusehen. Verschlechtert sich jedoch die Zielerreichung beim dritten Ziel, so ist dieses konkurrierend mit den ersten beiden; es besteht demnach ein Zielkonflikt.

Zu Aufgabe e)

Der Satz von Tinbergen besagt, dass mindestens so viele voneinander unabhängige Instrumente existieren müssen, wie Ziele von der Wirtschaftspolitik angestrebt werden. Es kann bereits hier festgestellt werden, dass für die Lösung des Planungsmodells die Zahl der Instrumente mindestens gleich der Zahl der Ziele sein muss, die unabhängig voneinander realisiert werden sollen (Satz von Tinbergen). Das Vorhandensein einer zu geringen Anzahl von Instrumenten im Vergleich zu den angestrebten Zielen lässt sich recht gut am Beispiel der Währungspolitik demonstrieren. Hier geht es jetzt um die vier Ziele: ausgeglichene Zahlungsbilanz, stabile Wechselkurse, freier Kapitalverkehr und autonome Geldpolitik. Bei den Instrumenten stehen i. d. R. nicht mehr als die drei Maßnahmen: Zinssatzvariationen, Wechselkursvariationen und devisenzwangswirtschaftliche Maßnahmen zur Verfügung. Daraus folgt, dass die Währungspolitik auf mindestens eines der oben genannten vier Ziele verzichten muss.

Es kommt aber noch eine Besonderheit hinzu: Instrumente und Ziele sind im Falle der Währungspolitik nicht durchweg unabhängig bzw. voneinander zu trennen. Wird nämlich beispielsweise ein freier Kapitalverkehr angestrebt, so fällt das Instrument der Devisenbewirtschaftung – jedenfalls zum Teil – zwangsläufig fort: Mindestens die Kapitalverkehrskonvertibilität muss unbeschränkt sein. Kann aber auf Dauer eine beschränkte Leistungsbilanzkonvertibilität mit freiem Kapitalverkehr einhergehen? Wohl kaum. Die Währungspolitik könnte dann nur noch ein weiteres der folgenden Ziele anstreben: Zahlungsbilanzausgleich, stabile Wechselkurse oder autonome Geldpolitik.

Liegen nur drei Ziele und zwei voneinander unabhängige Instrumente vor, so spricht man von einem währungspolitischen „Trilemma." Die Gültigkeit eines währungspolitischen „Trilemmas" wurde in der Vergangenheit sehr gut am Beispiel des Europäischen Währungssystems (EWS) deutlich: Länder, die ihren Wechselkurs im Paritätengitter ohne Auf- oder Abwertungen halten wollten und zur Vorbereitung auf die Europäische Währungsunion freien Kapitalverkehr garantieren mussten, waren faktisch gezwungen, ihre Geldpolitik an dem Muster der Deutschen Bundesbank auszurichten. Die Bundesbank musste allerdings darauf achten, dass ihre eigene Zinspolitik keine zu großen Spannungen in den Partnerländern und umfangreiche Interventionserfordernisse am Devisenmarkt auslöste. Der Preis, der ansonsten gezahlt werden musste, bestand etwa in einem „Realignment", in dessen Zuge auch die D-Mark aufgewertet wurde. In der heutigen Euro-Zone haben alle beteiligten Länder freiwillig auf eine eigenständige nationale Geldpolitik verzichtet. Dafür hat aber die EZB durchaus „autonome" Ziele für ihre Geldpolitik formuliert. Weder gegenüber dem Yen noch gegenüber dem US-Dollar bestehen Wechselkursziele. Daher erübrigen sich auch Kapitalverkehrskontrollen.

Zu Aufgabe f)

Als weitere Bedingung für die Existenz des Planungsmodells

$$IN = B\ Z \quad bzw. \quad IN = A^{-1}Z$$

wurde bereits oben det $A \neq 0$ erwähnt. Zwei Möglichkeiten, bei denen det $A = 0$ gilt, sind zu unterscheiden. Einmal der Fall, in dem einer oder beide Zeilen- oder Spaltenvektoren von A Nullvektoren sind, zum anderen jener Fall, in welchem die Vektoren proportionale Komponenten aufweisen.

Was die erste Möglichkeit angeht, so ist einerseits zu bemerken, dass wenn ein Spaltenvektor nur Nullen aufweist, das betreffende Instrument gar nicht auf die vorgegebenen Ziele einwirkt, also in Wirklichkeit gar kein Mittel darstellt:

$$A = \begin{pmatrix} 0 & a_{12} \\ 0 & a_{22} \end{pmatrix}.$$

Die Zahl der Instrumente ist dann kleiner als die der Ziele. Haben die Komponenten des anderen Vektors verschiedene Vorzeichen, so besteht ein Zielkonflikt:

$$A = \begin{pmatrix} 0 & -a_{12} \\ 0 & +a_{22} \end{pmatrix}$$

sind die Vorzeichen gleich, so sind die Ziele komplementär. In beiden Fällen können jedoch die Zielgrößen nicht unabhängig voneinander erreicht werden. Stehen im obigen Beispiel in der ersten Spalte von A Nullen, so bedeutet dies, dass Finanzpolitik nicht wirksam ist und bei verschiedenen Vorzeichen der Komponenten in der zweiten Spalte, dass für die Geldpolitik ein Zielkonflikt vorliegt: Sie nützt zwar dem Ziel der Preisniveaustabilität, behindert jedoch das Erreichen des Beschäftigungsziels. Stehen in einer der Zeilen nur Nullen, so heißt dies, dass keines der Instrumente auf das betreffende Ziel einzuwirken vermag. Im Rahmen des entsprechenden Planungsmodells muss die entsprechende Zielgröße dann als exogen bestimmt angesehen werden:

$$A = \begin{pmatrix} 0 & 0 \\ a_{21} & a_{22} \end{pmatrix}.$$

Zu Aufgabe g)

Im Beispiel des „magischen Dreiecks" lassen sich zwei altbekannte Lehrmeinungen anführen. Ist der erste Zeilenvektor ein Nullvektor, so gilt das Beschäftigungsniveau als exogen und die Instrumente wirken nur auf das Preisniveau. Dies ist die Position der klassischen Lehre vom Vollbeschäftigungsgleichgewicht. Treten dagegen in der zweiten Zeile von A nur Nullen auf, so wird das Preisniveau in diesem Modell als unbeeinflusst von den Instrumenten betrachtet, die nunmehr nur auf die Beschäftigung wirken:

$$A = \begin{pmatrix} a_{11} & a_{12} \\ 0 & 0 \end{pmatrix}.$$

Dies entspricht ziemlich genau dem Ansatz des Keynesschen Gleichgewichts bei Unterbeschäftigung. In Wirklichkeit dürften wohl kaum Nullvektoren als Schätzergebnisse der Koeffizienten von A auftreten, ebenso wie auch die angeführten extremen Lehrmeinungen in „Reinkultur" bekanntlich unrealistisch sind.

Der zweite Fall proportionaler Vektoren in A kann ähnlich erläutert werden. Sind die Vektoren proportional, so wirken beide Instrumente in gleichen Relationen auf die Ziele. Dies entspricht dann der Situation, in der eigentlich nur ein Instrument verfügbar ist und die beiden Zielwerte nicht unabhängig voneinander realisiert werden können:

$$A = \begin{pmatrix} a_{11} & \beta\,(a_{11}) \\ a_{21} & \beta\,(a_{21}) \end{pmatrix}; \quad \beta > 0.$$

Auch dieser Extremfall wird sich bei Schätzungen meist nicht völlig exakt so einstellen. Wichtig für die Praxis bleibt jedoch, dass verschiedene Instrumente auf die vorgegebenen Ziele auch möglichst verschieden wirken sollten. Sind dagegen die Auswirkungen der Mittel ähnlich, so erfordern bereits geringe Änderungen der Zielwerte extreme Änderungen des Mitteleinsatzes.

Zu Aufgabe h)

Die vollständige Unabhängigkeit von Zielen bedeutet für das verwendete Beispiel, dass (nur) in einer der Diagonalen von A von Null verschiedene Koeffizienten a_{ik} stehen, beispielsweise:

$$A' = \begin{pmatrix} a_{11} & 0 \\ 0 & a_{22} \end{pmatrix}.$$

Zu jedem Ziel gibt es hier demnach ein Instrument, welches nur dieses beeinflusst und das andere unverändert lässt.

Diskussion der Ergebnisse

Nicht nur „Nullen" in der Koeffizientenmatrix bereiten Schwierigkeiten für die Lösung des Planungsmodells: Hinzu kommt, dass auch kleine Werte der Koeffizienten a_{ik} in einer Zeile oder Spalte von A die wirtschaftspolitischen Möglichkeiten einschränken. Negative Vorzeichen signalisieren sogar das Risiko von Zustandsverschlechterungen bei entsprechendem Instrumenteneinsatz. Im Falle positiver, aber sehr kleiner Koeffizienten werden die Elemente von det A klein, dagegen die Komponenten von A^{-1} groß sein:

$$A^{-1} = \frac{1}{\det A} \begin{pmatrix} \dfrac{A_{11}}{\det A} & \dfrac{A_{21}}{\det A} \\ \dfrac{A_{12}}{\det A} & \dfrac{A_{22}}{\det A} \end{pmatrix}.$$

Dabei ergeben sich die algebraischen Komplemente A_{ij} durch Streichen der i-ten Zeile und der j-ten Spalte in der Ausgangsmatrix A. Positive aber sehr kleine Koeffizienten bedeuten, dass kleine Änderungen der Zielvorgaben nur mit sehr hohem Instrumenteneinsatz möglich sind. Hinzu kommt, dass der Instrumenteneinsatz (z. B. Steuererhöhungen) auch politischen Einschränkungen (Suche nach Mehrheiten im demokratischen Entscheidungsprozess) unterliegt, zum anderen wird bei massivem Einsatz der Instrumente die Annahme konstanter Koeffizienten a_{ik} zunehmend fragwürdig. In den Koeffizienten a_{ik} kommen nämlich angenommene Verhaltensweisen der Wirtschaftssubjekte zum Ausdruck, die sich (nicht nur) bei einem extremen Mitteleinsatz unvorhergesehen (d. h. in einer im theoretischen

Modell nicht berücksichtigten Weise) ändern können. Das ist ja der entscheidende Hinweis der Lucas-Kritik.

Das Tinbergen-Problem hat sich unter dem Eindruck der Theorie rationaler Erwartungen noch einmal vergrößert: Sowohl aktuell eingesetzte wirtschaftspolitische Instrumente als auch für die Zukunft erwarteter Instrumenteneinsatz bestimmen heutige Zielwerte:

$$Z_B = a_{11}IN_T + a_{12}IN_G + a_{13}IN_T^e + a_{14}IN_G^e$$

$$Z_P = a_{21}IN_T + a_{22}IN_G + a_{23}IN_T^e + a_{24}IN_G^e$$

$$Z_A = a_{31}IN_T + a_{32}IN_G + a_{33}IN_T^e + a_{34}IN_G^e.$$

Auch jetzt ist die Matrix A nicht quadratisch. Die Streichung von Zeilen wie oben würde das Tinbergen-Problem jedoch nicht verkleinern, sondern sogar noch vergrößern. Um aus A wiederum eine quadratische Matrix zu machen, fügen wir ein weiteres Ziel aus dem magischen Fünfeck, das Wachstumsziel, hinzu:

$$Z_B = a_{11}IN_T + a_{12}IN_G + a_{13}IN_T^e + a_{14}IN_G^e$$

$$Z_P = a_{21}IN_T + a_{22}IN_G + a_{23}IN_T^e + a_{24}IN_G^e$$

$$Z_A = a_{31}IN_T + a_{32}IN_G + a_{33}IN_T^e + a_{34}IN_G^e$$

$$Z_W = a_{41}IN_T + a_{42}IN_G + a_{43}IN_T^e + a_{44}IN_G^e.$$

Wenn man aus diesem Prognosemodell wiederum ein Planungsmodell macht:

$$IN_{4 \times 1} = B_{4 \times 4}Z_{4 \times 1} \text{ bzw. } IN_{4 \times 1} = A_{4 \times 4}^{-1}Z_{4 \times 1},$$

dann erkennt man allerdings, dass der Instrumentenvektor nur zwei direkt von der Politik beeinflussbare Größen enthält und die Zielerreichung bestimmte, u. U. (wenn überhaupt) nur indirekt beeinflussbare Erwartungsgrößen voraussetzt. Es kommt noch schlimmer. Dazu ein einfaches Beispiel: Lassen heutige, durch Kreditaufnahme gegenfinanzierte Steuersenkungen die Wirtschaftssubjekte zukünftige Steuererhöhungen erwarten, so könnten im schlimmsten Fall die Koeffizienten $a_{11} = a_{13}$, $a_{21} = a_{23}$, $a_{31} = a_{33}$, $a_{41} = a_{43}$ dem Betrage nach gleich groß sein, dabei allerdings, bei gleichem Vorzeichen, die für die Zukunft erwarteten Politikmaßnahmen gerade invers auf die Zielgrößen einwirken. Das hieße dann aber nichts anderes, als dass wir statt ein Ziel (oben das Wachstumsziel) hinzuzufügen, eher auf eines verzichten müssen (auf das außenwirtschaftliche Gleichgewicht, auf das Beschäftigungsziel oder auf das Ziel der Preisniveaustabilität). Insgesamt können dann (im besten Falle) nur noch zwei gesamtwirtschaftliche Ziele angestrebt werden.

Literaturempfehlungen

- Engelkamp und Sell (2005): S. 331–338.
- Sell (2004).

IV.3   Der Werturteilsstreit

Aufgabe 1:   Max Weber und der Werturteilsstreit

Wie kaum ein anderer Sozialwissenschaftler hat Max Weber die Diskussion über „Wertungen und Werturteile in der Wissenschaft" angestoßen, beflügelt und geprägt. Seine Anschauungen lassen sich in drei „Säulen" oder Hauptsätzen bündeln. Richtig angewendet, führen Sie weder zu einer Verbannung jeglicher (offener) Wertungen aus den Wissenschaften noch dazu, aus Wissenschaftlern Politiker werden zu lassen. Allerdings wird das Aufspüren versteckter Werturteile und die Überprüfung scheinbar rein logischer Deduktionen in wissenschaftlichen Aussagezusammenhängen darauf hin, ob sie in simplen Erklärungen und/oder Beschreibungen Empfehlungen zu erkennen glauben zu einer „Detektiv-Aufgabe" des lesenden, also (hoffentlich) verstehenden Sozialwissenschaftlers.

a)   Haben Werturteile nach Max Weber keinerlei Platz in der Wissenschaft?

b)   Was wird unter „positiver", was unter „normativer" Analyse verstanden?

c)   Nennen sie knapp die „drei Säulen" der Werturteilsfreiheit von Max Weber!

d)   Warum lassen sich aus Typologien, Klassifizierungen, Stadienbetrachtungen etc. keine Wertigkeiten ableiten?

e)   Warum lässt sich sagen, dass es beispielsweise Steigerungen der Produktivität nicht „umsonst" gibt, dass es also gegebenenfalls zu Einschränkungen im Zielerreichungsgrad anderer ökonomischer Ziele kommt?

f)   Wo zeigt sich das „Konfliktpotential" der Produktivität in der Landwirtschaft?

g)   Ist eine Wertdiskussion in den Wirtschafts- und Sozialwissenschaften überhaupt noch denkbar?

h)   Welche Gefahren schlummern im Sinne von Max Weber in der „Methodengläubigkeit" der modernen Volkswirtschaftslehre?

Lösungsskizze

Zu Aufgabe a)

Nein. Wie das folgende Weber-Zitat beweist, hat wissenschaftliche Arbeit, bevor sie ihre „eigentliche" Aufgabe wahrnimmt, gewissermaßen mit einem Werturteil zu beginnen. Diese von Wilhelm Hennis (1987, 1996) ins Licht gerückte Betrachtung Webers ist tatsächlich für die Werturteilsproblematik entscheidend: „Wir haben in Bezug auf alle Objekte zwei Arten von Fragestellungen zu unterscheiden: 1. die Frage nach ihrer Wesensbeschaffenheit und ihrem Ursprung, und 2. die Frage nach dem Wert und der Bedeutung, die sie für uns selbst haben. Die erste Frage wird durch ein Tatsachen-Urteil beantwortet. Die Antwort auf die zweite Frage ist ein Wert-Urteil. Diese beiden verschiedenen Urteile lassen sich nicht ohne weiteres voneinander ableiten. Sie entstehen aus verschiedenen intellektuellen Betätigungen. Der menschliche Geist verbindet sie nur, indem er sie zunächst getrennt bildet und dann zueinander in Beziehung setzt." Bei der Auswahl wissenschaftlicher Fragestellungen ist es demnach für den Wissenschaftler legitim, die eine als (für ihn) wichtig, eine andere dagegen als nachrangig einzustufen. „Strafbar" ist also nicht das Äußern von als solchen kenntlich gemachten Werturteilen; verwerflich ist eine unzulässige Vermischung von positiver und normativer Analyse; damit ist die eine Hauptsäule des Werturteilsfreiheits-Postulats abgesteckt; es handelt sich um das Einstreuen von versteckten Werturteilen in die vermeintlich positive Analyse.

Zu Aufgabe b)

Von einer „positiven" Analyse spricht man immer dann, wenn die Erklärung von Ursache-Wirkungszusammenhängen und/oder das Aufdecken empirischer Zusammenhänge im Zentrum der Untersuchung steht. Von einer „normativen" Analyse ist dagegen immer dann die Rede, wenn Aussagezusammenhänge vorliegen, die sich auf ein „sein sollen" beziehen.

Zu Aufgabe c)

Bei den drei Säulen des Wertfreiheitspostulats von Max Weber handelt es sich um die folgenden „wissenschaftlichen Geboten": *Erstens*: „Strafbar" ist nicht das Äußern von als solchen kenntlich gemachten Werturteilen; verwerflich ist aber eine unzulässige Vermischung von positiver und normativer Analyse, also das Einstreuen von versteckten Werturteilen in eine vermeintlich beschreibende, erklärende Analyse. *Zweitens*: Der Versuch, aus reinen „Beschreibungen", „Erklärungen" etc. irgendwelche Handlungsanweisungen, Wertvorstellungen abzuleiten, ist zum Scheitern verurteilt. Das (vorläufige) Auffinden von Gesetzmäßigkeiten in Geschichte oder Ökonomie ist nicht mit dem Feststellen von verschiedenen Wertigkeiten zu verwechseln. Die *dritte* „Säule" des Weberschen Werturteilsfreiheitspostulats könnte man umschreiben mit der Forderung nach Entschleierung von angeblichen Harmonien und dem Aufdecken von tatsächlich bestehenden Konflikten, gerade in der Wertsphäre. Weber sah die spezifische Aufgabe der Wissenschaft darin, dass in ihr das konventionell Selbstverständliche zum Problem wird.

Zu Aufgabe d)

Hennis hat durch seine Forschungsarbeiten ein zweite, mindestens ebenso wichtige „Säule" bei Max Weber „aufgetrieben": Hierfür gibt Max Weber das folgende anschauliche Beispiel: „Für die Forschung ist der fortwährende Vergleich der Entwicklungsstadien der einzelnen Völker untereinander und die Aufsuchung von Analogien ein heuristisches Mittel, das bei vorsichtiger Verwendung in hohem Maße geeignet ist, die historische Eigenart jeder einzelnen Entwicklung in ihrer ursächlichen Bedingtheit zum Bewusstsein zu bringen. Aber ein schweres Missverständnis des Forschungszieles der Kulturgeschichte ist es, wenn man die Konstruktion von ‚Kulturstufen' für mehr hält, als ein Darstellungsmittel … ." Wieder ist dies der Hinweis, das (vorläufige) Auffinden von Gesetzmäßigkeiten nicht mit dem Feststellen von verschiedenen Wertigkeiten zu verwechseln.

Weber hält den Nationalökonomen aber einen besonderen Spiegel entgegen: „so hat sich in den Köpfen der aufwachsenden Generation auch die Vorstellung gebildet, als sei dank der Arbeit der nationalökonomischen Wissenschaft nicht nur die Erkenntnis des Wesens der menschlichen Gemeinschaften gewaltig erweitert, sondern auch der Maßstab, an welchem wir in letzter Linie die Erscheinungen bewerten, ein völlig neuer geworden, als sei die politische Ökonomie in der Lage, ihrem eigenen Stoff eigenartige Ideale zu entnehmen. In Wahrheit sind es aber keine eigenartigen selbstgewonnenen, sondern die alten allgemeinen Typen menschlicher Ideale, die wir auch in den Stoff unserer Wissenschaft hineintragen".

Zu Aufgabe e)

Die dritte „Säule" des Werturteilsfreiheits-Postulats könnte man umschreiben mit der Forderung nach Entschleierung von angeblichen Harmonien und nach dem Aufdecken von tatsächlich bestehenden Konflikten, gerade in der Wertsphäre: Weber sah die spezifische Aufgabe der Wissenschaft darin, dass ihr das konventionell Selbstverständliche zum Problem wird. Weber hat die Implikationen dieser dritten Säule verdeutlicht am scheinbar deskriptiven, konfliktfreien Begriff der Produktivität und damit während der Tagung des Vereins für Socialpolitik 1909 in Wien für Furore gesorgt. Zusammengefasst lautet Max Webers These: „Der Begriff der Produktivität unterschlägt den Wertkonflikt, den jede Steigerung der Produktivität unausweichlich gebiert". In heutiger Ausdrucksweise bezieht sich der von Weber angesprochene Wertkonflikt auf den Gegensatz zwischen Wachstum und Verteilung. Die moderne Volkswirtschaftslehre kennt hier (mindestens) zwei Zusammenhänge, die von Bedeutung sind:

(i) Zum einen geht es um die Relevanz der so genannten Kuznets-Kurve, welche auch als „umgekehrtes U" beschrieben wird. Dabei wird behauptet, dass sich die personelle Einkommensverteilung im Zuge des Entwicklungsprozesses, genauer: bei wachsendem Prokopfeinkommen, zunächst verungleichmäßigt, um sich aber später wieder stärker zu egalisieren. Hierfür sind zahlreiche Erklärungsmuster angeboten worden, etwa wird argumentiert, dass die Einkommensverteilung im Agrarsektor – welcher anfangs in jeder Ökonomie dominiert – gleichmäßiger ausfalle als im Industriesektor. Dehnt sich nun im Verlaufe des Strukturwandels der industrielle Sektor gegenüber der Landwirtschaft aus, so kommt es zu einer größeren Streuung der Einkommen in der Gesamtwirtschaft. Gleichzeitig wird gesagt, dass die Einkommensverteilung innerhalb des industriellen Sektors anfangs sehr ungleich ist, weil die Unternehmer Arbeitskräfte billig aus der Landwirtschaft abwerben können. Sobald Arbeit nur noch zu steigenden Reallöhnen bereit ist, abzuwandern, kehrt sich die Entwicklung um und die Einkommensverteilung wird wieder stärker egalitär.

(ii) Ein zweiter Aspekt besteht u. a. in der These, dass es zur Erreichung einer maximalen Wachstumsrate des Prokopfeinkommens einer Mindeststreuung in der personellen Einkommensverteilung bedürfe. Eine zu egalitäre Verteilung lähmt u. U. die Anreize zur Leistungssteigerung, verhindert wachstumsträchtige Nachahmungseffekte im Konsumverhalten der unteren gegenüber den höheren Einkommensschichten und führt die Gesellschaft möglicherweise sogar in eine Neidfalle. Eine zu hohe Streuung der Einkommen ist ebenfalls mit Wachstumseinbußen verbunden, weil die Gesellschaft leicht in soziale Unruhen, ja sogar in revolutionäre Prozesse gestürzt werden kann, statt Nachahmungsverhalten eher Snobeffekte und Statusgehabe im Konsum derer, die unerreichbar erscheinen, die potentiellen Nachahmer frustriert und schließlich nicht leistungsgerechte Einkommens- bzw. Gehaltssprünge auf die unteren Einkommensschichten demotivierend wirken – und das um so mehr, je undurchlässiger das System ist – während die oberen Einkommensschichten teilweise unverdiente Renten erhalten.

Was Weber mit seiner „dritten Säule" des Wertfreiheitspostulats im Sinne hatte, wird noch einmal sehr deutlich dort zum Ausdruck gebracht, wo Hennis Webers Verhältnis zur Wettbewerbswirtschaft untersucht: „Weber hat nie bestritten, dass eine freie Konkurrenzwirtschaft rein wirtschaftlich die effektivste Form des erwerbswirtschaftlichen (!) Wirtschaftens sei. Wogegen er anging war die ideelle, oder sagen wir ruhig ideologische Interpretation der Sache. Was der Liberale „friedlichen Wettbewerb" nennt, sei es der Nationen miteinander, der Menschen, der Liebenden, war für ihn Kampf, Konflikt, Kampf des Menschen mit dem Menschen". Wiederum geht es um die Entdeckung von vorhandenen Konfliktlagen, das Vermeiden von falschen Harmonievorstellungen. Wer sich zum Beispiel die Szenerie von Tarifverhandlungen, insbesondere von Schlichtungen oder der Konferenzen zum Abbau internationaler Handelshemmnisse vor Augen hält, versteht unmittelbar, was gemeint ist.

Zu Aufgabe f)

Max Weber hat die mit der „Produktivität" einhergehende Konfliktlage am Beispiel der Getreideproduktion außerordentlich interessiert: „Von den verschiedenen Gesichtspunkten – unter denen man eine Agrarverfassung beurteilen kann – kommen zunächst drei in Betracht, nämlich: (1) das Produktionsinteresse: möglichst viel Erzeugnisse von einer gegebenen Fläche, (2) das populationistische Interesse: viele Menschen auf einer gegebenen Fläche, (3) das 'sozialpolitische': möglichst umfassende und gleichmäßige Verteilung des Besitzes an einer gegebenen Fläche. Im Allgemeinen sind die beiden letzten Interessen in bester Harmonie miteinander, während wenigstens in Bezug auf die Getreideproduktion beide mit dem Produktionsinteresse vielfach kollidierten. Es besteht nicht der mindeste Zweifel, „dass, wenn es um die Erzeugung von möglichst viel Getreide von der gegebenen Fläche handelt, mindestens alle mittleren und kleineren bäuerlichen Besitz- und Betriebseinheiten schlechterdings von Übel sind und wer die Deckung des deutschen Getreidebedarfs durch inländische Produktion anstrebt, muss für deren Bescitigung, damit aber für die Schärfung der sozialen Gegensätze auf dem Lande und für die numerische Schwächung der Landwirtschaft eintreten. Mit dem Produktivitätsinteresse (der Großgrundbesitzer) konkurriert nämlich das bevölkerungspolitische, schließlich das sozialpolitische „Dislokationsinteresse" des Staates". Was Weber in diesem Zitat ausdrückt, ist, produktionstheoretisch formuliert, das Problem der optimalen Betriebsgröße (bzw. des optimalen Bodeneinsatzes) in der Landwirtschaft. In diesem Konzept wird zwar die Produktivität des Bodens maximiert, verteilungs- und bevölkerungspolitische Gesichtspunkte werden aber dabei hintan gestellt.

Zu Aufgabe g)

Ja. Die Beachtung von Max Webers drei Säulen des Werturteilsfreiheits-Postulats ist nicht nur nicht das Ende, sondern sie ermöglicht vielmehr geradezu den Beginn jeder Wertdiskussion; so auch Hennis: „Die Wertungsfreiheit der Wissenschaft ist eine Voraussetzung für die Möglichkeit von Wertdiskussionen, und nur darum geht es Weber".

Zu Aufgabe h)

Die moderne Volkswirtschaftslehre hat sich – und das entspricht dem Selbstverständnis vieler Kollegen – zusehends zu einer Methodenlehre entwickelt. Über die Chancen, welche damit verbunden sind, ist schon viel geschrieben worden. Es ist wiederum ein Verdienst von Weber, sehr früh auf die damit verbundenen Risiken hingewiesen zu haben und es ist ein Vorzug, den uns Hennis gewährt, wenn er Webers Mahnungen so deutlich noch einmal herausstellt: „man kann Webers sogenannte Wissenschaftslehre, …, nur verstehen, wenn man sieht, dass sie ein einziger Kampf für die Rettung der wirklichen Probleme, der entscheidenden sachlichen Fragestellungen und gegen die Überschätzung der Methodologie sind, insbesondere gegen die Versuchung, ‚wirkliche und angebliche Forschungsmethoden und -ergebnisse empirischer Disziplinen zum Aufbau von ‚Weltanschauungen" zu benützen, was ‚ja nachgerade ein trivial gewordener Vorgang' sei".

Diskussion der Ergebnisse

Es ist nicht zutreffend, dass Max Weber die Ökonomen zu rein ausführenden „Sozialtechnologen" machen wollte. Er legte ihnen aber ans Herz, ihre offen deklarierten Wertungen an den Anfang ihrer Arbeit zu stellen: Bei der Festelegung der zu behandelnden Probleme, der Auswahl (nicht jedoch der Anwendung!) der in Frage kommenden Methoden etc. Im wissenschaftlichen Aussagezusammenhang selbst – Erklärung, Diagnose, Prognose – haben Wertungen allerdings keinen Platz.

Die bereits oben behandelten Zielbeziehungen in der Wirtschaftspolitik sind ein gutes Anwendungsfeld für die dritte Säule Max Webers Werturteilsfreiheitspostulats. Die Feststellung von Antinomien oder wenigstens mehr oder weniger scharfen Zielkonflikten gehört zum Geschäft des Wirtschaftswissenschaftlers. Vorhandene

Konfliktlagen zu verschweigen ist dagegen ein schwerer Verstoß gegen das geforderte Selbstverständnis des Ökonomen/Sozialwissenschaftlers.

Der Versuchung ist groß, aus festgestellten Häufig- und Regelmäßigkeiten auf Dominanz, Überlegenheit, ja moralischen Vorzug zu schließen: Aus einem rein empirischen Befund („Mehrzahl der Ergebnisse") lässt sich niemals auf die Qualität rückschließen („seltener ist schlechter").

Literaturempfehlungen

- Engelkamp und Sell (2005): S. 338–340.

- Hennis, W. (1987 und 1996).

IV.4   Ziel-Mittel-Beziehungen und Instrumente der Wirtschaftspolitik

Aufgabe 1:   Beurteilung des Instrumenteneinsatzes in der Wirtschaftspolitik

Stetigkeit, Zielkonformität und Systemkonformität sind anerkannte Beurteilungskriterien für Instrumente der Wirtschaftspolitik. Werden alternative Maßnahmen vorgeschlagen bzw. diskutiert, ist ein solches Mittel vorzugsweise auszuwählen, das erstens alle drei Kriterien erfüllt und das zweitens, wenn auch ein weiteres Instrument die genannten Maßstäbe prinzipiell erfüllt, mindestens ein Kriterium besser erfüllt, bei vergleichbarem Zielerreichungsgrad im Hinblick auf die beiden anderen Kriterien.

a)   Das Kriterium der „Zielkonformität" verlangt u. a., dass der Instrumenteneinsatz „einem konsistenten und widerspruchsfreien Zielsystem (etwa als Zwischenziel) entspringt." Wo kann der Wirtschaftspolitiker ein solches Zielsystem finden?

b)   Warum ist „Effizienz" ein Kriterium der Zielkonformität?

c)   Wann kann man davon sprechen, dass sich entweder einzelne Maßnahmen durch ihre verschiedenen, mehrdeutigen Wirkungen oder mehrere Maßnahmen gegenseitig „neutralisieren" und in dieser Hinsicht nicht zielkonform sind?

d)   Ob Instrumente zielkonform sind oder nicht kann sowohl durch eine „Partialanalyse" als auch durch eine „Totalanalyse" aufgedeckt werden. Warum werden die durch eine Partialanalyse gefundenen Ergebnisse in aller Regel nicht ausreichen, um zu einer abgewogenen Beurteilung zu kommen?

e)   Industrie- und Entwicklungsländer mögen sich darauf einigen, die Preise einiger vom absoluten oder wenigstens relativen „Preisverfall" bedrohter Rohstoffe zu stabilisieren. Dazu werden die folgenden drei Vorschläge gemacht: (i) Die Anbieter der Rohstoffe schließen sich zusammen und verhindern durch eine künstliche Verknappung des Angebotes ein Absinken der Preise; (ii) die Anbieter von Rohstoffen bewegen die Nachfrager dazu, bestimmte Mengen der Rohstoffe abzunehmen (Verhinderung eines Rückganges der Nachfrage) oder (iii) internationale Fondsstellen intervenieren durch An- und Verkauf der Waren und erzielen auf diese Weise eine Stabilisierung der Rohstoffpreise. Inwieweit erfüllen die gemachten Vorschläge die Kriterien der Ziel- und der Systemkonformität?

Lösungsskizze

Zu Aufgabe a)

Die oben angedeutete Prämisse für den Instrumenteneinsatz impliziert im engeren Sinn die Überlegung, dass Wirtschaftspolitik (nur) mit einem umfassenden und durchdachten, in sich ausgewogenen Zielsystem den höchsten Erfolgsgrad erreicht, der unter den jeweiligen Umständen möglich ist. Ein solches Zielsystem entspringt einer „wirtschaftspolitischen Konzeption". Dabei handelt es sich im weiteren Sinn um ein Leitbild für die Gestaltung von Wirtschaft und Gesellschaft.

Zu Aufgabe b)

Der wirtschaftspolitische Instrumenteneinsatz steht, wie alle wirtschaftlichen Transaktionen, unter dem Zwang, einen möglichst hohen Zielerreichungsgrad zu erreichen, wofür immer nur knappe Ressourcen zur Verfügung stehen. Das bedeutet, dass bei zwei Alternativen, die den gleichen Zielerreichungsgrad versprechen, immer die Alternative vorzuziehen ist, die dabei mit dem geringeren Aufwand auskommt. Bei gleichem Ressourceneinsatz ist umgekehrt immer jenes wirtschaftspolitische Mittel auszuwählen, das den höheren Zielerreichungsgrad verspricht.

Zu Aufgabe c)

Die Voraussetzung für die Einsatzplanung verschiedener wirtschaftspolitischer Instrumente ist das Verständnis des Strukturmodells einer Volkswirtschaft. Wenn etwa das Ziel darin besteht, die gesamtwirtschaftliche Nachfrage zu erhöhen, muss zunächst klar sein, ob das gewählte Instrument dies in allen seinen verschiedenen Wirkungen auch leistet. Als Beispiel lässt sich die von den Gewerkschaften immer wieder proklamierte „Kaufkrafttheorie der Löhne" anführen. Dieser Theorie zu Folge ist die Anhebung der Reallöhne ein probates Mittel, um den gesamtwirtschaftlichen Konsum (Zwischenziel) und in der Folge auch die gesamtwirtschaftliche Nachfrage (Endziel) als Ganzes zu stimulieren. Empirische Untersuchungen belegen aber, dass der Gesamteffekt auf die Nachfrage, der von höheren Reallöhnen ausgeht, nicht eindeutig oder sogar negativ ausfallen kann: Wenn nämlich die anderen Nachfragekomponenten (private Investitionen, Außenbeitrag, Staatsnachfrage) durch höhere Reallöhne in der Tendenz abnehmen, kann die vermeintliche Anregung des privaten Konsums durch höhere Reallöhne nicht nur kompensiert, sondern sogar überkompensiert werden.

Aber selbst wenn die geschilderte zwiespältige Wirkung höherer Reallöhne nicht bestünde, kann die Zielkonformität schnell verletzt sein. Dazu könnte etwa ein vermeintlich „harmonischer" Einsatz von Lohn- und Geldpolitik führen: Da die Tarifparteien nicht direkt über Reallöhne, sondern nur über die Nominallöhne verhandeln, könnte die Regierung auf die Idee kommen, einerseits die Tarifparteien zu höheren Lohnabschlüssen zu „ermuntern" und zugleich einen restriktiven geldpolitischen Kurs einzuschlagen, um (auch) durch ein niedrigeres Preisniveau die Reallöhne anzuheben. Beide Instrumente können sich aber in ihrer Wirkung neutralisieren: Wegen des Wirkungslags der Geldpolitik wird sich der restriktive geldpolitische Kurs kurzfristig vor allem in Zinssteigerungen niederschlagen, die bei entsprechend großer Zinselastizität die Investitionsnachfrage im Inland dämpfen. Zugleich werden – in Folge des sich jetzt auftuenden Zinsdifferentials – zusätzliche Kapitalzuflüsse ins Inland strömen und die inländische Währung aufwerten sowie den Außenbeitrag reduzieren.

Zu Aufgabe d)

Dazu ziehen wir folgendes Beispiel heran, das sich auf ein sehr aktuelles Thema, nämlich auf die Verlängerung der Arbeitszeit bezieht. Von einem Wirtschaftsweisen wird behauptet:

- Jede Arbeiterfamilie kann durch Erhöhung ihrer Arbeitszeit ihren Realkonsum erhöhen (Partialsatz).

- Die Gesamtheit der Arbeiterfamilien wird durch Erhöhung ihrer Arbeitszeit ihren Realkonsum nicht ohne weiteres erhöhen können, sondern lediglich die Gewinne der Unternehmer (Totalsatz).

Es gebe lediglich zwei Klassen von Wirtschaftssubjekten: Arbeiter (NU) und Unternehmer (U). Das reale Sozialprodukt (Y_{real}), das von allen gemeinsam erstellt wird, sei abhängig von den insgesamt geleisteten Arbeitsstunden A und vom Einsatz der sonstigen Produktionsfaktoren, die kurz mit F charakterisiert seien; also gilt:

$$Y_{real} = f(A, F).$$ (1)

Es sei angenommen, dass das reale Sozialprodukt durch eine Vermehrung der insgesamt geleisteten Arbeitsstunden gesteigert werden kann. Das Sozialprodukt bestehe aus Konsum- und Investitionsgütern:

$$Y_{real} = C_{real} + I_{real}.$$ (2)

Die Konsumgüterproduktion bleibe von einer Erhöhung der insgesamt geleisteten Arbeitsstunden unberührt:

$$C_{real} = konstant.$$ (3)

Das bedeutet, dass jede Vergrößerung des realen Sozialprodukts mit einer Erhöhung der Investitionsgüterproduktion in genau gleicher Höhe einhergeht. Jeder

Arbeiter gebe seinen Lohn vollkommen für Konsumgüter aus und bilde keinerlei Sachvermögen. Der Lohnsatz pro Stunde sei konstant. Die Einkommen der Arbeiter, die im vorliegenden Fall nur aus Lohneinkünften (L_{NU}) bestehen sollen, vermindert um die Konsumausgaben der Arbeiter (C_{NU}) und die Ausgaben der Arbeiter für Sachvermögen (I_{NU}) ergeben die Geldvermögensänderung der Gesamtheit der Arbeiter (ΔGV_{NU}):

$$L_{NU} - C_{NU} - I_{NU} = \Delta GV_{NU}.$$

Die Ersparnis der Gesamtheit der Arbeiter (S_{NU}), definiert als Reinvermögenszuwachs, ergibt sich zu:

$$S_{NU} = \Delta GV_{NU} + I_{NU}. \tag{4}$$

Unter der Voraussetzung, dass jeder Arbeiter seinen Lohn vollkommen für Konsumgüter ausgibt ($L_{NU} = C_{NU}$) und keinerlei Sachvermögen bildet, ist:

$$S_{NU} = I_{NU} = \Delta GV_{NU} = 0. \tag{5}$$

Diese Annahme erscheint insbesondere für Situationen gerechtfertigt, in denen die Lohneinkünfte pro Arbeiterfamilie in der Nähe des so genannten Existenzminimums liegen.

Für die Unternehmergewinne (Q) gilt:

$$Q = I_U + C_U + \Delta GV_U.$$

Da die Geldvermögensänderung einer Teilgruppe einer Gesamtheit von Wirtschaftssubjekten *ex definitione* mit umgekehrtem Vorzeichen gleich ist der Geldvermögensänderung der Komplementärgruppe dieser Gesamtheit, gilt:

$$\Delta GV_U = -\Delta GV_{NU}.$$

Also gilt:

$$Q = I_U + C_U - \Delta GV_{NU} \text{ oder } Q = I_U + I_{NU} + C_U - \left(\Delta GV_U + I_{NU}\right).$$

Wegen (4) gilt auch:

$$Q = I + C_U + S_{NU}.$$

Unter den gemachten Voraussetzungen gilt dann:

$$Q = I + C_U. \tag{6}$$

Unter den genannten Rahmenbedingungen gilt also der Partialsatz:

Für jede einzelne Arbeiterfamilie gilt, dass sie durch Erhöhung der von ihr geleisteten Arbeitszeit ein höheres Lohneinkommen erzielen und damit einen höheren Realkonsum realisieren kann, als sie es könnte, wenn sie, und nur sie, die von ihr geleistete Arbeitszeit nicht erhöht hätte.

Da der Partialsatz für jede Arbeiterfamilie richtig ist, und es für sie sinnvoll ist, danach zu handeln, werden alle Arbeiterfamilien ihre geleistete Arbeitszeit erhöhen, wodurch das reale Sozialprodukt steigt (1). Da die Konsumgüterproduktion konstant bleibt (3), wirkt sich die Erhöhung der insgesamt geleisteten Arbeitsstunden in voller Höhe auf die Investitionsgüterproduktion aus (2). Also führt wegen (6) (unter der Voraussetzung nicht sinkender Investitionsgüterpreise) die Mehrarbeit der Arbeiter lediglich zu einer Steigerung der Unternehmergewinne.

Damit gilt unter den genannten Rahmenbedingungen gleichzeitig der Globalsatz:

Die Gesamtheit aller Arbeiterfamilien kann durch Erhöhung der insgesamt geleisteten Arbeitsstunden ihren Realkonsum nicht steigern, verglichen mit der Situation, die bestünde, wenn die Gesamtheit der Arbeiterfamilien die insgesamt geleisteten Arbeitsstunden nicht erhöht hätte. Berücksichtigt man, dass solche Verhältnisse $S_{NU} = I_{NU} = \Delta GV_{NU} = 0$ wahrscheinlich insbesondere dann vorliegen, wenn die Lohneinkünfte pro Arbeiterfamilie in der Nähe des Existenzminimums liegen, dann sind die genannten Voraussetzungen *ein* mögliches, hinreichendes Bündel von Bedingungen, das zum Ergebnis führt, dass jede Erhöhung der insgesamt geleisteten Arbeitsstunden seitens der Arbeiter lediglich die Unternehmergewinne erhöht, und nicht zur Behebung der Not der einzelnen Arbeiterfamilien beiträgt.

Zu Aufgabe e)

Variante (i) entspricht weitgehend dem Modell der OPEC, denn es läuft auf eine Kartellbildung hinaus. Aus wettbewerbspolitischer Sicht und damit im Sinne des Kriteriums der Systemkonformität ist diese Option demzufolge abzulehnen. Aus dem Blickwinkel der Zielkonformität kann die vorgeschlagene Alternative nur kurz- bis mittelfristig überzeugen: Wie bei jedem anderen Kartell ist das Aufkommen von Außenseiterkonkurrenz zu „befürchten", welche die verabredete Preisstabilisierung unterläuft. Variante (ii) ist ebenfalls nicht systemkonform, da ja die Nachfrager von alleine (also ohne Abkommen) offenbar nicht bereit wären, den Anbietern eine höhere Menge abzunehmen. Das Zuckerprotokoll zwischen der EU und der Gruppe der AKP-Staaten hat über vier Jahrzehnte hinweg eine ähnliche Konstruktion aufgewiesen: Die garantierte Abnahmemenge hatte Bestand, obwohl der Selbstversorgungsgrad der EU bereits ohne dieses Abkommen über eins lag. Mit der Zielkonformität ist es nicht viel besser bestellt, da die Nachfragergruppe stets in der Versuchung ist, nicht selbst verbrauchte Mengen auf parallelen Märkten zu vermarkten. Die eintretende Markt- und Preisspaltung wird die Preisstützung über die Abnahmeverpflichtung (zu garantierten Preisen) unterminieren. Nur Variante (iii) ist weitgehend system- und zielkonform: Da die Funktionsweise der Rohstoffmärkte nicht untergraben und auch der Wettbewerb prinzipiell erhalten bleibt, ist die Einrichtung einer Interventionsbehörde prinzipiell systemkonform. Die Fondsstelle hat eine ähnliche Wirkung wie eine Notenbank, die auf Devisenmärkten interveniert. Die Zielkonformität ist allerdings nur so lange gewährleistet, wie es nicht zu einem echten Abwärtstrend bei den Rohstoffpreisen kommt. Dann dürfte die Interventionsstelle, wie im Übrigen jede Notenbank auch, überfordert sein.

Diskussion der Ergebnisse

„Stetigkeit des Mitteleinsatzes" oder, wie es bei Walter Eucken heißt, „Konstanz der Wirtschaftspolitik" ist nicht gleichbedeutend mit schierer „Untätigkeit" der Wirtschaftspolitik. Gemeint ist ja bei Eucken, dass die Wirtschaftspolitik die Erwartungen der Wirtschaftssubjekte verstetigen, also nicht destabilisieren soll. Darin kommt ein „ordnungspolitischer Optimismus" zum Ausdruck, wonach bei einer stimmigen Wirtschaftsordnung Marktwirtschaften aus sich heraus ein hohes Maß an innerer Stabilität aufweisen, die von der Wirtschaftspolitik nicht beeinträchtigt werden soll. Diese Auffassung wurde auch von dem US-amerikanischen Geldökonomen und Nobelpreisträger Milton Friedman geteilt. Seiner Auffassung nach kann die Geldpolitik durch eine Politik konstanten Geldmengenwachstums, die aber Veränderungen im Potentialwachstum der Ökonomie berücksichtigt, besonders gut zu einer Verstetigung der (niedrigen) Inflationserwartungen beitragen.

Umgekehrt gilt, dass ein Wechsel der Instrumente, wie sie die Bundesbank Ende der 1980er Jahre vollzog, als sie die bis dahin gewohnte Lombard- und Diskont-Politik durch Wertpapierpensionsgeschäft ersetzte, noch keine „Inkonstanz der Wirtschaftspolitik" bedeutete, da ja die Bundesbank ihr Ziel der Sicherung der Preisniveaustabilität keineswegs aufgegeben hatte.

Zielkonformität und Systemkonformität sind zwar prinzipiell voneinander unabhängig abprüfbare Kriterien, gleichwohl kann ein Instrument, welches nicht systemkonform ist, über kurz oder lang auch nicht zielkonform sein. Das liegt zum einen an dem grundsätzlichen Primat der Ordnungspolitik gegenüber der Prozesspolitik. Es liegt aber zum anderen schlicht daran, dass der wiederholte Einsatz eines kurzfristig ziel- aber systeminkonformen Instruments die dezentrale, wettbewerbliche Koordination der Einzelpläne in einer Marktwirtschaft langfristig untergräbt.

Andererseits gibt es unter den systemkonformen wirtschaftspolitischen Instrumenten sowohl (im Hinblick auf konkrete Ziele) ungeeignete Mittel der Wirtschaftspolitik als auch, unter den prinzipiell geeigneten, eine mögliche Hierarchie. Diese hat sich an der Effektivität und an der Effizienz des Mitteleinsatzes auszurichten.

Literaturempfehlung

• Engelkamp und Sell (2005): S. 341–342.

IV.5   Träger der Wirtschaftspolitik

Aufgabe 1:   Die WTO als Beispiel für einen supranationalen Träger der Wirtschaftspolitik

Die Welthandelsorganisation wurde erst Mitte der 1990er Jahre gegründet, nachdem es während der Konferenz von Bretton Woods (1944) nicht gelungen war, dem IWF eine Schwesterorganisation zur Seite zu stellen. Nach der vorerst letzten Welthandelsrunde („Uruguay-Runde"), die 1994 erfolgreich abgeschlossen wurde, ist die Doha-Runde, die Ende 2001 ihre Arbeit aufnahm, die mittlerweile 8. Welthandelsrunde. Die 6. Minister-Konferenz von Hongkong, die am 13. Dezember des Jahres 2005 beginnt, wird darüber entscheiden, ob bei den vielen strittigen Themenfeldern endlich ein Durchbruch erzielt wird.

a) Die Welthandelsorganisation wird als „Katalysator" des Welthandels bezeichnet. Warum ist eine dynamische Entwicklung des Welthandels überhaupt wichtig?

b) Gibt es denn eigentlich noch ein signifikantes „Liberalisierungspotential" in der Weltwirtschaft?

c) Welches sind die „Hauptprinzipien" der WTO?

d) Der neue WTO-Generaldirektor, Pascal Lamy (zugleich ehemaliger Handelskommissar der EU), definiert seine Rolle lediglich als „Vermittler" zwischen den streitenden Parteien bzw. Ländergruppen. Welches sind die prominenten Themen und deren Verfechter?

e) Kann Pascal Lamy ein Verhandlungsergebnis „erzwingen"?

f) Weniger als 10 Prozent des Welthandels entfallen insgesamt auf landwirtschaftliche Erzeugnisse, 70 Prozent dagegen auf Industrieprodukte. Warum ist es trotzdem sinnvoll, dass sich die WTO gerade für Liberalisierungsfortschritte im Agrarbereich stark macht?

g) Was geschieht, wenn bis dahin gültige Abkommen für bestimmte Sektoren wie Textil und Bekleidung auslaufen, bevor die Welthandelsrunde (neue) Beschlüsse über deren Fortsetzung, Modifikation oder Abschaffung gefasst hat?

h) In der Abschlusserklärung der Konferenz von Hongkong im Dezember 2005 haben die Industrieländer den Schwellen- und Entwicklungsländern eine Abschaffung der Agrarausfuhrbeihilfen bis zum Jahr 2013 zugesagt und den am wenigsten entwickelten Staaten für 97 Prozent ihrer Produkte einen zoll- und quotenfreien Zugang bis 2008 versprochen. Wird dadurch die Rolle der WTO gestärkt?

Lösungsskizze

Zu Aufgabe a)

Die Liberalisierung des Welthandels durch den Abbau von Zöllen, nicht tarifären Handelshemmnissen und Subventionen gilt als einer der wichtigen Motoren der Globalisierung. Er hat dafür gesorgt, dass die Wachstumsraten des Welthandels seit 1995 systematisch über denen der Weltproduktion lagen und dafür, dass insbesondere der Nord-Süd-Handel in der Weltwirtschaft in den letzten 10 Jahren erheblich an Bedeutung gewonnen hat sowie dafür, dass der Anteil der Entwicklungs-, Schwellen- und Transformationsländer am Welthandel in diesem Zeitraum deutlich gestiegen ist. Die Wachstumsraten des Welthandels lagen zwischen 1995 und 2004 in der Spitze bei über 10 Prozent. Selbst als im Jahr 2001 in der Folge der Terrorangriffe auf die USA die Weltproduktion um 1 Prozent zurückging, nahm der Welthandel nur um 0,6 Prozent ab.

Weil von einer zunehmenden Integration in die internationale Arbeitsteilung – wie nicht nur Vorhersagen der realen Außenwirtschaftstheorie, sondern auch zahlreiche empirische Studien ergeben haben – positive Einkommenseffekte in der großen Mehrzahl der beteiligten Länder erwartet werden können, ist diese Entwicklung sehr zu begrüßen. Da das Armutsgefälle in der Weltwirtschaft immer noch groß ist, ist die Aufgabe, das PKE in den Ländern des Südens der Weltwirtschaft zu steigern, anhaltend wichtig, und zwar aus ökonomischen wie aus politischen Gründen. Eine stärkere Integration der Entwicklungsländer in die Weltwirtschaft ist u. a. durch Fortschritte bei der Handelsliberalisierung zu erreichen.

Zu Aufgabe b)

Das vorhandene Liberalisierungspotential in der Weltwirtschaft ist immer noch groß genug, daher lohnt es sich, multilaterale Verhandlungen zu führen. Zu den vielen noch zu lösenden Problemen gehört u. a. die Frage, wie sehr es den Entwicklungsländern gelingt, die noch beträchtlichen mengenmäßigen Beschränkungen durch die Industrieländer den GATT-Prinzipien unterwerfen zu lassen. Schwierig wird, gerade zwischen der EU und den USA, das Thema „Antidumping-Gesetze" bleiben. Auch eine Einigung über ein modifiziertes Trips-Abkommen zum Schutz des geistigen Eigentums ist noch nicht in Sicht. Schätzungen von Robert Stern et al. von der Universität Michigan besagen, dass eine Beseitigung aller noch vorhandenen Handelsbarrieren die gleiche Wirkung hätte, wie wenn ein Land von der Wirtschaftskraft Chinas zweimal zur Weltwirtschaft hinzukäme.

Zu Aufgabe c)

Die beiden wichtigsten Säulen der WTO bzw. des GATT sind die Prinzipien der Nicht-Diskriminierung oder Fairness und das der Meistbegünstigung. Das Fairness-Prinzip verlangt, dass alle WTO-Mitgliedsländer Anbieter/Investoren aus anderen WTO-Ländern gleich gut behandeln müssen, demnach nicht diskriminieren dürfen. Das Prinzip der Meistbegünstigung sieht vor, dass Handelszugeständnisse, die von einem Land A gegenüber Land B eingeräumt werden, automatisch auf alle anderen Handelspartner von Land A anzuwenden bzw. zu übertragen sind.

Zu Aufgabe d)

Die verschiedenen Positionen und deren Hauptvertreter lassen sich wie folgt bündeln:

Position der EU-Kommission: Importländer sollen ermächtigt werden können, im Interesse von Umwelt- und Sozialzielen vom Grundsatz der Nichtdiskriminierung abzuweichen, gefordert werden allerdings eindeutige Regeln für Öko-Etiket-tierungen. Bei den Zöllen bevorzugt die EU lineare Zollsenkungen, die den gesam-ten Produktionsbereich betreffen. Abgelehnt wird eine fundamentale Änderung des so genannten Trips-Abkommens der WTO, in dem Ausnahmen vom Patentrecht, etwa bei Gesundheitskrisen (AIDS), geregelt wurden. Die EU möchte von der „International Labor Organisation" (ILO) global geltende Sozial- und Arbeitsstan-dards ausarbeiten lassen. Im Agrarsektor ist die EU-Kommission (Peter Mandel-son) zu Zugeständnissen bereit, die allerdings von einzelnen EU-Ländern, wie Frankreich, als zu weitreichend empfunden werden. Im Agrarbereich bietet die EU 46 % Zollsenkung im Durchschnitt an und ihre Exportsubventionen allmählich auslaufen zu lassen, was aber den USA und den Entwicklungsländern zu wenig ist.

Lobbys in der EU bzw. in Deutschland: Der BDI, der BGA und der DIHK haben sich im Vorfeld für ein Entgegenkommen der EU gegenüber den Entwicklungslän-dern im Agrarbereich ausgesprochen. Kernforderung des BDI ist, bis Mitte 2006 eine Formel zu erarbeiten, nach der höhere Zollsätze für Industriegüter überpro-portional gesenkt werden. Außerdem raten die genannten deutschen Wirtschafts-verbände den Industrieländern davon ab, auf die Einbeziehung von Sozialstan-dards in die Verhandlungen zu bestehen, da dieses Thema bereits von der ILO behandelt wird. Beim Thema Umwelt wird eine stärkere Anwendung der schon bestehenden WTO-Umweltregeln empfohlen.

Position der USA: Die Regierung ist nach den Terroranschlägen vom September 2001 offenbar eher bereit, stärker als in der Vergangenheit mit multilateralen Insti-tutionen zusammenzuarbeiten und einzelnen Ländern (etwa Pakistan) Zugeständ-nisse im Textilsektor zu machen. Es ist unwahrscheinlich, dass sie gegenüber der EU und anderen Industrieländern – mit Ausnahme der angekündigten Stahlimport-beschränkungen – eine offene Konfliktstrategie in Handelsfragen verfolgen werden.

Position der Emerging Economies: Die Gruppe der APEC-Staaten favorisiert (mit Unterstützung durch die USA) sektorale Zollsenkungen, um gerade dort Liberali-sierungsfortschritte bzw. Umsetzungen von Ergebnissen der Uruguay-Runde („Built-in-Agenda") zu erreichen, wo ihnen die Protektion besonders hoch er-scheint (Textilien, Bekleidung, Straßenfahrzeugbau). Die lateinamerikanische Mercosur-Gruppe verhandelt mit der EU seit einiger Zeit über die Errichtung einer Freihandelszone. Auch Brasilien fordert Ausnahmen bei Pharma-Patenten.

Position der so genannten Cairns-Gruppe (wichtige Agrarproduzenten wie Austra-lien, Brasilien, Indonesien, Kanada, Argentinien und Südafrika): Es wird die Eli-minierung jeglicher Exportbeihilfen insbesondere in den USA und in der EU ange-strebt. Diese Gruppe wird in ihrer besonders scharfen Kritik an der EU durch die USA unterstützt.

Position der Gruppe G 77 (LDC's, Entwicklungsländer): Bessere Bedingungen für Entwicklungsländer beim Abkommen für geistiges Eigentum (TRIPS) und ein erleichterter Zugang zu den Märkten der Industrienationen stehen im Vordergrund der Forderungen.

Position der ärmsten Entwicklungsländer (LLDC's): Diese sind an weiteren Initiativen nach dem Vorbild des Freihandelsabkommens mit der EU (von dem aber Zucker ausgenommen ist), EBA („Everything but Arms"), interessiert. Regionale Präferenzen werden immer noch gegenüber multilateralen Handelsfortschritten bzw. einem WTO-Beitritt favorisiert (von den über 200 Ländern der Weltwirtschaft sind erst 149 Mitglied). Das Trips-Abkommen soll dieser Gruppe entsprechend modifiziert werden und weitere Ausnahmen vom Patentrecht zulassen. Danach sollen Entwicklungsländer Nachahmerpräparate gegen übertragbare Krankheiten wie Aids nicht nur selbst herstellen, sondern auch in andere Entwicklungsländer exportieren können.

Zu Aufgabe e)

Pascal Lamy kann kein Verhandlungsergebnis und damit einen positiven Abschluss der Doha-Runde erzwingen. Allerdings kann er nach einem Misserfolg der Konferenz von Hongkong im Jahr 2006 das vorläufige Scheitern der 8. Welthandelsrunde feststellen. Ein solches Ergebnis würde vermutlich auf Jahre hin den Beginn einer neuen Welthandelsrunde und damit weiterer Liberalisierungsfortschritte verzögern, zumal im Jahr 2007 für US-Präsident Bush die so genannte „Fast-Track-Ermächtigung" endet. Diese gibt ihm das Recht, internationale Handelsabkommen zu unterzeichnen, ohne den US-Kongress zuvor um Zustimmung bitten zu müssen.

Zu Aufgabe f)

Eine weitreichende Liberalisierung der Agrarmärkte, gerade der EU und der USA, lässt einen „Leverage-Effekt" auf Industrieerzeugnisse erwarten: Die Gruppe der Entwicklungsländer wird größere Zugeständnisse in diesem Bereich vermutlich erst dann und nur dann machen, wenn im Agrarsektor ein Durchbruch erzielt wird.

Zu Aufgabe g)

Diese Frage ist in der Tat höchst aktuell und brisant: Die Entwicklungsländer bemühen sich seit etlichen Jahren, die noch beträchtlichen mengenmäßigen Beschränkungen durch die Industrieländer im Textil- und Bekleidungssektor GATT-Prinzipien unterwerfen zu lassen. Am 1. Januar 2005 ist das bis dahin gültige Welttextilabkommen ausgelaufen, ohne dass in der WTO eine gemeinsame Nachfolgeregelung gefunden worden wäre. Demzufolge sind am 1. Januar 2005 alle bis dahin noch gültigen Handelsquoten gefallen, die bis dahin im Multifaserabkommen geregelt waren. Bis zum Jahr 2015 müssen sogar alle Textilmärkte geöffnet sein. Das Jahr 2005 hindurch erlebten daraufhin die europäischen Märkte geradezu eine „Überflutung" mit Textil- und Bekleidungsprodukten aus China. Mangels einer multilateralen Lösung im Rahmen der WTO war der neue EU Handelskommissar Peter Mandelson gezwungen, im Laufe des Jahres 2005 auf bilateraler Basis zwischen der EU und China neue temporäre Einfuhrquoten zu verabreden. Man erkennt an dieser Entwicklung, dass der Multilateralismus unter dem Dach der WTO nur dann funktionieren kann, wenn er seine Agenda auch zeitgerecht abarbeitet.

Zu Aufgabe h)

Kaum. Weder wurden die wirklich „heißen Eisen", wie die Industriezölle und die Dienstleistungen angefasst noch hat sich das Prinzip „jede Stimme zählt" in der WTO als zielführend erwiesen, um in begrenzter Zeit weitreichende Beschlüsse zu erreichen. Der Aufschub beim Agrarhandel verschiebt den möglichen „Leverage-Effekt" bei den Industrieerzeugnissen weiter in die Zukunft.

Diskussion der Ergebnisse

Bei den „Säulen" der WTO handelt es sich in der Tat zu aller erst um Prinzipien: Selbstverständlich wird trotz der gegebenen Versprechen immer wieder gegen die Hauptprinzipien der WTO verstoßen. Beispielsweise erlauben die Vereinigten Staaten auf Grund von bilateralen Verträgen einigen Ländern Textileinfuhren ohne Beschränkungen, wenn die Handelspartner dafür Baumwolle aus den USA importieren. Damit werden indirekt Baumwollproduzenten aus Drittländern diskriminiert.

Die WTO kann in einem Handelskonflikt selbst keine eigenen Sanktionen verhängen. Das schränkt die Durchschlagskraft dieses supranationalen Trägers der Wirtschaftspolitik spürbar ein. Allerdings kann sie der im Handelsstreit bei der WTO „gewinnenden Seite" das Recht einräumen, gegenüber der „verlierenden Seite" Strafzölle zu erheben.

Die Gruppe der Entwicklungsländer vertritt durchaus nicht mehr in allen Belangen eine einheitliche Verhandlungslinie gegenüber den Industriestaaten, so wie es in den 1970er und 1980er Jahren weithin den Anschein hatte. Große Agrar- und zugleich Schwellenländer wie Brasilien und Südafrika verlangen beispielsweise im Agrarsektor rigorose Handelserleichterungen (ohne Ausnahmeregelungen) von den Industrieländern. Arme Entwicklungsländer (LDC's) können daran z. Zt. nur bedingt Interesse haben, da sie etwa im Rahmen des AKP-Abkommens von den EU-Staaten in den Genuss von Sonderkonditionen für ihre Agrarprodukte kommen. Im Falle eines einheitlichen Abbaus der Agrarprotektion durch die EU müssten sie die Konkurrenz der besonders leistungsfähigen Schwellenländer fürchten.

Auch innerhalb der Gruppe der Schwellenländer gibt es große Unterschiede: China gehört zu den (noch jungen) WTO-Mitgliedern, gegen das die EU-Kommission Klage bei der WTO einreichen will: Grund hierfür sind die hohen Einfuhrzölle Chinas auf Autoteile sowie die Investitionshürden für ausländische Unternehmen. Im April 2005 erhöhte China seine Importzölle auf Autoteile, wobei viele Zulieferteile von China als „vollständige Autos" eingestuft wurden. Damit will China erreichen, dass ausländische Hersteller dazu gezwungen werden, Kfz-Teile von chinesischen Firmen zu beziehen. Zugleich müssen ausländische Autohersteller mit chinesischen Partnern ein Joint Venture gründen, wenn sie in China produzieren wollen. Dabei dürfen sie nicht die Mehrheit der Unternehmensanteile halten. China will diese als unfair eingestufte Praktik erst aufgeben, wenn es von der EU als „Marktwirtschaft" eingestuft wird.

Literaturempfehlungen

*   Engelkamp und Sell (2005): S. 278 f. und 288–290.

*   Sell (2001).

Aufgabe 2:   Präferenzen, Mehrheitswahlen und Pluralitätswahlen in der Demokratie

In der Demokratie sind Wahlen für die Träger der Wirtschaftspolitik die Entscheidungsregel schlechthin. Der Glaube aber, dass Wahlen stets zu eindeutigen Ergebnissen führen, ist vor vielen Jahren durch Kenneth J. Arrows so genanntes „Wahlparadoxon" erschüttert worden. Durch dieses Paradoxon ist die Bedeutung ein- versus mehrgipfliger Präferenzordnungen sichtbar geworden. Der Unterschied zwischen Mehrheitswahlen und Pluralitätswahlen macht darüber hinaus deutlich, wie erheblich die Anzahl der abzustimmenden Alternativen das mögliche Ergebnis mitbestimmt.

a)   Was sagt das Unmöglichkeitstheorem von Kenneth J. Arrow aus?

b)   Welchen Anforderungen muss eine soziale Wohlfahrtsfunktion nach Arrow genügen?

c)   Welche Präferenzstrukturen kennen Sie?

d)   Welche Auswirkungen haben unterschiedliche Präferenzstrukturen bei einer Mehrheitswahl?

e)   Welcher Unterschied besteht zwischen einer Mehrheitswahl und einer Pluralitätswahl?

f)   Wie ist der Medianwähler definiert?

g)   Was ist das Medianeinkommen und worin besteht der Unterschied zum Durchschnittseinkommen?

Lösungsskizze

Zu Aufgabe a)

Das Abstimmungsparadoxon von Arrow besagt: Sind Präferenzbeziehungen für mindestens drei Alternativen aufzustellen, so hängt das Abstimmungsergebnis von der Reihenfolge der Entscheidungen über die Alternativen ab. Das sieht man leicht an den folgenden drei Alternativen (x, y, z), die in den Sequenzen 1 und 2 abgestimmt werden.

Fall (i):   Fall (ii):

- x und y: $x \succeq y$ - y und z: $y \succeq z$

- y und z: $y \succeq z$ - x und z: $x \succeq z$

- daraus folgt: $x \succeq y \succeq z$ - daraus folgt: $y \succeq x \succeq z$ oder $x \succeq y \succeq z$

Zu Aufgabe b)

Als Anforderungen an eine soziale Wohlfahrtsfunktion gelten die folgenden fünf Bedingungen:

- kollektive Rationalität:

  - vollständige Präferenzen: es gilt $y \succeq x$ oder $x \succeq y$,

  - transitive Präferenzen: für $x \succeq y$ und $y \succeq z$ gilt dann auch $x \succeq z$ und

  - reflexive Präferenzen: $x \succeq x$ (jedes Güterbündel wird mindestens so gut eingeschätzt wie es selbst);

- Unbeschränktheit der Definitionsmenge: Jede Präferenzrelation, welche die Bedingung kollektiver Rationalität erfüllt, ist zugelassen;

- Einstimmigkeitsprinzip: gilt für alle einzelnen Individuen $x \succeq y$, dann entspricht $x \succeq y$ auch der sozialen Wohlfahrtsfunktion;

- kein Diktator;

- Präferenzen sind unabhängig von irrelevanten Alternativen, das heißt, kommt eine Alternative z neu hinzu, so ändert sich nichts an der Präferenzbeziehung $x \succeq y$.

Zu Aufgabe c)

Eingipflige Präferenzstrukturen: Jedes Individuum präferiert eindeutig genau eine Alternative. Zweigipflige Präferenzstrukturen (mehrgipflig): Wenn die eindeutig präferierte Alternative nicht erreicht werden kann, so gibt es eine zweite (oder dritte ...) Alternative, die allen übrigen Alternativen vorgezogen wird.

Zu Aufgabe d)

Eine eingipflige Mehrheitswahl führt immer zu einem Gleichgewicht. Ist die Mehrheitswahl dagegen zwei- oder mehrgipflig, dann gilt das Arrow'sche Wahlparadoxon. In diesem Fall gibt nicht die Mehrheitswahl die Lösung, sondern die jeweils gewählte Abstimmungsregel der Wahl der Alternativen, also die gewählte Abstimmungsreihenfolge. Machen wir uns die Zusammenhänge anhand der folgenden zwei Abbildungen klar.

In Abbildung IV.1 wird über den Umfang der vom Staat bereitzustellenden öffentlichen Güter abgestimmt; dabei erhält Alternative B durch drei Individuen (X, Y,

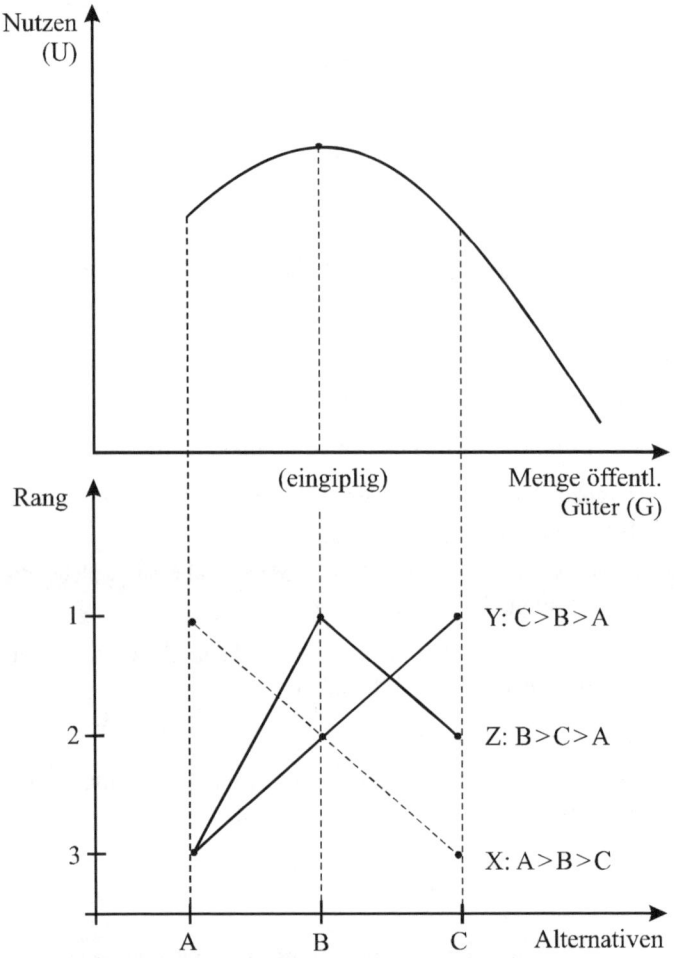

Abbildung IV.1

Z) einmal Rang eins und zweimal Rang 2 (1, 2, 2). Das ist eindeutig besser als Alternative A (1, 3, 3) und Alternative C (1, 2, 3). Somit geht Alternative B eindeutig als Siegerin aus der Abstimmung hervor. Das schlägt sich im oberen Teil der Abbildung in einer nicht-linearen Nutzenkurve nieder, für die ein Maximum existiert. Ein „mittleres Budget" und ein entsprechendes Volumen öffentlicher Güter setzen sich durch.

Wesentlich schwieriger gestaltet sich die Beurteilung von Wahlergebnissen, wenn, wie in Abbildung IV.2, so genannte mehrgipflige Präferenzen vorliegen. Auch in Abbildung IV.2 wird über den Umfang der vom Staat bereit zu stellenden öffentlichen Güter abgestimmt; dabei erhält Alternative B durch drei Individuen (X, Y, Z) jetzt jeweils einmal Rang eins, Rang 2 und Rang 3 (1, 2, 3). Das ist nicht besser als

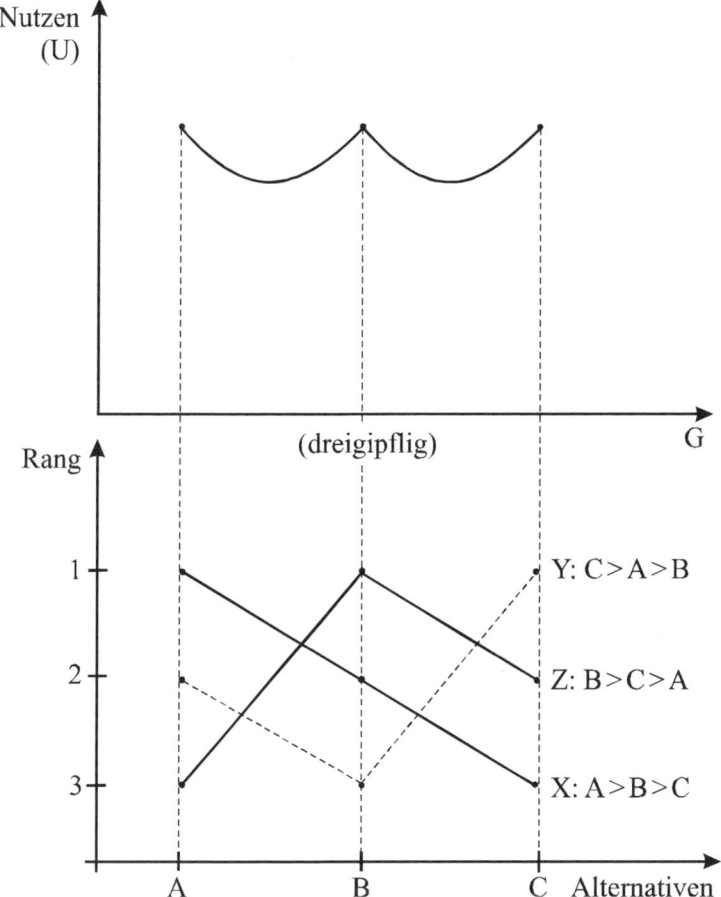

Abbildung IV.2

Alternative A (1, 2, 3) und Alternative C (1, 2, 3). Somit geht keine der abgestimmten Alternativen als Siegerin aus der Abstimmung hervor.

Damit wird nun auch der Nutzen, der – in Abhängigkeit vom Umfang des staatlichen Budgets – im oberen Teil der Abbildung IV.2 sowohl steigen als auch fallen kann, kein Maximum mehr aufweisen können.

Zu Aufgabe e)

Als Faustregeln für eine Mehrheitswahl gelten: (1) „one man – one vote", (2) einfache Mehrheit gewinnt und (3) nur zwei Alternativen stehen zur Wahl.

Als Faustregeln für eine Pluralitätswahl gelten: (1) viele Alternativen stehen zur Wahl, (2) ordinale Reihung der Alternativen (z. B. ein Punkt für die beste Alternative, zwei Punkte für die zweitbeste Alternative etc.)

Zu Aufgabe f)

Beim Medianwähler ist die Zahl derjenigen, die ein höheres Ausgabenniveau wünschen als er selbst (die selbst mit einem höheren Einkommen ausgestattet sind) gleich der Zahl derjenigen, die ein niedrigeres Ausgabenniveau wünschen (die selbst mit einem niedrigeren Einkommen ausgestattet sind).

Zu Aufgabe g)

Beim Medianeinkommen handelt es sich um das Einkommen, welches 50 % der Bevölkerung nicht erreichen und die anderen 50 % der Bevölkerung überschreiten.

Bei einer symmetrischen, „normalen" Einkommensverteilung besteht zwischen dem Durchschnitts- und dem Medianeinkommen kein Unterschied. Bei stärker ungleichmäßigen Verteilungen wird der Unterschied allerdings bedeutsam: Bei einer linksschiefen (rechtsschiefen) Einkommensverteilung senken (erhöhen) die sehr niedrigen (hohen) Einkommen der Armen (Reichen) den Durchschnitt, sodass das Durchschnittseinkommen kleiner (größer) ist als das Medianeinkommen (vgl. Abbildung IV.3).

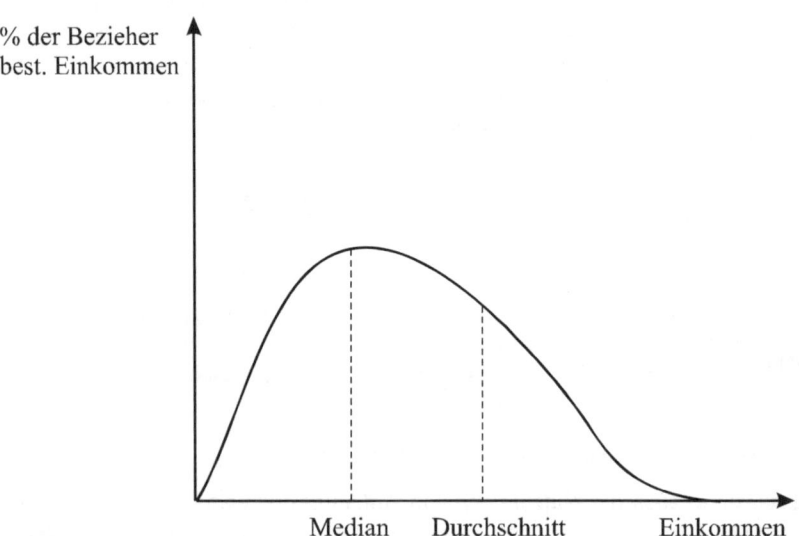

Abbildung IV.3

Diskussion der Ergebnisse

An der Regie von Parteitagen kann man ablesen, wie man bei Vorliegen das Problem der mehrgipfligen Präferenzen umgehen will: Um am Ende nur noch über zwei Alternativen abstimmen zu können (Mehrheitswahl) werden zuvor schrittweise Einzelanträge abgestimmt, wobei immer der weitgehendste Antrag als erster zur Abstimmung gelangt. Dabei werden in den Vorrunden gelegentlich Koalitionen gebildet zwischen denjenigen, deren Einzelanträge zu wenig Stimmen für sich allein gewinnen können und die inhaltlich nicht zu weit auseinander liegen (Stimmenkumulation).

Es wird zu recht gefordert: Präferenzen sollten unabhängig von irrelevanten Alternativen sein. Ein Kunststück der politischen Manipulation ist es allerdings, faktisch irrelevante, scheinbar die bisherigen Präferenzen beeinflussende neue Alternativen in die Diskussion einzuführen. Ziel ist es dabei, eine bisherige schwache Präferenz zu stärken oder sogar in eine gegenteilige Präferenz umzuwandeln.

Der Median ist nicht nur bei der Einkommensverteilung, sondern auch bei politischen Wahlen von größerer Bedeutung als das Durchschnittseinkommen bzw. der „Durchschnittswähler". Die Parteien müssen nämlich ihn (allein oder in Koalitionen) zu gewinnen suchen. Je größer die Schiefe in der Verteilung der Einkommen bzw. der politischen Präferenzen, desto größer wird im Übrigen der Abstand zwischen Median und Mittelwert und umso geringer ist die Aussagekraft eines Durchschnitts.

Literaturempfehlungen

* Blum (2004): S. 449–452.

* Engelkamp und Sell (2005): S. 345 ff.

IV.6   Das so genannte „sozialökonomische Optimum"

Aufgabe 1:   Zu den Marginalbedingungen des sozialökonomischen Optimums

Mit den 7 Marginalbedingungen werden mit den Mitteln der neoklassischen komparativen Statik Optima der Güter- und Faktorallokation beschrieben. Dabei werden lediglich ordinale Messbarkeit in den Nutzenfunktionen und nach oben und unten bewegliche relative Güter- und Faktorpreise unterstellt. Als Maßstab für die Beurteilung von Wohlfahrtszuständen und deren (komparativ statische) Veränderung dient dabei ausschließlich das Prinzip von Vilfredo Pareto.

a)   Die erste Marginalbedingung ist bekanntlich die Bedingung für ein Tauschoptimum. Vorausgesetzt wird dabei, dass zwei Individuen sich durch Tausch gegenüber ihrer „Erstausstattung" im Nutzenniveau verbessern können. Nun wird behauptet: „Tausch beruht notwendig darauf, dass die Leute von bestimmten Gütern mehr haben als sie brauchen können." Nehmen Sie zu diesem Satz Stellung!

b)   Ist der Übergang von einer nicht pareto-optimalen Verteilung eines Güterbündels zu einer pareto-effizienten Verteilung dieses Bündels selbst immer pareto-effizient?

c)   Definieren Sie den Begriff „Kern einer Tauschwirtschaft"!

d)   In der vierten und in der fünften Marginalbedingung wird im Zweigüterfall die
      so genannte „Transformationskurve" als geometrischer Ort aller denkbaren
      Güterbündel, die mit dem gegebenen Vorrat an Produktionsfaktoren herge-
      stellt werden können, verwendet. Versuchen Sie eine formale Herleitung der
      Grenzrate der Transformation!

Lösungsskizze

Zu Aufgabe a)

Zu Tauschhandlungen kann es immer kommen, wenn die subjektiven Wertschätzungen, die zwei Wirtschaftssubjekte verschiedenen Gütern beimessen – ausgedrückt durch die marginalen Substitutionsraten – voneinander divergieren. Ist
beispielsweise Haushalt A bereit, für eine weitere Einheit des gutes X auf 1,5 Einheiten von Y zu verzichten, und ist Haushalt B bereit, für mindestens 1,3 Einheiten
Y auf eine Einheit von X zu verzichten, so lohnt es sich bei allen Tauschverhältnissen,
die zwischen 1,3 (Y pro X) und 1,5 (Y pro X) liegen, sowohl für A als auch für B
die Güter X und Y zu tauschen.

Diese Tatsache schließt keineswegs aus, dass jeder Haushalt gerne bei beiden
Gütern über eine größere Menge verfügen möchte. Ein absoluter Überfluss, wie er
in dem zu kommentierenden Satz implizit unterstellt wird, ist somit in keiner Weise eine notwendige Voraussetzung für das Zustandekommen von Tauschhandlungen.

Zu Aufgabe b)

Nein: Selbst die extreme Verteilung: „eine Person (Individuum 1) erhält alles, alle
übrigen (Individuum 2) nichts" ist zwar theoretisch pareto-effizient (wir hätten es
dann gewissermaßen mit einem Punkt am Ende, aber zugleich auf der Kontraktkurve, also rechts oben im Ursprung des Koordinatensystems für Individuum 2 zu
tun), doch ist der Übergang von einer beliebigen anderen (selbst nicht pareto-
effizienten) Verteilung zu diesem Zustand hin selbst nicht pareto-effizient.

Machen wir uns diesen Zusammenhang anhand der Edgeworth-Box für den
Tausch in Abbildung IV.4 klar: Der Punkt A ist sicher nicht pareto-effizient, denn
an den Rändern und innerhalb der Tauschlinse befinden sich Tauschmöglichkeiten,
die gegenüber A eine Verbesserung darstellen. Exakt ausgedrückt: A liegt nicht
auf der Kontraktlinie. Das gilt zwar für (den im Vergleich zu oben nicht ganz so
extremen) Punkt B, aber B verbessert im Vergleich zu A einseitig die Nutzensituati-
on von Individuum 1 gegenüber Individuum 2, das sich gegenüber A deutlich
schlechter stellt. Deshalb ist der Übergang von der nicht pareto-effizienten Situation in A zum pareto-effizienten Punkt B selbst kein pareto-effizienter Vorgang.

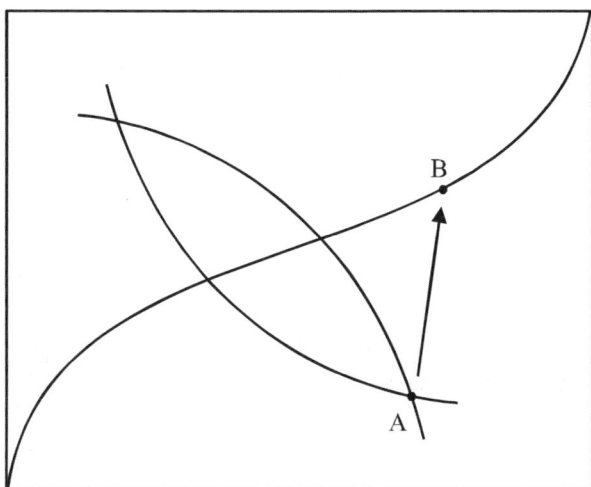

Abbildung IV.4

Zu Aufgabe c)

Der Kern einer Tauschwirtschaft besteht aus allen Umverteilungen der Gesamtres-sourcen, die von keiner Koalition verbessert werden können. Betrachten wir hierzu erneut ein Beispiel aus der Edgeworth-Box (vgl. Abbildung IV.5). Jener Abschnitt der Kontraktkurve, der von der Tauschlinse (die Ränder derselben gehören dazu) eingeschlossen wird, bezeichnet den „Kern". Da der Kern von der Ausgangsvertei-lung in Punkt A und diese von der Erstausstattung der beiden Individuen abhängig ist, lässt sich auch sagen, dass der Kern eine Funktion der Erstausstattung ist.

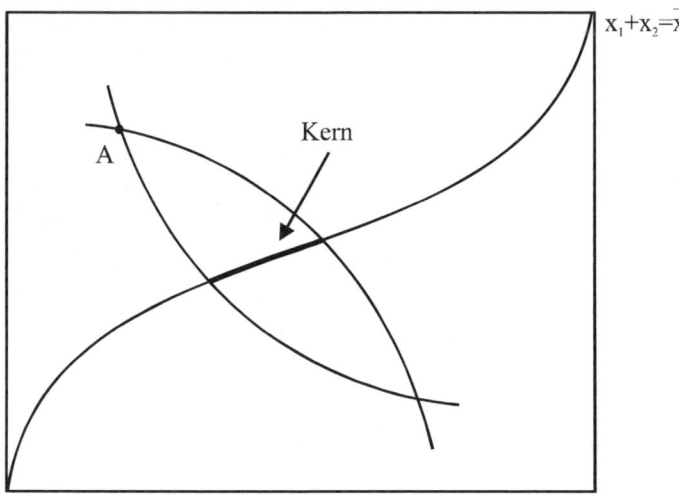

Abbildung IV.5

Zu Aufgabe d)

Die Grenzrate der Transformation ist die Steigung der Produktionsmöglichkeiten- oder Transformationskurve. Aus den Produktionsfunktionen

$$x_1 = f\left(v_{11}, v_{21}\right) \quad \text{und} \quad x_2 = f\left(v_{12}, v_{22}\right) \tag{1}$$

erhalten wir als totale Differentiale:

$$dx_1 = \frac{\partial x_1}{\partial v_{11}} dv_{11} + \frac{\partial x_1}{\partial v_{21}} dv_{21} \quad \text{und} \quad dx_2 = \frac{\partial x_2}{\partial v_{12}} dv_{12} + \frac{\partial x_2}{\partial v_{22}} dv_{22}. \tag{2}$$

Sind die Faktoren vollbeschäftigt, dann müssen die durch eine Senkung des Outputs von x_1 freigewordenen Faktormengen gleich dem Faktorverbrauch bei der entsprechenden Erhöhung des Outputs von x_2 sein. Dieser Zusammenhang ergibt sich aus den Gleichungen:

$$d\overline{v}_1 = dv_{11} + dv_{12} = 0 \quad \text{und} \quad d\overline{v}_2 = dv_{21} + dv_{22} = 0. \tag{3}$$

Denn es gilt:

$$dv_{12} = -dv_{11} \quad \text{und} \quad dv_{22} = -dv_{21}. \tag{4}$$

Durch Ersetzen dieser Ausdrücke in (2) erhalten wir dann für die Steigung der Transformationskurve:

$$\frac{dx_2}{dx_1} = \frac{-\dfrac{\partial x_2}{\partial v_{12}} dv_{11} - \dfrac{\partial x_2}{\partial v_{22}} dv_{21}}{\dfrac{\partial x_1}{\partial v_{11}} dv_{11} + \dfrac{\partial x_1}{\partial v_{21}} dv_{21}}. \tag{5}$$

Es lässt sich schließlich zeigen, dass:

$$-\frac{dx_2}{dx_1} = \frac{p_1}{p_2}. \tag{6}$$

(6) folgt aus (5), wenn im Zähler und Nenner jeweils die Grenzproduktivitäten der Faktoren 1 und 2 in ihren verschiedenen Verwendungen – diese müssen gemäß der ersten Marginalbedingung übereinstimmen – mit den realen Faktorpreisen gleichgesetzt werden:

$$\frac{dx_2}{dx_1} = \frac{-\dfrac{q_1}{p_2} dv_{11} - \dfrac{q_2}{p_2} dv_{21}}{\dfrac{q_1}{p_1} dv_{11} + \dfrac{q_2}{p_1} dv_{21}} \quad \Rightarrow \quad \frac{dx_2}{dx_1} = \left(\frac{-q_1 dv_{11} - q_2 dv_{21}}{q_1 dv_{11} + q_2 dv_{21}}\right)\left(\frac{p_1}{p_2}\right)$$

oder schließlich:

$$-\frac{dx_2}{dx_1} = \frac{p_1}{p_2}.$$

Gleichung (6) bedeutet demnach, dass die Grenzrate der Transformation dem umgekehrten Güterpreisverhältnis dem Betrage nach entspricht. Die linke Seite von Gleichung (6) entspricht formal zugleich der Grenzrate der Substitution der Güter 1 und 2. Daher gibt sie implizit auch die fünfte Marginalbedingung wieder, wonach Grenzrate der Transformation und Grenzrate der Substitution im Optimum übereinstimmen und dem umgekehrten Preisverhältnis entsprechen müssen.

Diskussion der Ergebnisse

Optimale Tauschverhältnisse sind immer zugleich (inverse) Preisverhältnisse. Über die absolute Höhe der einzelnen Preise vermag das sozialökonomische Optimum allerdings nichts auszusagen. Dazu bräuchte es zusätzlich einer makroökonomischen Beziehung wie der Fisherschen Verkehrsgleichung.

Die im sozialökonomischen Optimum verwendeten Produktionsfunktionen weisen typische Eigenschaften auf und sind nicht beliebig variierbar: Die beiden zentralen Eigenschaften sind die der „Konkavität" und die der „linearen Homogenität". Konkavität steht dabei (etwa bei Variation des Faktors Kapital) für fallende Ertragszuwächse ($f''(K) < 0$). Lineare Homogenität bedeutet zum anderen, dass eine Steigerung aller Inputs um den Faktor λ zu einer Erhöhung des Outputs um denselben Faktor führt. Dabei gilt, dass eine strikt konkave Produktionsfunktion auch konstante Skalenerträge aufweist. Beispiel: Etwa eine Cobb-Douglas-Produktionsfunktion mit partiellen Produktionselastizitäten von jeweils kleiner 1 und einer Summe der partiellen Produktionselastizitäten von gerade 1: $Y = A^{0,4} \cdot K^{0,6}$. In diesem Fall hat die Produktionsfunktion linear-konstante Skalenerträge.

Ein Grund für die Existenz von Produktionsfunktionen mit nicht mehr linearkonstanten, sondern konstant-steigenden Skalenerträgen kann etwa darin liegen, dass beispielsweise mindestens ein weiterer Produktionsfaktor hinzukommt, der zudem die Eigenschaft der Nicht-Rivalität besitzt (zum Beispiel leicht diffundierendes technisches Wissen).

Literaturempfehlung

• Engelkamp und Sell (2005): S. 348–367.

Aufgabe 2:   Zu den Hauptsätzen der Wohlfahrtsökonomik

Die Wohlfahrtsökonomik beschäftigt sich mit der normativen Bewertung von Märkten und von Wirtschaftspolitik bzw. deren Maßnahmen zur Veränderung wirtschaftlicher Situationen. Die Wertprämissen der Wohlfahrtsökonomik bestehen aus einem individualistischen Ansatz bei der Messung der gesellschaftlichen Wohlfahrt und aus dem Selbstbestimmungskriterium, wonach die Betroffenen von Maßnahmen selbst am besten die Nutzenwirkungen solcher Maßnahmen beurteilen können.

a) Was besagt der erste Hauptsatz der Wohlfahrtsökonomik und welche volkswirtschaftlich relevanten Phänomene können seine Gültigkeit in Frage stellen?

b) Definieren Sie den Begriff der „externe Effekte"! Ist die Schließung eines
Tante-Emma-Ladens wegen mangelnder Wettbewerbsfähigkeit gegenüber einem neu errichteten Supermarkt als externer Effekt im strikten Sinne zu werten?

c) Wann liegen steigende Skalenerträge in der Produktion vor? Warum sind
diese für das Zustandekommen einer stabilen Marktlösung problematisch?
Welche Beziehung besteht zum natürlichen Monopol?

d) Was besagt der zweite Hauptsatz der Wohlfahrtsökonomik? Welche wesentlichen Bedingungen müssen für das Eintreten seiner Prognosen erfüllt sein?

e) Was sind „quasi-konkave" Nutzenfunktionen und welche Eigenschaften weisen sie auf?

f) Was sind „konvexe individuelle Präferenzen"?

g) Erläutern Sie den Begriff der „Konkavität" einer Produktionsfunktion! Kann
eine strikt konkave Produktionsfunktion konstant steigende Skalenerträge
aufweisen?

Lösungsskizze

Zu Aufgabe a)

Der erste Hauptsatz der Wohlfahrtsökonomie besagt, dass unter der Annahme der
Monotonie der Präferenzen in einer Ökonomie ε mit Privateigentum jedes Marktgleichgewicht pareto-effizient ist. Etwas weniger formal lautet die gleich Bot-
schaft: Wenn alle Marktteilnehmer auf einem Wettbewerbsmarkt handeln, werden
alle gegenseitig vorteilhaften Tauschgeschäfte durchgeführt, und die sich ergebende Gleichgewichtsallokation der Ressourcen ist ökonomisch effizient. Dieses Ergebnis wird in der Marginalbedingung für ein Tauschoptimum besonders plastisch.
Die Gültigkeit dieser Aussage wird beeinträchtigt durch: (1) das Auftreten von
externen Effekten, (2) das Vorliegen von steigenden Skalenerträgen und (3) die
Tatsache, dass unvollständige, genauer: unzureichend viele Märkte vorhanden
sind. Bei dynamischer Betrachtung ist nämlich zusätzlich ein Markt für den Trans-
fer von Einkommen plus Vermögen in zukünftige Perioden notwendig.

Zu Aufgabe b)

Bei externen Effekten handelt es sich um indirekte Leistungsbeziehungen zwischen
agierenden Wirtschaftseinheiten und davon betroffenen Dritten, die nicht über
Märkte vonstatten gehen und daher nicht durch Preise abgeholten werden. Durch
das Auftreten von Externalitäten in Konsum oder Produktion fällt der private Absatz bekanntlich höher oder niedriger aus als es wohlfahrtsökonomisch Sicht optimal wäre.

Nein! Die Schließung des Tante-Emma-Ladens ist kein Beispiel für einen „echten" oder externen Effekt im strikten Sinne. Die mangelnde Wettbewerbsfähigkeit des Tante-Emma-Ladens offenbart sich hier durch den Marktmechanismus. Es handelt sich daher um einen so genannten „pekuniären externen Effekt."

Zu Aufgabe c)

Steigende Skalenerträge liegen dann vor, wenn bei einer Verdoppelung aller Inputs der Output um mehr als das Doppelte steigt. Für ein Wettbewerbsgleichgewicht sind steigende Skalenerträge deshalb problematisch, weil infolge der Skalenerträge die Produktmengen überproportional zum Faktoreinsatz steigen. Gelangen die produzierten Mengen auf den Markt, dann werden die Produktpreise sinken und die realisierten Gewinne bei einer großen Anzahl von Anbietern werden schrumpfen. Es wird aber immer noch solche Anbieter geben, die einen Anreiz besitzen, die Produktion weiter auszudehnen und Konkurrenten durch Preissenkungen aus dem Markt zu verdrängen. Sind alle Anbieter verschieden, kann dieser Prozess in ein (natürliches) Monopol münden, es sei denn dass Kapazitätsgrenzen die noch vorhandenen Anbieter an weiteren Outputerhöhungen hindern. Wenn dagegen die Grenz- und die Durchschnittskosten in ihrem gesamten Verlauf fallen und keine Kapazitätsgrenzen existieren, wird der Konzentrationsprozess tendenziell so lange anhalten, bis sich ein natürliches Monopol herausbildet.

Zu Aufgabe d)

Zu jedem pareto-effizienten Zustand einer Ökonomie ε lassen sich Preise und Eigentumsverhältnisse derart konstruieren, dass der Zustand t mit dem Preissystem p ein Marktgleichgewicht der Ökonomie ε mit Privateigentum darstellt. Wieder etwas weniger formal ausgedrückt: Nicht jede effiziente Allokation von Gütern – gemeint sind Punkte auf der Kontraktkurve, etwa beim Tausch zwischen zwei Individuen – wird von der Gesellschaft als gerecht empfunden. Eine Umverteilung muss aber nicht mit der ökonomischen Effizienz in Konflikt geraten. Durch eine geeignete Verteilung der Ressourcen unter den Individuen kann eine Gesellschaft ihre Gerechtigkeitsvorstellungen realisieren. Von dieser (veränderten) Ausstattung aus können die Individuen anschließend durch Tausch ein (neues) Wettbewerbsgleichgewicht realisieren.

Bedingungen dafür sind: (1) konvexe individuelle Präferenzen, (2) differenzierbare, quasi-konkave Nutzenfunktionen und (3) differenzierbare, konkave Produktionsfunktionen.

Das heißt, die notwendigen Bedingungen zur Bestimmung eines Nutzenmaximums bzw. Gewinnmaximums müssen vom Preissystem erfüllt werden können.

Zu Aufgabe e)

Unter strikter Konvexität in den Präferenzen eines Haushalts versteht man, dass ein Haushalt ein Güterbündel (C), das aus zwei indifferenten Güterbündeln (A, B) gemischt wurde, jedem einzelnen der ursprünglichen Güterbündel vorzieht: Aus A ~ B mit A ≠ B und $0 < \lambda < 1$ folgt $\lambda A + (1-\lambda)B \succ x^j$ für j = A, B.

Dann ist die Menge aller indifferenten Güterbündel eine zum Koordinatenursprung streng konvexe Kurve. Das kommt auch in Abbildung IV.6 zum Ausdruck, bei dem das Güterbündel C auf der Verbindungslinie von A und B liegt.

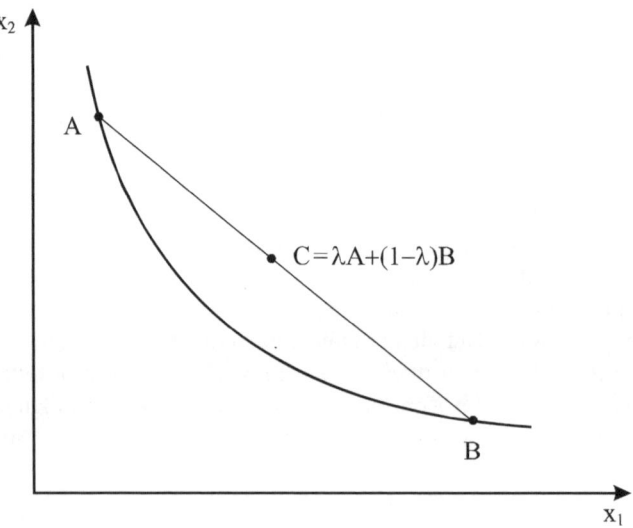

Abbildung IV.6

Zu Aufgabe f)

Differenzierbare, quasi-konkave Nutzenfunktionen liegen dann vor, wenn sie zu strikt konvexen Indifferenzkurven führen. Eine Funktion heißt strikt quasi-konkav, wenn für $0 < \lambda < 1$ gilt, dass aus $N(A) \geq N(B)$ folgt $N(\lambda A + (1-\lambda)B) > N(B)$.

Zu Aufgabe g)

Die Eigenschaft der *Konkavität* bedeutet ökonomisch im Falle von Produktionsfunktionen fallende Ertragszuwächse ($f'' < 0$), im Falle von Nutzenfunktionen die Gültigkeit des ersten Gossen'schen Gesetzes. Für die Konkavität der Produktionsfunktion ist entscheidend, dass die Summe der partiellen Produktionselastizitäten nicht nur konstant ist, sondern auch, dass diese Summe kleiner als eins oder gerade eins ist. Wie im Beispiel von oben lässt sich dies einfach anhand der Cobb-Douglas-Produktionsfunktion demonstrieren: Nehmen wir an, die Produktionsfaktoren seien Kapital (K) und Arbeit (A), wobei die jeweiligen partiellen Produktionselastizitäten kleiner 1 seien und Summe der partiellen Produktionselastizitäten größer 1: $Y = A^{0,4} \cdot K^{0,6}$. In diesem Fall liegen steigende Skalenerträge vor, welche tendenziell zu einer instabilen Markt- oder zu einer Monopollösung führen!

Diskussion der Ergebnisse

Auch die ihrem Wesen nach normative Wohlfahrtsökonomik kann das Webersche Postulat der Werturteilsfreiheit, genauer: seine Einsicht, dass sich aus reinen Beschreibungen und Analysen keine Wertungen ableiten lassen, nicht „überspringen". Auswege bestehen darin, entweder schon in die Prämissen normative Aussagen „hineinzuschreiben" oder von vermeintlich allgemein akzeptierten Grundnormen auszugehen. Letzterer Weg wurde durch die bekanntesten Vertreter der Wohlfahrtstheorie beschritten.

Der zweite Hauptsatz der Wohlfahrtsökonomik darf nicht so verstanden werden, dass Umverteilungen generell keine Ineffizienzen auslösen; in der Wirtschaftswirklichkeit lösen beispielsweise Steuererhöhungen – als Instrument zur Aufbringung umzuverteilender Einkommensbestandteile – sowohl bei Arbeitnehmern (Schwarzarbeit) als auch bei Arbeitgebern (Steuervermeidung) kontraproduktive Gegenreaktionen aus. Dadurch entstehen der Gesellschaft Kosten.

Individualistischer Ansatz und Selbstbestimmungskriterium als normative Grundlagen der Wohlfahrtsökonomie sind beide an marktwirtschaftliche Ordnungsprinzipien geknüpft. Beim individualistischen Nutzenansatz ist dies unmittelbar einsichtig, da er sich gegenüber dem Kollektivprinzip ausschließt. Aber auch das Selbstbestimmungskriterium kann unter den Bedingungen einer zentralen Planwirtschaft nicht ausreichend zum Zuge kommen, da die Heranziehung „gesellschaftlicher Belange" auch den nicht direkt Betroffenen ein wichtiges Mitspracherecht gibt.

Literaturempfehlungen

- Engelkamp und Sell (2005): S. 369–371.
- Fehl und Oberender (2004); S. 495–504.
- Külp (1975): S. 1–23.
- Maußner und Klaus (1997); S. 23–33.
- Pindyck und Rubinfeld (2005): S. 771–775.

IV.7   Gestaltung der ordnungspolitischen Grundformen

Aufgabe 1:   Der Übergang von einer zentralen Plan- in eine Marktwirtschaft

Seit Ende des Jahres 1989 und von da an verteilt über eine vergleichsweise historisch kurze Zeitspanne kam es in Mittel- und Osteuropa zu einer einmaligen politischen, gesellschaftlichen und ökonomischen Umwälzung: Die so genannte „Wende." Aus ehemaligen sozialistischen Planwirtschaften wurden allmählich funktio-

nierende Marktwirtschaften. Dieser Übergang war mit erheblichen Friktionen verbunden. Die ökonomischen Anpassungsprozesse waren schwierig, zugleich boten
sie aber den ehemaligen sozialistischen Planwirtschaften die riesige Chance, ihren
Lebensstandard an den früher als Erzfeind bekämpften Westen heranzuführen.

a)   Was hat man sich unter dem Geldüberhang in einer Planwirtschaft vorzustel-
     len und wie kann er abgebaut werden?

b)   Wie kann man sich den Prozess der Angleichung in den Grenzproduktivitäten
     des Kapitals der ehemaligen DDR und der BRD vorstellen?

Lösungsskizze

Zu Aufgabe a)

Ausgangspunkt ist das folgende Geldmarktschema (vgl. Abbildung IV.7), wobei
die Geldnachfrage vom Nominaleinkommen ($Y = p \cdot Y^r$) abhängen soll. Auch in
den sozialistischen Planwirtschaften existierte eine solche Geldnachfrage, allerdings mit der Besonderheit, dass das Preisniveau staatlich fixiert war (politische
Preise statt Marktpreise).

Das Geldangebot wurde exogen von der Zentralbank determiniert. Am Vorabend
der Wende kann man sich die Situation am Geldmarkt wie folgt vorstellen: Bei
gegebenem Realeinkommen ($Y^r = \overline{Y}^r$) misst $\overline{AB}$ den Geldüberhang, wenn das
Preisniveau künstlich niedrig auf der Höhe p_1 gehalten wird. $\overline{BC}$ stellt die zurückgestaute Inflation (alternativer Begriff: Kassenhaltungsinflation) dar. Einer der
wesentlichen ersten Reformschritte bestand darin, zu versuchen, den vorhandenen

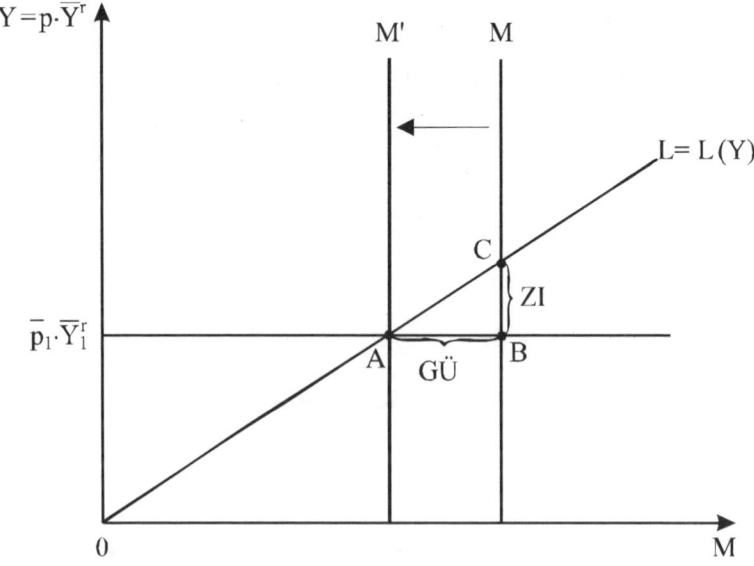

Abbildung IV.7

Geldüberhang mehr oder weniger vorsichtig abzubauen. Prinzipiell kommen zum Abbau des Geldüberhangs zwei extreme Lösungen in Frage:

Offene Inflation nach völliger Preisfreigabe im neuen Gleichgewicht C. Diese Lösung wird man um so eher wählen, wenn die zu erwartende Inflation einigermaßen der „Zielinflationsrate" (ZI) entspricht.

Abbau des Geldüberhangs von $\overline{AB}$ durch Einfrieren von Geldbeständen oder durch eine Währungsreform nach dem Vorbild der Deutschen Bundesbank (1948). In beiden Fällen wird dem Kreislauf Geld entzogen.

Zu Aufgabe b)

Bei der deutsch-deutschen Wirtschafts- und Währungsunion bestand u. a. das Problem, dass im Osten Deutschlands nicht nur ein weitaus niedrigerer, sondern vor allem ein deutlich weniger produktiver Kapitalstock vorgefunden wurde. Diese Konstellation ist in Abbildung IV.8 dargestellt: In der Ausgangssituation liegt ein Kapitalstock von 0^WK in der BRD und von $K0_0^O$ in der ehemaligen DDR vor, insgesamt also von $0^W0_0^O$:

Die Grenzproduktivität des Kapitals (GPK) der BRD ist anfangs deutlich größer (A > B). A entspricht dem Realzinssatz auf Weltniveau. Zwischenzeitlich kann der Realzins (C) über sein Ausgangsniveau hinaus ansteigen. Langfristig kommt es zum Ausgleich beider Grenzproduktivitäten (A). Dabei treten zwei Effekte auf: Durch den Zufluss von Auslandskapital in die ehemalige DDR steigt dort der Kapitalstock auf $K0_1^O$. Zum anderen verschiebt sich die alte Linie der ostdeutschen

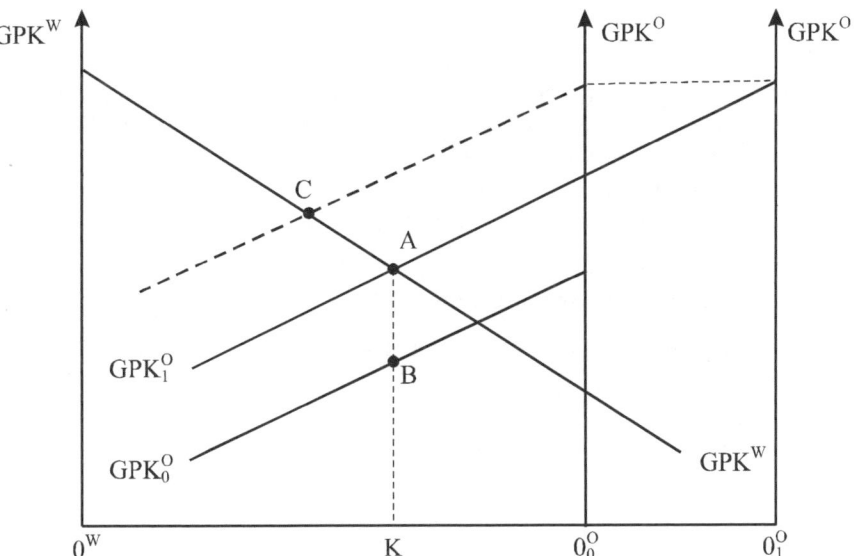

Abbildung IV.8

Grenzproduktivität des Kapitals nach links oben bis es in A zum Schnittpunkt mit der Linie der GPK Westdeutschlands kommt.

Diskussion der Ergebnisse

Die „sozialistischen Bruderstaaten" verkündeten vor der Wende gerne, dass es in den sozialistischen Planwirtschaften keine Inflation gäbe. Wie obige Abbildung demonstriert hat, war diese Aussage falsch. Die „sozialistische Inflation" manifestierte sich im Unterschied zur „kapitalistischen Inflation" lediglich nicht in offenen Preissteigerungen, sondern in unerwünscht hohen Kassenbeständen („Kassenhaltungsinflation") mangels eines vorhandenen Güterangebots. Die zurückgestaute Inflation wurde infolge von Preiskontrollen nicht für jedermann offen sichtbar.

Der ostdeutsche Kapitalstock musste nach der Wende zu einem großen Teil ökonomisch abgeschrieben werden. Der Grund hierfür lag vor allem darin, dass die mit dem alten Kapitalstock produzierten Güter der Investitionsgüter- und der Konsumgüterindustrie weder in Ostdeutschland noch in anderen Regionen ausreichend nachgefragt wurden. Dieser Effekt wurde in der obigen Darstellung noch vernachlässigt. Er macht aber deutlich, in welchem Umfang Ostdeutschland nach der Wende auf den Zufluss ausländischen (Westdeutschland eingeschlossen) Kapitals angewiesen war, um wieder konkurrenzfähig produzieren zu können.

Literaturempfehlung

*   Engelkamp und Sell (2005): S. 371–377.

Aufgabe 2:   Boykott und Sanktionen

In der Auseinandersetzung zwischen dem kapitalistischen Westen und dem zentralverwaltungswirtschaftlichen Osten gab es sowohl Boykott als auch den Einsatz wirtschaftlicher Sanktionen. Es liegt nahe, dass Wirtschaftsordnungen, die weniger effizient (dezentral und über Märkte) mit dem Knappheitsproblem umgehen, von Boykott-Maßnahmen und wirtschaftlichen Sanktionen der Tendenz nach härter getroffen werden. Auch nach dem heute weitgehend entschiedenen „Systemwettbewerb" haben beide Kategorien nicht an Aktualität verloren.

a)   Was versteht man unter einem „Boykott"?

b)   Auf wen geht der Begriff historisch zurück?

c)   Was unterscheidet den Boykott vom Embargo?

d)   Was versteht man unter „Sanktionen"?

e)   Wie werden wirtschaftliche Sanktionen definiert?

f)   Welche Arten von Sanktionen werden unterschieden?

Lösungsskizze

Zu Aufgabe a)

Der Terminus Boykott findet derzeit Verwendung im nationalen wie internationalen Recht und bezeichnet ein Fülle von Verhaltensmustern, wobei selbst innerhalb der Rechtskreise wiederum Streit um die konkrete Ausfüllung des Begriffs besteht. Die Vielfalt wird mit der Feststellung beschrieben, er sei ein „Chamäleon" und überhaupt undefinierbar.

Von einem Boykott kann dann gesprochen werden, wenn private Akteure versuchen, einzelne Personen oder Personengruppen durch andere wirtschaftliche und/oder gesellschaftliche Isolierung zu maßregeln. Ein Boykott ist dann erfolgreich, wenn das Verhalten unterbunden und ein positiver Umschwung erwirkt wurde. Ein Boykott ist also eine privatrechtliche Maßnahme ohne staatliche Durchsetzungshilfe!

Zu Aufgabe b)

Die Herkunft des Begriffes lässt sich eindeutig lokalisieren. Er findet seinen Ursprung im Jahr 1879 in der irischen Grafschaft Mayo in der Person bzw. dem Namen des dortigen Gutsverwalters Charles C. Boycott. Dieser ging bei der Pachteintreibung mit einer solchen gnadenlosen Härte vor, dass die irische Landliga die Bevölkerung zu einem Abbruch aller wirtschaftlichen und gesellschaftlichen Beziehungen zu Boycott aufrief. Dieser Aufforderung wurde umfassend Folge geleistet: Angestellte verließen den Verwalter, Händler verweigerten die Lieferung und die Abnahme von Ware, die Eisenbahngesellschaft verweigerte den Transport seines Viehs und jegliche Dienstleistung blieb ihm versagt. Daraufhin wanderte er schließlich nach New York aus. Sein Name wurde so Kennzeichen des Versuches, Personen oder Personengruppen durch wirtschaftliche und/oder gesellschaftliche Isolierung zu maßregeln. Der Begriff wurde alsbald im völkerrechtlichen Sprachgebrauch verwendet, um dort die Ausübung von wirtschaftlichem Zwang auf Staaten zu bezeichnen. Diese Auslegung des Begriffes ist aber unzutreffend, was mit der verbreiteten Unkenntnis über den Ausgang des Falls Boycott zu begründen ist.

Boycott kehrte 1883 „bekehrt und geläutert" nach Irland zurück und wechselte in das Lager früherer Gegner, von denen er dann auch akzeptiert wurde. Damit war der Erfolg des Boykotts vollständig. Denn der Boykott hat nicht nur Boycotts missliebiges Verhalten unterbunden, sondern auch den positiven Umschwung erwirkt.

Zu Aufgabe c)

Im Gegensatz zum Embargo fehlt dem Boykott der *direkte staatliche* Eingriff. Das heißt, dass beispielsweise das *staatliche* Verbot der Annahme von Waren (Importembargo) nicht als Boykott bezeichnet werden darf. (Denn dies steht nicht im Einklang mit dem im *privaten Bereich* liegenden Ursprung des Wortes.)

Zu dieser scharfen Trennung kommt es auch dann, wenn die Akteure auf den beiden Seiten vernachlässigt würden. Denn bisher hat keine staatliche Maßnahme
gegenüber einem anderen Staat die Totalität des historischen Boycott-Falls erreicht.

Lambers weist darauf hin, „daß Grund und Gegenstand der ursprünglichen völkerrechtlichen Überlegungen war, ob und inwieweit Staaten für den von Privaten
initiierten Boykott verantwortlich gemacht werden können" (nach Stenger 1988,
S. 11). Die völkerrechtliche Problematik des Boykotts unterscheidet sich damit
völlig von der des Handelsembargos.

Zu Aufgabe d)

Die heutige Verwendung des Terminus „Sanktion" hat sich weitgehend von der
ursprünglichen Wortbedeutung entfernt. Der lateinische Terminus „sanctio" bedeutet zunächst „die Weihe", die „Unverletzlichkeitserklärung". Im römischen
Recht bezeichnete er auch den Hauptartikel eines Gesetzes, der für Gesetzesver-
stöße eine Strafandrohung enthielt. Die konstitutionelle Staatsrechtslehre unter
Führung von Laband verstand unter Sanktion die Gültigkeitserklärung eines Gesetzes durch den Monarchen, das heißt, sie erklärte die Sanktion zum alleinigen
Akt der „Gesetzgebung im staatsrechtlichen Sinne des Wortes".

Nachdem der Begriff von der ursprünglichen Wortbedeutung gelöst wurde, hat
sich kein einheitlicher Sprachgebrauch herausgebildet: Es wird heute sowohl die in
Gesetzeswerken enthaltene Strafandrohung als auch die daraus resultierende Maßnahme als Sanktion bezeichnet. Im Völkerrecht haben sich – verallgemeinert gesprochen – ein weiter und ein enger Sanktionsbegriff durchgesetzt. Ersterem liegt
die Konzeption zugrunde, dass jede Rechtsfolge eines völkerrechtlichen Deliktes
eine Sanktion darstellt. Die enge Auslegung bezeichnet Maßnahmen als Sanktionen, die „auf eine völkerrechtliches Delikt hin von einem oder mehreren Staaten
gegen den Staat verhängt wird, der sich völkerrechtswidrig verhalten hat" (Stenger
1988, S. 12). Dabei gewinnt die Sanktion weitgehend den Charakter einer Repres-
salie.

Zu Aufgabe e)

Wirtschaftssanktionen sind dem engen Sanktionsbegriff zuzuordnen, denn sie sind
weitgehend Reaktionen eines Staates auf das Verhalten eines anderen Staates. Das
entscheidende Abgrenzungskriterium zwischen Handelsembargo und Wirtschaftssanktion ist die Anknüpfung an das völkerrechtswidrige Verhalten eines Staates:

„Liegt ein völkerrechtliches Delikt tatsächlich oder vermeintlich vor, so stellt die
darauf folgende Verhängung eines Handelsembargos eine Wirtschaftssanktion dar
… Wird andererseits der zwischenstaatliche Wirtschaftsverkehr von einem Staat
einem anderen gegenüber eingeschränkt, um dessen politisch missliebiges Verhalten zu korrigieren, so kann nur von einem Handelsembargo, nicht jedoch von einer
Wirtschaftssanktion gesprochen werden" (Stenger 1988, S. 13).

Zu Aufgabe f)

Diplomatische Sanktionen sind primär verbaler Natur. Sie umfassen Protestnoten, verbale Verurteilungen und die Mobilisierung der öffentlichen Meinung, aber auch den Abzug der Diplomaten (beispielsweise im Jahre 1998 der Abzug der Diplomaten aus Weißrussland).

Wirtschaftssanktionen beinhalten die von einem Handelsembargo betroffenen Waren und Güter sowie Dienste. Es fallen aber auch immaterielle Werte wie Technologie und Know-how darunter. Sie haben einen primär politischen Zweck, denn sie zielen immer auf die Beeinflussung entweder der inneren Ordnung oder der Außen- und Sicherheitspolitik oder auf beides ab.

Militärische Sanktionen besitzen nicht allein den wirtschaftlichen Druck, sondern auch den physischen Zwang, der mit Waffengewalt untermauert wird. Die Verwendung von militärischen Sanktionen (oder gar Krieg) ist in der internationalen Politik geächtet (UNO-Charta). Dies kann auch dann der Fall sein, wenn die militärischen Sanktionen kollektiver Natur sind (Kosovo-Sanktionen der NATO).

Zu einer Überschneidung von militärischen und wirtschaftlichen Sanktionen kommt es bei Maßnahmen, die den Handel von Gütern und Diensten beeinträchtigen, die der Gegner für die Kriegsführung benötigt. Geschieht dies in einem *offenen* Konflikt, wie beispielsweise dem Kosovo- oder Irak-Konflikt, wird von einem Wirtschaftskrieg gesprochen. Der Wirtschaftskrieg ist immer *gewaltbegleitend*, während Wirtschaftssanktionen immer *gewaltsubstituierend* sind.

Typen von Sanktionen

	Militärische Sanktionen	Wirtschaftskrieg	Wirtschafts-sanktionen	Diplomatische Sanktionen
„Gewaltgrad"	Gewalt	gewaltbegleitend	gewaltersetzend	gewaltersetzend
„Kriegstyp"	„heißer" Krieg	„heißer" Krieg	„kalter" Krieg	„kalter" Krieg
Maßnahmen	Kriegsakt (aktuelle Gewalt)	Blockade	Benachteiligungen	Verurteilung
		Guthabensperre	Embargos	Bruch
	Kriegsdrohung (potentielle Gewalt)	„strategische" Bombardements	Bevorzugungen	Boykott (aber nur im Fall von Verhängung durch NGO)
		pre-emptive buying (vorsorgliche Rohstoffeinkäufe)		

Diskussion der Ergebnisse

Es existiert eine Vielzahl von unterschiedlichen Ansätzen zur Untersuchung von ökonomischen Auswirkungen von Wirtschaftssanktionen. Diese betreffen einerseits die Analyse der ökonomischen Kosten für Sanktionssender und Sanktionsempfänger am Markt eines sanktionierten Gutes, andererseits die gesamtwirtschaftlichen Teilwirkungen einer Sanktion.

Ein grundsätzliches Problem der Theorien zu Sanktionen besteht darin, dass die ökonomische Analyse mit ihrer Exaktheit dort an ihre Grenzen stößt, wo Gewinne und Verluste sowie wirtschaftliche Vorteile und Nachteile zumindest kurzfristig ihre Bedeutung verlieren. Denn Wirtschaftssanktionen bestehen zwar aus außenwirtschaftlichen Instrumenten, sie sind aber außenpolitisches Sanktionsmittel. Es wird dadurch häufig mit subjektiven, emotionalen, außerökonomischen und irrationalen Erwägungen beladen, die nur sehr schwer zu quantifizieren sind. (vgl. Hasse 1973, S. 325)

Sanktionen unterliegen internationalen Regeln. Nämlich u. a. den Regeln für Sanktionen nach der Charta der Vereinten Nationen vom 26. Juni 1945; Kapitel VII: Maßnahmen bei Bedrohungen des Friedens, bei Friedensbrüchen und Angriffshandlungen:

Art. 39: Der Sicherheitsrat hat jedes Mal festzustellen, dass eine Bedrohung des Friedens, ein Friedensbruch oder eine Angriffshandlung vorliegt, und erstattet Empfehlungen oder beschließt, welche Maßnahmen gemäß Art. 41 und 42 zur Aufrechterhaltung oder Wiederherstellung des Weltfriedens und der internationalen Sicherheit zu ergreifen sind.

Art. 41: Der Sicherheitsrat kann beschließen, welche Maßnahmen, bei denen Waffengewalt nicht zur Anwendung kommt, zu ergreifen sind, um seinen Beschlüssen Wirksamkeit zu verleihen, und er kann die Mitglieder der Vereinten Nationen auffordern, diese Maßnahmen durchzuführen. Dies können die vollständige oder teilweise Unterbrechung der wirtschaftlichen Beziehungen, der Eisenbahn-, Schiffs-, Luft-, Post-, Telegraphen-, Radio- und sonstigen Verbindungen und den Abbruch der diplomatischen Beziehungen umfassen.

Art. 42: Sollte der Sicherheitsrat zur Auffassung gelangen, dass die in Art. 41 vorgesehenen Maßnahmen nicht genügen oder sich als ungeeignet erwiesen haben, kann er durch Luft-, See- oder Landstreitkräfte die Operation durchführen, die zur Aufrechterhaltung oder Wiederherstellung des Weltfriedens und der internationalen Sicherheit nötig sind. Solche Maßnahmen können Demonstrationen, Blockade oder andere Operationen von Luft-, See- oder Landstreitkräften von Mitgliedern der Vereinten Nationen umfassen.

Art. 43: Die Mitglieder der Vereinten Nationen schließen sich bei der Durchführung der vom Sicherheitsrat beschlossenen Maßnahmen zusammen und leisten sich so gegenseitig Beistand.

Art. 50: Wenn vom Sicherheitsrat Präventivmaßnahmen oder Zwangsmaßnahmen gegen einen Staat ergriffen werden, ist jeder andere Staat, ob Mitglied der Vereinten Nationen oder nicht, der sich infolge der Durchführung dieser Maßnahmen vor besondere wirtschaftliche Probleme gestellt sieht, berechtigt, sich zwecks Lösung dieser Problem an den Sicherheitsrat um Rat zu wenden.

Literaturempfehlungen

• Engelkamp und Sell (2005): S. 371–377.

• Hasse (1973 und 1995).

• Hermann (1987).

• Stenger (1988).

Aufgabe 3:   Handelsembargo

Der Systemwettbewerb zwischen den kapitalistischen Marktwirtschaften und den sozialistischen Zentralverwaltungswirtschaften ist mittlerweile „Historie". Gleichwohl kann man aus den im „Systemwettbewerb" gegeneinander eingesetzten wirtschaftspolitischen Maßnahmen eine Menge lernen. Der „Westen" hat insbesondere unter der Präsidentschaft von Ronald Reagan (1981–1989) sowie von George Bush (1989–1993) mithilfe der so genannten „COCOM-Liste" das traditionsreiche Instrument des Embargos eingesetzt.

a)   Woher stammt der Begriff des Embargos? Was versteht man darunter? Wie kann man Embargo knapp definieren?

b)   Welche typischen Wesensmerkmale weisen Handelsembargos auf?

c)   Welches sind die politisch-ökonomischen Determinanten des Embargos?

d)   In der Geschichte wurde Handelsembargos verschiedentlich und mit durchaus gemischtem Erfolg eingesetzt. Welches waren die Hauptmängel der historischen Embargofälle?

e)   Welches sind die „Idealbedingungen" für das gelingen eines Embargos?

f)   Diskutieren Sie mithilfe des Rentenkonzepts ein totales Handelsembargo ohne Außenseiterkonkurrenz

g)   Wie ändern sich die Ergebnisse, wenn Außenseiterkonkurrenz zugelassen wird?

Lösungsskizze

Zu Aufgabe a)

Der Terminus „Embargo" entstammt der spanischen Sprache, wo das Verb „embargar" für „anhalten", „beschlagnahmen" oder „pfänden" steht. Damit wurde früher vor allem das Zurückhalten und das Beschlagnahmen von Schiffen bezeichnet – also das Schiffsembargo. Bereits im 19. Jahrhundert bezog sich Embargo auch auf das Fest- oder Anhalten von Waren.

Von einem „Handelsembargo" wird erst im 20. Jahrhundert gesprochen, wo sich der Begriff etwa seit 1914 im politischen wie juristischen Sprachgebrauch einbürgerte. Dieser geht stets einher mit Eingriffen in den zwischenstaatlichen Handelsverkehr.

Das Handelsembargo bezeichnet eine hoheitlich angeordnete und auf außenpolitischem Anlass beruhende Handelsbeschränkung durch einen oder mehrere Staaten gegenüber einem oder mehreren Staaten sowie den betroffenen Personen, die konkret Handel betreiben.

Zu Aufgabe b)

Der Einsatz von Embargos erfolgt in erster Linie, um politischen Verhaltensweisen eines bestimmten Staates zu begegnen und zu beeinflussen. Die Verhängung des Embargos ist *immer* eine politisch begründete Handlung. Wirtschaftliche Sanktionen und Embargos setzen eine staatliche Initiative und Durchführung voraus. Der Staat verbietet den Außenwirtschaftsverkehr mit einem anderen Staat ganz oder teilweise und überwacht dieses Verbot. Das Embargo wird mit dem politischen Ziel eingesetzt, über Ausübung von Druck und wirtschaftlicher Schädigung eine Änderung der politischen Verhaltensweise des Embargoempfängers zu erreichen.

Das politische Einwirken auf den Handelsverkehr zu einem anderen Staat fällt in den weiten Bereich der Maßnahmen, welche die Beziehungen der Staaten untereinander ausmachen, in den Bereich der Außenpolitik. Darunter ist auch das staatliche Handeln gegenüber sowie in internationalen Organisationen zu verstehen. Jedes Embargo ist ein Mittel der Außenpolitik, das heißt, außenwirtschaftliche Beziehungen werden aus politischen Gründen abgebrochen.

Der Begriff Embargo ist immer nur in Friedenszeiten zu gebrauchen. Ein Beispiel dafür ist, dass selbst während des „kalten Krieges" von offizieller westlicher Seite immer nur von Embargos und –listen, aber nie von wirtschaftlicher Kriegsführung gesprochen wurde. Jedes Embargo ist in der Regel eine aggressive Form der internationalen Wirtschaftspolitik. Als Mittel der friedlichen Konfliktlösung im Rahmen des Systems der kollektiven Sicherheit ist es gleichzeitig als Defensivmaßnahme konzipiert, mit der eine bewusste wirtschaftliche Diskriminierung der Embargoempfänger einhergeht.

Der Normalfall des Embargos ist das teilweise/vollständige Exportembargo und/ oder das teilweise/vollständige Importembargo. Einmal wird damit der Entzug von Gütern und Kapital gewählt, dann das Verbot, Güter abzusetzen bzw. Kapital anlegen zu dürfen. Die merkantilistische Variante (Importverbot und Exportförderung) ist nur einmal während der Kontinentalsperre Anfang des 19. Jahrhunderts praktiziert worden.

Zu Aufgabe c)

Jedes Embargo setzt voraus, dass der Embargo verhängende Staat bzw. die Staatengruppe bereit ist, eigene wirtschaftliche Nachteile in Kauf zu nehmen und diese in der Allianz so zu verteilen, dass die Allianzstabilität nicht gefährdet wird.

Ein Embargo unterstellt einen funktionellen Zusammenhang zwischen wirtschaftlicher Schädigung und politischer Verhaltensänderung, das heißt, die wirtschaftliche Schädigung soll als Vehikel dienen. Diese Interdependenz zwischen politischem und wirtschaftlichem System ist unterschiedlich ausgeprägt in den verschiedenen Staatsformen (Demokratie vs. Diktator) in Verbindung mit dem Wirtschaftssystem (Marktwirtschaft vs. Planwirtschaft).

Determinanten des Embargos sind zum einen die eigene Sicherheit, der eigene Handlungsspielraum, zum anderen das politische und ökonomische Potential, das heißt, das Gewicht, das man den Gegenmaßnahmen und den erwarteten Schädigungswirkungen beimisst. Diese Entscheidungsgrößen sind stark vom Informationsstand und dem subjektiven Weltbild der Entscheidungsträger geprägt.

Zu Aufgabe d)

Aus der Analyse der historischen Embargo- und Sanktionsfälle wurden folgende sieben Hauptmängel herausgefunden.

• Der Einsatz des Embargos erfolgte in der Regel erst nach längeren zeitlichen Verzögerungen. Dadurch hatte der Embargogegner Zeit, Maßnahmen zu ergreifen, welche die Embargowirkungen teilweise oder vollständig aufhoben.

• Fehlende Universalität des Embargos. Das Embargoziel muss die Kontrolle bzw. Unterbrechung des gesamten Außenwirtschaftsverkehrs des Embargogegners sein. Dieses Ziel wurde nie erreicht, denn es gab immer Länder, die aus politischen oder wirtschaftlichen Gründen eine Außenseiterposition einnahmen und somit als Ausweichmarkt für den Gegner dienten.

• Die Embargolisten waren lückenhaft, das heißt, bestimmte Güter wurden (auf Grund der Uneinigkeit der Teilnehmer) aus dem kollektiven Embargo ausgeklammert, oder die Listen wurden zu spät den geänderten Gegebenheiten angepasst. Insbesondere war es besonders schwierig zu definieren, was ein „strategisches Gut" sei. Die Gründe für die Lückenhaftigkeit lagen in wirtschaftstheoretischen Unklarheiten, politischen Meinungsverschiedenheiten und auch in Unzulänglichkeiten, das klare Konzept eines „strategischen" Embargos organisatorisch zu bewältigen. Ein Ausweg aus diesem Dilemma sind häufig totale Einfuhr- und/oder Ausfuhrembargos gewesen.

• Bei kollektiven Embargos gibt es neben den „externen" auch „interne" Schwierigkeiten. Hier war es häufig eine mangelnde Solidarität unter den Embargoteilnehmern, die von Anfang an existieren konnte oder sich im Laufe der Zeit entwickelte. Dies ist mit den unterschiedlich starken Interessen an den Embargozielen und den unterschiedlichen wirtschaftlichen Rückwirkungen auf die einzelnen Embargoinitiatoren zu begründen. Die allgemeine Situation des einzelnen Landes hat sein Verhalten wesentlich beeinflusst. Das Problem der ungleichmäßigen Verteilung der Erträge und Kosten des Embargos wurde erkannt und prinzipiell geregelt. Es gelang aber nie, das vorgesehene System der gegenseitigen Unterstützung so aufzubauen und zu gestalten, dass die Solidarität innerhalb der Embargoallianz stabilisiert wurde.

- Eine Folge der mangelnden Solidarität waren die administrativen Lücken in der Ausführung der Embargokontrollen. Dies ist auf eine fehlende gemeinschaftliche zentrale Kontrollinstanz mit weitreichenden Kompetenzen zurückzuführen, auf die sich nie geeinigt wurde. So blieb die Kontrollhoheit im nationalen Bereich. Die Folge waren zeitliche Verzögerungen in der Koordination. Problematisch waren auch die erheblichen nationalen Unterschiede in der Kontrollgenauigkeit (Personal, Korruption, Kontrolldichte etc.).

- Ein weiterer wichtiger Faktor sind die Gegenmaßnahmen des Embargogegners, die über die interne Reallokation der Ressourcen hinausgehen. Er kann die administrativen Lücken ausnutzten; die politische Uneinigkeit der Embargoallianz vertiefen; versuchen, eigene Allianzen zu bilden, um ein Gegengewicht zu schaffen; mit einem Gegenembargo drohen und große wirtschaftliche Versprechen machen, um das Interesses am Handel und damit an der Aufhebung des Embargos zu wecken. (Die ehemalige SU wendete diese Taktiken teilweise erfolgreich während des COCOM ab 1947 an. Sie machte große Handelsversprechungen an Unternehmen, auf dass diese sich für die Lockerung und Auflösung der Embargobestimmung bei ihren Regierungen einsetzten. Des weiteren versuchte sie, den politischen Zusammenhalt in der Embargoallianz zu lockern.)

- Ein großes Hindernis für ein mindestens formal geschlossenes Embargo war häufig ein Missverständnis zwischen der Bedeutung der Unteilbarkeit des politischen Zieles einerseits und der potentiellen Schädigungskapazität andererseits. Ebenso wurden die Systemfaktoren Wirtschaftsordnung, politische Ordnung für den erforderlichen Rückkopplungsprozess der wirtschaftlichen Sanktionen (politische Verhaltensänderung) ex ante nur ungenügend berücksichtigt.

Zu Aufgabe e)

Aus den beschriebenen Mängeln ergeben sich die Idealbedingungen für ein Embargo, dabei sei der Embargoinitiator Land A, der Embargogegner sei Land B; beide Parteien können einzelne Länder oder Embargoallianzen sein. Zu den Erfolgesbedingungen zählen wirtschaftliche, organisatorische und politische.

Wirtschaftlichen Bedingungen:

- Die Importe von Land B sind von großer Bedeutung für seine Produktion und/oder für seinen Konsum. Land B verfügt über keine binnenwirtschaftlichen Substitutionsmöglichkeiten, weder durch eigene Produktion noch durch den Bezug aus anderen Ländern noch durch größeren Konsumverzicht, weil die Elastizität der Importnachfrage kleiner Eins ist.

- Alle oder ein großer Teil der Importgüter von B werden von A geliefert.

- Die Exporte von A nach B machen in Land A nur einen Bruchteil der Gesamtausfuhren aus. Land A kann Embargogüter ohne große Erlösschädigung im eigenen Land oder in Drittstaaten absetzen.

- Land B liefert seine Ausfuhrgüter in erster Linie nach Land A. Land B hat eine starre Exportgüterstruktur, die Elastizität seines Exportangebotes ist kleiner Eins. Die Elastizität der Importnachfrage des Landes A nach Gütern aus Land B ist dagegen größer 1; es kann diese Güter entweder selber herstellen oder aus Drittstaaten beziehen. Land A kann damit gegen Land B ein wirksames Importembargo verhängen. Für Land B bessert sich die „Spielsituation" auch nicht, wenn Land A zwar die Güter aus Land B weder durch Importe aus Drittstaaten noch durch eigene Herstellung ersetzen kann, jedoch in der Lage ist, auf den Einsatz oder den Konsum dieser Importgüter vollständig zu verzichten, ohne das größere Wohlfahrtsverluste entstehen. Für Land B bestehen kaum Aussichten, ein Gegenembargo einzuführen.

Organisatorischen Bedingungen:

- Beim Einsatz des Embargos von Land A treten keine zeitlichen Verzögerungen auf. Land B kann ad hoc keine Vorbereitungen treffen.

- Entweder wird ein Totalembargo eingeführt oder die Güterlisten sind bei einem strategischen Embargo lückenlos und werden rechtzeitig verändert.

- Das Embargo erfüllt das Kriterium der Universalität, das heißt, es gibt keine Außenseiter oder Länder, die mit Land B eine Allianz schließen. Damit hat Land B keine Möglichkeit, auf Drittmärkte auszuweichen. Alle Drittländer verhängen entweder direkt ein Embargo gegen Land B, oder sie beschließen ein wirksames Reexportembargo bei Gütern aus Land A und/oder ein Importembargo gegenüber Land B. Neutrale Staaten, die sich nicht dem Embargo anschließen, weiten ihren Außenhandelsverkehr (courant neutral) mit Land B nicht aus.

- Bei einem kollektiven Embargo besteht bei politischen Zielen und Kontrollverfahren Einigkeit. Administrative Lücken treten somit nicht aus. Der Außenwirtschaftssektor von Land B kann vollständig kontrolliert werden. Die Kontrollverfahren werden durch eine mit entsprechenden Kompetenzen ausgestattete Kontrollinstanz koordiniert, wobei international keine Unterschiede in der Kontrollgenauigkeit auftreten.

- Es gelingt ein funktionstüchtiges System gegenseitiger Unterstützung zu schaffen (Öffnung der nationalen Märkte, System finanzieller Ausgleichszahlungen bei Zahlungsbilanzschwierigkeiten etc.). Somit werden Schwierigkeiten bei der Verteilung der Embargolasten vermieden.

- Die außenpolitischen und außenwirtschaftlichen Gegenmaßnahmen von Land B bleiben ohne nennenswerte Wirkung. Land B gelingt es nicht, eine Gegenallianz zu gründen bzw. im größeren Umfang Umweghandel zu organisieren.

Politische Bedingungen:

- Es werden in Land B durch das Embargo keine wesentlichen nationalen Soli-
  daritätseffekte erzeugt, die eine gewisse Immunisierung gegen wirtschaftliche
  Schädigungen bewirken.

- Es besteht in Land B eine Wettbewerbswirtschaft mit pluralistischer Interes-
  senvertretung.

- Es besteht in Land B eine Demokratie mit einem Mehrparteien- und Wahlsys-
  tem, die zur Abwahl von Regierungen führen können.

Zu Aufgabe f)

Von einem solchen Embargo wird dann gesprochen, wenn es dem Embargosender
beispielsweise gelingt, den Teilmarkt eines oder mehrerer Importländer (Embargoempfänger) völlig zu isolieren. Obige Abbildung stellt ein solches Embargo dar.

Im Ausgangszustand (Freihandel) wird die Menge x_0 zum Preis p_0 auf dem Weltmarkt gehandelt (vgl. Abbildung IV.9). Die Handelspartner gewinnen an Wohlstand: Exporteure: ACp_0 (Produzentenrente) und die Importeure: p_0CB (Konsumentenrente). Wird ein totales Embargo ohne Außenseiterkonkurrenz verhängt,
gehen diese Wohlstandsgewinne verloren. Die Höhe der Wohlstandsverluste wird
durch den Verlauf (Steigung) der Importnachfrage- und Exportangebotsfunktion
bestimmt, das heißt, durch die entsprechende Preiselastizitäten. Es gelten folgende
Zusammenhänge: Je preisunelastischer (steilere Funktion) die Importnachfrage ist,
desto höher sind die Wohlstandsverluste. Bei der Importnachfragefunktion, NE′,

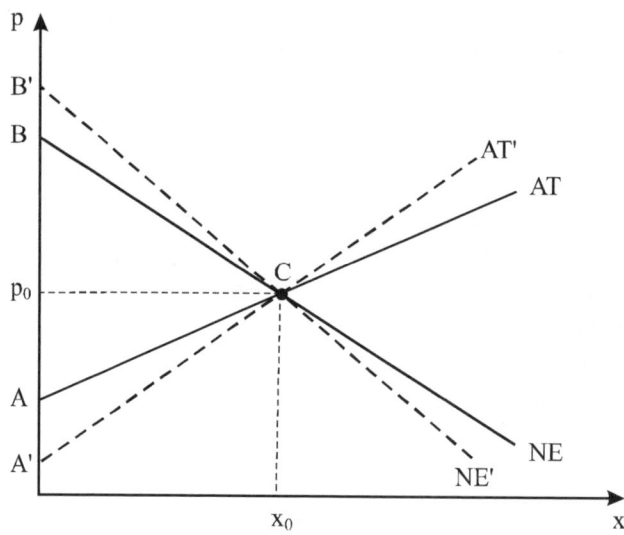

Abbildung IV.9
Quelle: Hermann (1987)

würden die Importeure p_0CB' ($> p_0CB$) verlieren. Je preisunelastischer (steilere Funktion) das Exportangebot, desto höher ist der Wohlstandsverlust der Exporteure. Bei der Exportangebotsfunktion, AT', würden sie $A'Cp_0$ ($> ACp_0$) verlieren.

Zu Aufgabe g)

Die unrealistische Annahme der nicht-vorhandenen Außenseiterkonkurrenz wird aufgegeben und durch die Annahme ersetzt, dass einige Exporteure das Embargo unterstützen, andere hingegen nicht. (Einige Länder unterliefen beispielsweise die Embargopolitik der USA gegenüber Kuba: Kanada, UdSSR etc.)

Die Marktstellung des Embargosenders ist hier von entscheidender Bedeutung. In jedem Fall wird die ökonomische Auswirkung auf den Empfänger geschwächt, wenn Außenseiterkonkurrenz vorliegt: Der Außenhandel wird nur teilweise ausgeschaltet. Der Preis steigt und regt damit ein zusätzliches Angebot der Konkurrenten am sanktionierten Markt an. Es gilt: Je stärker die Marktposition des Embargosenders und je unbedeutender die Außenseiterkonkurrenz, um so höher ist c. p. der Wohlstandsverlust des Embargoempfängers. Details entnehmen wir Abbildung IV.10: Das gesamte Exportangebot, AT, setze sich zu gleichen Teilen aus dem Exportangebot der an dem Embargo teilnehmenden Länder, AT_E, und dem der Außenseiter, AT_{NE}, zusammen. Die Importnachfragefunktion der Sanktionsempfänger sei NE.

Im Ausgangsgleichgewicht ohne Embargo ergibt sich die Menge x_0 bei dem Preis p_0, wobei das Angebot in gleichen Teilmengen (x_N, x_{NE}) von beiden Exportanbietergruppen gestellt wird.

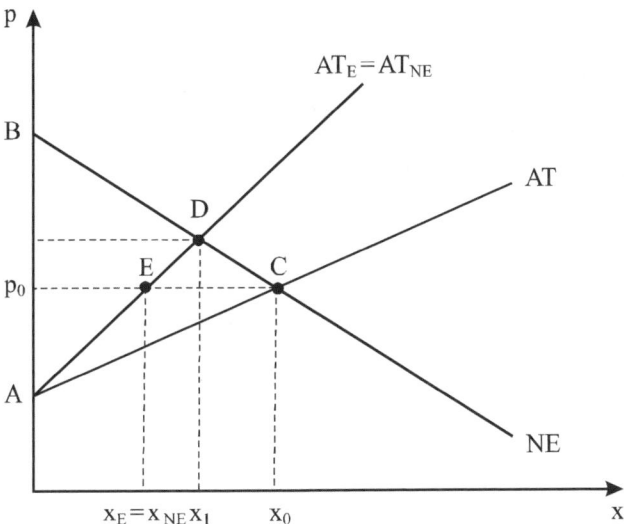

Abbildung IV.10
Quelle: Hermann (1987)

Wird nun ein Embargo verhängt, verlagert sich die ganze Exportangebotsfunktion nach links und ist dem Außenseiterangebot gleich ($AT = AT_{NE}$). Der Preis steigt auf p_1.

Diskussion der Ergebnisse

Die ökonomischen Auswirkungen eines Embargos auf die beteiligten Länder sind a priori nicht klar, vielmehr sind sie unbestimmt und müssen mit Hilfe des Rentenkonzepts auf ihre Wohlfahrtswirkungen hin untersucht werden.

Entscheidend für die eintretenden Effekte und Wohlfahrtswirkungen eines Embargos sind die Art des gewählten Embargos, die Nachfrage- und Angebotselastizitäten auf den relevanten Märkten und der Grad der Außenseiterkooperation.

Liegt Außenseiterkonkurrenz vor, so treten auch ungezielte Effekte in diesen Ländern auf. Des Weiteren beeinflussen diese Drittländer entscheidend die Wirkungen eines Embargos auf den Entsender und den Empfänger. Andererseits erfordert ein Embargo die uneingeschränkte Solidarität aller embargosendenden Staaten und ihrer Verbündeten.

Die dargestellten theoretischen Beispiele zeigen, dass ein Land A – unter bestimmten Restriktionen – ein Land B dann zum Einlenken zwingen kann. Generell gilt, dass ein embargosendendes Land A infolge seiner Embargomaßnahmen i.d.R. Wohlfahrtseinbußen erleidet. Allerdings können so genannte „intangible" Faktoren wie etwa Nationalstolz nicht erfasst werden, sie spielen aber bei der „Leidensfähigkeit" in den beteiligten Ländern eine nicht unbedeutende Rolle.

Obwohl Land A – theoretisch – häufig sein Ziel erreicht dürfte, gibt es in der Geschichte der Embargos/Sanktionen nur ein erfolgreiches Beispiel: Im 13. Jahrhundert vom Vatikan erfolgreich eingesetzt und intelligent durchgeführt. Allerdings führte nur ein nicht-ökonomisches Instrument zum Erfolg – jedem Embargobrecher wurde die Exkommunion angedroht (Hasse 1995, S. 3).

Literaturempfehlungen

- Engelkamp und Sell (2005): S. 270–290.
- Hasse (1995).
- Hermann (1987).

IV.8   Soziale Marktwirtschaft

Aufgabe 1:   Externe Effekte

Das Auftreten von (positiven und negativen) externen Effekten ist nicht nur „Alltag" im Wirtschaftsleben, es fordert auch immer wieder die Wirtschaftspolitik dazu heraus, entsprechende „Internalisierungsstrategien" zu entwickeln. Dabei ist schon die Klärung des Begriffs der externen Effekte nicht ganz einfach. Während nämlich „technologische externe Effekte" sich in „nicht-marktmäßigen Beziehungen" manifestieren, äußern sich die so genannten „pekuniären externen Effekte" lediglich als Störungen bisheriger Marktgleichgewichte, die, nach entsprechender Preisanpassung auf den relevanten Märkten, wieder verschwinden.

a) Was versteht man unter externen Effekten?

b) Nennen Sie die beiden unterschiedlichen Arten von externen Effekten! Begründen sie, warum – aus gesellschaftlicher Sicht – zuviel oder zuwenig von dem jeweiligen Gut bereitgestellt wird!

c) In der EU gelten seit dem 1. Januar 2005 verschärfte Grenzwerte für die Feinstaubbelastung der Luft. Feinstaub wird beispielsweise durch den Abrieb von Fahrzeugreifen oder durch Abgaspartikel von Dieselfahrzeugen freigesetzt. Erläutern Sie unter dem Aspekt der externen Effekte grafisch und (knapp) verbal die Wirkung von LKW-Schwerlastverkehr auf die Wohlfahrt!

d) In der Politik wird derzeit darüber diskutiert, ob entweder der Einbau von Partikelfiltern subventioniert werden soll oder ob Fahrzeuge ohne Partikelfilter eine höhere Steuer zahlen sollen! Erstellen sie eine Übersicht, aus der hervorgeht, welche Effekte jeweils die beiden Internalisierungsstrategien auf die vorgegebenen Kriterien haben! Antworten Sie mit „ja" oder „nein"!

e) Die Nutzung eines Gutes/einer Dienstleistung gehe mit negativen t externen Effekten im Konsum einher. Zeigen Sie grafisch, wo die gesellschaftlich wünschenswerte Ausbringung liegt und wie diese durch den Einsatz der Steuerpolitik „hergestellt" werden kann!

Lösungsskizze

Zu Aufgabe a)

Externe Effekte sind Vor- oder Nachteile, die Dritten durch wirtschaftliche Aktivitäten entstehen, ohne dass sie dafür Entgelte leisten müssen oder kompensiert werden.

Zu Aufgabe b)

Positive externe Effekte treten immer dann auf, wenn Dritten durch einen wirtschaftlichen Akteur und dessen Produktion oder Nutzung eines wirtschaftlichen Gutes ein positiver Nutzen entsteht, sie dafür aber dem „Verursacher" kein Entgelt zahlen müssen. In solchen Fällen ist der soziale Nutzen größer als der privater Nutzen und daher wird argumentiert, dass eine zu geringe Bereitstellung des Gutes/der Dienstleistung vorliegt.

Negative externe Effekte treten dagegen immer dann auf, wenn Dritten durch einen wirtschaftlichen Akteur und dessen Produktion oder Nutzung eines wirtschaftlichen Gutes eine Nutzeneinbuße entsteht, sie dafür aber von dem „Verursacher" keine Entschädigung erhalten. In solchen Fällen sind die sozialen (Grenz-)Kosten größer als die privaten (Grenz-Kosten)und daher wird argumentiert, dass eine zu große Bereitstellung des Gutes/der Dienstleistung vorliegt.

Zu Aufgabe c)

Abbildung IV.11 enthält eine Nachfragekurve für das Gut x, eine private Grenzkostenkurve, eine soziale Grenzkostenkurve und die Darstellung des Wohlfahrtsverlustes, der durch Feinstaub verursacht wird.

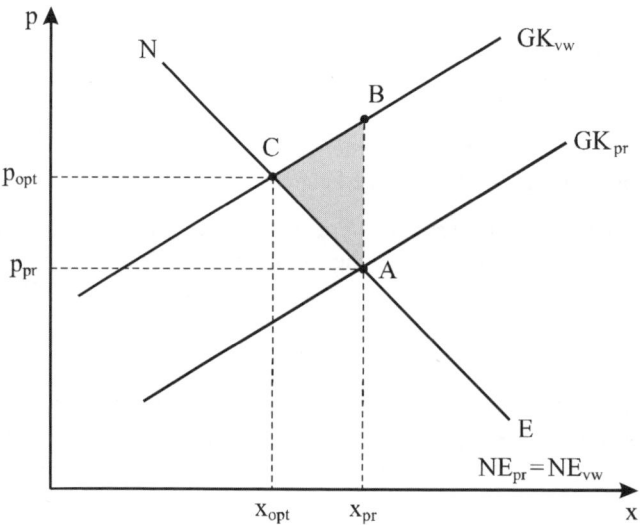

Abbildung IV.11

Dazu ist folgende Erläuterung zu geben: Die gesamtwirtschaftlichen Kosten des LKW-Schwerlasttransportes werden durch die volkswirtschaftlichen Grenzkosten ausgedrückt. Ein Gleichgewicht stellt sich in Punkt C bei einer optimalen Ausbringungsmenge x_{opt} ein. Betrachtet das Unternehmen nur seine eigenen Grenzkosten, dann stellt sich das Gleichgewicht in Punkt A bei einer Ausbringungsmenge von x_{pr} ein. Das Unternehmen produziert demnach im Vergleich zum Optimum zu viel, und zwar um $x_{pr} - x_{opt}$. Dadurch entsteht der Volkswirtschaft ein Wohlfahrtsverlust, und zwar in Höhe des Dreiecks ABC.

Zu Aufgabe d)

Internalisierungs- strategie	Kriterium		
	Reduzierung der Feinstaubbelastung	Verringerung der Ausbringungsmenge	Belastung der öffentlichen Haushalte[*]
Steuern	Ja	Ja	Nein
Subvention	Ja	Nein	Ja

[*] Die Verwaltungskosten der Maßnahmen sind zu vernachlässigen!

Zu Aufgabe e)

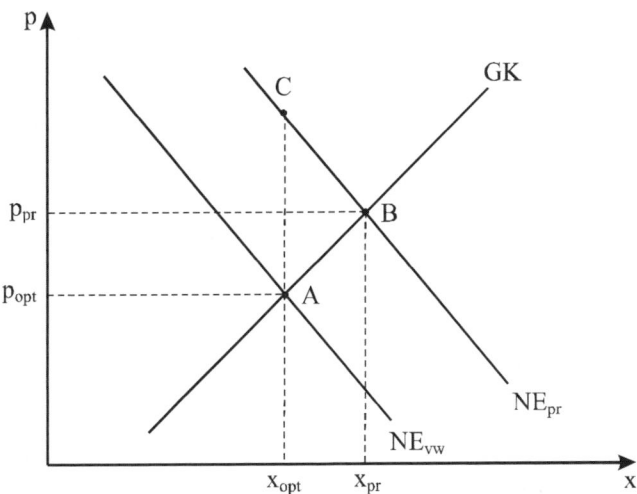

Abbildung IV.12

Die private Lösung liegt in diesem Falle bei B. Da aber der private Grenznutzen überall oberhalb des sozialen Grenznutzens liegt, ist nicht NE_{pr}, sondern NE_{VW} die relevante Nachfragefunktion. Um das sozial effiziente Gleichgewicht in A zu erreichen, ist eine Steuer in Höhe von AC zu erheben, ein neues Gleichgewicht stellt sich dann in A ein.

Diskussion der Ergebnisse

Die gegebene, scheinbar einfache und eindeutige Definition von „externen Effekten" wird der Vielschichtigkeit des Phänomens allerdings nicht ganz gerecht. Betrachten wir hierzu die folgenden Zitate:

„Sie [die Externalitäten] können negativ sein – wenn die Handlungen einer Partei einer anderen Partei Kosten verursachen – oder positiv – wenn eine Partei von den Handlungen einer anderen Partei profitiert"(Pindyck und Rubinfeld 2005, S. 838).

Etwas anders schon bei Weimann: „Sehr allgemein formuliert versteht man unter einem externen Effekt die Beeinflussung von Produktions- oder Konsummöglichkeiten, die nicht zur Veränderung relativer Preise führen. Die Ursache dafür liegt in nicht vollständig definierten Eigentumsrechten bzw. in einem Versagen des Ausschlussprinzips" (Weimann, 2004, S. 133).

Das Weimann-Zitat leuchtet nicht ohne weiteres ein, denn – wenn man es so allein stehend interpretiert – dann gäbe es faktisch keine technologischen Externalitäten (mehr). Denn jede technologische Externalität hat im Grunde genommen Rückwirkungen auf die relativen Preise. Wenn durch den Treibhauseffekt, den, vereinfacht ausgedrückt, CO_2 emittierende Unternehmen verursachen, der Meeresspiegel steigt, dann verbilligen sich die Grundstücke am Meer absolut und relativ. Die Grundbesitzer werden geschädigt, ohne von der Verursachern dafür kompensiert zu werden. Die Veränderung der relativen Preise ergibt sich als Folge der negativen technologischen Externalität. Im Falle von pekuniären Externalitäten erfolgen die Auswirkungen auf andere Art, nämlich unmittelbar über „marktmäßige Beziehungen", also über Märkte und in diesem Sinne über das Preissystem. Bei technologischen Externalitäten erfolgt die Wirkung aber nicht direkt über Märkte und das angeschlossene Preissystem, aber doch indirekt.

Der entscheidende Punkt ist wohl, dass externe Effekte stets an den individuell optimalen ökonomischen Entscheidungen ansetzen. Ein Stahlwerk leitet zu viele Abwässer in den Fluss, dabei ist die individuell optimale Produktionsmenge zu groß ist (gemessen am sozial optimalen Niveau). Das ist auch der Grund dafür, dass man solche Unternehmen (zusätzlich) besteuert, damit es seine produzierte Menge zurückfährt. Oder: Ein Unternehmen investiert nur wenig in Forschung und Entwicklung (F & E), damit ist die individuell optimale Investitionshöhe (zu) klein (gemessen am sozial optimalen Niveau). Mit der „Handlung", von der Pindyck und Rubinfeld (2006) im obigen Zitat sprechen, ist also nicht irgendeine Handlung gemeint, sondern eine unternehmerische Strategie (Wahl der Ausbringungsmenge, Wahl der Investitionshöhe), mit der das Unternehmen seine Produktionsentscheidungen optimiert.

Das Problem bei Externalitäten ist eben nur, dass es bei der Bestimmung der optimalen Strategie die Auswirkung auf „andere" außer Acht lässt. Andererseits ist ein Phänomen wie die Sabotage erstens keine unternehmerische Strategie, mit der irgendein Produktionsplan optimiert wird. Zweitens ist das Problem von Sabotage ja gerade nicht, dass die „Sabotage-Entscheidung" die Wirkung auf die andere Unternehmung außer Acht lässt, ganz im Gegenteil: Man trifft die Entscheidung ausschließlich deshalb, um (!) dem anderen zu schaden.

Im Falle von pekuniären Externalitäten erfolgen die Auswirkungen wirtschaftlicher Aktivitäten von Akteuren (wie die Produktion und/oder Nutzung von Gütern/Dienstleistungen) unmittelbar über das Preissystem. Dabei kommt es i.d.R. auch zu Änderungen der relativen Preise. Beispiel: Wenn ich den Kopierer erfinde, führt dies dazu, dass die Nachfrage nach Kopiergeräten zunehmen, die Nachfrage nach Kohlepapier dagegen sinken wird. In der Folge steigt (nach erfolgreicher Markteinführung) der Preis für Kopiergeräte, während der Preis für Kohlepapier sinkt. Auslöser für den pekuniären externen Effekt ist hier eine Erfindung. Diese hatte weder für die Produzenten noch für die Nutzer von Kohlepapier irgendwelche negativen technologischen Effekte.

Das Vorliegen von (nicht-pekuniären) positiven Externalitäten in Konsum und Produktion ist ein Indiz dafür, dass die Nutzung/die Produktion entsprechender Güter/Dienstleistungen hinter dem gesellschaftlich wünschbaren Maß zurückbleibt. Eine Stimulierung der Nutzung/der Produktion kann die Politik durch die Gewährung von Subventionen leisten. Anders gewendet: Eigentlich liegt hier auch die einzige wohlfahrtsökonomische Rechtfertigung für die Zahlung von Subventionen. Wo keine positiven Externalitäten vorliegen, gibt es auch keine Rechtfertigung für diese!

Natürlich gilt die Umkehrung nicht: Nicht jede Besteuerung der Nutzung/Produktion von Gütern/Dienstleistungen hat einen negativen externen Effekt zum Hintergrund. Der Staat erhebt solche an die Nutzung/Produktion von Gütern/Dienstleistungen gebundenen Steuern auch aus meritorischen Zwecken, aus Zwecken der Einnahmeerzielung etc.

Literaturempfehlungen

• Engelkamp und Sell (2005): S. 385–389.

• Pindyck und Rubinfeld (2005): 838–842.

• Weimann (2004): 127–144.

Aufgabe 2:   Elemente für das Funktionieren von sozialen Marktwirtschaften

Der Begriff der „sozialen Marktwirtschaft" ist in über 1950er-Jahren „wirtschaftspolitischen Alltags" in der Bundesrepublik Deutschland (gerade nach der „Wende" in Ostdeutschland 1989/1990) nahezu zu einer Leerformel verkommen. Deshalb lohnt es sich, nicht nur konstitutive Elemente für das Funktionieren von sozialen Marktwirtschaften – in der Tradition von Ludwig Erhard und Alfred Müller-Armack – in Erinnerung zu rufen, sondern auch den Spielraum für die Wirtschaftspolitik zu beleuchten, die sich prinzipiell nach unterschiedlichen Entwürfen ausrichten kann.

a)   Welches sind konstitutive Elemente für das Funktionieren von sozialen Marktwirtschaften?

b)   Was versteht man unter „Wirtschaftspolitik in einer sozialen Marktwirtschaft"? Welche Unterschiede bestehen zwischen „Entscheidungsträgern" und „Einflussträgern"?

c)   Welche Schlussfolgerungen ergeben sich für einen Wirtschaftspolitiker in einer sozialen Marktwirtschaft aus dem „Klassischen" und aus dem „Keynesschen" System?

Lösungsskizze

Zu Aufgabe a)

(1) Vertragsfreiheit, (2) Privateigentum/Vermögensrechte und -pflichten, (3) Berufs- und Gewerbefreiheit (Zugang zu Märkten), (4) System freier Preisbildung (Signale für Wirtschaftssubjekte) und (5) Wettbewerb (offenes System).

Zu Aufgabe b)

Unter Wirtschaftspolitik versteht man in der sozialen Marktwirtschaft Aktivitäten des Staates, mit denen er die Wirtschaft seinen Zielen gemäß zu ordnen und zu steuern versucht. Als Staat gelten dabei die Instanzen und Institutionen, die hoheitliche Entscheidungsbefugnis bzw. Kompetenz haben und über das Monopol der legalen Zwangsgewalt zur verbindlichen Durchsetzung ihrer Entscheidungen verfügen (Entscheidungsträger).

Wer – wie Gewerkschaften, Arbeitgeberverbände, Kirchen, Politikberater usw. – lediglich über Möglichkeiten wirtschaftspolitischer Einflussnahme (Macht ohne formale Kompetenz) verfügt, gilt dagegen als Einflussträger. Allerdings gehören beide – Entscheidungs- und Einflussträger – zur Gruppe der „wirtschaftspolitischen Träger" in einer sozialen Marktwirtschaft.

Zu Aufgabe c)

Folgt man dem Entwurf der „Klassik", dann hat staatliche Wirtschaftspolitik streng genommen nur den Charakter staatlicher Ordnungspolitik, das heißt, der Staat übernimmt gewissermaßen die Gewährleistung dafür, dass die Annahmen des Klassischen Modells erfüllt sind. Für diesen Fall wird eine systemimmanente Tendenz zum Gleichgewicht bei Vollbeschäftigung (Liberalismus) vermutet bzw. erhofft.

Folgt man dagegen der Orientierung von „Keynes", wie das die erste große Koalition in der Geschichte der Bundesrepublik Deutschland zwischen 1966 und 1969 getan hat, dann werden die vorhandenen wirtschaftspolitischen Vorstellungen, insbesondere im Hinblick auf die Beschäftigung, nicht automatisch erfüllt, deshalb ist hier wirtschaftspolitisches Handeln im Sinne von Prozesspolitik erforderlich (Globalsteuerung).

Diskussion der Ergebnisse

Auch wenn Walter Eucken ein Vertreter des Ordoliberalismus und nicht des Konzeptes einer „sozialen Marktwirtschaft" gewesen ist, hat er mit dem Primat der Ordnungspolitik auch der Wirtschaftspolitik in einer sozialen Marktwirtschaft den

Weg gewiesen. Zwar sind die „idealen Annahmen" der Klassik in der Wirtschaftswirklichkeit in Gänze gar nicht herstellbar und prozesspolitische Eingriffe des Staates können erforderlich sein, sie dürfen aber nicht überhand nehmen. Mit einer zu großen staatlichen Präsenz in Gestalt der Ablaufpolitik geraten die ordnungspolitischen Rahmenbedingungen in Gefahr. Ablaufpolitik wird nämlich auch immer auf dem Wege der Gesetzgebung durch die Parlamente umgesetzt. Diese sind selten auf den bereits vorhandenen Rahmen der Wirtschaftsverfassung abgestimmt und drohen diesen zu überfrachten, inkonsistent zu machen und schließlich auszuhöhlen.

Wichtiger als die „Sozialpflichtigkeit des privaten Eigentums" ist für das Funktionieren sozialer Marktwirtschaften das Haftungsprinzip. Dieses sorgt dafür, dass Eigentümer von Produktionsfaktoren einen Anreiz besitzen, einerseits keine Ressourcenverschwendung zuzulassen, andererseits das Eingehen zu großer Risiken zu vermeiden.

Die formale bzw. hoheitliche Kompetenz ist alleine nicht maßgeblich für den Status eines wirtschaftspolitischen Trägers. Träger können nicht nur durch Wahlen (und daraus abgeleitete Macht), sondern auch durch ihre fachliche Kompetenz oder durch völkerrechtliche Verträge den Rang eines wirtschaftspolitischen Trägers erlangen.

Literaturempfehlung

- Engelkamp und Sell (2005): S. 390–395.

V Finanzwissenschaft

V.1 Rechtfertigung staatlicher Tätigkeiten

Aufgabe 1: Marktversagen und Marktunvollkommenheiten

In den Zeiten der Globalisierung stehen überall auf der Welt die Wohlfahrtsstaaten auf dem Prüfstand. Der Staat und die von ihm angebotenen öffentlichen Güter/Dienstleistungen müssen sich rechtfertigen. Umso wichtiger ist es, die Gründe für staatliches Handeln im Einzelnen zu prüfen und, wenn gerechtfertigt, den Umfang und die Qualität der staatlichen Leistungen zu optimieren.

a) Nennen Sie Anlässe für Marktversagen im Hinblick auf das Allokations-, das Stabilisations- und das Distributionsziel!

b) Was sind Kennzeichen bzw. Hauptmerkmale öffentlicher Güter? Welche Arten öffentlicher Güter werden unterschieden? Nennen Sie Beispiele!

c) Wie viele öffentliche Güter in einer Gesellschaft bereitgestellt werden sollen, kann in der Demokratie letztlich nur durch Wahlen festgestellt werden: Wie sieht in diesem Zusammenhang das „Wahlmodell" von James Buchanan und Gordon Tullock aus?

d) Wie erfolgt dagegen die rein wohlfahrtsökonomische Bestimmung der optimalen Bereitstellung öffentlicher Güter in einer Zwei-Personen-/Zwei-Güter-Wirtschaft?

e) Ist staatliches Eingreifen bei Vorliegen von Marktversagen immer optimal?

f) Wann kann es sinnvoll sein, private Güter von öffentlichen Unternehmen bereitstellen zu lassen?

g) Staatseingriffe werden im Falle von so genannten „natürlichen Monopolen" gerechtfertigt; wie können hier Preise und Angebotsmengen kalkuliert werden?

h) Die Bereitstellung welcher öffentlicher Güter lässt sich mit Hilfe der Klubtheorie bestimmen? Welche Fragen müssen mit der Klubtheorie gelöst werden?

Lösungsskizze

Zu Aufgabe a)

Bei einer allokativen Begründung liegt Marktversagen immer dann vor, wenn mindestens einer der folgenden Tatbestände erfüllt ist: (1) Existenz öffentlicher Güter, (2) Existenz externer Effekte, (3) Existenz natürlicher Monopole, (4) unvollkommener Wettbewerb oder (5) Vorliegen von Informationsproblemen.

Dabei gilt, dass Marktversagen, das durch das Fehlen oder durch einen nur unzureichenden Wettbewerb (monopolistisches oder oligopolistisches Verhalten) zustande kommt, sich in verzerrten Marktpreisen spiegelt. Diese Marktpreise müssen nicht die sozialen Nutzen bzw. Kosten widerspiegeln!

Bei einer stabilisationsorientierten Begründung liegt Marktversagen immer dann vor, wenn eine Störung des gesamtwirtschaftlichen Gleichgewichts diagnostiziert wird. Diese Störung kann sich in Unterbeschäftigung, Inflation und/oder einem Ungleichgewicht in der Zahlungsbilanz ausdrücken.

Bei einer distributiven Begründung liegt Marktversagen immer dann vor, wenn eine staatliche Redistribution aufgrund einer als ungerecht angesehenen Primärverteilung der Einkommen als unumgänglich angesehen wird.

Zu Aufgabe b)

Kennzeichen der öffentlichen Güter sind:

* keine Ausschließbarkeit (kein Konsument kann einen anderen bei einem öffentlichen Gut von seinem Konsum ausschließen);

* keine Rivalität im Konsum (die Konsumenten rivalisieren untereinander beim Konsum eines öffentlichen Gutes);

* Free-rider-Problematik (jeder Konsument versucht der Tendenz nach das öffentliche Gut zu konsumieren, sich aber bei der Bereitstellung von Finanzierung für das öffentliche Gut zu entziehen). Allerdings wird die Free-rider-Problematik auch bei solchen Gütern beobachtet, die vom Staat oder von Privaten angeboten werden können, wie der öffentliche Nahverkehr.

Unterschieden werden so genannte „reine öffentliche Güter" (z.B. die innere Sicherheit, die Verteidigung) und meritorische (öffentliche) Güter (z.B. das Schulwesen).

Bei den meritorischen Gütern/Dienstleistungen sorgt der Staat für ein Angebot aufgrund staatlicher Zielvorstellungen (Abbau von Analphabetismus, gutes Abschneiden im „Pisa-Prozess" etc.), obwohl diese Güter/Dienstleistungen prinzipiell auch privat angeboten werden könnten, das heißt, bei meritorischen Gütern gilt durchaus das Ausschlussprinzip und die Rivalität im Konsum und/oder weil mit der Produktion/Nutzung dieser Güter positive externe Effekten verbunden sind.

Zu Aufgabe c)

In Abbildung V.1 sind auf der Ordinate die erwarteten volkswirtschaftlichen Kosten abgetragen, die sich in Abhängigkeit des benötigten Stimmenanteils ($0 \leq n \leq 1$) ergeben, der erforderlich ist, um die Bereitstellung eines öffentlichen Gutes zu gewährleisten. Dabei treten zwei Arten von Kosten auf. Zum einen so genannte „Entscheidungskosten" (D): Diese dürften, wenn Einstimmigkeit (n=1) verlangt ist, am größten ausfallen, da viele Menschen gewonnen, umgestimmt, mobilisiert

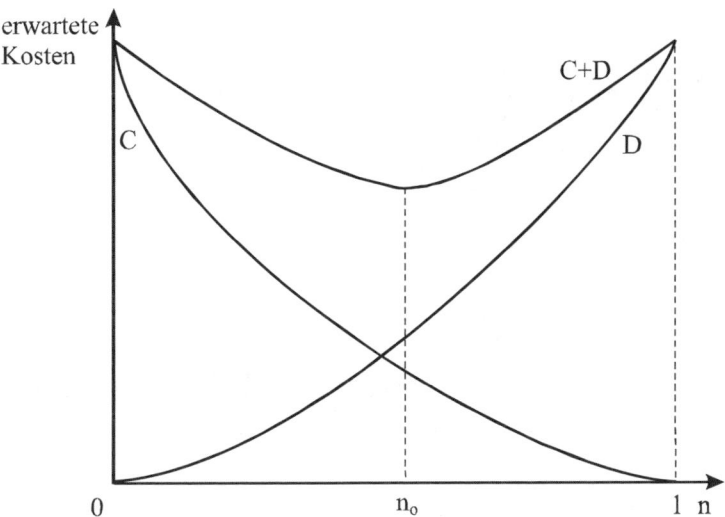

erwartete
Kosten

C+D

C

D

0 n_0 1 n

Abbildung V.1

etc. werden müssen. Dagegen dürften sie am niedrigsten sein, wenn es bereits ausreicht, wenn ein einziger Stimmbürger für die Bereitstellung des Gutes ist. Die Kurve D dürfte daher in der tat monoton ansteigend verlaufen. Hinzu kommen, so Buchanan und Tullock, so genannte externe Kosten (C): Dies Kosten beschreiben den erwarteten Nutzenverlust entsprechender Wahlentscheidungen, dessen Eintreten befürchtet werden muss im Vergleich zu einer pareto-optimalen Situation, also einem Angebot an öffentlichen Gütern, wie sie ein sozialer Planer gestalten würde. Die Intuition der monoton fallenden Kurve externer Kosten ist, dass Verwerfungen in der Allokation um so eher eintreten, je stärker Partikularinteressen, also geringe Stimmenanteile, über das Zustandekommen eines Angebots öffentlicher Güter befinden. Da in der Demokratie beide Arten von Kosten auftreten dürften, sollte, so Buchanan und Tullock, ein Minimum in der Kurve der totalen Kosten (C + D) angestrebt werden. Dieses kommt bei einem Stimmenanteil von n_0 zustande.

Zu Aufgabe d)

Als Ausgangspunkt ist in Abbildung V.2 das Indifferenzkurvensystem des Individuums J gegeben; könnte dieses Individuum alleine entscheiden, dann würde es einen Tangentialpunkt seiner Indifferenzkurve J_2 mit der Produktionsmöglichkeitenkurve im Punkt A anstreben. Nun macht aber die Aufteilung zwischen privaten und öffentlichen Gütern in einer 1-Personen-Ökonomie wenig Sinn.

Fragen wir daher wie sich mit dem prinzipiell gleichen Instrumentarium die Versorgung mit öffentlichen Gütern für zwei Individuen ableiten lässt. In Abbildung V.3 (S. 255) sind im oberen Teil erneut Alternativen für Individuum J eingezeichnet. Wenn es – mit dem Vorteil des „first movers" – sich für das Nutzenniveau J_0 entscheidet, dann ist für das zweite Individuum F bereits eine Vorabfestlegung

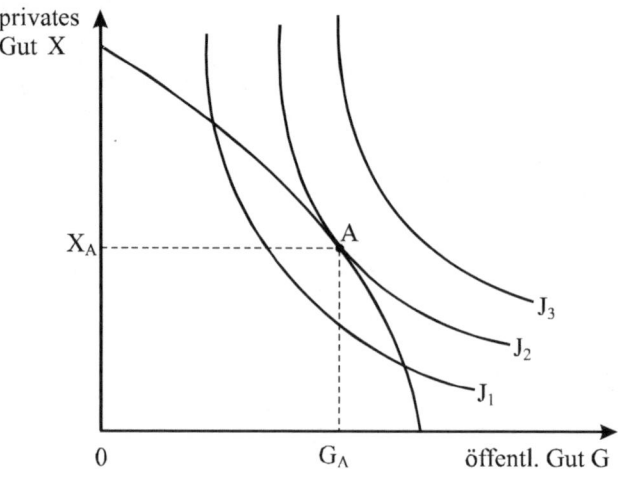

Abbildung V.2

getroffen: Die verbleibenden Konsummöglichkeiten lassen sich an der konkaven Kurve TT im unteren Teil der Abbildung ablesen. Diese ergibt sich durch „Subtraktion" der Indifferenzkurve J_0 von der Produktionsmöglichkeitenkurve PP. Dabei entspricht die Strecke CD aus dem unteren Teil der Abbildung der entsprechend bezeichneten Strecke im oberen Teil. Der höchste mögliche Nutzen, den Individuum F erreichen kann, liegt in Punkt H auf der Indifferenzkurve F_0. Somit kann zwar Individuum J über die Auswahl seiner Indifferenzkurve entscheiden, Individuum F legt aber durch die Wahl des Punktes H den Umfang des von beiden Individuen beanspruchten öffentlichen Gutes fest. Individuum J erhält schließlich im Umfang X_0^J Mengeneinheiten des privaten Gutes, Individuum F erhält seinerseits X_0^F Mengeneinheiten des privaten Gutes. Beide Individuen erhalten im Umfang von G_0 Mengeneinheiten des öffentlichen Gutes.

Zu Aufgabe e)

Nein! Denn die Politik kann natürlich nicht das Auftreten von Staats- bzw. Politikversagen ausschließen! Zwei häufige Typen von Staatsversagen sind die folgenden: Zum einen werden immer wieder symptomtherapeutische Maßnahmen – also Maßnahmen, die eher die Erscheinungsformen des Staatsversagens betreffen – den kausaltherapeutischen Maßnahmen – also Maßnahmen, die wirklich an den Ursachen des Staatsversagens ansetzen – vorgezogen. Zum anderen ist zu beobachten, dass die Staatstätigkeit ausgedehnter ist, als aufgrund von Marktversagen gerechtfertigt werden kann.

Zu Aufgabe f)

Sinnvoll kann dies sein, wenn ein natürliches Monopol (z. B. Wasser- und Stromversorgung) vorliegt. Dies gilt auch für den Fall, dass die Produktion mit sinken-

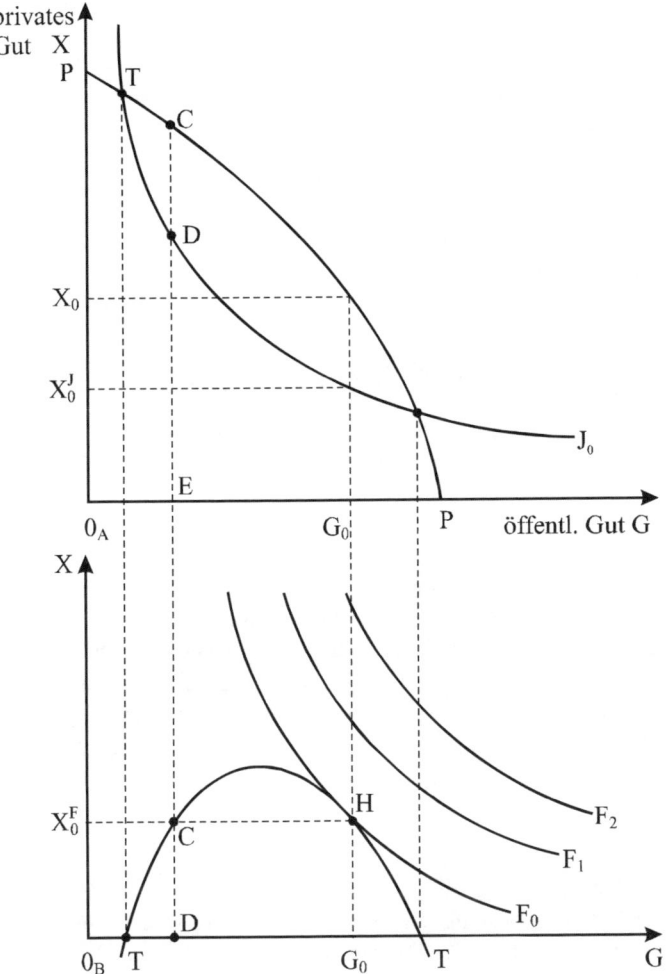

Abbildung V.3

den Durchschnittskosten verbunden ist. Schließlich kann eine staatliche Bereitstellung von Gütern angezeigt sein, wenn mit der Erzeugung positiver externer Effekte gerechnet werden kann.

Zu Aufgabe g)

Zur Illustration der Alternativen verwenden wir Abbildung V.4 (mit GU = Grenzumsatz, GK = Grenzkosten und DK = Durchschnittskosten): Bei staatlicher Festlegung von Preisen und Mengen im natürlichen Monopol ergeben sich die beiden folgenden Alternativen: Entscheidet sich der Staat für die „Als-ob-Wettbewerbslösung" (p = GK), dann führt das zu dem Wertepaar (x_A, p_A); das Kernproblem ist

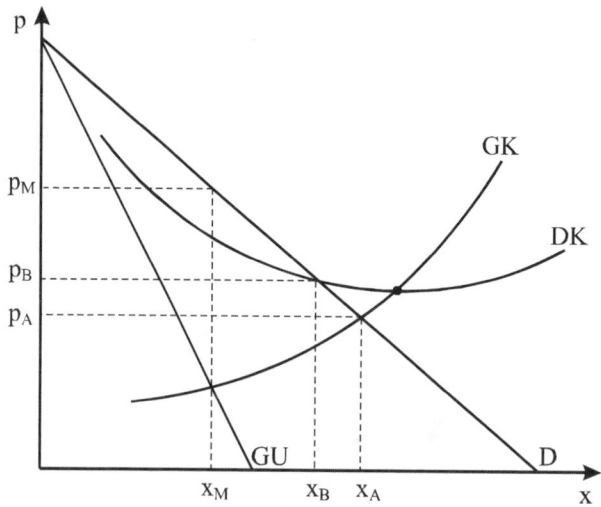

Abbildung V.4

hier aber, dass dann gilt: p < DK. Somit ist (von Subventionen abgesehen) ein langfristiges Ausscheiden aus dem Markt gewissermaßen „vorprogrammiert". Entscheidet sich der Staat dagegen für eine Regel von p = DK, so führt dies zu dem Wertepaar (x_B, p_B). Hier entsteht die Problematik aus dem Umstand, dass: $x_B < x_A$ und zugleich $p_B > p_A$. Mit anderen Worten: Die Marktversorgung bleibt hinter der „Als-ob-Wettbewerbslösung" zurück. Zugleich wird von den Nachfragern ein höherer, weil kostendeckender Preis gefordert.

Zu Aufgabe h)

Es handelt sich um öffentliche Güter, für die das Ausschlussprinzip gilt (der Ausschluss muss demnach kostenlos möglich sein) und/oder um öffentliche Güter, deren Bereitstellung mit konstanten Grenzkosten verbunden ist.

Als Beispiel für ein Clubgut kann gelten: Das Freibad. Die Begründung lautet, dass der Nutzen für den einzelnen mit zunehmender Nutzer-/Mitgliederzahl abnimmt. Zugleich sinken die Kosten der Nutzung mit steigenden Nutzerzahl.

Diskussion der Ergebnisse

Selbst ein klassisches öffentliches Gut wie die Verteidigung ist nicht unbedingt ein „reines": Nur dann, wenn die Verteidigungsanstrengungen alle Regionen eines Landes gleichermaßen schützen, dann ist Verteidigung in diesem Sinne ein reines öffentliches Gut. Will man diese These überprüfen, das heißt feststellen, ob in einem Land Verteidigung ein reines öffentliches Gut ist, dann darf es keine systematischen Abstimmungsunterschiede bei verteidigungspolitischen Themen zwischen Abgeordneten verschiedener Regionen dieses Landes geben. Denn: Die Anzahl der Verteidigungsprojekte steigt üblicherweise mit zunehmender Nähe zum

Aggressor; wenn Verteidigung ein reines öffentliches Gut ist, dann sollte aber die Produktion von Sicherheit unabhängig von der Distanz zum Aggressor und das Abstimmungsverhalten von Überlegungen zur Entfernung ebenfalls unabhängig sein.

Ergibt demnach der Befund, dass regional unterschiedliche Präferenzen für das öffentliche Gut Verteidigung existieren, dann besitzt in diesem Sinne Verteidigung als öffentliches Gut nur regionalen/lokalen Charakter und kann in diesem Fall nicht national angewandt werden. Diese Überlegungen gelten nicht nur für das Gut Verteidigung.

Im Falle des Vorliegens natürlicher Monopole gibt es nicht nur die Alternativlösungen: privates versus öffentliches Unternehmen. Es kann auch eine Konstruktion gewählt werden, bei der das Unternehmen im Privatbesitz bleibt, der Staat aber in Gestalt einer „Regulierungsbehörde" Einfluss auf die Preissetzung (und damit indirekt auf das Angebot) nimmt. Regulierungsbehörden gibt es in Deutschland in den Bereichen Telekommunikation, Erdgas etc.

Es ist durchaus umstritten, ob Marktversagen im Hinblick auf Verteilungsziele grundsätzlich bestehen kann. Denn die Ergebnisse, welche Marktprozesse hervorbringen, sind fast zwangsläufig „ungleich verteilt". Der Markt selbst kann hier keine soziale Aufgabe übernehmen.

Literaturempfehlung

* Engelkamp und Sell (2005): S. 399–410.

Aufgabe 2:   Verteilung und Umverteilung

Es ist unbestritten, dass der Staat in der sozialen Marktwirtschaft u. a. die Aufgabe hat, die von den Marktprozessen hergestellte Primärverteilung auf „Ungerechtigkeiten" hin zu prüfen und entsprechend durch Umverteilung zu korrigieren. Als Instrumente stehen ihm dazu Transfers und Steuern zur Verfügung. Nicht zufällig wird auch in diesem Zusammenhang von „Steuergerechtigkeit" gesprochen. Für eine konsistente Verteilungspolitik braucht es allerdings eine widerspruchsfreie wirtschaftspolitische Konzeption/soziale Wohlfahrtsfunktion, aus der heraus sich Verteilungsziele formulieren lassen.

a)   Worauf spielt der Begriff „Steuergerechtigkeit" an?

b)   Was versteht man unter horizontaler Steuergerechtigkeit, und woran lässt sie sich messen?

c)   Welches Konzept ist mit vertikaler Steuergerechtigkeit verbunden?

d)   Wo sind verteilungspolitische Vorstellungen verankert?

e)   Was versteht man unter effizienter Besteuerung?

f)   Wie lässt sich Einkommens(um)verteilung in einer Zwei-Personen-Wirtschaft mit Hilfe der Marginalanalyse erklären bzw. organisieren?

Lösungsskizze

Zu Aufgabe a)

Ziel der Besteuerung ist es, eine „gerechte" Einkommens- und Vermögensverteilung zu erreichen.

Zu Aufgabe b)

Unter horizontaler Steuergerechtigkeit versteht man die steuerliche Gleichbehandlung von Personen in gleichen wirtschaftlichen Lagen. Als Maßstab für „gleiche wirtschaftliche Lagen" können dabei dienen: ein periodisches Einkommen, periodische Konsumausgaben, individuelles Vermögen.

Zu Aufgabe c)

Unter vertikaler Steuergerechtigkeit versteht man: Wie sollen Personen in unterschiedlichen wirtschaftlichen Lagen besteuert werden?

Zu Aufgabe d)

Grundlage für verteilungspolitische Vorstellungen ist i.d.R eine soziale Wohlfahrtsfunktion. Diese enthält bzw. impliziert eine bestimmte verteilungspolitische Vorstellung. Dabei können Steuern als Instrumente der (Um-)Verteilungspolitik betrachtet werden.

Zu Aufgabe e)

Eine effiziente Steuer vermeidet es, in die private Entscheidungsfindung einzugreifen, mithin diese zu verzerren. Es geht bei einem gegebenen Steueraufkommen darum, die durch die Steuer verursachten Wohlfahrtsverluste zu minimieren.

Zusatzlasten durch die Besteuerung (etwa zusätzliche Wohlfahrtseinbußen durch eine direkte Steuer im Vergleich zum Nutzenentgang gegenüber einer speziellen Verbrauchssteuer mit dem gleichen Steueraufkommen) sind ebenso zu minimieren.

Zu Aufgabe f)

Gegeben sei ein fester Einkommensbetrag, der zwischen den Individuen A und B effizient zu verteilen ist; dabei sei GN^i der jeweilige Grenznutzen des Individuums i (i = A, B). Zeichnen wir beide Grenznutzenfunktionen in ein Diagramm (vgl. Abbildung V.5), so würde sich bei identischen Grenznutzenfunktionen von A und B als Lösung die Gleichverteilung des Einkommensbetrages anbieten, sodass jedes Individuum das Einkommen $\bar{y}$ erhält. Probleme treten allerdings schnell auf, wenn die Grenznutzen des Einkommens für beide Individuen nicht identisch sind, etwa wenn für Individuum A nach wie vor die Linie aa gilt, für Individuum B dagegen jetzt die Linie b'b'. Die Regel „Ausgleich der Grenznutzen" würde jetzt Individuum A das Einkommen $\bar{y}'$ bescheren, Individuum B müsste sich mit dem

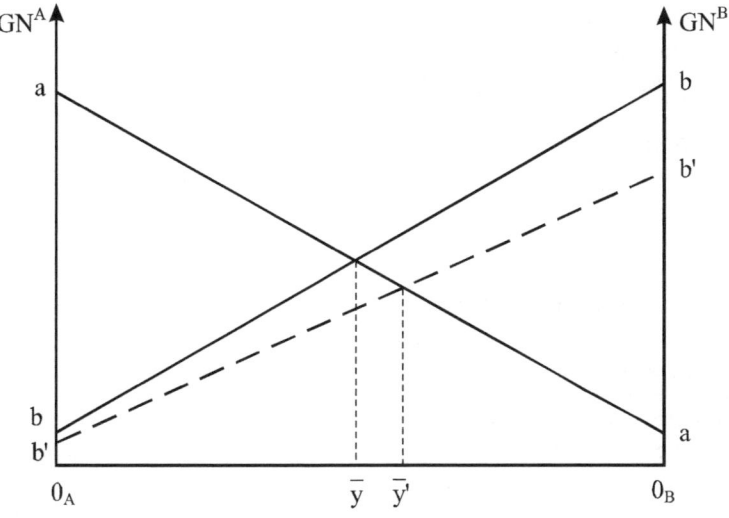

Abbildung V.5

kleineren Rest zufrieden geben: Wo liegt die Lösung? Es braucht eine soziale Wohlfahrtsfunktion, welche den Einkommensausgleich ausdrückt, der von der Gesellschaft gewünscht wird. So könnten A beispielsweise Steuern auferlegt werden, deren Aufkommen an B transferiert wird, sodass sich – wenn dies von der Gesellschaft gewünscht wird – wieder eine Einkommensgleichheit bei $\bar{y}$ einstellt.

Diskussion der Ergebnisse

Der ökonomische Gerechtigkeitsbegriff, wie er in den Konzepten der Steuergerechtigkeit durchscheint, hat keine „positiven Gerechtigkeitsvorstellungen", also Anschauungen darüber, wie die Gesellschaft in einem Optimalzustand auszusehen hätte. Es geht vielmehr darum, vermutete Schieflagen zu beseitigen.

Bei der Beurteilung „gleicher wirtschaftlicher Lagen" besteht die Schwierigkeit, die herangezogenen Kriterien, die sich nicht einfach aggregieren lassen, zu gewichten. Das Vermögen zu berücksichtigen macht nur in einer Gesellschaft Sinn, in der erstens signifikant gespart wird und in der zweitens das Einkommen der Arbeitnehmer zu einem gewissen Anteil über das reine Arbeitseinkommen hinausgeht.

Wenn die Grenznutzen der Einkommen nicht hinreichend sicher festgestellt werden können, gibt es keine gesicherte wissenschaftliche Grundlage für eine Politik der Gleichverteilung des Einkommens.

Direkte Steuern haben für den Staat den fiskalischen Vorteil, direkt an der Einkommensentstehung anzusetzen. Indirekte Steuern bzw. Verbrauchssteuern, setzten aber, wie der Begriff schon sagt, einen Verbrauch (in signifikanter Höhe) voraus. Davor liegt aber die autonome Entscheidung der Haushalte für oder gegen den Verbrauch bestimmter Güter. Unter Allokationsgesichtspunkten haben direkte

Steuern den Nachteil, dass sie eine andere Allokation, etwa von Freizeit und Arbeitszeit induzieren als sie ohne die Besteuerung „freiwillig", und in diesem Sinne optimal, zustande käme.

Literaturempfehlung

• Engelkamp und Sell (2005): S. 399–410.

V.2   Öffentlicher Haushalt

Aufgabe 1:   Staatsausgaben

Der Wohlfahrtsstaat ist unter dem Anpassungsdruck der Globalisierung gezwungen, beständig die Höhe und die Struktur seiner Staatsausgaben zu (über)prüfen. Erschwerend kommt hinzu, dass staatliche Ausgaben dem Hysterese-Phänomen unterliegen, bei den Privaten Anpassungsreaktionen auslösen, deren Nachfrage u. U. verdrängen können und häufig auf hartnäckigen Widerstand bei denjenigen stoßen, die zwar in den Genuss staatlicher Dienstleistungen/Güter kommen wollen, aber wenig Neigung zeigen, sich an der Finanzierung von Staatsausgaben zu beteiligen. Über all dem liegt der Finanzierungsvorbehalt staatlicher Ausgaben, dem sowohl kurz- als auch langfristig statt zu geben ist.

a)   Was versteht man unter dem so genannten „Displacement-Effekt"?

b)   Stehen (auch) Staatsausgaben unter einem Finanzierungsvorbehalt?

c)   Was besagt das so genannte „Ricardianische Äquivalenztheorem"?

d)   Über welche vier Mechanismen kann es prinzipiell zu einem Crowding-Out kommen?

e)   Was ist ein Trittbrettfahrerproblem (free-rider-Problematik)?

f)   Welche Voraussetzungen müssen erfüllt sein, damit es zu einer free-rider-Problematik kommt?

Lösungsskizze

Zu Aufgabe a)

Unter dem „Displacement-Effekt" versteht man ein Phänomen im Zusammenhang mit einer Entwicklung strukturell steigender Staatsausgaben. Wie in Abbildung V.6 dargestellt, findet sich, wenn man das Niveau der Staatsausgaben (G) in Abhängigkeit der Zeit betrachtet, in Ländern, die schwere ökonomische Krisen (Kriege, Seuchen, Hungerkatastrophen, Finanzmarktkrisen) erfahren, geradezu eine sockelartig steigende Entwicklung der Staatsausgaben. Das heißt, dass das nach Überwindung der Krise erreichte höhere Niveau der Staatsausgaben und der Steuerbelastung wird in der Folgezeit nur unvollständig zurückgeführt.

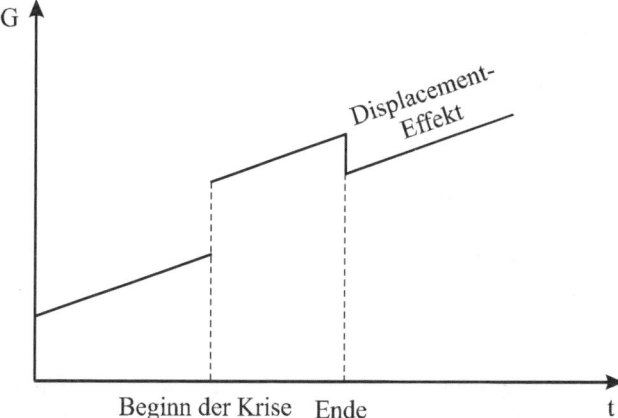

Abbildung V.6

Ein Erklärungsansatz hierfür ist die aus dem Magnetismus bekannte „Hysterese": Hier verbleiben Metalle auch dann noch unter einem, wenngleich schwächeren Einfluss eines Magnetfeldes, wenn dieses selbst „physisch" gar nicht mehr auf sie einwirkt. Auf das Thema der stufenartig steigenden Staatsausgaben übertragen hieße das, dass etwa während einer Krise durch den Staat geschaffene „*Task Forces*", Referate, Verwaltungsebenen etc. auch dann fortbestehen, wenn der Grund für Ihre Schaffung fortgefallen ist. Mit Hilfe des Bürokratieansatzes kann ein solches Phänomen gut erklärt werden.

Zu Aufgabe b)

Staatsausgaben stehen unter einem kurz- und langfristigen Finanzierungsvorbehalt: Kurzfristig sind zunächst die folgenden definitorischen Zusammenhänge zu beachten: Übersteigen die aktuellen Staatsausgaben die regulären Einnahmen des Staates (v.a. aus Steuern und Gebühren), dann ist eine Nettoneuverschuldung zwingend erforderlich. Zwischen einem Budget-Defizit (DEF), der Nettoneuverschuldung (NV) und dem Schuldenstand bestehen folgende Beziehungen: Plant der Staat höhere Ausgaben (G) als Einnahmen (S), so entsteht ein Defizit DEF:

$$DEF = G - S = NV. \tag{1}$$

Dieses Defizit wird auch Nettoneuverschuldung genannt und ist eine Stromgröße. Der Schuldenstand (B) ist dagegen eine Bestandsgröße:

$$B_n = \sum_{i=1}^{n}(G_i - S_i). \tag{2}$$

Dabei wird hier davon ausgegangen, dass in den Ausgaben der laufenden Periode Tilgungs- und Zinszahlungen auf bereits bestehende Schulden des Staates enthalten sind. Der langfristige Finanzierungsvorbehalt staatlicher Ausgaben liegt in der „Tragfähigkeit" der Staatsverschuldung. Hier gilt folgendes:

$$FS_t = S_t - G_t - rB_t \tag{3}$$

$$-FS_t = B_{t+1} - B_t = \frac{B_{t+1}}{Y_{t+1}} Y_{t+1} - B_t. \tag{4}$$

Dabei ist FS_t der so genannte gesamtstaatliche Finanzierungssaldo, S_t sind die öffentlichen Einnahmen, jetzt aus Steuern *und* Sozialversicherungsbeiträgen, G_t sind jetzt die gesamten stattlichen Ausgaben ohne Zinsausgaben, r der als konstant angenommen Zinssatz und B_t der zu Beginn der Periode t vorhandene Schuldenstand. Der gesamtstaatliche Primärsaldo ergibt sich aus:

$$P_t = S_t - G_t. \tag{5}$$

Ob eine Finanzlage auf Dauer tragfähig ist, wird im EU-Vertrag über Referenzwerte für die Relation des Finanzierungssaldos bzw. des Schuldenstands zum Bruttoinlandsprodukt bestimmt. Dividieren wir alle Größen in (3) durch das Bruttoinlandsprodukt unter Berücksichtigung von (4) und (5) und schreiben alle normierten Größen mit kleinen Buchstaben:

$$-fs_t = b_{t+1} \frac{Y_{t+1}}{Y_t} - b_t = -p_t + rb_t. \tag{6}$$

Definieren wir zusätzlich

$$\frac{Y_{t+1}}{Y_t} = \frac{Y_t}{Y_t} + n = 1 + n, \tag{7}$$

so ergibt sich:

$$b_{t+1} = -\frac{p_t}{1+n} + \frac{1+r}{1+n} b_t \quad \text{oder} \quad b_t = \frac{p_t}{1+r} + \frac{1+n}{1+r} b_{t+1} \tag{8}$$

oder

$$0 = b_t - \frac{1+n}{1+r} b_{t+1} - \frac{p_t}{1+r} \tag{9}$$

$$0 = b_{t+1} - \frac{1+n}{1+r} b_{t+2} - \frac{p_{t+1}}{1+r}. \tag{10}$$

Einsetzen von (10) in (9) ergibt:

$$0 = b_t - \frac{1+n}{1+r} \left(\frac{1+n}{1+r} b_{t+2} + \frac{p_{t+1}}{1+r} \right) - \frac{p_t}{1+r}. \tag{11}$$

Gleichung (8) beschreibt die Entwicklung der Schuldenstandsquote in Abhängigkeit der Primärsaldenquote für gegebene Werte von r und n. Schreibt man Gleichung (9) so hin, dass insgesamt T Jahre betrachtet werden, beginnend in einem Jahr 0 und endend mit dem Jahr T–1, so erhält man die in Barwerten ausgedrückte intertemporale Budgetgleichung des Staates:

$$0 = b_0 - \left(\frac{1+n}{1+r}\right)^T b_T - \sum_{t=0}^{T-1} \frac{p_t}{1+n}\left(\frac{1+n}{1+r}\right)^{t+1}. \tag{12}$$

Gleichung (12) besagt, dass die Differenz zwischen den Anfangsschulden und dem Barwert des Schuldenstands zu Beginn der Periode T dem Barwert der Primärdefizite oder -überschüsse entsprechen muss. Diese Bilanzgleichung ist eine definitorische Beziehung, ist also ex-post immer erfüllt, aber nicht unbedingt ex-ante.

Geht man davon aus, dass langfristig r > n, dann lässt sich folgender Grenzwert betrachten:

$$\lim_{T\to\infty} b_T \left(\frac{1+n}{1+r}\right)^T = 0. \tag{13}$$

Dann vereinfacht sich Formel (12) zu:

$$0 = b_0 - \sum_{t=0}^{\infty} \frac{p_t}{1+n}\left(\frac{1+n}{1+r}\right)^{t+1}. \tag{14}$$

Mit anderen Worten: Bei unendlich langem Zeithorizont muss ein barwertmäßiger Überschuss (in Relation zum nominalen BIP) erzielt werden, der gerade dem Schuldenstand; genauer: der aktuellen Schuldenstandsquote der Ausgangsperiode entspricht. Ist dies nicht der Fall, so entsteht eine Tragfähigkeitslücke, die einen unabweisbaren finanzpolitischen Korrekturbedarf erzwingt:

$$TL_0 = b_0 - \sum_{t=0}^{\infty} \frac{\bar{p}_t}{1+n}\left(\frac{1+n}{1+r}\right)^{t+1}. \tag{15}$$

Im Unterschied zu oben handelt es sich bei den Primärüberschüssen (oder Primärdefiziten) jetzt um solche, die nicht allgemein die Bedingung (14) erfüllen, sondern um solche, die sich aus der Fortschreibung der aktuellen Regelungen in der Abgaben- und in der Ausgabenpolitik ergeben. Handelt es sich bei den Primärsalden nicht um Überschüsse, sondern um Defizite, übersteigen also die Ausgaben die Einnahmen nach Barwerten, so entspricht dieser Ausdruck einer impliziten Staatsschuld. Die Tragfähigkeitslücke setzt sich dann aus der aktuellen, expliziten Schuldenstandsquote (b_0) und einer impliziten Schuldenstandsquote zusammen.

Zu Aufgabe c)

Ändert der Staat seinen „Finanzierungsmix" gegebener Staatskäufe zugunsten der Staatsverschuldung, so stehen der kurzfristigen Steuersenkung langfristig Steuererhöhungen gegenüber, die zur Finanzierung der Zinszahlungen notwendig werden. Bei vollständiger Antizipation dieser zukünftigen Steuererhöhungen bleibt die Nettovermögensposition der Individuen durch die Ausgabe der Staatsschuldpapiere unberührt; sie erhöhen im Ausmaß der zusätzlichen Staatsverschuldung (= kurzfristige Steuersenkung) ihre Ersparnis, sodass reale ökonomische Größen durch die geänderte Finanzierungsstruktur nicht tangiert werden.

Dieses Argumentationsschema basiert auf der Annahme eines unendlichen Planungshorizonts seitens der Individuen. Unter Hinweis auf diese Restriktion wurde das Äquivalenztheorem meistens abgelehnt (Buchanan (1958), aber auch Ricardo (1821) selbst). Eine erhebliche Belebung erfuhr die Diskussion durch die Arbeit von Robert J. Barro (1974), der durch die Berücksichtigung eines Vererbungsmotivs den scheinbaren Widerspruch zwischen der endlichen Lebensdauer eines Individuums und der Annahme eines unendlichen Planungshorizonts auflöste.

Wie von Robert Barro gezeigt, impliziert ein wirksames Vererbungsmotiv die Gültigkeit des Äquivalenztheorems. Die Individuen konterkarieren in diesem Fall durch ein entsprechend angepasstes Vererbungsverhalten die realen Effekte einer geänderten Finanzierungsstruktur von Staatsausgaben.

Zu Aufgabe d)

Vier denkbare Mechanismen sind die folgenden: Erstens findet bei Steuerfinanzierung von Staatsausgaben eine direkte Einkommensreduktion der Privaten statt, sodass die private Nachfrage entsprechend fallen muss. Zweitens kann über einen Zinsanstieg Investitionsnachfrage und, bei zinselastischer Ersparnis, Konsumnachfrage verdrängt werden. Drittens können, wie im allgemeinen Keynesianischen Modell, Preissteigerungen den Rückgang privater Nachfrage verursachen. Und schließlich kann das Crowding-Out über eine Rationierung am Gütermarkt erfolgen, wenn die Güternachfrage das Angebot übersteigt, die Preise fixiert sind und staatliche Nachfrage Vorrang vor privater Nachfrage hat.

Zu Aufgabe e)

Unter dem Trittbrettfahrerproblem (free-rider-Problematik) versteht man, dass ein Individuum von der Erbringung von öffentlichen Diensten und dem Angebot öffentlicher Güter profitieren will, ohne dass es zur Bereitstellung bzw. Finanzierung dieser Dienste/Güter beigetragen hat. Es liegt also eine mangelnde Bereitschaft der Individuen vor, freiwillig die Bereitstellung öffentlicher Güter zu unterstützen.

Zu Aufgabe f)

Die wichtigste Voraussetzung für das Auftreten eines Trittbrettfahrerproblems ist, dass es sich um ein öffentliches Gut/eine öffentliche Dienstleistung handeln muss. Im Falle eines privaten Gutes gelten die Prinzipien der Rivalität im Konsum und der Ausschließbarkeit. Beide sorgen, von kriminellen Handlungen einmal abgesehen, gewissermaßen von alleine dafür, dass sich Konsumenten nicht in die Position des Trittbrettfahrers begeben können.

Diskussion der Ergebnisse

Die implizite Staatsschuld kommt in Deutschland vor allem durch die Zahlungsverpflichtungen des Staates zustande, die dieser aus den Renten- und Pensionsansprüchen seiner Staatsbürger zu erwarten hat.

Da demnach der aktuellen Schuldenstandsquote kein barwertmäßiger Überschuss gegenübersteht, ist bereits die für den Maastrichter Vertrag maßgebliche explizite (aktuelle) Schuldenstandsquote nicht tragfähig.

Crowding-Out am Kapitalmarkt ist im Übrigen ausgeschlossen, wenn die staatliche Neuverschuldung im Sinne neuklassischen Makroökonomik die privaten Haushalte zu einer erhöhten Spartätigkeit veranlasst. Bei rationalen Erwartungen muss diese nämlich gerade so hoch ausfallen, dass sie die zu erwartende Steuererhöhung kompensiert.

Literaturempfehlungen

* Engelkamp und Sell (2005): S. 399–410.

* Sachverständigenrat (SVR, 2002): S. 425–470.

Aufgabe 2:   Staatseinnahmen

Im Zeitalter der Globalisierung hat der Staat zunehmend Schwierigkeiten, sich seine Steuerbasis zu erhalten. Im Bereich der indirekten Steuern versuchen die Unternehmen, die Last der Steuer auf die Nachfrager abzuwälzen. Im Bereich der direkten Steuern wird es immer weniger üblich, Kapital und Arbeit gleichmäßig zu belasten, da sich der vergleichsweise mobile Produktionsfaktor Kapital der Besteuerung weitgehend entziehen kann. Das führt dann zu einer strukturell überhöhten Belastung des (vergleichsweise immobilen) Produktionsfaktors Arbeit.

a) Was versteht man unter „Steuerüberwälzung" (*tax shifting*)?

b) Wie sind die Wirkungen von Stücksteuern bei unterschiedlich elastischen Marktfunktionen?

c) Welche Prinzipien konkurrierten miteinander bei den Verbrauchssteuern in Europa?

d) Welche gegenwärtige Regelung haben wir in Europa bei den Mehrwertsteuern im Hinblick auf Vorsteuerabzugsrecht und Erstattungen?

e) Welche Reformvorschläge gab es und für welchen hat man sich am Ende entschieden?

f) Wie ist die Wirkung der Einkommenssteuer auf das Arbeitsangebot zu beurteilen?

g) Diskutieren Sie die Ausgestaltung unterschiedlicher Steuertarife für die Einkommensteuer!

Lösungsskizze

Zu Aufgabe a)

Beim Begriff der Steuerüberwälzung handelt es sich um den (mehr oder weniger) gelungenen Versuch eines Schuldners, ihm auferlegte Steuern im Preisbildungsprozess einer anderen Personengruppe dadurch anzulasten, dass er die gezahlten Zusatzsteuern durch erhöhte Preise der von ihm verkauften Güter und Dienste kompensiert.

Zu Aufgabe b)

Im Falle von Stücksteuern (analog: Stückzölle) ist es unter bestimmten Bedingungen den Anbietern möglich, eine vollständige Steuerüberwälzung auf die Nachfrager zu erreichen. Dabei kommt es aber in der Tat, so wie es die Frage oben anklingen lässt, auf die spezielle Gestalt, genauer: auf die Preiselastizitäten der Marktfunktionen auf Angebots- und Nachfrageseite an. Im ersten hier vorgestellten Fall verläuft die (ursprüngliche und modifizierte) Angebotsfunktion „normal", während die Nachfragelinie vollkommen preisunelastisch eingezeichnet ist (vgl. Abbildung V.7a). Die eingezeichneten Preise seien die aus der Sicht der Unternehmer maßgeblichen Nettostückerlöse. Die neu erhobene Stücksteuer verschiebt die ursprüngliche Angebotsfunktion nach links oben, bei unveränderter Lage der Nachfragefunktion. Wie zu sehen ist, gelingt den Anbietern in diesem Fall eine völlige Preisüberwälzung, sodass der Nettostückerlös nach Steuererhebung mit dem Nettostückerlös vor Steuererhebung identisch ist.

Im zweiten Fall (vgl. Abbildung V.7b) wandeln wir die Marktverhältnisse grundlegend ab und zwar dergestalt, dass jetzt im Ergebnis die Steuer vollständig von den Anbietern getragen wird. Voraussetzung dafür ist, dass jetzt die Angebotsfunktionen (ursprüngliche und modifizierte) weiterhin „normal" verlaufen, während die Nachfrageseite jetzt eine unendlich hohe Preiselastizität der Nachfrage aufweist. Das Ergebnis könnte für die Anbieter nicht schlechter sein, denn, wie

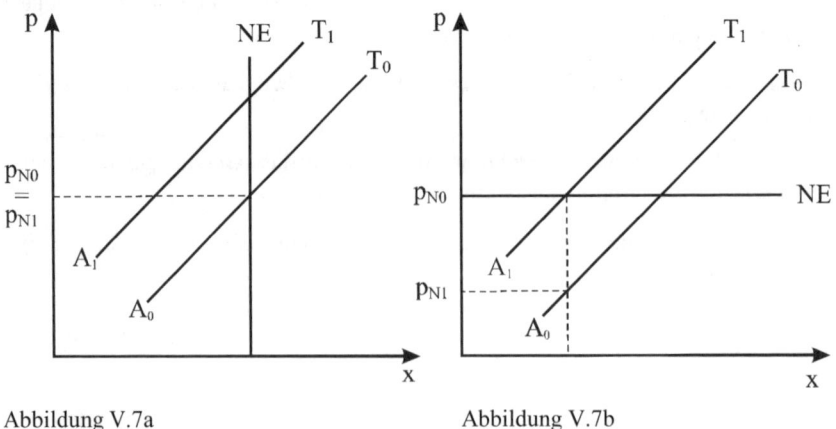

Abbildung V.7a   Abbildung V.7b

Abbildung V.7b ausweist, sinkt der Nettostückerlös der Unternehmer um den vollen Betrag der Stücksteuer, die demnach nun vollständig von ihnen getragen werden muss.

Eine vollkommene Überwälzung der neue eingeführten Stücksteuer auf die Gruppe der Nachfrager ist dagegen (auch) in der folgenden Konstellation denkbar (vgl. Abbildung V.8a): Jetzt verläuft die Nachfragefunktion „normal", die (ursprüngliche und die modifizierte) Angebotsfunktion dagegen völlig elastisch. Auch dieses Mal gelingt es den Unternehmern, die Stücksteuer völlig auf die Nachfrager zu überwälzen, was wir im Übrigen daran erkennen, dass erneut der Nettostückerlös unverändert bleibt.

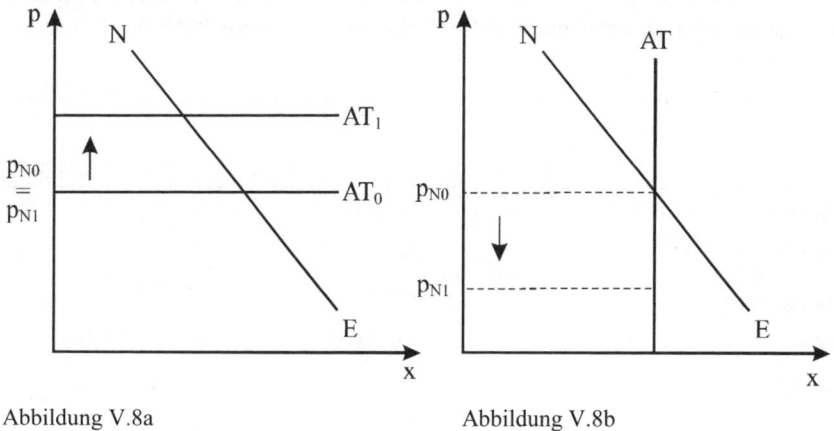

Abbildung V.8a   Abbildung V.8b

Schließlich betrachten wir den gerade entgegengesetzten Fall (vgl. Abbildung V.8b), bei dem die Nachfragelinie erneut „normal" verläuft, die Angebotslinie dagegen völlig preisunelastisch geraten ist. Auch hier ist keine Überwälzung der neu eingeführten Stücksteuer auf die Nachfrager möglich. Dies erkennen wir daran, dass der Nettostückerlös der Unternehmer um den vollen Betrag der Stücksteuer sinkt.

Zu Aufgabe c)

Bestimmungslandprinzip: Besteuerung mit den Sätzen jenes Landes, in das die Güter exportiert werden. Im Inland werden die Exportgüter von der heimischen Steuer entlastet, der Import ausländischer Güter wird mit der heimischen Steuer belastet.

Ursprungslandprinzip: Besteuerung mit den Sätzen jenes Landes, aus denen die Güter stammen. Ein Ausgleich der Unterschiede wäre vor Einführung der EWWU durch eine einmalige Wechselkursanpassung im Rahmen des EWS I möglich gewesen.

Zu Aufgabe d)

Gegenwärtig gilt in der EU das Bestimmungslandprinzip: Es findet demnach eine Besteuerung des jeweiligen inländischen Konsums statt. Im Importland findet ein Vorsteuerabzug, im Exportland dagegen eine Erstattung an der Grenze statt. Seit 1999 gab es in der EU einen Feldversuch, wonach die EU-Staaten den geltenden Mindeststeuersatz für die Mehrwertsteuer von 15 Prozent für bestimmte arbeitsintensive Branchen unterschreiten dürfen. Die Sonderregelung galt etwa für die Reparatur von Schuhen, Kleidung und Fahrrädern, Renovierungen in Privathäusern oder Frisörarbeiten. Diese Regelung lief Ende des Jahres 2005 aus. Neun EU-Staaten aus Mittel- und Osteuropa wollen diese Regelung aber beibehalten auch in 2006 und darüber hinaus fortbehalten; einen Überblick über die derzeit geltenden Umsatzsteuersätze (Länder mit Sonderregelung sind hervorgehoben) gibt die folgende Tabelle:

Staat	Steuersätze		Staat	Steuersätze	
	normal	ermäßigt		normal	ermäßigt
Belgien	21	6/12	*Niederlande*	19	6
Dänemark	25	–	Österreich	20	10/12
Deutschland	19	7	Polen	22	3/7
Estland	18	5	*Portugal*	19	5/12
Finnland	22	8/17	Schweden	25	6/12
Frankreich	19,6	11/5,5	Slowakei	19	–
Griechenland	18	4/8	Slowenien	20	8,5
Irland	21	4,4/13,5	*Spanien*	16	4/7
Italien	20	4/10	Tschechien	19	5
Lettland	18	5	Ungarn	25	5/15
Litauen	18	5/9	*Verein. Königreich*	17,5	5
Luxemburg	15	3/6/12	Zypern*)	15	5
Malta	18	5	*) nur griechischsprachiger Teil		

Quellen: BMF und Handelsblatt Nr. 16 vom 23.01.2006, S. 3.

Mit Beginn des Binnenmarktes am 1. Januar 1993 wurden die Steuerkontrollen an den Binnengrenzen abgeschafft und ein neues MwSt-Kontrollsystem für den innergemeinschaftlichen Handel eingerichtet. Der größte Vorteil dieses Systems war die Verringerung des Verwaltungsaufwandes für die Unternehmen: Jährlich entfielen rund 60 Millionen Zollpapiere.

Nach diesen neuen MwSt-Vorschriften sind innergemeinschaftliche Lieferungen von Gegenständen an Steuerpflichtige in anderen Mitgliedstaaten im Abgangsmitgliedstaat von der MwSt befreit, dafür sind sie aber in dem betreffenden Ankunftsmitgliedstaat mit der MwSt zu belasten. Jeder Steuerpflichtige muss deshalb in solchen Fällen die Möglichkeit haben, auf einfache und schnelle Weise zu prüfen, ob seine Kunden im anderen Mitgliedstaat steuerpflichtig sind und über eine gültige MwSt-Nummer verfügen. Jede Steuerverwaltung unterhält u.a. zu diesem Zweck eine elektronische Datenbank mit den Daten der MwSt-Registrierungen aller Wirtschaftsbeteiligten, für die sie zuständig ist. Dazu gehören die MwSt-Nummer, das Datum der Registrierung, Name und Anschrift des Steuerpflichtigen und gegebenenfalls das Datum, an dem die MwSt-Nummer verfällt.

Um den Fluss der in den einzelnen Mitgliedstaaten gespeicherten Daten über die Binnengrenzen hinweg zu gewährleisten, wurde ein elektronisches MwSt-Informationsaustauschsystem (MIAS) eingeführt, über das

• Unternehmen sich die Gültigkeit der MwSt-Nummern ihrer Geschäftspartner bestätigen lassen können und

• Steuerverwaltungen den Fluss des innergemeinschaftlichen Handels beobachten und auf etwaige Unregelmäßigkeiten hin überprüfen können.

Ein Steuerpflichtiger kann die MwSt, die er beim Erwerb von Gegenständen und Dienstleistungen gezahlt hat, als Vorsteuer abziehen, wenn er die erworbenen Gegenstände oder Dienstleistungen im Rahmen seiner Unternehmenstätigkeit verwendet. Er hat jedoch kein Recht auf Vorsteuerabzug,

• wenn er die betreffenden Gegenstände oder Dienstleistungen für eine von der MwSt befreite Tätigkeit verwendet oder

• wenn er für seine Verkäufe keine MwSt in Rechnung stellen muss (zum Beispiel Schulen, Banken, Versicherungsgesellschaften, unter dem Schwellenwert für die MwSt-Registrierung liegende Kleinunternehmen).

Ein Steuerpflichtiger, bei dem der Betrag der Vorsteuer den Betrag der MwSt auf seine Verkäufe übersteigt, hat Anspruch auf Erstattung der Differenz durch den Fiskus. Die Mitgliedstaaten können jedoch diesen Betrag auf den folgenden Steuerzeitraum übertragen und mit der dann geschuldeten Steuer verrechnen. Steuerpflichtige, die im Zusammenhang mit ihrer Unternehmenstätigkeit in einem Mitgliedstaat der EU MwSt gezahlt haben, in dem sie weder Gegenstände liefern noch Dienstleistungen erbringen, können sich diese MwSt von dem betreffenden Mitgliedstaat erstatten lassen. In einigen Mitgliedstaaten ist das Recht auf Vorsteuerabzug beschränkt (z.B. Restaurantkosten, Repräsentationsaufwendungen, Autos, Kraftstoff). Im Anschluss noch einige Beispiele:

Exportierende Händler: Ein deutscher Exporteur verkauft in Deutschland erworbene Waren – in deren Preis 19 v.H. MwSt enthalten sind – ins Ausland; dann bekommt er die vorher gezahlte MwSt vom deutschen Fiskus an der Grenze erstattet. Der französische Fiskus erhebt einen MwSt-Satz von 19,6 v.H., den der französische Konsument zahlen muss und hat entsprechende Steuereinnahmen. Ein französischer Exporteur verkauft in Frankreich erworbene Waren – in deren Preis 19,6 v. H. französische MwSt enthalten sind – ins deutsche Ausland; dann bekommt er die vorher gezahlte MwSt vom französischen Fiskus an der Grenze erstattet. Der deutsche Fiskus erhebt einen MW-Satz von 19 v. H., den der deutsche Konsument zahlen muss und hat entsprechende Steuereinnahmen.

Importierende Händler: Ein deutscher Importeur kann dagegen einen Vorsteuerabzug vornehmen: die von ihm erworbenen Waren enthalten 19,6 v. H. französische Mehrwertsteuer, die der französische Fiskus einbehält. Der Importeur schuldet beim Verkauf in Deutschland unserem Fiskus 19 v. H. Mehrwertsteuer, er setzt die in Frankreich gezahlte Mehrwertsteuer ab (Vorsteuerabzug). Im Ergebnis wird hier der deutsche Fiskus belastet, während Frankreich keine Einbußen hat. Ein solcher Vorsteuerabzug ist in allen EG-Ländern erlaubt. In Falle eines französischen Importeurs zahlt dieser die deutsche Mehrwertsteuer, er kann sie aber im Ausmaß der französischen Mehrwertsteuer abziehen (Vorsteuerabzug).

Endnachfrager: Die Endnachfrager können Unterschiede in den Mehrwertsteuersätzen austarieren, indem sie in dem Land mit dem niedrigeren Mehrwertsteuersätzen einkaufen, indem sie also räumliche Arbitrage betreiben. Das heißt, Länder mit hohen Mehrwertsteuersätzen werden Wettbewerbsfähigkeit verlieren, und durch den Mengeneffekt sinken ihre Mehrwertsteuereinnahmen. Ist der Verlust an Wettbewerbsfähigkeit ausgeprägt, so werden sie aus eigenem Interesse ihren Mehrwertsteuersatz verringern.

Zu Aufgabe e)

Reformvorschläge waren: Entweder eine ex ante Harmonisierung der Steuersätze oder ein institutioneller Wettbewerb, bei dem es ex-post zu einer Harmonisierung der Steuersätze kommt. Die EU-Kommission hat sich für den Weg der Steuerharmonisierung ex ante entschieden. Wegen der klammen Staatsfinanzen bedeutet dies, wie die Regierungsbildung der großen Koalition im Herbst 2005 überdeutlich machte, dass die meisten Regierungen diesen Auftrag als Harmonisierung „nach oben" verstehen.

Zu Aufgabe f)

Die Lohn- bzw. Einkommensteuer wird unter dem Gesichtspunkt der Allokation der Zeit der Arbeitnehmer zwischen Frei- und Arbeitszeit sehr kritisch beurteilt, man spricht auch von der „verzerrenden Wirkung" der Einkommensteuer. Machen wir uns diese Überlegungen anhand einiger weniger „Formeln" und einer grafischen Darstellung klar. Zunächst betrachten wir das Arbeitsangebot (A^A) als Funktion einer Konstanten und des Nominallohnsatzes l (in Wirklichkeit muss es sich um den Reallohn handeln, um diesen Mangel auszugleichen, setzten wir das gesamtwirtschaftliche Preisniveau konstant an. Dann gilt: $A^A = -a + bl$

Die Theorie des „Arbeitsleids" besagt, dass es eines Minimallohnsatzes bedarf, der erst überschritten werden muss, damit Arbeitnehmer bereit sind, dass Arbeitsleid in Kauf zu nehmen. Für $A^A = 0$ ergibt sich $l = a/b$. Stellt man die obige Gleichung nach dem Lohnsatz um, so ergibt sich:

$$l = \frac{1}{b}\left(A^A + a\right).$$

Das ist die Arbeitsangebotsfunktion vor Steuern, also ohne Berücksichtigung der Lohn- bzw. Einkommensteuer. Berücksichtigen wir diese, so modifiziert sich die Arbeitsangebotsfunktion zu $A^A = -a + b\left(1 - t\right)l$.

Nach dem Lohnsatz umgestellt, erhalten wir:

$$l = \frac{1}{b\left(1 - t\right)}\left(A^A + a\right).$$

Setzten wir aus Vereinfachungsgründen $b = 1$, so ergibt sich:

$$l = \frac{1}{\left(1 - t\right)}\left(A^A + a\right).$$

Für $A^A = 0$ ergibt sich jetzt $l = a/\left(1 - t\right)$.

In Abbildung V.9 sind nun – bei gegebener Arbeitsnachfrage – beide Arbeitsangebotsfunktionen (ohne und mit Einkommensteuersatz) eingezeichnet. Der Primäreffekt der Einkommensbesteuerung ist, wie deutlich zu sehen, keine reine Parallel-

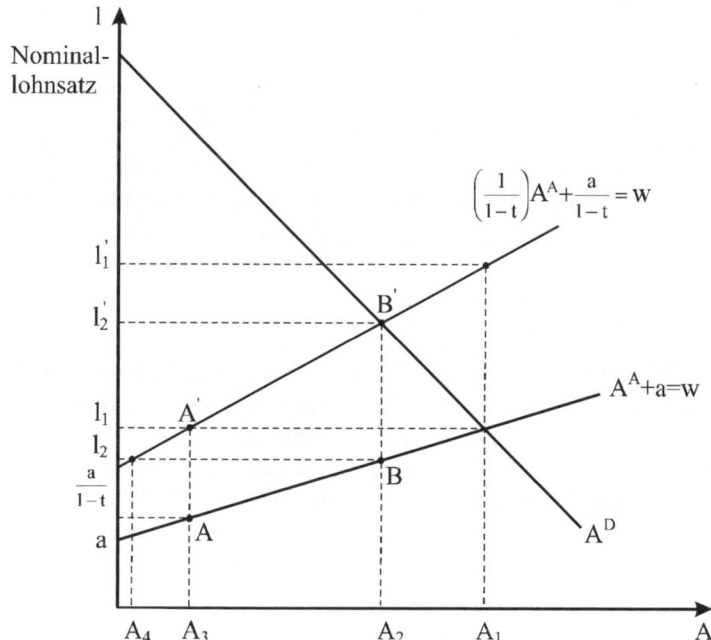

Abbildung V.9

verschiebung der Angebotslinie, sondern eine Drehung nach links oben. Waren die Arbeitnehmer zuvor bereit, zum Lohnsatz l_1 (l_2) die Arbeitsmenge A_1 (A_2) anzubieten, so reduzieren sie ihr Arbeitsangebot jetzt beim Lohnsatz l_1 (l_2) auf die Menge A_3 (A_4). Wollten die Arbeitgeber einen Arbeitseinsatz von A_1 (A_2) erreichen, so müssten sie die erhöhten Nominallohnsätze l_1' (l_2') anbieten!

Zu Aufgabe g)

Gemäß dem Prinzip der Leistungsfähigkeit, ist der Staat gehalten die Einkommensteuer so auszugestalten, dass eine Progressionswirkung erreicht wird (Stabilisierungs- und Verteilungsziel) und zugleich die relevanten Grenzsteuersätze nicht dazu führen, dass sich „Leistung nicht mehr lohnt" (Allokationsziel).

In Abbildung V.10 ist in der oberen Hälfte ein Proportionalsteuertarif abgetragen. Im unteren Teil, wird ermittelt, welche Durchschnitts- bzw. Grenzsteuersätze daraus folgen. Es ist deutlich zu erkennen, dass mit einem solchen Tarif keines der angegebenen Ziele wirklich erreicht wird: Da die durchschnittliche Steuerbelastung über alle Einkommensklassen hinweg unverändert bleibt, wird keine Progression erreicht, damit wird aber auch die „*built-in-flexibility*" des Steuersystems verfehlt, welche idealerweise im Abschwung (Aufschwung) Kaufkraft freisetzt (abschöpft).

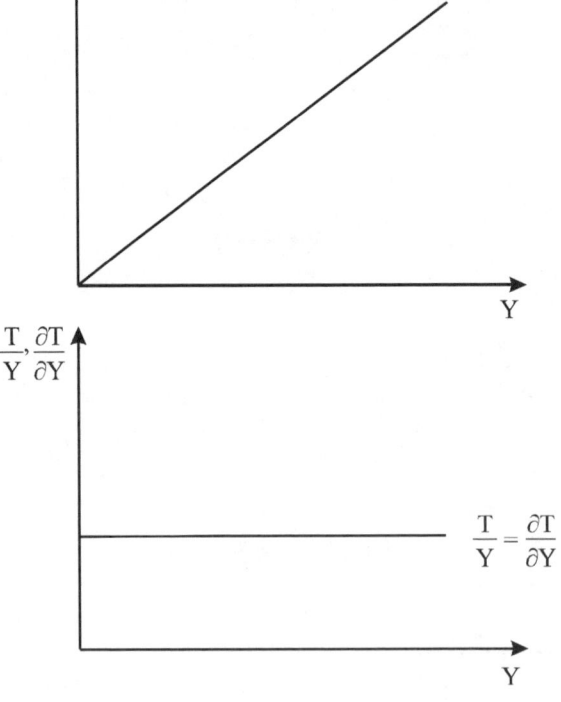

Abbildung V.10

In Abbildung V.11 analysieren wir einen im Prinzip ebenfalls proportionalen Steuertarif, allerdings jetzt mit Freibetrag. Im Unterschied zum ersten Fall wird nun eine „milde Progression" erreicht. Das erkennt man daran, dass die durchschnittliche Steuerbelastung nach Überschreiten des Freibetrags ansteigt und sich asymptotisch dem auch hier konstanten Grenzsteuersatz annähert. Weder dem Verteilungs- noch dem Stabilisierungsziel wird damit allerdings ausreichend entsprochen. Das Allokationsziel wird zugleich indirekt verletzt: Zwar können die guten und die Spitzenverdiener zufrieden feststellen, dass sie keinem anreizfeindlichen hohen Spitzensteuersatz gegenüberstehen. Zugleich entsteht damit aber eine Schieflage für die mittleren und für die unteren Einkommensbezieher. Deren Leistungsmotivation könnte nur dadurch angeregt werden, dass ihr Höchststeuersatz sich deutlich von den genannten Gutverdienern nach unten absetzt.

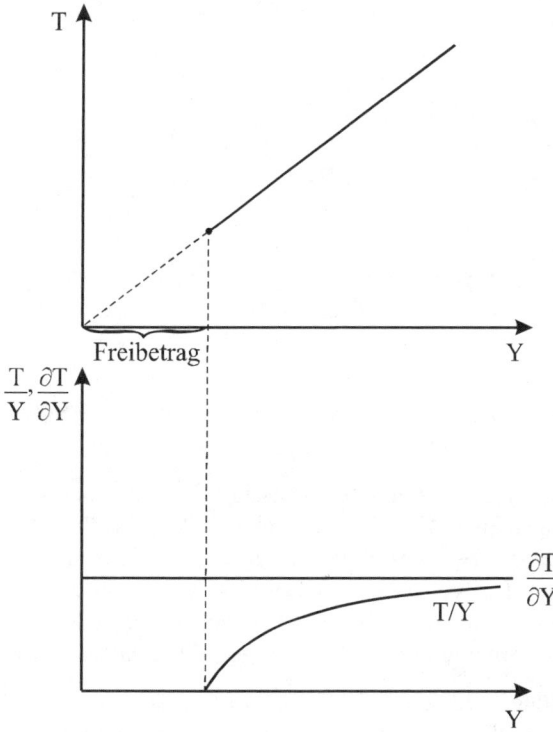

Abbildung V.11

In Abbildung V.12 haben wir nun eine deutliche Progression (ohne Freigrenzen) in das System der Einkommenssteuer „eingebaut". Die erwartete Wirkung bleibt nicht aus: Der Durchschnittssteuersatz steigt mit wachsendem Einkommen deutlich an, Verteilungs- und Stabilisierungsziel können vergleichsweise gut erfüllt werden. Möglicherweise wird mit einem so steil verlaufenden Tarif auch das „Kind mit dem Bade ausgeschüttet". Der Grenzsteuersatz liegt überall oberhalb des Durch-

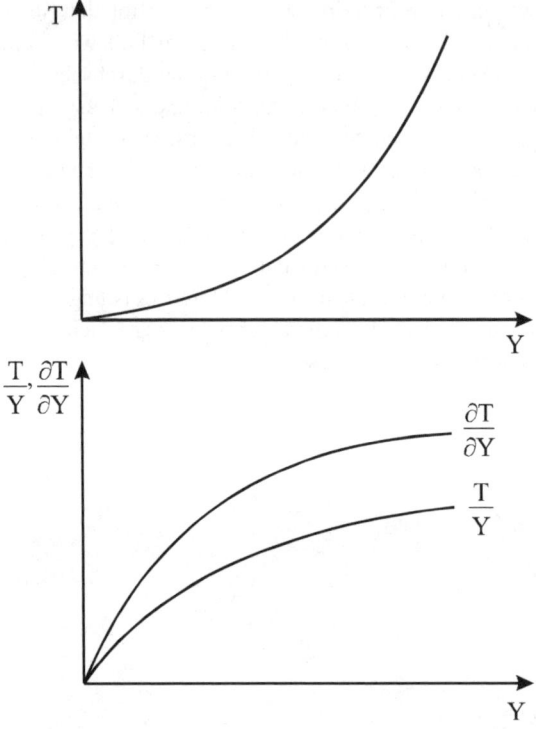

Abbildung V.12

schnittsteuersatzes, womit die Gefahr leistungshemmender Fehlanreize besonders groß ausfällt.

In der Wirtschaftswirklichkeit der Bundesrepublik Deutschland spielen die „stilisierten" Tarifverläufe der obigen drei Abbildungen praktisch keine Rolle. Wie auch der Bundestagswahlkampf des Herbstes 2005 gezeigt hat, wies selbst der als „Flat-Tax-Vorschlag" verkürzte Tarifvorschlag des Heidelberger Steuerrechtlers Paul Kirchhoff eine gestufte Form auf. Daher untersuchen wir im Folgenden drei weitere, nun in Stufentarifen ausformulierte Vorschläge für eine Einkommensteuer.

Im „Stufentarif a" der Abbildung V.13 (obere Hälfte) gibt es zunächst eine Freigrenze (bis zum Erreichen des Einkommens Y_1), danach steigt der Steuersatz auf die Höhe T_1 und verbleibt dort bis zum Erreichen des Einkommensniveaus Y_2. Innerhalb jeder Tarifzone bleibt der Steuersatz konstant, daher ist es auch zulässig, in diesen Bereichen den Grenzsteuersatz als null (untere Hälfte) zu bezeichnen. Anders verhält es sich mit dem Durchschnittssteuersatz, der, jeweils zu Beginn einer neuen Tarifzone, ein tarifzonenspezifisches Maximum aufweist, um anschließend kontinuierlich abzusinken. Von Tarifzone zu Tarifzone steigt die Durchschnittbelastung an, womit im Grundsatz der Forderung der Progression (Verteilungs- und Stabilisierungsziel) Genüge getan wird.

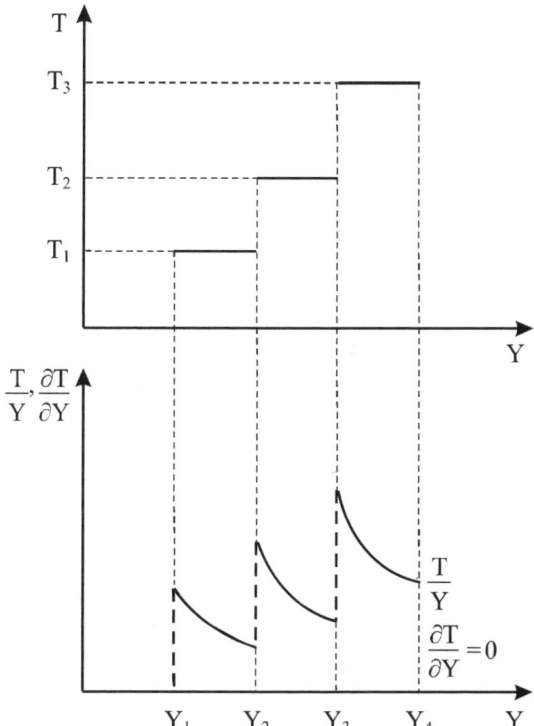

Abbildung V.13

Ein „Schönheitsfehler" liegt aber einerseits in den beträchtlichen Sprüngen der Tarife, denn hier sind die Grenzsteuersätze logischerweise hoch und wirken für die „Tarifzonenwechsler" alles andere als leistungsmotivierend. Zum anderen „profitieren" diejenigen, die „ihre" Tarifzone gerade ausschöpfen und in den Genuss der sinkenden Durchschnittsbelastung innerhalb der Tarifzone kommen.

Diese Problem sind in folgendem „Stufendurchschnittstarif" nicht völlig behoben, aber doch abgemildert (vgl. Abbildung V.14): Zum einen sind die Sprünge im Tarif deutlich verkleinert, zugleich steigt der Tarif innerhalb jeder Tarifzone linear an. Das hat zur Folge, dass einerseits innerhalb der Zonen die Grenzsteuersätze konstant sind, zum anderen aber auch die Durchschnittssteuersätze nicht mehr abnehmen, sondern ebenfalls konstant bleiben und zwar genau in Höhe der tarifzonenspezifischen Grenzsteuersätze.

Der hier geschilderte Tarifverlauf kommt dem stetig progressiven Tarif von oben ziemlich nahe. Damit hat er ähnliche Probleme (Allokationsziel), die in der hohen Durchschnitts- und Grenzsteuerbelastung der hohen Einkommensgruppen zum Ausdruck kommen, in welche die Einkommensbezieher allerdings „nach und nach" hineinwachsen. Stabilisierungs- und Verteilungsziele dürften sich gut mit einem solchen Tarifmuster realisieren lassen. Fraglich ist nur, ob es sinnvoll ist,

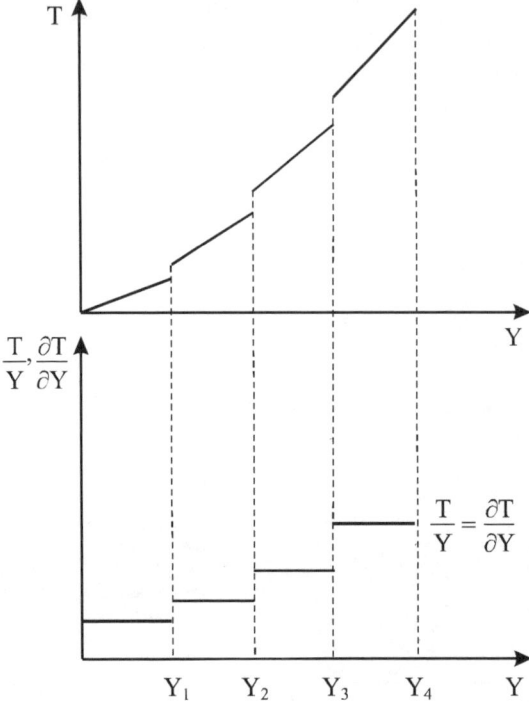

Abbildung V.14

den Steuersatz schon bei sehr niedrigen Einkommen ansteigen zu lassen. Statt, wie in vielen Ländern auch gemacht wird, ein Minimaleinkommen vollkommen steuerfrei zu lassen oder sogar im Rahmen einer „negative income tax" bis zum Erreichen einer kritischen Grenze durch staatliche Transfers zu ergänzen.

Schließlich beschreibt der untenstehende Tarifverlauf (vgl. Abbildung V.15) eine praktische Möglichkeit, um die bisherigen „Sprünge" im Tarifverlauf gänzlich zu vermeiden, ohne auf einen linearen Anstieg innerhalb der einzelnen Tarifzone zu verzichten. Für die Grenzsteuersätze ergeben sich, bis auf die Besonderheiten an den „Sprungstellen, die nun wegfallen, keine neuen Erkenntnisse.

Auffällig sind dagegen die Eigenschaften der Durchschnittssteuerbelastungen: Hier kommt es jetzt (auch) nicht mehr zu Sprüngen an den Enden der unteren und an den Anfängen der nächst höheren Tarifzonen. Vielmehr gelingt es jetzt, die Durchschnittsbelastung zu verstetigen und den früher monierten Effekt einer abnehmenden Belastung innerhalb der relevanten Tarifzone zwar nicht völlig zu eliminieren, aber doch deutlich abzuschwächen.

Verteilungspolitisch wichtig ist, dass in diesem Tarif untere Einkommen steuerfrei bleiben, mit wachsendem Einkommen Progressionswirkungen erreicht werden, damit auch dem Stabilisierungsziel Rechnung getragen wird und Allokationsverwer-

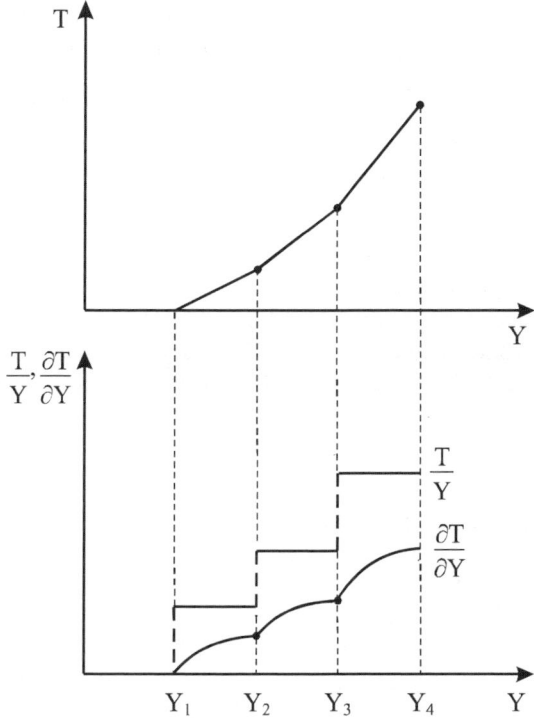

Abbildung V.15

fungen prinzipiell vermieden werden können, wenn eine „Spitzensteuersatz" den letzten Grenzsteuersatz begrenzt.

Diskussion der Ergebnisse

Wie anhand verschiedener Tariftypen demonstriert, ist es für die Beurteilung der durchschnittlichen und der Grenzsteuerbelastung unerlässlich, die gesamten Tarifverläufe existierender Regelungen oder neue eingebrachter Vorschläge zur Einkommensteuer zu dokumentieren. Auch einer „flat tax", wie sie etwa während des Bundestagswahlkampfes im Jahr 2005 von dem Heidelberger Steuerexperten Paul Kirchhoff vorgeschlagen wurde, hat in einem unteren Segment der Einkommen Stufen und daher differenzierte Wirkungen auf die Durchschnittsbelastung.

Die gezielte Verwendung von Steuereinnahmen aus der Einführung einer neuen Verbrauchsteuer oder der Anhebung des Satzes einer bereits bestehenden indirekten Steuer zur Finanzierung bestimmter Staatsaufgaben und/oder zur Senkung der sozialen Abgabensätze widerspricht dem „Nonaffektationsprinzip."

Für die Beurteilung der Beschäftigungswirkungen einer höheren Mehrwertsteuer sind zwei Effekte zu unterscheiden: Zum einen sind da die direkten Effekte auf den Output/den Absatzpreis der betroffenen Unternehmen. Ein Outputrückgang führt sowohl im klassischen als auch im Keynesianischen Ansatz zu einer verminderten Arbeitsnachfrage. Zum anderen geht es um die indirekten Effekte, die, etwa bei unverändertem Output, die Bruttoarbeitskosten der Unternehmen senken, wenn die zusätzlichen Steuereinnahmen zur Herabsenkung des Beitragssatzes zur Sozialversicherung (Rente, Arbeitslosigkeit, Krankheit etc.) verwendet werden. Eindeutig positiv werden die Beschäftigungseffekte nur bei unverändertem oder steigendem Output sein.

Wegen der verzerrenden Wirkungen der Einkommensteuer auf das Arbeitsangebot gibt es weitreichende Steuerreformvorschläge (etwa vom Heidelberger Finanzwissenschaftler Rose), die das Steueraufkommen vollständig auf indirekte Steuern verlagern wollen. Dabei ist allerdings zu beachten, dass Verbrauchsteuern immer dann regressiv wirken, wenn die Konsumneigung der Haushalte mit steigendem Einkommen fällt.

Literaturempfehlungen

- Engelkamp und Sell (2005): S. 419–441.

- EU-Kommission (2002 und 2005).

- Petersen (1990): S. 203–247.

V.3   Finanzpolitik

Aufgabe 1:   Finanzpolitik im Keynesschen Modell und alternative Sichtweisen

Die Finanzpolitik wird traditionellerweise als diskretionär verstanden: Durch Ausgaben- und/oder Einnahmevariationen versucht der Staat, seine gesamtwirtschaftliche Stabilisierungsaufgabe zu erfüllen. Diese Sichtweise greift in doppelter Weise zu kurz, denn zum einen muss die „aktive Stabilisierungspolitik" keineswegs diskretionär angelegt sein – die Theorie rationaler Erwartungen legt eher eine verstetigende, u.U. regelgebundene Rolle nahe – und zum anderen stehen der Finanzpolitik neben der „Stabilisierungsabteilung" auch noch die „Allokationsabteilung" und die „Distributionsabteilung" zur Verfügung.

a)   Wie sehen der Zeitansatz, der mögliche Mitteltransfer sowie die Budgetdifferenz der genannten Abteilungen aus?

b)   Welche zwei unterschiedlichen Konzepte der (traditionellen) antizyklischen Finanzpolitik sollten auseinandergehalten werden?

c)   Was besagt das so genannte „Haavelmo-Theorem"?

d)   Warum ist die Multiplikatorwirkung zusätzlicher öffentlicher Transferausgaben auf das Sozialprodukt kleiner als die Wirkung zusätzlicher öffentlicher

Verbrauchsausgaben? Beantworten Sie die Frage verbal ohne Verwendung von Gleichungen oder grafischen Darstellungen!

e) Ein Neoquantitätstheoretiker wird gefragt, ob schuldenfinanzierte Staatsausgaben bei unveränderter Geldmenge expansiv in Bezug auf das Nominaleinkommen einer Volkswirtschaft wirken. Von welchen beiden empirischen Größen wird er seine Antwort wohl abhängig machen?

f) Stellen Sie die Wirkungen einer Ausgabereduktion im allgemeinen Keynesianischen Modell graphisch dar. Inwiefern ändert sich im Laufe des Anpassungsprozesses die Realkasse M/P?

g) Die Bundesregierung hat angekündigt, die Mehrwertsteuer zum 01.01.2007 um drei Punkte anzuheben. Zugleich hat sie ein Investitionsprogramm in der Größenordnung von 25 Mrd. Euro geplant, das, über mehrere Jahre verteilt, seine Ausgaben und damit auch seine Einkommenseffekte entfalten soll. Wie ist eine solche Strategie der Bundesregierung unter dem Blickwinkel der Stabilisierung von Konjunktur und Wachstum durch die Finanzpolitik des Bundes zu beurteilen?

h) Ist Stabilisierungspolitik der öffentlichen Hand vor dem Hintergrund des „Stabilitäts- und Wachstumspaktes" der EU (Maastrichter Vertrag) überhaupt noch möglich?

Lösungsskizze

Zu Aufgabe a)

Nach Petersen (1990, S. 68) kann folgende Zuordnung erfolgen:

Allokationsabteilung

- Zeit: Reallokation der Ressourcen (Durchführung notwendiger Berichtigungen der durch den Markt bewirkten Allokation der Ressourcen), insbesondere für den Fall der spezifisch öffentlichen Bedürfnisse (social wants proper).

- Mitteltransfer: Steuererhebung und somit Überführung der dadurch freigesetzter Ressourcen von der privaten in die öffentliche Nutzung: Also: Steuern und Staatsausgaben, wobei die Art der Besteuerung sich nach der Einkommenselastizität der öffentlichen Güter richtet.

- Budgetdifferenz: materieller Ausgleich, mit der Ausnahme, dass Kredite bei Kapitalaufwendungen erlaubt sind.

Distributionsabteilung

- Zeit: Herstellung der von der Gesellschaft gewünschten „richtigen" Verteilung und deren Aufrechterhaltung.

- Mitteltransfer: Ein Steuer- und Transferzahlungssystem, das Produktionsfaktoren aus der Verfügungsmacht eines Individuums in die eines anderen überführt. Also: Primärverteilung und Sekundärverteilung, wobei Steuern erhoben und Transferzahlungen vom Staat geleistet werden. Die Steuererhebung kann je nach der gewünschten Einkommensverteilung progressiv, regressiv oder proportional sein.

- Budgetdifferenz: materieller Ausgleich.

Stabilisierungsabteilung

- Zeit: Erhaltung eines hohen Nutzungsgrades der Produktivkräfte und eines stabilen Geldwertes (Preisniveaustabilität).

- Mitteltransfer: „built-in-flexibility" und kompensatorische (diskretionäre) Finanzpolitik (mit Steuererhebung und Transferzahlungen, die Staatsausgaben sind konstant zu halten).

- Budgetdifferenz: Überschuss oder Defizit sind zulässig, in den unterschiedlichen konjunkturellen Phasen sogar notwendig.

Zu Aufgabe b)

Es gibt zwei unterschiedliche Konzepte der antizyklischen Fiskalpolitik, die sich beide im Stabilitäts- und Wachstumsgesetz von 1967 niedergeschlagen haben. Nach dem ersten Konzept („reine Fiskalpolitik") werden zusätzliche Staatsausgaben in der Rezession durch Ausgabe von Wertpapieren, also durch Neuverschuldung finanziert. Nach dem zweiten Konzept („gemischte Fiskalpolitik") erfolgt die Finanzierung letztlich durch Geldschöpfung, etwa durch Auflösung einer zuvor gebildeten Konjunkturausgleichsrücklage. Die Frage ist: Haben diese beiden Politikarten im allgemeinen Keynesianischen Modell quantitativ denselben Einfluss auf die aggregierte Güternachfrage?

Die gemischte Fiskalpolitik hat eine quantitativ stärkere Wirkung auf die aggregierte Güternachfrage, was sich anhand des IS/LM-Modells zeigen lässt. Bekanntlich verschiebt sich die AD-Kurve nach rechts, wenn sich entweder die IS- oder die LM-Kurve nach rechts verschiebt. Während sich nun die reine Fiskalpolitik allein in einer Rechtsverschiebung der IS-Kurve äußert, erfolgt bei gleichzeitiger Geldschöpfung (gemischte Fiskalpolitik) zusätzlich eine Rechtsverschiebung der LM-Kurve. Verbal lässt sich die größere Wirksamkeit der gemischten Fiskalpolitik folgendermaßen erklären: Schuldenfinanzierte Staatsausgaben induzieren einen Zinsanstieg, durch den private Investitionsnachfrage (es sei denn, es tritt Ricardianische Äquivalenz auf, sodass der vergrößerten Nachfrage nach investierbaren Mitteln auch ein erhöhtes Angebot gegenübersteht) verdrängt wird. Bei Finanzierung der Staatsausgaben durch Geldschöpfung kommt es hingegen nicht zu einem (oder zu einem geringeren) Zinsanstieg und somit auch nicht zu einer Verdrängung privater Investitionen.

Zu Aufgabe c)

Das so genannte „Haavelmo-Theorem" (benannt nach dem norwegischen Ökonomen Trygwe Magnus Haavelmo) besagt, dass eine Erhöhung der Steuern und des Staatsverbrauchs um den gleichen Betrag zu einer Steigerung des Gleichgewichtseinkommens um eben diesen Betrag führt (vgl. hierzu Aufgabe 6 in Kapitel III.2).

Zu Aufgabe d)

Die stärkere expansive Wirkung der staatlichen Ausgaben für Sachgüter und Dienste ergibt sich daraus, dass sich das Inlandsprodukt bereits in der ersten Periode erhöht, wenn A^{st} um dA^{st} erhöht wird. Werden dagegen die stattlichen Transferzahlungen erhöht, so wirkt sich das in der ersten Periode (noch) nicht auf das Inlandsprodukt aus (da ein Teil gespart wird). Das Inlandsprodukt verändert sich erst durch die in der Folgeperiode auftretenden Erhöhungen des privaten Konsums.

Zu Aufgabe e)

Gemäß der Neoquantitätstheorie $M \cdot V = P \cdot Y$ lassen sich Änderungen des Nominaleinkommens bei gegebener Geldmenge nur durch Variationen der Umlaufsgeschwindigkeit des Geldes erklären. Es ist nun die Frage, wie schuldfinanzierte Staatsausgaben auf diese letztgenannte Größe wirken. Weil die Umlaufgeschwindigkeit zinsabhängig ist und staatliche Kreditaufnahme den Zins beeinflusst, hängt die Wirkung auf das Nominaleinkommen (i) von der Zinselastizität der Geldnachfrage und (ii) von der Reaktion des Zinses auf die staatliche Kreditnachfrage ab. Ergo wird der Neoquantitätstheoretiker den kreditfinanzierten Staatsausgaben eine expansive Wirkung auf das Nominaleinkommen absprechen, wenn entweder die Geldnachfrage nicht zinselastisch ist oder der Zins (wie in einer kleinen offenen Volkswirtschaft) nicht auf Änderungen der Staatsverschuldung reagiert.

Zu Aufgabe f)

Infolge der Ausgabensenkung verschiebt sich die IS-Kurve und damit auch die AD-Kurve nach links (vgl. Abbildung V.16, S. 282). Auf dem Gütermarkt besteht im ersten Moment ein Überschussangebot, sodass das Preisniveau sinkt und die Realkasse zunimmt. Folglich verschiebt sich die LM-Kurve allmählich nach rechts, und dieser Prozess hält so lange an, bis sie die Lage $LM(P_1)$ erreicht hat. Bei gleicher Geldmenge und geringeren Preisen hat die Realkasse im neuen Gleichgewicht einen höheren Wert; sie nimmt während des Anpassungsprozesses stetig zu.

Zu Aufgabe g)

Im Lichte der Schule der rationalen Erwartungen – oft auch als Monetarismus II bezeichnet – können die Wirkungen der angekündigten Finanzpolitik der neuen Bundesregierung gar nicht kritisch genug beurteilt werden. Bekanntlich besagt der

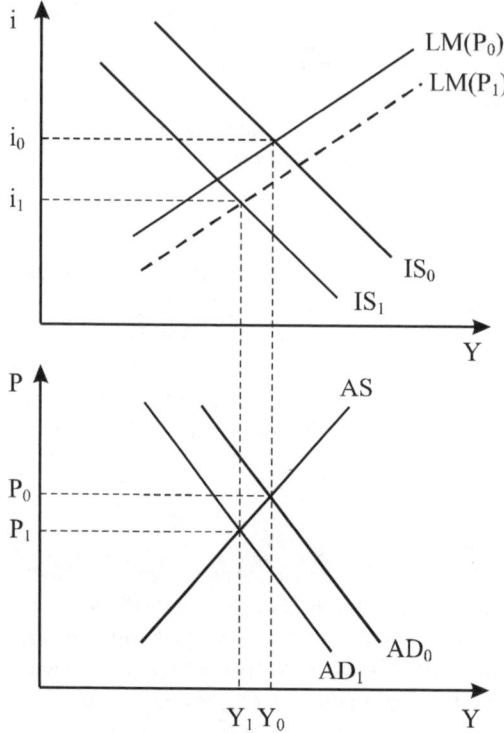

Abbildung V.16

Haupteinwand der Schule rationaler Erwartungen gegenüber dem Konzept der antizyklischen Finanzpolitik, dass die stillschweigende Annahme, der Staat könne seine Ausgaben variieren, ohne dass es zu Verhaltensänderungen bis hin zu systematischen Ausweichreaktionen der Wirtschaftssubjekte gegenüber der Politik käme, unhaltbar ist. Diese kritische Sicht werden wir nun am Beispiel der gesamtwirtschaftlichen Angebots- und Nachfrageanalyse verdeutlichen.

In Abbildung V.17 herrsche ein Ausgangsgleichgewicht im Schnittpunkt von AD_0 und AS_0, welches zu einem Einkommen von Y_0 (kleiner als Y^{VB}!) und zu einem Preisniveau von P_0 führt. Aus Vereinfachungsgründen haben wir Angebots- und Nachfragefunktion weder typisch klassisch, noch typisch keynesianisch gezeichnet. Die Besonderheit besteht nun darin, dass die Unternehmer selbst *Erwartungen* über die Höhe des Preisniveaus bilden. Im Punkt E_0 sind sie offenbar erfüllt.

Betrachten wir nun den Versuch des Staates, sich in dieser Unterbeschäftigungssituation durch expansive Fiskalpolitik – als Beispiel diene das oben erwähnte 25 Mrd. Euro-Programm – dem Ziel der Vollbeschäftigung zu nähern. Wir gehen davon aus, dass er seine Mehrausgaben durch die Ausgabe neuer Bonds finanziert. Was wird passieren? Die Nachfragekurve verschiebt sich zunächst von AD_0 nach AD_1, jedoch ist E_1 kein neues Gleichgewicht: Der private Sektor wird die expansi-

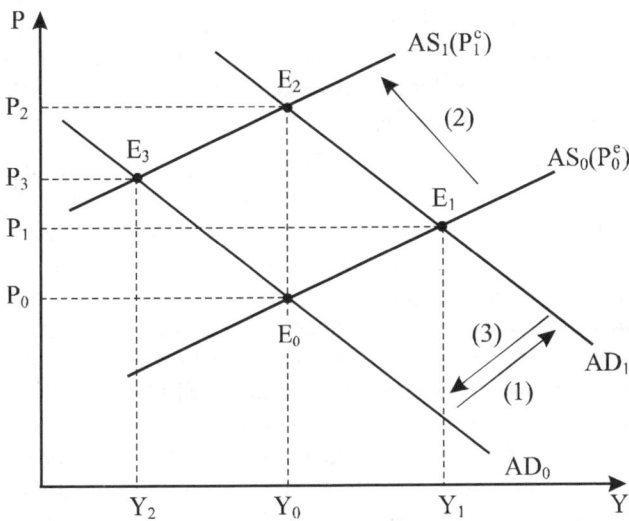

Abbildung V.17

ven Wirkungen der Fiskalpolitik – so Lucas – weitgehend zunichte machen. Einmal dadurch, dass die private Konsumnachfrage zurückgeht. Zum anderen aber dadurch, dass sich möglicherweise auch die private Investitionsnachfrage zurückbildet (AD_1 verlagert sich im Extremfall wieder in die alte Lage AD_0 zurück).

Der Grund für die Einschränkung der privaten Konsumnachfrage ist einfach; die Haushalte misstrauen der Regierung und lassen sich nicht täuschen: Langfristig sind die Wirkungen von höheren Staatsdefiziten denen von Steuererhöhungen gleichzusetzen. Dieser Zusammenhang wurde in Ansätzen schon von Ricardo („Ricardianische Äquivalenz") entdeckt und wurde von dem amerikanischen Ökonom Robert J. Barro exakt nachgewiesen in einem Artikel aus dem Jahre 1974 mit dem schönen, nur rhetorischen fragenden Titel: „Are Government Bonds Net Wealth?" Wenn der Staat sich nicht durch Inflation und/oder eine Währungsreform entschuldet, wird er zur Bedienung der höheren Staatsschulden irgendwann in der Zukunft die Steuern erhöhen müssen. Da die Haushalte ihre Konsumausgaben über ihren gesamten Lebenshorizont hinweg verstetigen möchten, sind sie daher gehalten, unter diesen Umständen ihre Sparquote anzuheben (Konsumquote einzuschränken) – mit der oben beschriebenen Konsequenz der Verlagerung von AD_1. Man beachte allerdings, dass unter diesen Voraussetzungen das Auftreten von Crowding Out wenig wahrscheinlich ist: Bei vermehrtem Sparaufkommen können auch – trotz der Mehrnachfrage des Staates am Kapitalmarkt – entsprechend viele private Investoren zum Zuge kommen.

Damit ist die „Geschichte" aber noch nicht am Ende. Die Unternehmer reagieren möglicherweise auch – in einer für den Staat unerwünschten Weise: Eine staatliche Mehrnachfrage lässt sie in der nächsten Periode höhere Preise beziehungsweise Preisüberwälzungsmöglichkeiten erwarten, daher verschiebt sich $AS_0(P_0^e)$ nach

$AS_1(P_1^e)$, wobei $P_1^e > P_0^e$ gelten möge. Bliebe es bei der Lage von AD_1, so käme das Gleichgewicht E_2 zustande, bei dem lediglich ein höheres Güterpreisniveau (P_2) „erreicht" worden wäre. Kommt es aber zur Zurückverlagerung nach AD_0, dann ist sogar die Situation E_3 als schlechtester Ausgang denkbar.

Nun lautet aber ein Argument der neuen Berliner Koalition, dass die Verschiebung der Mehrwertsteuererhöhung um drei Punkte vom Jahr 2006 ins Jahr 2007 bei den privaten Konsumenten und Investoren einen „Vorzieheffekt" bewirken werde. Dieser Effekt werde wiederum einen nachfrageseitigen Aufschwung auslösen, der auch durch die dämpfende Wirkung der im darauf folgenden Jahr einsetzenden Mehrwertsteuererhöhung nicht gebrochen werden könne. Dieses Argument ist aber falsch, wie wir in Abbildung V.18 demonstrieren werden; es kann allerdings schon aus rein logisch-saldenmechanischen Gründen nicht stimmen: Selbst wenn in 2006 die höheren Preiserwartungen für 2007 die Nachfrage beleben, so fällt in 2007 dieser Effekt nicht nur fort, es kommt in diesem Jahr erschwerend eine Linksverschiebung des Angebots hinzu, weil die Unternehmer versuchen werden, die Erhöhung der Mehrwertsteuer auf die Nachfrage abzuwälzen.

Die Kurven $AS_0(P_0^e)$ bzw. $AS_1(P_1^e)$ sind die bereits früher bezeichneten Angebotslinien, anders als früher sind nun auch die Nachfragelinien Funktionen des für die Zukunft erwarteten Preisniveaus, wobei $P_1^e > P_0^e$ gelten möge. Ausgehend von der Lage von $AD_0(P_0^e)$, käme es durch die für die spätere Periode erwartete Erhöhung der Mehrwertsteuer zu einer Verlagerung nach $AD_2(P_1^e)$. Im Zusammenspiel mit $AS_1(P_1^e)$ kann sich das Gleichgewicht E_4 einstellen, das wesentlich günstiger als das Ereignis E_3 von oben erscheint. Dabei wird es aber nicht bleiben können: Zum einen wird sich in 2007 die Angebotskurve weiter nach links oben in die Lage

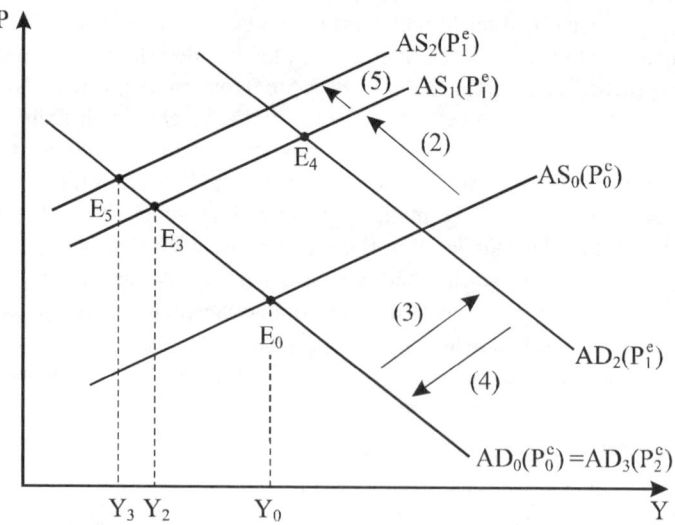

Abbildung V.18

$AS_2(P_2^e)$ verschieben, zum anderen wir die Nachfrage kontrahieren, nachdem der Vorzieheffekt verpufft ist und sich wahrscheinlich in die alte Lage verschieben $(AD_3(P_2^e) = AD_0(P_0^e))$. Das jetzt erreichte Einkommensniveau liegt notwendigerweise unter dem früher für die Wirkungen des 25 Mrd. Euro-Pakets abgeleiteten.

Zu Aufgabe h)

Der Stabilitäts- und Wachstumspakt wurde in der Tat 1997 beschlossen, um der so genannten „no-bail-out" Klausel entsprechenden Rückhalt zu geben. Die fiskalische Manövriermasse für die Staaten der EU ist nicht nur durch die Höhe der expliziten Staatsverschuldung (wie sie die offizielle gesamtstaatliche Verschuldungsquote der EU-Kommission misst), sondern auch durch die in vielen Ländern noch bedeutendere implizite Staatsverschuldung mittlerweile stark begrenzt.

Diskussion der Ergebnisse

In traditioneller Lesart der Keynesianischen Schule ist unter „Stabilisierung" (ausschließlich) die Stabilisierung des Preisniveaus und der Beschäftigung mit Hilfe des Einsatzes von Instrumenten der Geld- und Fiskalpolitik zu verstehen. Während der „Monetarismus I" grundsätzlich in Zweifel zieht, ob eine Stabilisierung der Beschäftigung (bei vertikaler Phillips-Kurve) überhaupt möglich ist (eine niedrige Inflationsrate könne dagegen bei strikt zurückhaltender Geldpolitik ohne weiteres erreicht werden), favorisiert die Schule der rationalen Erwartungen die Stabilisierung der Inflationserwartungen als Hebel zur Stabilisierung der Inflationsrate selbst.

Das Erreichen stabilisierungspolitischer Ziele wird zweifellos erleichtert, wenn von der „Allokations- und von der Distributionsabteilung" Unterstützung kommt: Die Allokationsabteilung kann dazu beitragen, indem sie Markteingriffe wie Zölle, Quoten, Mindest- oder Höchstpreise beseitigt. Dadurch können sich die Kräfte des Wettbewerbs besser entfalten, was zweifellos den Preisauftrieb bremst und die Beschäftigungsmöglichkeiten erhöht. Steuern und Abgaben auf der eine und Transfers auf der anderen Seite können zur Korrektur jener Verteilungsergebnisse eingesetzt werden, die der Markt hervorbringt. Verzerrungen werden allerdings immer dann ausgelöst, wenn Versicherungswerke, wie etwa die Renten- oder die Krankenversicherung zu Umverteilungszwecken eingesetzt werden.

Die Erwartung höherer Preise in der Zukunft löst bei Haushalten und Unternehmen inverse Reaktionen voraus: Während die Haushalte tendenziell heute Käufe vorziehen, also ihre Nachfrage steigern, werden die Unternehmer eher Teile des Angebots in der Gegenwart zurückhalten, es also einschränken.

Literaturempfehlungen

- Engelkamp und Sell (2005): S. 442–449.
- Petersen (1990): S. 63–69.

Quellen und ergänzende Literaturempfehlungen

Literatur zu Kapitel I Grundlagen

Bartling, H./Luzius, F. (2004): Grundzüge der Volkswirtschaftslehre, 15. Aufl., München: Vahlen.

Baßeler, U./Heinrich, J./Utecht, B. (2002): Grundlagen und Probleme der Volkswirtschaft, 17. Aufl., Stuttgart: Schäffer-Poeschel.

Blum, U. et al. (2003): Grundlagen der Volkswirtschaftslehre, 2. Aufl., Berlin/Heidelberg/New York: Springer.

Blum, U. (2004): Volkswirtschaftslehre. Studienhandbuch, 4. Aufl., München: Oldenbourg.

Bender, D. et al. (2003): Vahlens Kompendium der Wirtschaftstheorie und Wirtschaftspolitik, Bd. 1 und 2, 8. Aufl., München: Vahlen.

Bofinger, P. (2003): Grundzüge der Volkswirtschaftslehre. Eine Einführung in die Wissenschaft von Märkten, München: Pearson.

Brinkmann, G. (1998): Analytische Wissenschaftstheorie, 4. Aufl., München: Oldenbourg.

Engelkamp, P./Sell, F. L. (2005): Einführung in die Volkswirtschaftslehre, 3. Aufl., Berlin/Heidelberg/New York: Springer.

Henrichsmeyer, W./Gans, O./Evers, I. (1993): Einführung in die Volkswirtschaftslehre, 10. Aufl., Stuttgart: Ulmer.

Hösch, F./Szigetti, P.R.(1988): Volkswirtschaftslehre, 5. Aufl., Herne u. a.: Verlag Neue Wirtschaftsbriefe.

Koesters, P.-H. (1995): Ökonomen verändern die Welt, München: Goldmann.

Mummert, U./Sell, F. L (2005): Emotionen, Markt und Moral, Kulturelle Ökonomik, Bd. 7, Tagungsband zur Schleyer-Tagung. Münster, Hamburg, Berlin, London: Lit.

Luckenbach, H. (1994): Grundlagen der Volkswirtschaftslehre, München: Vahlen.

Neubauer, G. (2004): Grundzüge der Volkswirtschaftslehre, 4. Aufl., Bayreuth: Verlag PCO.

Nieschlag, R./Dichtl, E./Hörschgen, H. (2002): Marketing, 19. Aufl., Berlin: Duncker & Humblot.

Siebert, H. (2000): Einführung in die Volkswirtschaftslehre, 13. Aufl., Stuttgart u.a.: Kohlhammer.

Woll, A. (2003): Allgemeine Volkswirtschaftslehre, 14. Aufl., München: Vahlen.

Literatur zu Kapitel II Mikroökonomie

Baßeler, U./Heinrich, J./Utecht, B. (2002): Grundlagen und Probleme der Volkswirtschaft, 17. Aufl., Stuttgart: Schäffer-Poeschel.

Berg, H. (1999): Wettbewerbspolitik, in: Bender, D. et al. (Hrsg.): Vahlens Kompendium der Wirtschaftstheorie und Wirtschaftspolitik, Bd. 2., 7. Aufl., München: Vahlen, S. 299–362.

Bloech, J. et al. (2003): Einführung in die Produktion, 5. Aufl., Heidelberg: Physica-Verlag.

Borchert, M./Grossekettler, H. (1985): Preis- und Wettbewerbstheorie, Stuttgart u.a.: Kohlhammer.

Brandt, K./Köhler, W./Schulz, W. (1972): Mikroökonomie. Eine Aufgabensammlung mit Lösungen. Band I: Einfache Marktprobleme, Freiburg: Rombach.

Brandt, K. et al. (1993): Grundzüge der Mikroökonomie, 3. Aufl., Freiburg i. Br.: Haufe.

Brandt, K. (1984): Das neoklassische Marktmodell und die Wettbewerbstheorie, in: Jahrbuch für Nationalökonomie und Statistik 199, Heft 2, S. 97–122.

Cox, H./Hübener, H. (1981): Einführung in die Wettbewerbstheorie und Wettbewerbspolitik, in: Cox, H./Jens, U./Markert, K. (Hrsg.): Handbuch des Wettbewerbs, München: Vahlen, S. 1–48.

Dixit, A. K./Nalebuff, B. J. (1997): Spieltheorie für Einsteiger, Stuttgart: Schäffer-Poeschel.

Engelkamp, P./Sell, F. L. (2005): Einführung in die Volkswirtschaftslehre, 3. Aufl., Berlin/Heidelberg/New York: Springer.

Fehl, U./Oberender, P. (2004): Grundlagen der Mikroökonomie, 9. Aufl., München: Vahlen.

Kirschke, D./Jechlitschka, K.(2002): Angewandte Mikroökonomie und Wirtschaftspolitik mit Excel, München.

Kerber, W. (2003): Wettbewerbspolitik, in: Bender, D. et al. (Hrsg.): Vahlens Kompendium der Wirtschaftstheorie und Wirtschaftspolitik, Bd. 2., 8. Aufl., München: Vahlen, S. 297–361.

Kirzner, I. M. (1978): Wettbewerb und Unternehmertum, Tübingen: Mohr.

Kreps, D. M. (1994): Mikroökonomische Theorie, Landsberg/Lech: Verlag Moderne Industrie.

Morasch, K. (2003): Industrie- und Wettbewerbspolitik, München: Oldenbourg.

Nicholson, W. (2004): Microeconomic Theory: Basic Principles and Extensions, 9th ed., Mason, Ohio u. a.: Thomson/South-Western.

Pindyck, R. S./Rubinfeld, D. L. (2005): Mikroökonomie, 6. Aufl., München: Pearson.

Schumann, J./Meyer, U./Ströbele, W. (1999): Grundzüge der mikroökonomischen Theorie, 7. Aufl., Berlin/Heidelberg/ New York: Springer.

Varian, H. R.: Mikroökonomie. 3. Aufl., München u.a: Oldenbourg 1994.

Wied-Nebbeling, S. (2004): Preistheorie und Industrieökonomik, 4. Aufl., Berlin/Heidelberg/New York: Springer.

Wied-Nebbeling, S./Schott, H. (2005): Grundlagen der Mikroökonomik, 3. Aufl., Berlin/Heidelberg/New York: Springer.

Literatur zu Kapitel III Makroökonomie

Arnold, L. (1997): Wachstumstheorie, München: Vahlen.

Arnold, L. (2003): Makroökonomik. Eine Einführung in die Theorie der Güter-, Arbeits- und Finanzmärkte. 1. Aufl., Tübingen.

Barro, R. J. (1974): Are Government Bonds Net Wealth?, in: Journal of Political Economy 82, Heft 4, S. 1095–1118.

Barro, R. J./Sala-i-Martin, X. (1998): Wirtschaftswachstum, München et al.: Oldenbourg.

Baßeler, U./Heinrich, J./Utrecht, B. (2002): Grundlagen und Probleme der Volkswirtschaft. 17. Aufl., Stuttgart: Schäffer-Poeschel.

Bender, D. (1999): Außenhandel, in: Bender, D. et al. (Hrsg.): Vahlens Kompendium der Wirtschaftstheorie und Wirtschaftspolitik, Bd. 1., 7. Aufl., München: Vahlen, S. 455–518.

Bender, D. (2003): Internationaler Handel, in: Bender, D. et al. (Hrsg.): Vahlens Kompendium der Wirtschaftstheorie und Wirtschaftspolitik, Bd. 1., 8. Aufl., München: Vahlen, S. 475–560.

Berg, H. (1999): Außenwirtschaftspolitik, in: Bender, D. et al. (Hrsg.): Vahlens Kompendium der Wirtschaftstheorie und Wirtschaftspolitik, Bd. 2., 7. Aufl., München: Vahlen, S. 543–591.

Blanchard, O./Illing, G. (2004): Makroökonomie, 3. Aufl., München: Pearson.

Blümle, G. (1982): Außenwirtschaftstheorie, Freiburg i. Br.: Rombach.

Blümle, G. (1995): Makroökonomik, in: Blümle, G./Francke, H.-H. (Hrsg.): Kompendium der Verwaltungs- und Wirtschaftsakademie Freiburg – Bd. 1: Volkswirtschaftslehre, 1., Aufl., Freiburg i. Br.: Rombach, S. 55–118.

Blümle, G./Patzig, W. (1999): Grundzüge der Makroökonomie, 4. Aufl., Freiburg i. Br.: Haufe.

Borchert, M. (2003): Geld und Kredit, 8. Aufl., München et al.: Oldenbourg.

Brandt, K. (1973): Einführung in die Volkswirtschaftslehre, 3. Aufl., Freiburg i. Br.: Rombach.

Brandt, K. (1992): Geschichte der deutschen Volkswirtschaftslehre. Bd. 1: Von der Scholastik bis zur klassischen Nationalökonomie, Freiburg: Rudolf Hauffe Verlag.

Brandt, K. (1993): Geschichte der deutschen Volkswirtschaftslehre. Bd. 2: Vom Historismus bis zur Neoklassik, Freiburg: Rudolf Hauffe Verlag.

Burda, M. C./Wyplosz, C. (2003): Makroökonomie. Eine europäische Perspektive, 2. Aufl., München.

Cassel, D. (2003): Inflation, in: Bender, D. et al. (Hrsg.): Vahlens Kompendium der Wirtschaftstheorie und Wirtschaftspolitik, Bd. 1., 8. Aufl., München: Vahlen, S. 331–395.

Claassen, E.-M. (2002): Monetäre Außenwirtschaftslehre, München: Vahlen.

Deutsche Bundesbank (2004), Die Geldpolitik der EZB, http://www.bundesbank.de/download/ezb/publikationen/ezb_publication_geldpolitik_ezb.pdf.

Deutsche Bundesbank (2006): Glossar, http://www.bundesbank.de/bildung/bildung_glossar.php.

Dieckheuer, G.: Makroökonomik. 5. Aufl., Berlin 2003.

Dornbusch, R./Fischer, S. (2003): Makroökonomik, 8. Aufl., München et al.: Oldenbourg.

Engelkamp, P./Sell, F. L. (2005): Einführung in die Volkswirtschaftslehre, 3. Aufl., Berlin/Heidelberg/New York: Springer.

Faulhaber, J. (2000): Das neue Kontensystem des Europäischen Systems Volkswirtschaftlicher Gesamtrechnungen, in: WISU 29, Heft 12, S. 1608–1611.

Fisher, Irving (1913), The purchasing power of money, New York: Macmillan.

Froyen, R. T.: Macroeconomics -Theories and Policies. 8. Aufl., Upper Saddle River 2005.

Gabisch, G. (2003): Konjunktur und Wachstum, in: Bender, D. et al. (Hrsg.): Vahlens Kompendium der Wirtschaftstheorie und Wirtschaftspolitik, Bd. 1., 8. Aufl., München: Vahlen, S. 351–415.

Gärtner, M. (1989): Makroökonomik bei endogenem Regierungsverhalten, in: WiSt 18, Heft 12, S. 602–608.

Göcke, M. und T. Köhler: Außenwirtschaft. Heidelberg 2002.

Gordon, R. J. (2000): Macroeconomics, 9th edition, Boston, MA: Addison Wesley.

Görgens, E./Ruckriegel, K. (2002): Grundzüge der makroökonomischen Theorie, 8. Aufl., Bayreuth.

Herberg, H. (1992): Terms of Trade- und Wohlfahrtseffekte von mengenmäßigen Handelsbeschränkungen – Eine grafische Analyse, in: WiSt 21, Heft 10, S. 493–498.

Heubes, J. (1991): Konjunktur und Wachstum, München: Vahlen.

Hösch, F./Szigetti, P. R. (2001): Volkswirtschaftslehre, 5. Aufl., Herne u. a: Verlag Neue Wirtschaftsbriefe.

Huber, R. (2000): Systemwechsel im Volkswirtschaftlichen Rechnungswesen, in: WISU 29, Heft 4, S. 460–464.

Hübl, L. (2003): Wirtschaftskreislauf und Gesamtwirtschaftliches Rechnungswesen, in: Bender, D. et al. (Hrsg.): Vahlens Kompendium der Wirtschaftstheorie und Wirtschaftspolitik, Bd. 1., 8. Aufl., München: Vahlen, S. 53–94.

Issing, O. (1993): Einführung in die Geldtheorie, 9. Auflage, München.

Jochem, A./Sell, F. L. (2001): Währungspolitische Optionen für die Mittel- und Osteuropäischen Beitrittskandidaten zur EU, Tübingen: Mohr Siebeck.

Johnson, H. G. (1973): The Theory of Income Distribution, London: Gray-Mills.

Kaldor, N. (1976): Alternative Verteilungstheorien, in: Schlicht, E. (Hrsg.): Einführung in die Verteilungstheorie, Reinbek bei Hamburg: Rowohlt, S. 101–128.

Kath, D. (1999): Geld und Kredit, in: Bender, D. et al. (Hrsg.): Vahlens Kompendium der Wirtschaftstheorie und Wirtschaftspolitik, Bd. 1., 7. Aufl., München: Vahlen, S. 187–235.

Keynes, J. M. (1936): General Theory of Employment, Interest and Money, London: McMillan.

Koesters, P.-H. (1995): Ökonomen verändern die Welt, München: Goldmann.

Kromphardt, J. (2001) Grundlagen der Makroökonomie. 2. Aufl., München.

Krugman, P. R. und M. Obstfeld: Internationale Wirtschaft – Theorie und Politik der Außenwirtschaft. 6. Aufl., München 2004.

Maußner, A./Klump, R. (1996): Wachstumstheorie, Berlin u. a.: Springer.

Meadows, D. et al. (1972): Die Grenzen des Wachstums, Stuttgart: Dt. Verlags-Anstalt.

Michaelis, J. (1995): Internationaler Handel, in: Blümle, G./Francke, H.-H. (Hrsg.): Kompendium der Verwaltungs- und Wirtschaftsakademie Freiburg – Bd. 1,: Volkswirtschaftslehre, 1. Auflage, Freiburg i. Br.: Rombach, S. 231–265.

Müller, J. H./Peters, H. (1991): Einführung in die Volkswirtschaftslehre, 12. Aufl., Herne u. a.: Verlag Neue Wirtschafts-Briefe.

Müller, R. (1995): Konjunktur und Wachstum, in: Blümle, G./Francke, H.-H. (Hrsg.): Kompendium der Verwaltungs- und Wirtschaftsakademie Freiburg – Bd. 1: Volkswirtschaftslehre, 1. Aufl., Freiburg i. Br.: Rombach, S. 181–230.

Mundell, R. A. (1961): A Theory of Optimum Currency Areas, in: American Economic Review 51, Heft 3, S. 657–665.

Nissen, H.-P. (2002): Das Europäische System Volkswirtschaftlicher Gesamtrechnungen, 4. Aufl., Heidelberg: Physica-Verlag.

Nordhaus, W. D. (1975): The Political Business Cycle, in: Review of Economic Studies 42, Heft 2, S. 169–190.

Phelps, E. S. (1970): Microeconomic Foundations of Employment and Inflation Theory, New York: W. W. Norton.

Rose, K. (1975): Einkommens- und Beschäftigungstheorie, in: Ehrlicher, W. et al. (Hrsg.): Kompendium der Volkswirtschaftslehre, Bd. 1, 5. Aufl., Göttingen: Vandenhoeck & Ruprecht, S. 183–245.

Rose, K. (1995): Grundlagen der Wachstumstheorie, 6. Aufl., Göttingen: Vandenhoeck & Ruprecht.

Rose, K./Sauernheimer, K. (1999): Theorie der Außenwirtschaft, 13. Aufl., München: Vahlen.

Samuelson, P. (1939): Interaction between the Multiplier Analysis and the Principle of Acceleration, in: Review of Economics and Statistics 21, S. 75–78.

Sell F. L. und S. Reinke: Kaufkraftparitätentheorie und realer Wechselkurs. In: WISU, 20. Jg., Heft 7/91 (1991), S. 526-530.

Sell, F. L. (2001): Braucht es monetäre und reale Konvergenz für eine (in einer) Währungsunion? Anmerkungen zu einer aktuellen Debatte, in: List Forum für Wirtschafts- und Finanzpolitik 27, Heft 4, S. 379–398.

Sell, F. L. (2001): Erhöhtes Tempo der Handelsliberalisierung erforderlich, in: Ifo Schnelldienst 54, Heft 21, S. 5–7.

Sell, F. L. (2006): Zins- und Geldmengensteuerung in der offenen Volkswirtschaft, in: WISU, 35.Jg., Heft 03/06, S. 363–372.

Sell, F. L. (2004): Währungspolitik im Dienste von Entwicklung: Immer noch ein Forschungsprogramm, in: Zeitschrift für Wirtschaftspolitik, 53. Jg., Heft 2, S. 123–150.

Siebke, J./Thieme, H. J. (2003): Einkommen, Beschäftigung, Preisniveau, in: Bender, D. et al. (Hrsg.): Vahlens Kompendium der Wirtschaftstheorie und Wirtschaftspolitik, Bd. 1., 8. Aufl., München: Vahlen, S. 95–187.

Smeets, H-D. (2003): Währung und Internationale Finanzmärkte, in: Bender, D. et al. (Hrsg.): Vahlens Kompendium der Wirtschaftstheorie und Wirtschaftspolitik, Bd.1., 8. Aufl., München: Vahlen, S. 265–330.

Statistisches Bundesamt (2004): Volkswirtschaftliche Gesamtrechnung im Überblick: Wichtige Zusammenhänge im Überblick, Stand August 2004, Wiesbaden: Statistisches Bundesamt.

Vollmer, U. (2003): Geld und Kredit, in: Bender, D. et al. (Hrsg.): Vahlens Kompendium der Wirtschaftstheorie und Wirtschaftspolitik, Bd. 1., 8. Aufl., München: Vahlen, S. 189–263.

Wagner, H. (2003) Makroökonomie, München.

Willms, M. (1995): Internationale Währungspolitik, 2. Aufl., München u. a.: Vahlen.

Willms, M. (1999): Währung, in: Bender, D. et al. (Hrsg.): Vahlens Kompendium der Wirtschaftstheorie und Wirtschaftspolitik, Bd.1., 7. Aufl., München: Vahlen, S. 237–286.

Literatur zu Kapitel IV Theorie der Wirtschaftspolitik

Baßeler, U./Heinrich, J./Utecht, B. (2002): Grundlagen und Probleme der Volkswirtschaft. 17. Aufl., Stuttgart: Schäfer-Poeschel.

Berg, H./Cassel, D./Hartwig, K.-H. (2003): Theorie der Wirtschaftspolitik, in: Bender, D. et al. (Hrsg.): Vahlens Kompendium der Wirtschaftstheorie und Wirtschaftspolitik, Bd. 2, 8. Aufl., München: Vahlen, S. 171–298.

Blum, U. (2004): Volkswirtschaftslehre. Studienhandbuch, 4. Aufl., München: Oldenbourg.

Blümle, G. (2000): Freiheit und Norm bei Walter Eucken, Diskussionsbeitrag Nr. 23 des Institut für Allgemeine Wirtschaftsforschung, Abteilung für Mathematische Ökonomie, Albert-Ludwigs-Universität Freiburg i. Br.

Donges, J. B./Freytag, A. (2004): Allgemeine Wirtschaftspolitik, 2. Aufl., Stuttgart: Lucius & Lucius.

Engelkamp, P./Sell, F. L. (2005): Einführung in die Volkswirtschaftslehre, 3. Aufl., Berlin/Heidelberg/New York: Springer.

Eucken, W. (1952): Grundsätze der Wirtschaftspolitik, Bern u.a.: Haupt.

Fehl, U./Oberender, P. (2004): Grundlagen der Mikroökonomie, 9. Aufl., München: Vahlen.

Giersch, H. (1961): Allgemeine Wirtschaftspolitik, Wiesbaden: Gabler.

Grüner, H. P. (2001): Wirtschaftspolitik, Berlin u. a.: Springer.

Hasse, R, (1973): Theorie und Politik des Embargos; Institut für Wirtschaftspolitik an der Universität zu Köln, Untersuchungen Nr. 25.

Hasse, R. (1995): Wirtschaftliche Sanktionen als Mittel der Friedenssicherung – Aspekte des Irak-Embargos; Institut für Wirtschaftspolitik der Bundeswehruniversität Hamburg, Diskussionsbeiträge zur Wirtschaftspolitik Nr. 54.

Hennis, W. (1987): Max Webers Fragestellung, Tübingen (Mohr).

Hennis, W. (1996): Max Webers Wissenschaft vom Menschen, Tübingen (Mohr).

Henrichsmeyer, W./Gans, O./Evers, I. (1993): Einführung in die Volkswirtschaftslehre, 10. Aufl., Stuttgart: Ulmer.

Hermann, R. (1987): Ökonomische Auswirkungen von Nahrungsmittelsanktionen. Institut für Weltwirtschaft Kiel, Arbeitspapier Nr. 296.

Krüsselberg, H.-G./Schüller, A. (Hrsg.) (2002): Grundbegriffe zur Ordnungstheorie und Politischen Ökonomik, 5. Aufl., Marburg: MGOW e.V.

Külp, B. (1975): Wohlfahrtsökonomik I: Die Wohlfahrtskriterien, Tübingen: Mohr Siebeck.

Külp, B. (1976): Wohlfahrtsökonomik II: Maßnahmen und Systeme, Tübingen: Mohr Siebeck.

Luckenbach, H. (2000): Theoretische Grundlagen der Wirtschaftspolitik, 2. Aufl., München: Vahlen.

Maußner, A./Klaus, J. (1997): Grundzüge der mikro- und makroökonomischen Theorie, 2. Auflage, München: Vahlen.

Pindyck, R. S./Rubinfeld, D. L. (2005): Mikroökonomie, 6. Aufl., München: Pearson.

Sell, F. L. (2001): Erhöhtes Tempo der Handelsliberalisierung erforderlich, in: Ifo Schnelldienst Nr.21/2001, 54. Jg., S. 5–7.

Sell, F.L. (1988): Geld- und Währungspolitik in Schwellenländern am Beispiel der ASEAN-Staaten, Berlin: Duncker & Humblot.

Sell, F.L. (1998): Max Weber – der Nationalökonom. Zur Neuinterpretation seines Werkes durch Wilhelm Hennis, in: ORDO 49 (1998), S. 211–227.

Sell, F.L. (2001): Fragmentierung – Außenhandel unter den Bedingungen vertikaler Globalisierung. Ein Überblick, in: Außenwirtschaft, 56. Jg., Heft IV/2001, S. 513–546.

Sell, F.L. (2004): Das Dilemma (oder vielleicht besser: Die Dilemmas) des Wohlfahrtsstaates in den Zeiten der Globalisierung, in: Ohr, R. (Hrsg.), Globalisierung – Herausforderung an die Wirtschaftspolitik, Berlin, S. 47–74.

Siebert, H. (2003): Einführung in die Volkswirtschaftslehre, 14. Aufl., Stuttgart u. a.: Kohlhammer.

Sohmen, E. (1992): Allokationstheorie und Wirtschaftspolitik, 2. Auflage, Tübingen: Mohr.

Stenger, G. (1988): Das Handelsembargo im Außenwirtschaftsrecht – Praxis und Zuverlässigkeit; Giessener Rechtswissenschaftliche Abhandlungen, Band 5, Brühlscher Verlag Gießen.

Thieme, H. J. (2003): Wirtschaftssysteme, in: Bender, D. et al. (Hrsg.): Vahlens Kompendium der Wirtschaftstheorie und Wirtschaftspolitik, Bd. 1., 8. Aufl., München: Vahlen, S. 1–52.

Tinbergen, J. (1968): Wirtschaftspolitik, Freiburg i. Br.: Rombach.

Weimann, J. (2004): Wirtschaftspolitik. Allokation und kollektive Entscheidung. 3. Aufl., Berlin/Heidelberg/New York: Springer.

Woll, A. (2000): Wirtschaftslexikon, 9. Aufl., München u.a.: Oldenbourg.

Literatur zu Kapitel V Finanzwissenschaft

Baßeler, U./Heinrich, J./Utecht, B. (2002): Grundlagen und Probleme der Volkswirtschaft, 17. Aufl., Stuttgart: Schäffer-Poeschel.

Berg, H./Cassel, D./Hartwig, K.-H. (2003): Theorie der Wirtschaftspolitik, in: Bender, D. et al. (Hrsg.): Vahlens Kompendium der Wirtschaftstheorie und Wirtschaftspolitik, Bd. 2, 8. Aufl., München: Vahlen, S. 171–298.

Blum, U. (2004): Volkswirtschaftslehre, 4. Aufl., München u. a.: Oldenbourg.

Blümle, G./Sell, F. L. (1998): A Positive Theory of Optimal Personal Income Distribution and Growth, in: Atlantic Economic Journal 26 (1998), Heft 4, S. 331–352.

Engelkamp, P./Sell, F. L. (2005): Einführung in die Volkswirtschaftslehre, 3. Aufl., Berlin/Heidelberg/New York: Springer.

EU-Kommission (2002): Descriptive Report TAXUD/2001/DE307 on the Simplification of VAT obligations for the European Commission, 14 June 2002, Brüssel.

EU-Kommission (2005): Die Mehrwertsteuersätze in den Mitgliedsstaaten der Europäischen Gemeinschaft, DOK/1635/2005-DE, Brüssel.

Grossekettler, H. (1999): Öffentliche Finanzen, in: Bender, D. et al. (Hrsg.): Vahlens Kompendium der Wirtschaftstheorie und Wirtschaftspolitik, Bd. 1, 7. Aufl., München: Vahlen, S. 519–672.

Peffekoven, R. (1992): Öffentliche Finanzen, in: Bender, D. et al. (Hrsg.): Vahlens Kompendium der Wirtschaftstheorie und Wirtschaftspolitik, Bd. 1, 5. Aufl., München: Vahlen, S. 479–560.

Petersen, H. G. (1993): Finanzwissenschaft I, 3. Aufl., Stuttgart u. a.: Kohlhammer.

Petersen, H.-G, (1990): Finanzwissenschaft I: Grundlegung – Haushalt – Aufgaben und Ausgaben – Allgemeine Steuerlehre. 2. Aufl., Stuttgart u. a.: Kohlhammer

Sachverständigenrat (SVR, 2002): Jahresgutachten 2002/2003 des Sachverständigenrates zur Begutachtung der gesamtwirtschaftlichen Entwicklung, Wiesbaden.

Sell, F.L. (1998): Zu den Wirkungen des Stabilitätspaktes in der Europäischen Währungsunion, in: Ifo-Studien 44 (1998), Heft 3, S. 233–266.

Sell, F.L. (2001): Should the European Growth and Stability Pact be Relaxed? The European Stability Pact Under Scrutiny, in: Intereconomics 36, Heft 6, S. 286–288.

Sell, F.L. (2003):, Fiskalpolitik in der Währungsunion: Erste Erfahrungen mit dem Europäischen Stabilitäts- und Wachstumspakt, in: Nitz, S.(Hrsg.), Theoretische und wirtschaftspolitische Aspekte der internationalen Integration, Berlin: Duncker & Humblot, S. 69–88.

Sell, F.L. (2004): Die Stabilitätsprogramme der EU: Anspruch und Wirklichkeit, in: Wirtschaftsdienst 84 (2004), Heft 5, S. 331–340.

Spermann, A. (1995): Finanzwissenschaft, in: Blümle, G./Francke, H.-H. (Hrsg.): Kompendium der Verwaltungs- und Wirtschaftsakademie Freiburg – Bd. 1: Volkswirtschaftslehre, 1. Aufl., Freiburg i. Br.: Rombach, S. 359–390.

Wellisch, D. (2000): Finanzwissenschaft I: Rechtfertigung der Staatstätigkeit, München: Vahlen.

Druck: Krips bv, Meppel
Verarbeitung: Stürtz, Würzburg